JN047265

日中の「戦後」とは何であったか

戦後処理、友好と離反、歴史の記憶

波多野澄雄 / 中村元哉 ［編著］

中央公論新社

序　文

宮本雄二（日本日中関係学会会長）

　18〜19世紀のヨーロッパに国民国家（nation-state）が成立した。国民の単位にまとめられた「民族」を基礎として成立した統一国家であり、国民的一体性の自覚の上に確立した。フランス革命後のヨーロッパの混乱は、ナポレオンを登場させ、封建的傭兵ではなく、近代的国民兵による戦争となった。国民としての自覚、国家への忠誠心の強化には、そう思わせる「物語（narratives）」が必須となる。ナショナリズムは初めから「物語」と一体となって起こり、強まっていった。その「物語」の多くが歴史から紡ぎだされた。

　19世紀に東アジアに到来したヨーロッパ諸国は、帝国主義の国であったが、同時にそういう国民国家でもあった。東アジアの国々は、これまでの国家の在りようでは生き延びることが不可能なことを学ばされ、近代化の名の下に国民国家としての再生を図った。ナショナリズムは、再生のための精神的支柱となった。「物語」が登場し、歴史は政治の影響下に入り、国民感情に支配されていった。近代以降の日本と近隣諸国との関係が、歴史認識に翻弄され続けているのは、東アジアの近代史が、この国民国家の形成期と一致していることに起因する。

　このようにして歴史は国内政治と一体化し、国民に語られる歴史、つまり「物語」の中身は、国内政治と社会の必要に左右されるようになった。その「物語」が、国民の世界観、自国観、そして近隣諸国観を大きく規定した。その帰結として、日本と近隣諸国との関係は歴史がらみの外交案件でつまずき続けている。安定した良好な近隣関係をつくるために、歴史にどう向き合い、どのような歴史を紡ぎだすかは、実に重大な本質的問題なのである。

国民社会同士の相互認識が、冷静で客観的なものとなればなるほど、国家関係はより健全なものとなり安定する。それは等身大の相手社会と国民を知ることであり、歴史を学ぶことである。何よりも相手社会の歴史認識を掘り下げて理解することである。相手の歴史認識に対する理解を深めながら、同時に自国の歴史をより客観的、科学的なものにしていく必要がある。この相互作用を通じてお互いの認識はより客観的なものとなり、それが真の相互理解につながるであろう。

　つまりお互いに自国の「物語」を修正する必要があるということである。そのためには再び歴史に回帰するしかない。「物語」としての歴史を、「科学」としての歴史に昇華させなければならない。その度合いが増すごとに歴史はより客観的なものとなる。しかも国家と社会を総合的、有機的に眺める必要がある。幅広い分野の専門家がともに歴史を語ることが不可欠なのだ。

　今回上梓する波多野澄雄・中村元哉編著『日中の「戦後」とは何であったか──戦後処理、友好と離反、歴史の記憶』は、笹川平和財団（笹川日中友好基金）が2016年から実施してきた「歴史認識と未来に係る有識者対話」事業の成果である。私は、この事業の日本側委員会の委員長であり、中国側は蔡武元文化部長が委員長を務めている。本書は、同じく波多野澄雄・中村元哉編による『日中戦争はなぜ起きたのか』の続編でもある。歴史は、現代に近づけば近づくほど政治の影響を受ける。それでも本書は戦後の日中関係を1992年までカバーしている。しかも本書の最大の特徴は、日中の幅広い分野の専門家が、同じテーマについて語り合っている点にある。日中の相互理解という観点に立てば、この共同作業の意味は大きい。中国語版も、来年中国で出版される。本書は、日中の相互理解にとり不可欠な、より科学的な歴史を両国国民に提供する上で重要な役割を果たすことであろう。

　中国の変化は速い。この変化は中国のあらゆる分野に及んでおり、怒濤の勢いにある。歴史も例外ではない。中国はついに世界大国の地位に到達した。この事実は、中国知識人に真の意味での「世界の中の中国」を再考させている。

中国文明の世界文明における位置づけの模索であり、中国史と世界史との接点の探求である。つまり大きな世界史の中に中国史を位置付ける作業が始まったのだ。その先進的試みは、中国中央社会主義学院党グループ書記、第一副院長潘岳氏の研究に端緒に表れている。

潘岳氏の最初の公開された文章は「戦国とギリシャ——中国文明と西洋文明の根本的性格の比較」[1]であり、二つ目が「秦漢とローマ」[2]である。「秦漢とローマ」の末尾は、次の言葉で結ばれている。

> 中国文明だけが古い文明だというわけではない。他の古い文明も「現代化」と「自己再認識」のあがきの中で苦しんでいる。しかし彼らも現代化を完成しなければならず、現代化に覆われ見えなくなっていた古い価値観を論じ始めなければならない。中国が西洋との文明対話を完成することができれば、すべての古い文明間の融和と学び合いの近道を切り開くことができよう。（引用者訳）

このような試みは、これまで個別の研究者によりおこなわれていたはずである。しかし国家機関の枢要な地位にある人物による試みは、中国全体に大きな影響を及ぼす。中国が中国、東アジアという狭い枠を突き破って、初めて全地球的視野で自己を眺めることの意義は大きい。この姿勢やものの考え方が、中国の日本研究にもいずれ明確になってくる。そうなったときに日中の歴史共同研究は、新たな段階に入るであろう。

2018年は、明治元年（1868年）から満150年の年だった。この150年間は、西洋文明との格闘の歳月であった。そしてついに日本は西洋文明をほぼ消化できたのではないかという気がしている。日本は、中国文明を消化し、西洋文明を消化した。これからの日中文化交流において、日本は中国の西洋文明との対話を支える重要な位置にいるのである。

1　潘岳：战国与希腊：中西方文明根性之比较　http://www.aisixiang.com/data/121618.html

2　潘岳：秦汉与罗马　http://www.aisixiang.com/data/122793.html

目　次

凡例　〔　〕は翻訳者による注を示す。

序　章
本書で
明らかにすること

サンフランシスコ講和会議にて対日講和条約に調印する吉田茂全権（1951年9月8日）

戦後日中関係と歴史問題

日本

波多野澄雄 (筑波大学)

はじめに

　1999年、超党派の議員立法によって、「過去の戦争」の検証を目的とする「恒久平和調査会設置法案」が衆議院に上程されている。この法案は、満洲事変以後の日本の戦争や拡張政策の実態を検証することを目的としていた。具体的な調査対象には、強制労働、慰安婦、化学兵器の使用、非人道的行為なども含まれ、これらの検証を通じて、アジア地域の諸国民の「信頼醸成」と「名誉ある地位の維持」に資する、とうたっていた。この法案はわずかな修正をほどこして4度も衆議院に上程されながら、いずれも審議未了となった。このことは日本にとって二つの「不幸」を物語っていよう。

　第1は、「過去の戦争」について、法案成立の基盤となるはずの、国民の多くが共有できる「パブリック・メモリー」(公共的記憶)が成立していない、という不幸である。第2は、政府はアジア諸国との間で、いわゆる「歴史問題」に悩まされ、翻弄されつづけてきたという不幸である。

　本編は、こうした「不幸」は何ゆえに生まれたのか、これらを克服し、とくに日中両国が互いに平和的な未来を共有し、共存共栄の関係を築くためには、

どのような努力が必要かを日本の立場から考える。

1. 講和体制と歴史問題

　日本は、1951年調印のサンフランシスコ講和条約（以下、講和条約）と、それを基点とする一連の近隣諸国との平和条約・賠償協定を「サンフランシスコ講和体制」と呼ぶことがある。70年代までに形成された講和体制によって、日本は、戦争や植民地支配に起因する被害の賠償や補償という問題を国家としては解決したはずであった。というのは、講和条約はもとより、近隣諸国との諸条約は賠償請求権の相互放棄という共通の規定をおいているからである。

　加えて講和体制は、単なる賠償や補償のあり方を規定する法的枠組みではなく、国内改革、安全保障、地域秩序の形成といった問題と深く関連する広い意味での戦後処理の基盤であった。だが、冷戦下で形成された講和体制は、のちの歴史問題の発生や、その顕在化につながるいくつかの特徴を内在させていた。

　第1は、ソ連、中国、韓国といった日本の近隣諸国との国交正常化が後回しとなり、個別の二国間条約によって平和が回復されたことである。したがって、日韓・日中国交正常化と、全体としての「講和体制」との関係が微妙で、それぞれ日韓「65年体制」、日中「72年体制」と呼ぶことがある。本編では、第6章の国交正常化から天皇訪中までの「日中関係黄金期——1972-92年」においてこの問題を取り上げている。

　第2は、講和体制は、講和条約と同時に締結された日米安全保障条約と一体となっていたことである。それは日本の独立（国際社会への復帰）のみならず、日本の安全やアジア太平洋地域の国際秩序の安定にも寄与する体制であった。換言すれば、講和体制は、アメリカの圧倒的な影響力のもとに形成され、その意味では、日米間の共通利益を優先的に守り、発展させるための体制であったことである。「寛大な講和」といわれたゆえんである。

　第3は、講和体制の形成は、「植民地帝国」の解体という作業をともなったことである。講和条約とは元来、戦争の後始末であり、植民地支配の処理とは区別される国家の行為である。しかし、日本の敗戦は、連合国に対する敗北であると同時に、植民地や占領地の放棄をともなう「帝国の解体」を意味した。

そのため、講和体制の形成プロセスには双方の清算が託され、その後の多くの「歴史問題」を生みだす源ともなるのである。要するに講和体制は、「戦争」の後始末の仕組みであって植民地支配の清算を目的とする体制ではなかった。そのため、とくに韓国との国交正常化を難しくした。

以上の3点を踏まえ、70年代に定着した「講和体制」は、戦争責任や賠償や補償という問題にどのような回答を与えてきたのか、置き去りにしてきた問題は何か、90年代に噴出した「戦後補償問題」とどのような関係にあるのか、これらを考えてみよう。

1.1　講和体制の形成期──1950年代から70年代

60年代まで日中間で大きな歴史問題は発生しなかったが、70年代以降の紛争の火種が形成された。その一つは、戦争賠償の問題である。日本政府は、日華平和条約で中華民国政府が賠償請求権を放棄したため、日中間に賠償問題は存在しない、という立場をとりつづける。こうした日本側の一方的認識が問われたのが1972年の日中国交正常化交渉であった。周恩来は賠償放棄の方針は変えなかったものの、「戦争の損害は大陸が受けたものである。蔣介石が放棄したから、もういいのだという考え方は我々には受け入れられない」と主張した。つまり、中国側からすれば、賠償放棄は「侵略戦争」の責任と反省を前提としていた。そのため、法律論を説く日本外務省に強く反発したのである。歴史認識の問題と賠償放棄とはセットで考えられていたのである。

もう一つは戦争責任の問題である。講和条約には、「寛大な講和」方針を反映して、条約のいずれの部分にも明瞭な戦争責任の所在は明記されなかった。第11条において、すでに終結していた連合国の国際裁判（東京裁判、BC級裁判）の「判決を受諾」とのみ記された。「判決を受諾」とは、国際裁判で確定した戦争犯罪人とその量刑は受け容れ、実行するというものであった。いわゆるA級戦犯を含め戦犯は、国内的には戦争の犠牲者とみなされ、恩給受給の対象となり復権するのである。

要するに、誰が「責任者」なのか（国家か個人か）、誰が「戦争犠牲者」なのか、どのように「償う」（賠償・補償）のか、という問題が曖昧なまま残されたのである。

1.2　歴史問題の「国際化」──1980年代

　70年代までに近隣諸国との間に国交正常化を達成し、講和体制はここに定着する。日本政府としては、国家間の問題としては歴史問題を封じ込めたはずであった。しかし、80年代には、講和体制が想定していなかった歴史教科書問題（1982年）や首相の靖国神社参拝問題（1985年）といった、それまで国内問題であった歴史問題が「国際化」し、政府を悩ませる。

　新憲法のもとで、高度な民主主義の道を歩む日本は、国としての特定の歴史観を示すことにきわめて抑制的である。とすれば、政府には、国内政治の安定や国際協調を損なわないよう、歴史問題を「管理」することが求められる。

　その点、80年代中盤までは、歴史問題が発生しても、両国の政治指導者が問題の拡散を防ぐための指導力を備えていた。たとえば中曽根内閣期の歴史教科書問題、閣僚の失言問題などは、短期間に収束した。

1.3　戦後補償問題の浮上──1990年代

　90年代前半、日本は様々な「戦後補償問題」（慰安婦問題、化学兵器問題、強制労働問題など）の噴出に悩まされる。これらは必ずしも新しい問題ばかりではなかった。しかし、冷戦と自民党支配という講和体制を支えた内外要因が大きく揺らぐなかで、歴史問題は政府を翻弄する。
「戦後補償」という場合、加害国が被害者個人に対して償うという意味があり、法的救済ではなく、道義的責任や人権という観点から救済することになり、国家として対応が難しい面がある。

　政府は、法的枠組みとしての講和体制を堅持しつつも、新たな「歴史和解政策」の展開を迫られる。単なる言葉による謝罪や反省の問題を超え、道義的な観点から具体的な「償い」事業や和解政策が求められた。新たに案出された「和解政策」とは、いわゆる村山談話（1995年）を基点とし、慰安婦問題に対するアジア女性基金事業、平和友好交流事業、さらに、政府支援による日韓・日中歴史共同研究もその延長に位置するものである。

　日本政府としては、これらの事業の展開によって、新たな歴史問題に誠実に対処し、「経済大国」に相応しい名誉ある地位の回復に努めてきたはずであっ

た。しかしながら、なおも近隣諸国の理解が得られない状況は克服されていない。

2. 各章の概要

2.1 戦後処理と国際秩序の再編

第1章「戦後処理と国際秩序の再編」は、講和体制の形成という主題を、東アジアにおける国際秩序の再編という観点から取り上げている。終戦直前から、東アジアの国際秩序形成を主導したアメリカは、大陸における日本人の影響力を排除するという考え方を貫徹し、一部の技術者や戦犯などをのぞき、46年夏までにすべての日本人を本国に送還した。

旧連合国間の協調を前提としたヤルタ体制の崩壊からサンフランシスコ講和体制に向かった要因は、日本自身の選択というより、アメリカの冷戦政策の転換（ベルサイユ型講和から冷戦型講和へ）の影響を受けたものであった。その意味で、冷戦の発生は国際秩序における日本の立場を有利なものとした。他方、戦時において戦後のアジアの安定勢力として期待された中国は、勝者であったにもかかわらず、国共内戦のなかでその国際的地位を低下させた。その結果、賠償問題や戦犯問題で対米譲歩を余儀なくされる。

2.2 中国観・ヒトの移動・戦争の記憶

まず、戦後日本人の中国論は、戦後処理と国交回復という二つの問題が絡み合い、複雑な形成要因が作用したことを明らかにしたのが第2章「戦後の中国観・日本観の形成と変化」である。その複雑さは、中国からの情報源の多様性、中国論の担い手や読者の多様性、さらに二つの中国の仕掛ける世論工作（情報操作）の多様性、という四つの要因が作用したものであった。こうして日本人という認識主体と、中国という認識主体との間に、幾重もの認識回路が形成され、内外情勢の変化にともなって絶えず揺れ動き、多元的な中国像が形成される。それを以下の七つの時期区分によって抽出している。①新中国の誕生（1945 - 49年）。②平和攻勢への応答（1950 - 55年）。③対中不信の芽生え（1956

-64年)。④文化大革命の衝撃と波紋（1965-72年）。⑤文革の終わりと国交正常化（1972-78年）。⑥友好と離反（1979-87年）。⑦天安門事件と反転する中国像（1988-92年）。

こうした中国像の激しい変化は、情報不足や不正確な情報による誤認、強い思い入れ、過剰な期待感、イデオロギー、偏見が複雑に作用したものであった。過剰な期待や幻想は冷酷な現実に直面したとき、容易に幻滅や悲観へと転じた。それは、暗転と好転、親密と疎遠の間を揺れ動く日中関係の変化とも連動していた。国交正常化を契機に、革命中国像・社会主義中国像は大きく後退する。80年代の経済的な相互依存関係の深まりを背景とした「蜜月時代」を経て、90年代以降は「脅威としての中国像」の相貌があらわになってくる。

帝国日本の解体にともなう「ヒト」の移動は、東アジアからの日本人影響力排除の方針のもとで、46年6月に終了したが、中国東北部はソ連軍の管理地域となり、多くの日本人がその管理下に入る。ソ連軍の撤退にともなって本格化した国共内戦は、国府軍管理地域と共産軍管理地域を分断し、とくに共産軍の管理地域からの日本人居留者の帰国は滞り、残留孤児、残留婦人の生まれる背景となった。さらに、戦後の日中間を移動した「ヒト」は、日本人だけでなかった。台湾、「満洲国」、中国本土の傀儡政権の支配地域から戦時に日本に移動した中国人の帰還や帰国問題、「帝国臣民」であった台湾人、在日華僑はそれぞれ帰還先を選んだ。

こうした複雑な「ヒト」の移動を以下の五つのカテゴリーに整理して論じたのが、第3章「戦後の人の移動」である。まず、①帝国の崩壊によって移動を余儀なくされた「敗れし者」の帰還——中国本土・台湾からの日本軍民の帰還。②「勝ちし者」の帰還——台湾、「満洲国」、傀儡政権支配地域から戦時期に日本に渡った人々の祖国帰還の過程。さらに冷戦構造の定着化にともない、③「残されし者」の帰還——中国の対日「以民促官」戦略のなかで実現した中国から日本への日本人居留民の集団帰国、日本から中国への在日華僑の送還。④「裁かれし者」の帰還——戦犯の帰国。⑤「選びし者」の帰還——積み上げ方式による民間交流が推進された50年代半ば、中国人留学生、在日華僑が新中国建設に貢献するため大陸に渡った。中華民国か中共かという「祖国の選択」が迫られる局面が生じた。

以上の分析から、「国交なき時代」におけるヒトの移動が日中関係に果たした歴史的意義を探る。

　第4章「戦争の歴史の記憶」では、戦中世代の「戦争の記憶」と戦後生まれの「戦争の記憶」の断絶と連続を論ずる。中国戦線の将兵たちが敗戦感に乏しかったことはよく知られているが、多くの日本人にとって太平洋戦争における敗北とは、米英の軍事力への屈服であり、中国に対する敗北ではなかった。こうした戦争認識が存在する一方、同じ戦争体験者でありながら、侵略と加害の現実を批判的にとらえ、戦後中国に向き合おうとする人々も少なくなかった。こうした錯綜する戦中世代の体験は、戦後世代にどのように継承され、あるいは継承されなかったか。こうした検討を踏まえ、日中戦争に関する謝罪や無理解の背景にある日本人の中国理解の特質を問う。

2.3　戦後日中関係の起伏

　戦後の日中関係の展開を内政と外交との相互作用という観点から概観した論文が、第5章「戦後から国交正常化まで——1952-72年」と、国交正常化から天皇訪中までの第6章「日中関係黄金期——1972-92年」である。第5章は、日中講和が遅れた要因として冷戦構造と台湾問題をあげ、日中が講和に向かって動き出す国際的、国内的契機を探っている。また、平和友好条約は難航するものの、「戦後処理」の問題は72年の共同声明によって解決済みとされ、その点では新たな合意は皆無であった。しかし、中国の近代化路線を市場拡大の機会ととらえる日本の財界にとって、平和友好条約は、経済関係の拡大に対する政府の制度的保証を意味し、以後の経済的な相互依存の深化を後押しすることになった。

　第6章は、平和友好条約から92年までの日中関係の推移を追っている。とくに、安定システムとしての「72年体制」を重視している。「72年体制」とは戦略的なものではなく、共同声明に至る過程で形成されたもので、日本の中国政策と中国の対日政策の「共同作品」であった。その特徴は、①公式、非公式のルートが混在していること。②戦略性を帯びない「日中友好」概念に基づく援助—被援助の関係が重視されていること。③日中間の外交的紛争を「暗黙の合意」や「不同意の同意」といった政治的解決によって事態を深刻化させない

メカニズム、の3点にあるという。たとえば、82年の教科書問題や92年の天皇訪中の実現などである。ただ、こうした日中双方の外交官や政治家の「叡知」は明文化を避けているため、継承されない危険性を内在させていた。

　終章の二つの総括論文は、冷戦期の両国関係の展開を日中双方から眺めたものである。冷戦という枠内ではあったが、この時期には、台湾問題、民間貿易、日中国交正常化、日中平和友好条約、改革開放路線の支援、そして歴史問題と両国関係は揺れ動いた。

　この冷戦期は、1990年代初頭に終焉を迎えるが東アジアには大きな影響はなく、米中和解こそが東アジアの冷戦構造の分水嶺であったという見方もできる。日本側から見ると、その米中和解は対中関係と対米関係を両立させ、いわゆる「72年体制」をもたらした。

「72年体制」は、両国がそれぞれの外交戦略上の要請から相手をみる、という「同床異夢」の関係ではあったが、両国間の紛争を深刻化させない、というメカニズムを備えていた。他方、世界大の中国の外交戦略に日中関係はどう位置づけられてきたか、という観点からすれば、双方の「同床異夢」は拡大するばかりで、「72年体制」の脆弱性がきわだつ。それでも両国関係が破綻しなかったのは、幅広い相互交流に持続と、中国の開放的な経済社会の建設に向けた双方の努力であり、その頂点が92年の天皇訪中であったと思われるのである。

むすび――相互理解のために

（1）冷戦下で形成され、70年代に定着したサンフランシスコ講和体制は、多くの未決の戦後処理にかかわる歴史問題を遺し、それが90年代になって「戦後補償問題」として噴出した。日本政府は法的枠組を超え、道義的観点から「和解政策」を展開したが、未だ中国はもとより、周辺諸国や国際的にも理解を得られていない。

（2）冷戦後にあっても東アジアの国際構造は1972年以来、大きく変化していないとすれば、国交正常化を成し遂げた「72年体制」に還れ、あるいは日中友好の精神に還れ、と主張するだけでは前進は望めない。

本編の諸論文を踏まえれば、いくつかの教訓が導かれる。

　第1に、日中間に歴史摩擦が生じたり、両国関係が軋んだりした際に、リセットしてひとまずどの地点に戻ればよいのか、復元ポイントをめぐって両国に齟齬が見られることである。日本はサンフランシスコ講和体制をもって「負の遺産」の克服のための出発点とみなしている。しかし、中国は第2次世界大戦のファシズム戦争の勝者としてポツダム宣言やカイロ宣言を重視する傾向が強い。この齟齬をどのように埋めるか。

　第2に、感情が公論を圧倒してしまい、排外的ナショナリズムに火をつけてしまう傾向である。ごく一部の言説だけを過剰に拡散させる危険性をはらむネットや、事実の全体像ではなくごく一部の映像を切り取って繰り返し放映することで、言説を一方向に誘導しがちな映像メディアの影響力が強くなっている。重要なのは活字メディアの役割である。

　第3に、中国という巨大な隣国に対する間合いの取り方が難しい点である。中国にどのように接近し、対象化して認識すればよいのか、という問題である。中国革命・建国・思想改造運動・文化大革命など大きな歴史的変動に対し、強い共感か強い反発か、極端に揺れ動き、現実の実態を誤認し、その後の展開を見誤った。

（3）以上の分析と教訓を踏まえ、何が可能で何が必要かをいくつか提言してみたい。

①両国が互いに平和的な未来を共有するためには、歴史認識問題に限れば、日本側は、日中戦争に関する「パブリック・メモリー」が形成できなくとも、「侵略戦争」としての戦争に関する一定の公的総括と反省が必要である。一方、中国側は日本の成功も失敗も含めた「戦後経験」に学ぶ姿勢が重要である。すなわち、戦後日本の平和と繁栄の礎となった憲法・公害経験・平和運動・福祉・農業改革など戦後体験の記録を中国に伝えるという作業が欠かせない。

②すでに早くから着手されていることであるが、学術や教育のレベルで近代の日中関係史に関する研究・教育交流を着実に進めることである。最近、日中戦

争を多角的に検証し、共有可能な歴史観を形成しようとする機運が日中双方で高まっているが、その場合、日中双方だけではなく、第三者（第三国）を交えた取り組みが重要である。

③日中終戦から27年間の断絶がもたらした相互認識の懸隔は、意想外に深い。人と人の感情の通う交流が途絶されていたことは、相互認識におけるイメージの貧困をもたらし、「人文知」を枯渇させていった。そこで、日中双方の国民に、小説、映画、演劇、書画、音楽など、双方に良好な感情が通い合うような歴史的作品を発掘し創造する営為が必要である。相手を理解するには正確な分析も重要であるが、お互いの感性を開いての直観も欠かせない。

④日中双方での取り組みとして、日本が長い鎖国を脱し、中国が海禁を解き、相互の直接交流を始めた近代以降の、先人の残した古典的資産を探しだし、双方が日中関係を考察し相互理解を深めるために汲むべき「文化的公共財」として再評価していくことは有用な知的営為である。中国が日本と、日本が中国とどのように出会い、理解し合い、どこで見誤り、理解を損ねたのか、生活感覚や民族感情のレベルにまで下りて、双方の他者認識を歴史にさかのぼって総点検する息の長い作業が欠かせない。そうした試みはすでに実施されつつある。

　中国が「改革・開放」路線に舵を切っていた92年10月、日中国交正常化20周年を記念して、天皇（現上皇）の中国訪問が実現した。江沢民総書記が希望したものであった。歓迎宴において天皇は、両国の長い歴史において、「我が国が中国国民に対し多大の苦難を与えた不幸な一時期がありました。これは私の深く悲しみとするところであります」と述べた。
　天皇の「お言葉」は、両国にとって、様々な意味で戦争の時代を乗り越えた瞬間であった。本書が天皇訪中までを対象とした理由である。その後、中国は急速に「大国化」の道を歩み、日中関係はさらに揺れ動くことになるが、天皇訪中はその起点とみなすこともできる。

中国 | # 戦後日中関係の展開と歴史認識
—— 1945 - 92年

汪朝光 （中国社会科学院世界歴史研究所）

松村史穂 訳

はじめに

　1945年8月、日本の降伏と日中戦争の終結により、日中関係は新たな段階に入った。1945年8月から現在に至るまでを時系列で見ると、日中関係は以下のように区分できる。①1945 - 49年：戦後処理と両国の関係の再構築。②1949 - 72年：官・民の分岐と国交正常化。③1972 - 92年：関係発展の「黄金期」。④1992年 - 現在：曲折と不安定化。本稿は1945年から1992年までの日中関係を考察する。その際、歴史と現実の双方を顧み、また中国における学術界の視角を重視しながら、日中関係の再構築、分岐、正常化、発展の各過程を検討する。その際、留意すべきいくつかの点にも言及する[1]。

1. 戦後の対日処理、日中関係の再構築、および東アジア国際秩序の再編[2]

　1945年8月、日中戦争は中国の勝利と日本の敗北によって終結した。日中関係はここから新たに形づくられた。中国が日本に圧迫・侵略される不平等な関係は、戦勝国と敗戦国の関係へと変化した。同時に、対日処理を通じて、日

中間の正常な国家関係が徐々に回復・構築されていった。

　日中戦争が終結したとき、国民党政権（中華民国国民政府）の指導者であった蔣介石は、日本に対して「過去の罪悪をいつまでも怨むなかれ」という態度で臨み、のちに「徳をもって怨みに報いる」と呼ばれる対日処理の基本理念を形成した。ここには、中国文化における「人のために善をなせ」の思想や日本との長い歴史的関係、また日中の和解と東アジアの平和を希求する深い配慮が存在していた。しかし同時に、日本を利用して戦後の国共内戦で機先を制するという現実的な要求、またアメリカによる対日政策が、より大きな影響を及ぼしていた。これらにより、当時の国民党政権は、日本の戦争責任を徹底して追及することをせず、天皇制を核とする日本の国体を擁護し、同時に日本本土の軍事占領に参加することを放棄した。そのため中国の戦勝国としての権利が十分に示されることはなく、また敗戦国である日本も侵略戦争の責任について明確な態度を示さないままとなった。その結果、日本は中国に対する加害者としての認識をはっきりともたず、また中国は日本によって受けた被害を厳しく追及することをおこなわなかった。日本政府や一般の人々は、中国侵略という過去の歴史について深い反省と悔悟の気持ちをもたず、加害者としての認識や戦争責任を認めようとしていない。日中間の歴史認識問題は、このような歴史的な状況のもとに端を発した。それはその後の日中関係に重大な影響を及ぼした。

　戦後の対日処理で重要な役割を果たしたのは、日本の戦争犯罪に対する裁判である。極東国際軍事裁判、すなわち日本の主要戦犯を裁いた東京裁判、また中国やその他の国による現地の日本人戦犯に対する裁判などが、ここに含まれる。東京裁判は、日本軍が戦時下で犯した暴行の事実を日本の民衆に知らしめた。それにより、戦後の日本社会には、戦争責任についての認識が芽生えるとともに、侵略に対する反省が生まれた。しかし東京裁判を主導したのはアメリカだったため、アメリカの利益や意志がより強く反映された。また、冷戦開始直後の国際環境の影響も受けていた。したがって、アメリカやイギリスの利益を侵害した太平洋戦争に関する日本の責任が追及される一方、アジアの国々、とりわけ中国に対する長期の侵略戦争の責任は、相対的に軽視された。日本が国際条約に反して細菌戦と化学戦をおこなった責任はアメリカによって免責され、日本軍による従軍慰安婦の強制従軍と労働者の強制徴用、そして三光作戦

などの犯罪行為に対する徹底した追及はおこなわれなかった。このこともまた、日本人の戦争責任についての認識、そして戦後の東アジアの国家関係に、深刻な影響を及ぼした。さらに言えば、東京裁判が追及したのは戦犯「個人」の責任であり、そこにかかわる「国家」の責任は追及されなかった。これもその後の歴史認識問題に影を落とした。中国でおこなわれた日本人戦犯に対する裁判もまた、当時の様々な条件により、すべての要求が叶えられたものとはならなかった。それは正義を広め元凶を懲らしめる一面をもつと同時に、民意をごまかし、尻切れトンボで、罪を逃れさせるような一面をももっていた。

　戦後、連合国側による対日処理は、1951年のサンフランシスコ講和会議の開催とサンフランシスコ講和条約の調印により完結した。冷戦の影響、とりわけ朝鮮戦争の勃発は、連合国側の対日戦後処理に大きな影響を与えた。サンフランシスコ講和会議は、実際のところアメリカが主導した一面的な対日講和であり、アメリカの国際戦略と国家利益を反映したものだった。ソ連はこの条約に調印せず、中国は排除された。サンフランシスコ講和条約において、中国の善後処置にかかわる部分では、台湾および澎湖諸島の占領を日本が放棄することが明記されている。しかしそれらの帰属については不明確で、これがその後の「台湾地位未定論」の伏線となった。中国は、連合国側が日本に勝利するうえで多大な犠牲と重要な貢献をなした。しかしアメリカは、自国の利益のみを考慮し、中国の利益を顧みなかった。アメリカはサンフランシスコ講和会議を一手に主導し、国際政治上の自己中心主義、功利主義、そして冷酷な姿勢をあらわにした。中華人民共和国政府は、サンフランシスコでの一方的な講和に対して厳正な抗議声明を発表し、これを承認しなかった。しかし、台湾に退いた中国国民党（以下、国民党）政権は、自身の生存のためにアメリカの支持を必要とし、最終的にはアメリカの圧力に屈して、サンフランシスコ講和条約とは別の場で日本と会談し、日華平和条約を締結した。彼らは賠償を放棄し、日本の侵略戦争に対する責任や歴史認識をうやむやにすることを代価として、日本との関係の正常化を実現したのだった。

　戦後、日本は民主化、非武装化、植民地支配の廃止などをおこなったことにより、敗戦の影響から速やかに抜け出した。そして日本は新生・再起し、東アジアないし国際的に重要な国家へと成長した。しかし冷戦の影響により、アメ

リカ主導のもとで日本への占領と援助がおこなわれたことは、戦後の日本改造の効果を弱めることになった。日本の侵略戦争の最大の被害者、かつアジアの反ファシスト戦線のもっとも重要な貢献者である中国は、冷戦という国際環境と国共内戦などの要因により、対日処理で相応の主導性を発揮することができなかった。そのため、中国侵略に対する日本社会の認識および戦争責任の追及は、いまだ不十分な状況にある。そして日本の侵略戦争が引き起こした多くの問題、たとえば慰安婦、強制徴用工、細菌戦、民間における損害賠償などは、公正な解決をみておらず、日中間の歴史問題となって、現在に至るまで日中関係の健全な発展に悪影響を及ぼしている。

2. 戦争と人間──中国東北地方に残留した日本人の戦後送還を中心に[3]

　中国東北地方は広大な領域をもち、物産は豊富で、人口は相対的に少ない。人口稠密な日本にとって、この地はきわめて大きな魅力をもっていた。日露戦争後、日本は中国東北地方、とりわけその南部を自己の勢力範囲と認識するようになった。1931年の満洲事変以後、日本は「満洲国」の成立を促し、実質的に東北地方を支配した。1936年、日本は中国東北地方への移民を国策の一つとし、1937年から20年間かけて、100万世帯、500万人の移民計画を提起した。その後、大量の日本人が開拓団などの形で組織的に東北地方に移住し、そこは日本の「新たな辺境地帯」となった。統計によれば、1945年の終戦時、海外に滞在する日本の民間人・軍人の総計は629万人だった。そのうち、中国東北地方（内蒙古東部と河北省承徳を含む）には237万人（うち民間人160万人あまり、軍人70万人あまり）が存在し、海外にいる日本人の3分の1以上を占めた。

　1945年8月、ソ連は対日宣戦して中国東北地方に進軍し、日本は敗戦・降伏した。東北地方にいる日本人と関内にいる日本人に対して、日本当局は異なる政策をとった。関内の日本人については、日本側が帰国のための輸送を手配した。一方、東北地方の日本人については、日本政府の決定により、関東軍が「なるべく多くの日本人を中国大陸にとどまらせる」計画を制定した。これは、東北地方の日本人、とりわけ文化教育事業や商工業企業などにたずさわる日本人が、ソ連軍の支援を通じて正常な活動に復帰し、ひきつづき東北地方に定住

できること、また彼らが日本国籍を放棄できることを提起し、実質的には彼らの送還を放棄する政策だった。しかし中国東北地方の日本人は、当局のこのような措置についてまったく知らされていなかった。日本が敗戦・降伏すると、彼らは大連・丹東などの港に向けて撤退・集結し、帰国のための船を待った。彼らの大半は、日本の開拓団が撤退したときに残留した家族であり、多くは婦女・子ども・老人などであった。開拓団のほとんどすべての成人男性は軍隊に召集されていた。逃亡の道中は遅々としたもので、困難も大きかった。そのため非常に多くの子どもや女性が、現地あるいは逃亡の道中で置き去りにされた。

　東北地方の日本人に対する日本の政策は、アメリカとソ連の承認を得られなかった。アメリカは「日本の中国における影響力を完全に消し去らなければ、太平洋の真の平和は実現しない」と認識していた。ソ連の認識はいっそう明確で、「隣接する国土に、我々の宿敵が生活すること、しかもオオカミ同然の険悪な者たちが生活することを、決して認めるわけにはいかない」としていた。したがって、日本人がひきつづき東北地方に定住するという日本側の提案は、ソ連によって断固拒絶された。こうして、国民党政権はアメリカの支援のもと、東北地方に残留した日本人の送還に着手したのだった。けれども、この時期に東北地方を占拠していたソ連は、ここを自らの勢力範囲と認識していたため、アメリカがこの地で活動することを強く警戒した。ソ連軍が占拠していた大連および営口からの送還計画は、東北地方のソ連軍当局によって拒絶された。そのため、遼東半島のソ連軍占領地域に集結した日本人は、ソ連により大連港から日本へ移送させられた。また、その他の日本人は葫蘆島から日本各地へ移送された。

　東北地方の日本人の大規模送還は、1946年5月に開始した。移送の全般業務は中国側が責任を負い、アメリカは船舶を提供した。日本人は各地から葫蘆島に集められ、さらにそこから船で日本に運ばれた。1946年11月、東北地方の日本人の送還業務は基本的に終結し、105万人が帰国した。彼らは戦後の日本再建に重要な役割を果たした。日本人が葫蘆島に足留めされている間、現地の中国人は彼らに日用品を提供した。多くの人々は常に食糧が不足していたが、それにもかかわらず手持ちの食糧を日本人に手渡した。葫蘆島の人々の義理に厚い行為により、日本人はそこを自らの再生の地だと認識した。これは中国の

人々のなかに、人道主義の豊かな精神が根付いていることをあらわしている。

　さらに、日本が中国東北地方を侵略したことにより、現地の人々は深い傷と痛みの記憶を負った。しかし日本が敗戦・降伏したあと、東北地方の人々は日本人に対して大がかりな報復行為をおこなわず、彼らの帰国送還を手助けした。また、彼ら自身の生活環境が困難であるにもかかわらず、帰国できずに残留した日本人の婦女・子どもを庇護し、深い善意と思いやりをもって彼らに接した。中国人たちは親を亡くした日本の孤児を受け入れ、豊かでない生活環境のなかで孤児の成長にできる限りの努力を払った。日中関係が正常化し、残留孤児が肉親を捜索するために日本に帰国したときには、育ての親である中国人の多くは彼らの肉親捜しに理解と協力を示した。これは日中民間交流の一つの美談となった。

　一方、国共内戦などの影響により、旧軍人を含む日本人が戦後もひきつづき中国に残った。その一部は一般の中国人と同様の生活を送り、また一部は戦後の中国の回復に貢献した。たとえば、中国共産党（以下、共産党）が率いた東北映画製作所は、かつて満映（満洲映画協会）で働いていた日本人技術者の協力を得た。また日本の元軍人の一部は国共内戦に参戦し、たとえば山西省の閻錫山の部隊には多くの日本人が含まれていた。1949年に中華人民共和国が成立すると、中国に残っていた日本人は、ある者は正規のルートを通じて日本に帰国し、ある者（たとえば国民党側についた元軍人）は中国で裁判を受け、一定期間ののち釈放され日本に帰国した。

　戦争と人間というテーマは、長い間変わらないものである。戦争は個人の生活を脅かし、また個人の活動も戦争の展開に影響を与える。戦争によって影響を受けた人々の運命は、後世の人間が深い関心をもって研究するに値するテーマである。

3.　戦後の中国における日本観の変遷[4]

　日本と中国の一般民衆が互いをどのように認識するのかは、日中関係の周期的な変化に深い影響を及ぼしてきた。中国人による日本観の形成・変化は、多くの要因の影響を受けている。それは、認識主体が誰なのかによって、いくつ

かの類型に分けられる。

　戦後における中国人の日本観は、主に三つの要素の影響を受けた。

　①記憶と感情。日本の侵略戦争および中国が受けた傷・苦痛についての集団的記憶、またこれによって形成された愛国心。②政治と外交。中国の政治状況と外交戦略の変化も、中国人の日本観に影響を与えた。また日本と中国の国力の消長は、中国人の日本観を変化させる根本的な要因となった。③メディアと知識人。彼らは各種のルートを通じて日本に対する見方を表明し、影響力をもっている。これら三つの要素を明確に区別することは難しく、互いに影響を与え合っている。あるときには一つの要素が突出的な役割を果たすこともあるが、多くの場合は三つの要素が組み合わさって、ある時期の中国人の日本観を形成している。

　中国人の日本観は、おおむね以下の三つの類型に区別できる。

（1）政治家および外交官の日本観。毛沢東、周恩来、鄧小平などの国家的指導者、また廖 承志、張香山、孫平化などの外交官の日本観。彼らの日本観にもっとも大きな影響を与えたのは国家全体の利益に対する配慮であり、視野の広さや長期的な視点が重要なポイントとなった。「人民友好」の視点と国際環境を念頭において対日外交を考慮し、人道主義の精神をもって日本の一般民衆に接する。これが1949年以後の政治家と外交官の日本観の基本的な中身だった。また時代の変化に応じて、重点のポイントが変化した。

（2）民衆の日本観。日本の侵略を経験した世代は、自身の経験や認識に基づいて日本観を形成する。また戦争を経験していない若い世代は、家族の記憶、文学・芸術、教育、メディアを通じて日本観を形成する。中国人の日本観は、まずその歴史的イメージを基礎として形づくられる。そのため、歴史認識問題は日中関係の変化に重要な影響を与える。改革開放以後、多くの中国人が日本での留学・労働・旅行を経験した。彼らの日本観は直接的な生活体験から形づくられ、中国人一般の日本観にも一定の影響を及ぼした。中国人の日本観は国際・国内環境の推移とともに変化した。総じて、1980年代の日本に対する好感度は、1990年代以後よりも高かったといえる。

（3）メディアと知識人の日本観。改革開放前のメディアや知識人の日本観は、官製の見方を反映していた。改革開放以後、メディアと知識人は独自の表現の空間を獲得し、官製ではない視点から日本の観察を開始した。彼らの日本に対する認識には、共通点と差異とが混在する。メディアや学者によって、その日本観もまた異なるといえる。彼らの日本観は、中国政府の対日政策や一般民衆の対日感情にも影響を及ぼすが、同時にそれらからの影響も多かれ少なかれ受けている。

　戦後における中国人の日本観の変遷は、以下の四つの時期に区分できる。

（1）戦後初期（1945 - 49年）。この時期は、戦勝国という自己認識と、日本に対する「徳をもって怨みに報いる」という態度が並存していた。民衆は戦勝国の誇りと日本に対する恨みの気持ちを共有していた。しかし当時の政治的な事情により、国民党政権の対日処理は「徳をもって怨みに報いる」方針に基づいておこなわれた。

（2）日中関係正常化以前（1949 - 72年）。この時期は、中国政府の対日認識がそのまま流布していた。日中戦争については「二分法」の見方が生み出された。つまり日本軍国主義と日本の一般民衆との区別、侵略の元凶となった日本政府上層部と一般の役人との区別、きわめて悪質な罪と一般的な錯誤との区別が強調された。また「日本人民」という概念をつくりだすことにより、一般民衆と日本政府とを識別し、民間がリードして政府間の日中友好を盛り上げることが提唱された。また日本の軍国主義の復活に反対すると同時に、日本における反アメリカ的な動向を支持した。

（3）日中の戦略的友好期（1972 - 85年）。1972年の国交正常化、とりわけ1978年以後の中国における改革開放以後、両国は戦略的友好関係によって結ばれ、中国人の日本観は大きく変化した。一般民衆の日本に対する好感度は非常に高まり、日本もまた中国の経済建設と改革開放に実質的な支援をおこなった（たとえばODA）。「日中友好」は人々の間に広く浸透した。むろんこの時期にお

いても、日本の侵略が、中国民衆とりわけ実際の経験者に残した苦痛の記憶は依然として存在していた。これもまた、当時の日本観の重要な一部分を形づくっていた。

（4）冷戦終結前後（1985‐92年）。日中両国は平穏な関係を維持したが、新たな問題も出現した。国際環境が変化したことにより、日中間の「反覇権主義」に基づく戦略的協力関係が揺らいだ。また改革開放の発展のもとで、愛国的な民族主義や「中華の団結と振興」というスローガンは、民意を凝集させ不満を吐き出させる重要な役割を果たした。そして日本が歴史問題について不当に対処したことに、中国の民衆は強烈な反発を示した。日本による歴史教科書の改訂、中曽根首相（当時）による靖国神社の参拝などを通じて、中国人の日本観は「親」から「嫌」へと変化しはじめた。このような経緯がありつつも、この時期の両国の関係は比較的平穏だった。すなわち、1992年の天皇訪中に至るまで、中国人の日本観は全体として友好的かつ肯定的であった。

　中国人の日本観を決定するものとは「民心」である。民衆の対日観は、民衆自身によるロジックや価値判断の取捨選択によって変化していくものである。政治や学術は、一般民衆の集団的記憶を変えることができない。また彼らの思想や感情を、短期間で逆転させることもできない。中国の歴史は悠久かつ輝かしいものだった。そのため人々の「歴史的感覚」は、中華民族の個性や特徴を形成する非常に重要な要素である。一般民衆の日本観の核心は、過去の歴史に対する感情のなかで形づくられる。日中関係が周期的に変化する原因もまた、この点にある。将来においてもなお、中国人の日本観の核心部分は、近代史の記憶や感情をもとに形成されるだろう。

4. 国家の歴史観の変遷と日中戦争の歴史的記憶の構築[5]

　歴史の記憶は、民族の精神を形づくる重要な要素である。人々に共有される歴史的記憶は、民族意識や国家への帰属感の基礎となる。それは世代を超えて継承され、過去と現在を結びつけ、そして民族全体のアイデンティティと国家

への帰属意識を形成する。

4.1　中華人民共和国成立後の国家の歴史観の変遷

　歴史とは、何よりもまず、歴史教育（主に学校における歴史教育と歴史教科書）によって形づくられ、記憶・伝承されていくものである。そこには多かれ少なかれ国家の意思が反映されている。そのため歴史教育と歴史教科書は、国家の歴史観が時代の移ろいとともにどう変化したのかを、もっともよく映し出す。そして1949年以後の中国においては、教育部が公布した統一課程教学大綱における歴史観が、その代表的なものである。

　1949年から1977年の教学大綱は二つの特徴をもつ。一つは政治的イデオロギーの色彩が強いこと、もう一つは階級意識と階級闘争が強調され、革命史観と階級闘争史観が歴史叙述の基軸になっていることである。当時の歴史的環境のもとでは、こうなることは必然だったと言える。しかしそれにより、世界の歴史や人類の文明の発展が多様であることを、人々が見逃してしまうような状況も生み出された。

　1978年から始まった改革開放と現代化建設により、階級闘争路線は終息し、歴史教育も正しい軌道に乗った。現代化の意義が強調され、世界の歴史的発展の多様性が人々に認知された。1990年代以後、歴史教育は国情の認識を強調し、近現代史の叙述を重視し、国家の意思や愛国主義が目立つ存在となった。21世紀に入ってからは、伝統文化への回帰、国家の求心力の維持、民族的結束の強化などが歴史教育の新たな趨勢となっている。

　歴史教育にあらわれる国家の歴史観は、時期ごとに変化する。それが中国人の日中戦争に対する集団的記憶を形づくった。

4.2　革命史観と階級史観をもとにした日中戦争の歴史的記憶
　　　（1949-77年）

　この時期、歴史教育を通じて形成された日中戦争の歴史的記憶とは、以下のようなものだった。すなわち、国民党は抗戦に消極的で、共産党こそが中国を勝利に導いた。またアメリカは国民党による反共を支持し、ソ連は共産党による抗戦を支持した。歴史教育は現実世界の変化に機敏に即応するものではない

ため、これらの見方は1980年代後半まで存続した。のちに日本の歴史認識問題の焦点となる南京虐殺事件は、当時の中国の歴史教科書にすでに記述があった。しかし国民党の「消極的抗戦」論との関係から、日本軍による暴行や戦争そのものの残酷さが、歴史的記憶のなかで十分に認識されていなかった。戦争を体験した者や幸運にも生き残った者の記憶、またそれに関する歴史的事実や史料は、重視されないままとなり、記録・収集・整理・保存・研究が適切におこなわれてこなかった。学校における歴史教育のほか、文芸作品も中国人の戦争に関する歴史的集団記憶を形づくる重要な手段である。そこにあらわれる抗戦の歴史的記憶とは、基本的には共産党の指導のもとで勝利を勝ち取ったことで形成される、革命英雄主義あるいは浪漫主義の色彩の強いイメージである。

4.3 国家意思と民族的アイデンティティを中心とした 日中戦争の記憶の再構築（1978年から現在まで）

1978年の改革開放以降、経済建設の発展と中国の国際的地位の変化、そしてグローバル化の進展にともない、中国の社会環境は大きく変化した。近代国家としてのアイデンティティが形成され、国家と民族の団結力が高まり、大国としての視野や国際感覚が養われた。これらは愛国主義のもとで大いに発揚され、それによって国家の歴史観にも変化が生じた。日中戦争の歴史的記憶も、こうした変化の影響を受けた。

この時期の日中戦争の歴史的記憶は、共産党が主導した民族解放戦争から、中華民族の全民族的抗戦へと変化した。そのため、国民党の戦争中の地位と役割が肯定的に評価され、国共両党の団結と協力、そして中国の戦場としての地位と役割が強調された。日本軍の暴行と戦争の苦難や被害が、歴史教育、映像作品、大衆メディアの主題として取り上げられ、中国人の日中戦争の歴史的記憶の重要部分を占めた。戦争被害者というイメージが形づくられ、なかでも南京虐殺事件についての歴史的記憶がその核心となった。同時に、日中戦争に関する国家的な記念施設が設立され、戦争を記念するセレモニーがおこなわれるようになった。その代表的なものが、中国人民抗日戦争記念館と「南京大虐殺殉難者の国家公葬日」である。

全体として、中華人民共和国の成立以来、国家としての歴史観は、革命史

観・階級史観から民族国家意識の確立へと変遷した。これに対応して、日中戦争の歴史的記憶もまた、政党や階級の立場から全民族規模の抗戦という形に再編された。中国の日中戦争についての歴史的記憶が変化し、戦争をめぐる事実の「摘発」がおこなわれるのは、国際環境と国内社会が変化し、また日本国内の戦争認識が変化したことによる。したがって、我々はもしかすると以下のような示唆を得られるかもしれない。すなわち、加害者か被害者かにかかわらず、戦争の歴史的事実を明らかにするプロセスは、集団の歴史的記憶を形成するうえで重要な意義をもつ。もし中国・日本・韓国など東アジアの国々が、この戦争の記憶を形成するなかで、その歴史について徹底的に追究し、かつその追究の過程を共有するならば、東アジアの国々に共通の歴史的記憶をつくりだすことが可能ではないだろうか。そしてまた、記憶の共有を通じて歴史的な和解へと向かうことが可能ではないだろうか。

5. 中国の対日政策と日中関係の正常化[6]

　日中戦争終結後、両国の関係の再建と発展は曲折に満ちていた。日中関係の正常化には日中双方の協力と努力が不可欠だが、過去を振り返ると、中国側の対日政策は日本側よりいっそう主体的かつ積極的だった。

5.1　日中関係の「真空」時期（1945–52年）

　戦後、日本はアメリカに占領され、中国の国民党政権は台湾へ逃れ、共産党は中華人民共和国を打ち立てた。米ソ冷戦と朝鮮戦争の発生により、アメリカは日本の復興を支援するかたわら、中国の勢力抑制と孤立を図った。これらの相互作用により、日中間の直接的な交流は減少し、両国の関係は「真空状態」に近いものとなった。日中両国の千年にわたる交流の歴史のなかでも、ほとんどなかった事態である。中国の立場を無視したサンフランシスコ講和条約、日米安全保障条約、そして日華平和条約が締結されたことは、日中関係の正常化に大きな障害をもたらした。

5.2　民間レベルによる政府間関係の促進（1952-61年）

　国家間の関係が好転しないなか、中国は民間レベルでの交流を展開した。毛沢東や周恩来はいずれも対日関係における「民間交流が先行し、政府間の交流をうながす」方針の必要を説いている。これは、その後長期にわたり、日中関係の発展をみちびく基本方針となった。1952年以降、日中民間交流が回復し、また一定の発展をとげた。1955年、共産党中央委員会は対日政策の総合的指針を決定した。それは、日中人民の友好関係を発展させ、日本政府に各種政策の変更をせまり、それによって日中関係の正常化を徐々に実現する、というものだった。さらに中国側は、平和五原則のもとで日本との正常な外交関係が築かれることを願い、歴史問題については「過去の経験を将来に生かす」という方針のもと、長期的な視野で臨むことを強調した。こうして中国は、一連の主体的な行動により日中間の貿易関係を強化し、民間レベルでの接触を通じて政府間でも提携するよう努力した。しかし1957年、日本で岸信介内閣が成立すると、日本は中国を敵視するアメリカの政策に追随し、日中関係は後退した。そして両国の民間交流も行き詰まった。

5.3　「半官半民」と「漸進・蓄積方式」（1962-71年）

　1960年代初期、日中関係はある程度改善した。中国は、このときに長期的な対日方針を形成した。それは以下の三つである。第1は政治三原則、すなわち日本政府は中国を敵視しない、アメリカの「二つの中国」論に追随しない、日中関係の正常化を妨害しない。第2は貿易三原則、すなわち政府間で協定し、民間レベルで契約を結び、個別に配慮する。第3は政治・経済の不可分原則。以上の三つの原則を通じて、政治と経済の両面で漸進的かつ蓄積的に両国の関係を深め、国交正常化を促進する方針を、中国側は採用した。1962年、廖承志と高碕達之助により調印された「日中長期総合貿易に関する覚書」は、形式的には民間レベルだが、実質的には両国政府の認可を経て結ばれたものだった。日中関係は民間レベルの交流のもとで前進し、そして半官半民の新段階に入った。1964年末、日本では佐藤栄作内閣が成立し、中国への態度は消極的なものとなった。ついで中国では文化大革命がおこり、対外政策にも悪影響を及ぼ

し、日中関係の改善の勢いが停滞した。しかし両国の関係の基本的構造は維持された。

5.4　日中関係の正常化と「二本足」外交

　1970年代の国際情勢は決定的に変化した。中米関係が正常化したことにともない、日中関係も大きく進展した。1972年9月、田中角栄首相が訪中し、日中共同声明の調印を経て、日中関係の正常化が実現した。日本側は、中華人民共和国政府が中国唯一の合法政府であることを承認し、台湾が中華人民共和国の領土の不可分の一部であることを「十分理解し、尊重」した。そして、日台の外交関係を断絶することを明確に示した。また中国人民が過去の戦争によってこうむった重大な損害について、「深い反省を表明」した。中国側は、日本に対する戦争賠償の請求を放棄した。日中関係はここから新たな段階へと進み、迅速に発展した。1978年、日中両国は以下の点でコンセンサスを築いた。日中間の平和友好関係の構築は第三国に照準を合わせたものではない、日中双方とも覇権を追求しない、いかなる国家と国家集団による覇権の追求にも反対する。両国は日中平和友好条約に調印し、日中間の国交は完全に正常化した[7]。日中共同声明と日中平和友好条約で確立された原則は、両国の関係の発展にとって長期的な意義をもつものである。

　日中関係正常化のプロセスから、中国の指導者は両国の関係を非常に重視し、一貫して長期的かつ前向きな見方と深い懐をもってこれに対処していたことがわかる。毛沢東、周恩来、鄧小平などの指導者は、日中平和友好という原則を堅持した。また「大同を求め小異を残す」（些細な違いを乗り越えて両国の一致できる部分を探る）を追求し、必要な妥協を進んでおこない、蓄積・漸進の方式で歴史の難題を解決した。中国の対日政策は、民間レベルの交流が政府間の交流を促すところから始まり、日中友好のために人脈が蓄積され、基礎が形づくられた。日本にも多くの日中友好を唱える識者がうまれ、日中関係の正常化に対してたゆみない努力を続けた。そのなかには田中角栄やそれ以後の日本の指導者も含まれており、彼らの勇気と決断は同じく敬服に値する。日中関係正常化の実現は、両国が互いに向き合い共同で努力した結果である。その歴史は次の世代の人々から重視されるに値し、また彼らに多くの示唆を与えるだろう。

6.　日中関係が発展した黄金期（1972 - 92年）[8]

　1972年から1992年の20年間は、日中の友好と協力関係が大きく進展し、戦後の日中関係のなかでも黄金期となった。

6.1　日中関係が飛躍的に発展した20年

　1972年から1992年の間に日中両国が勝ち取った成果は、以下のようなものである。

（1）政治的には、日中共同声明および日中平和友好条約を通じて、両国の関係を発展させる法的枠組みを築いた。両国の指導者は頻繁に互いを訪問し合い、多様な次元とルートを通じて協議と対話を重ねた。協力関係を推進し、意見の相違をおさえ、相互理解と信頼の獲得に向けて前進した。

（2）経済的には、貿易・投資・技術・資金などの諸領域において、協力関係を迅速に発展させた。これは両国の関係を強化する重要な絆を築いた。

（3）国際的には、世界とりわけ近隣区域の平和、安全、発展の維持のために互いに協力し、積極的に貢献した。1989年に中国では政治的動乱が生じたが、そのときの日本の態度は比較的抑制されたものだった。これは、日本が中国および日中関係を重視していたことを示している。両国の関係はその後回復し、ひきつづき発展した。

（4）文化的、あるいはその他の分野での交流を、官民双方とも盛り上げ、その規模の大きさ、広範さ、人数の多さは、同時期の中国の対外関係のなかでも稀有のものとなった。またこれは、日中関係が発展するうえでの堅固な社会的基礎を築いた。

6.2　日中関係における意見の相違と摩擦

　この時期、日中関係には意見の相違と摩擦も生じた。それらは当時の日中関係を難局に陥らせ、その後の両国の関係に大きな障害をもたらした。

　まず歴史認識の問題では、日本で発生した歴史教科書の改訂、首相の靖国神社参拝などにより、歴史認識問題が日中摩擦の焦点となった。日中関係には大きな困難がもたらされ、日本の誤ったやり方は当然のこととして中国政府と一般民衆の強烈な不満と抗議を引き起こした。むろん当時、歴史認識問題が拡大しないような措置がとられ、その後も日本政府は挽回のための一連の措置をとったため、両国の関係の決定的な障害とはならずに済んだ。しかしこの問題は、冷戦が終結し日本の国内政治が右傾・保守化するとともに、日中関係を妨げる重要な問題点として両国に困難をもたらした。振り返れば当時、歴史認識問題を解決することがどれだけ困難であるかについて、中国側の認識は不足していた。さらに両国の関係を迅速に正常化するため、中国は歴史認識問題の重大性を直視しなかった。その代償を、のちの時代になって支払うことになったといえる。

　次に、尖閣諸島（釣魚島）の問題について。これは日中間の長期にわたる懸案であり、いまだに解決されていない領土主権問題である。しかし日中両国による議論の「棚上げ」、また両国の友好・協力という環境のもとで、この問題は当時十分に議論が尽くされなかった。しかし、両国の蜜月期に、互いの協力によって釣魚島問題が解決されなかったことは、重要なチャンスが失われたというほかなく、非常に残念なことである。

　さらに、日中関係の意見の相違と摩擦を生み出したものとして、たとえば日中平和友好条約の協議中に生じた「覇権条項」をめぐる意見の相違、日本の右翼団体による台湾問題への関与、日本軍国主義の復活に対する中国側の懸念、日中貿易摩擦などが挙げられる。当時はそれほど問題が尖鋭ではなかったため、日中ともに大局的な視野のもとで問題を考慮することができ、両国の関係発展の重大な障害とはならなかった。

6.3 歴史的経験と示唆

　この時期、日中関係は飛躍的な発展をとげ、経験も豊富に得られた。なかでも重要なのは以下の３点である。

（1）日中の友好と協力関係は、長期にわたる歴史的交流、文化的関係、友好の伝統、人々の根源的な利益によって発展していくものである。「和すれば則ち共に栄え、闘えば則ち倶に損する」こそが日中の長きにわたる歴史的関係から得られた結論である。またこのことが、日中関係の内在的な原動力となっている。1980年代、日中関係の原則が確立された。それは1983年、胡耀邦総書記が訪日したときに達成された「平和友好・平等互恵・相互信頼・長期安定」の共通認識である。これは、現在に至るまで重要な現実的意義を有している。日中両国が善隣友好を各自の基本国策とし、その政策の持続と一致に努めてこそ、日中関係の発展や両国民衆の利益と幸福が実現し、アジア太平洋および世界の平和と発展に貢献することができるのである。

（2）日中共同声明および日中平和友好条約が確立した基本原則は、日中関係の発展を保証する重要な根拠である。これらの基本原則には以下が含まれる。かつて両国間に発生した不幸な歴史を正確に認識すること。世界において中国はただ一つであり、台湾は中国の一部であること。平和五原則の基礎のもとで友好関係を持続・発展させること。平和的な手段により一切の紛争を解決し、武力に訴えないこと、等々。これらの原則は、日中間の冷戦、イデオロギー、社会制度の差異を乗り越え、正常な国家関係を発展させるうえで、堅固な政治的基盤を築いた。またこれは、日中関係の理非曲直を判断する拠り所にもなっている。したがって、日中共同声明と日中平和友好条約の意義が、ときの経過とともに軽んじられるいかなる理由も存在せず、むしろここに規定された責任と義務を共同で果たしていくことが求められている。

（3）中国・アメリカ・日本の三国間の協力・関係強化・均衡は、日中関係を発展させる重要な原動力であり、またこれを保障する役割を果たすものである。

これまでの事実が明らかにしているのは、中米関係の発展によって日中関係の改善が促され、また日中関係が発展すれば中米関係にも良い影響が及ぼされるということである。中国・アメリカ・日本の三国関係は良い意味で連動し、日中関係の均衡と安定にも役立っている。他方、三国の関係が均衡を失い不安定になれば、日中関係にも好ましくない影響を及ぼす可能性がある。いかにして中国・アメリカ・日本の三国関係の発展を促すかは、日中双方が考え解決していかなければならない課題である。

　このほか、日中関係の黄金期の貴重な経験として、多くのことが挙げられる。たとえば、両国の関係を発展させる歴史的なチャンスをうまくつかんだこと。「大同を求め小異を残す」の精神により、両国の意見の相違や障害をうまく乗り越えられたこと。指導者間の緊密な接触と対話を維持できたこと。日中間の友好と協力を維持するという大きな枠組みを一貫して追求できたこと。両国の関係の発展を促すような世論の形成に努めたこと。民間レベルでの広範な交流と友好的活動により、両国の関係が発展する重要な社会的基礎を築いたこと、等々。新たな情勢のもとで、日中両国はこれらの貴重な経験をもう一度重視しなければならない。それにより、日中関係が早期に健全な発展を取り戻すこと、前向きな発展を持続させること、そして2008年、胡錦濤国家主席が訪日したときに両国間で合意した「平和共存・世代友好・互恵協力・共同発展」という崇高な目標を実現させること、これらのために少しの努力をも惜しんではならない。

7.　冷戦時代における中国の外交戦略と対日政策（1949‒92年）[9]

　冷戦時代の中国の外交戦略は、主に三つの利益を追求していた。すなわち世界革命の利益、国家安全の利益、経済発展の利益である。これらは長期的に並存し、相互に影響を与え合い、またときには一体となりときには起伏・変動した。冷戦の影響により、対ソ・対米政策は中国外交戦略の核心となり、それに従属する形で対日政策は変化した。1980年代半ばになって、中国の対日政策はようやく対米・対ソ政策とは切り離され、それ自身の戦略的価値をもつようになった。

7.1　中国外交戦略の形成：1949−58年

中華人民共和国が成立した頃の外交方針は「対ソ一辺倒」だった。これは冷戦という国際環境のもとで、中国の立場を表明したものであり、強烈な革命的性質を備えていた。同時に、中国の安全保障と経済的利益に配慮したものでもあった。「抗米援朝」（朝鮮戦争においてはアメリカに抵抗し北朝鮮を支援する）の方針が決定された背景には、これらの目的が存在した。日本はアメリカ帝国主義にコントロールされた国家だったため、中国が重視したのは日本政府との関係ではなく、日本国内の無産階級および労働者大衆との関係だった。中国は彼らの反米闘争を支持した。同時に、中国外交戦略のもう一方の軸は、平和共存と平和な国際関係の構築、また国内経済建設への貢献におかれていた。これは対日関係にも反映され、民間外交が提唱された。「以民促官」（民間レベルの交流によって政府間の交流を促すこと）により、日中関係は正常化へと向かった。

7.2　中国外交戦略の急進化：1958−69年

1950年代後半から国内外の環境が変化し、中国の政治路線は徐々に左傾化していった。これにともない、外交も急進的な革命路線をとるようになった。とりわけ1960年代半ばから中ソ関係が決裂し、中国は反米・反ソの外交路線を採用し、同時にアジア・アフリカの民族革命運動を大いに支持した。これは対日政策にも影響を及ぼした。一方では、日本の人々が覚醒して中国とともに反米・反ソの行動に出ることを期待し、もう一方では、日中関係の改善が続くように努めた。これは中国政府の指導者の、革命・安全保障・国家利益に対する見方が重なり合い交錯している様をあらわしている。

7.3　中国外交戦略の重要な転換：1969−78年

1960年代末、中ソ関係は極度に悪化した。ソ連は中国の安全にとって最大の脅威となり、中国の外交戦略はここから大きく転換した。国家の安全が世界革命に優先する課題として位置づけられた。毛沢東が提唱した「三つの世界」論は、共産主義か資本主義かという二元的な基準で世界の国々を理解してきた過去の見方を変え、イデオロギーではなく国家の利益と安全こそが、外交上の

闘争や協力を形づくる主要因なのだと規定した。中国の国家安全戦略が変化したことにより、中国の外交も転換した。すなわち中米関係の和解が進み、日中関係が正常化した。同時に中国は、国際的な反ソ統一戦線を構築し、アメリカと提携してソ連に反対することを追求した。これは対日外交にも影響を及ぼした。すなわち、日米の同盟関係に反対する中国の従来の立場は棚上げされ、ソ連の覇権に反対し、日本を「反覇権主義」の盟友とすることが重視された。

7.4　中国外交戦略と改革開放の協調・一致：1978-92年

　1978年から改革開放が始まり、国内政治が転換したことで外交戦略も調整された。しかしこの調整は、一連のプロセスを要した。1980年代半ば、鄧小平は、平和と発展こそが世界の真の戦略的課題だとの見方を示した。これにともない、中国の外交戦略は冷戦体制の影響から脱却し、調整を完成させ、独立自主の平和外交を実現した。そして最終的には、国内政策と一致した、経済建設を中心とする路線へと転換した。そして、日本の経済大国としての戦略的地位が顕著に上昇していたことから、日中関係にも重要な戦略的意義が賦与されるようになった。中国の対日政策は、過去のように対米・対ソ政策に従属するのではなく、それ自身の戦略的価値をもつようになった。1980年代半ば、中国は日中友好を長期的な国策として提起し、また日中両国の協力関係は、社会制度が異なる国家間における、また先進国と途上国の国家間における、協力の模範となるべきだと提起した。日中間には歴史認識、台湾問題、経済関係、軍国主義復活などの点で意見の相違や摩擦が発生した。しかしそれらはすべて効果的に抑えられ、友好・協力という大局的な関係に悪影響を及ぼすことはなかった。ここから、この時期の日中関係は、過去よりも堅固な戦略的基礎と幅広い戦略的視野を備えるようになったといえるだろう。

　冷戦時代、中国は明確な外交戦略をとっていた。しかし対日政策も含めて、それらがどれだけ具体的な外交政策に反映されていたのかは、時期や事柄によって異なっていた。また歴史的遺産、国内政治、指導者の個性、外部的要因なども、外交政策に多面的な影響を及ぼした。各時期の外交戦略、なかでも主要な地位を占めていた経済的利益の追求は、おおむね中国の対日政策の基調をなしていた。しかし、日中関係の歴史と現実は、双方向の関係の構築にも影響を

及ぼしている。総括すれば、日中双方は自身と世界の関係を、事実に基づいて客観的に認識し、かつ実際の状況に適合した外交戦略を自主的に決定しなければならない。同時に、互いの戦略を理解し、利益が合致するポイントを追求しなければならない。それこそが、両国の長期的かつ安定的な発展にとって堅固な基礎となるのである。

おわりに

　1945年から1992年までの日中関係は、近代以来の日本による中国侵略によって形成された不平等な関係から、中国が戦後対日処理に参加するという戦勝国と敗戦国との関係へと変化した。そしてわだかまり、交流、再構築といった過程を経て、最後には日中関係の正常化が実現し、完全に平等な両国関係が形成された。この変化の過程は、日中関係の歴史的発展と国家間関係の平等化という趨勢をあらわしている。なかでも重要な意義をもつのは、民間レベルでの交流、チャンスをものにする能力、政治家の決断、互いに理解し譲歩し利益を与え合うという精神、意見の相違の抑制などである。これらは、広範かつ堅固な基礎を築き、日中関係が発展する黄金期をもたらした。しかし、日中関係の歴史的変化は、その黄金期にあっても依然として解決すべき若干の問題を抱えていた。そのうち歴史認識問題は、形勢の変化とともに深刻なものとなり、両国関係に良からぬ影響を与えている。我々は、近代史における日中関係、および当時の両国の一般大衆の相互認識が、現在でも重要な意義をもつことを軽視してはならない。なぜなら、近代史は現在にとって近い過去であり、歴史的記憶が依然として強烈な慣性力と影響力をもつからである。そして同時に、日中関係が正常化していく過程で、各種の原因により、歴史認識問題の処理はまったくもって一定程度の水準に達することがなく、今日に至るまで発作的な痛みを両国の関係に与えつづけているからである。本稿が検討したように、1950年代から1990年代においては、歴史認識問題は解消されなかった。1980年代以後、この問題はむしろ突出し拡大する勢いをもちはじめた。これは当然のことながら日中双方の環境の変化に影響を及ぼし、またそれゆえに日中両国が共同で歴史研究をおこなう意義がここにある。もし両国が歴史問題の討論を通じ

て、認識の相違を基本的に解決し、歴史認識をだいたいにおいて共有すること
ができたなら、双方の関係発展における憂いは取り除かれ、日中関係の新たな
発展と展開がもたらされるだろう。

---

1 本稿は、各節を異なる執筆者が担当し、それらを汪朝光が一つにまとめたものである。
　　各執筆者の貢献に感謝するとともに、文中の誤りはすべて汪朝光が責を負う。日中関
　　係の展開の特徴および論述の便宜上の理由により、各節は時期的に重複している部分
　　がある。各節が何を主題とするかに応じて、時期区分にも差異が生じている。
2 本節は厳海建（南京師範大学社会発展学院）が担当した。
3 本節は呉万虹（中国社会科学院日本研究所）が担当した。
4 本節は孫揚（南京大学歴史学院）が担当した。
5 本節は李寒梅（北京大学国際関係学院教授）が担当した。
6 本節は章百家（中共中央党史研究室）が担当した。
7 日中関係の正常化の過程で、日本側は釣魚島〔日本での呼称は尖閣諸島〕問題を提起
　　した。1972年、周恩来は、目下の急務は両国の関係の正常化にあるため、この問題
　　はまた今度話し合うべきだと述べた。こうして両国とも「また今後話し合う」という
　　理解を共有した。1978年、訪日中だった鄧小平は、この問題について双方の見方は
　　異なるものの、現段階では追究せず、双方が納得する解決案を次世代の人々に託すべ
　　きであると、公式に発表した。
8 本節は張沱生（中国国際戦略研究基金会研究部主任、北京大学国際戦略研究院理事）
　　が担当した。
9 本節は王緝思（北京大学国際戦略研究院院長）、帰泳濤（北京大学国際戦略研究院副
　　院長）が担当した。

第1章
戦後処理と
国際秩序の再編

延安にて国共内戦停戦合意（1946年1月10日）。（左から）周恩来、トルーマン米大統領の特使マーシャル、朱徳、張治中（国民政府）、毛沢東

日本 | # 戦後処理と国際秩序の再編

佐藤晋 (二松学舎大学)

はじめに

　太平洋戦争に敗北した「大日本帝国」は、アメリカを中心とする占領軍による民主化改革を経て「平和国家日本」へと変容した。さらに戦後東アジアを特徴付ける「サンフランシスコ体制」のもとで、「軽武装」のままアメリカのジュニア・パートナーに組み込まれた。多くの日本人は、武装解除、東京裁判、新憲法制定、農地解放、財閥解体という民主化改革の過程で、日本は戦前の軍国主義からは完全に断ち切られたと考えた。しかし、戦前・戦時中に多大な被害を与えた東アジア諸国との「和解」は、当時考えられたようには円滑に進んでいない。国内制度的には戦争を放棄し、軽武装を定められた日本は、それにもかかわらずなぜ東アジア社会で完全に受け入れられることにはならなかったのか。それを、日本の研究者が、戦後東アジアに形成された国際秩序といった要因を中心に据えて、どのように考えているのかを概説することが本稿の目的である。その過程で、日本と東アジア諸国、とりわけ中国との和解の進展を阻んだ国際環境要因として、国共内戦、米ソ冷戦の発生、中華人民共和国の成立、朝鮮戦争、サンフランシスコ講和条約などの重要性を指摘していく。

1. 対日戦後処理

　終戦の際に、その後の日中関係に影響を与える可能性が大きかったのは、中国大陸に駐留していた日本軍の処遇と民間人の引き揚げ問題であった[1]。日本の交戦国は中華民国であったが、大陸には中国共産党の支配地域が存在し、終戦時「満洲国」が存在していた中国東北部にはソ連軍が進駐して日本軍の武装解除に当たった。このうち、ソ連の勢力圏の日本軍民の処遇（シベリア抑留）については、その後現在に至るまで日本国内で非難の対象となっている。終戦当時に中国大陸にいた多くの日本人は中国国民党のコントロール下に置かれ、これらへの処遇が仮に報復的なものであったならば、戦後日本人の対中悪感情のようなものが生まれたかもしれない。実際には、約300万の軍民の復員・引き揚げは蔣介石の寛大な処置のもと円滑かつ安全におこなわれたと一般的に評価されている[2]。さらに国民政府がおこなった戦犯裁判も、中国に与えた戦争被害に比べて寛大であったこと、支那派遣軍総司令官・岡村寧次が無罪であったこと、同じく国民党が対日協力者を裁いたいわゆる「漢奸」裁判の方がむしろ苛酷であったと言えることなどから、蔣介石の「以徳報怨」の一環であったと考えられている[3]。

　とはいえ、その後実現した早期の復員・引き揚げには、大陸から日本人の影響力を排除したいというアメリカ政府の意向が働いていた。一方、こうした近年の研究では国民党は、実際には残留日本人の利用も考えていたことが指摘されている[4]。これは終戦後に生じた国共対立の先鋭化が影響している。共産党勢力との対抗上、蔣介石は日本の軍民の力を必要と考えていたとされる。さらに、この過程を複雑にしたのは、米ソの対立構造が中国における国共両党の対立と連動していったことである。つまりアメリカは中国から日本の影響力を早期に払拭しようと考えていた一方で、国民党勢力の優位を図ろうとしていたのである。すでに日本敗戦に際して、米ソ両国は日本の勢力圏を分割しようと東アジアに殺到し、その対立は朝鮮半島を北緯38度線で分割することでいったんは終息した。しかし中国大陸における国共両党の対立の予想が、アメリカによる国民党軍の支援を急がせた。日本軍が武装解除された後に共産党勢力の進

出が想定されたからである[5]。

　このように冷戦の起源をアジアにおいてさかのぼれば、大日本帝国の敗北により西太平洋・東アジア地域に巨大な権力の空白が生じ、それをソ連とアメリカが埋めようとしたことに求められる。しかし、この趨勢はいずれ「第3次世界大戦」の勃発につながると考えられたため、両国は朝鮮半島における北緯38度線で勢力圏を分割することで合意した。つまり日本の統治が急速に崩壊した朝鮮半島では、アメリカはなんとか南半分を勢力圏下に組み込むことができた。ところが中国大陸は戦争末期に参戦したソ連と隣接しており、すでに中国共産党の勢力範囲も拡張していた。中国東北部はもちろんソ連の支配下に置かれていた。しかし、ここまでの状況は「ヤルタ体制」と呼ばれる合意においては、いわば想定内のものであった。そもそもローズベルトは、米ソは政治的・社会的・思想的な制度があまりにもかけはなれていることから国民同士の合意は困難と考え、スターリンとの個人的友好関係に立脚して秘密合意を勝ち取り、その指導者個人間の合意のうえで戦後世界の平和を維持しようと考えていた。したがってヤルタ会談の秘密合意において、終戦後にソ連が遼東半島を勢力下に置くことを認めていたのである。上述の朝鮮半島がなぜ38度線で分割されたかというと、39度であれば旅順・大連を含むことになり、ソ連側が「ヤルタ合意」とアメリカへの信頼感を失うことになるのではとアメリカ側が懸念したからであった[6]。

　一方、東北部以外の中国に共産党勢力が浸透することで「ヤルタ体制」は危殆に瀕することになった。つまり、ローズベルトが形成した「ヤルタ体制」の合意には「四人の警察官構想」が含まれており、そこで想定されていたのは国民政府による「強い中国」であった。そのため日本軍民を引き揚げさせるローテーションの一部として、国民党軍の「北送」を推進したのである。しかし、その後、国共内戦が現実のものとなるのを恐れ、トルーマンは1945年11月にマーシャルを派遣して国共両軍の停戦協定を斡旋した。中国が国民党単独の支配下でなくとも、国共両党が協調して連合政権を形成し、ソ連の影響力拡張を阻止しうる「強い中国」を維持することがアメリカにとって次善の策であったのである。しかし、46年における内戦の本格化をもって連合政権構想は失敗し、その後の内戦における国民党の敗退で、中国に共産党政権が成立した[7]。その

後、アメリカは一時的に中華人民共和国との友好関係を模索したものの、中国が「向ソ一辺倒」政策を採用したこともあり、敵対的姿勢を採用していった。その結果、対ソ連のカウンターバランスとして日本の復興・強化に重点が移行した。日本では、アメリカの冷戦政策への転換、すなわち1948年以降の日本を復興・強化させようとする政策への変化は、このような東アジアの国際秩序の変容を軸に理解されている[8]。

2. 占領改革と日本

　終戦後、日本では、本土およびアジア各地に点在していた旧日本軍の武装解除を実現し、占領軍を大きな摩擦を生じさせないで受け入れるために皇族の東久邇宮稔彦王（ひがしくにのみやなるひこおう）が首相に任ぜられた。アメリカがどのような占領政策で臨んでくるか不透明であったため、なるべく占領軍を刺激せず、その政策が懲罰的かつ苛酷なものになることを避けようとしたのである。一方、東久邇内閣内部では近衛文麿を謝罪使として中国に派遣しようとの構想があった。これを推進した緒方竹虎は戦争末期に、太平洋戦争が「国家対立から人種対立」に転化しつつあるとの危機感から日中和平工作を推進した。その延長線上において、西洋勢力と戦って敗北させられた日本が戦後復興するためには同じアジア人としての大国中国の助力が欠かせないが、その中国に日本は戦禍を及ぼしたため、助力を得る前提として謝罪が欠かせないと、緒方は考えたのであった。他方、重光葵は終戦直後の時期において、国民政府は将来、国家再建の困難に直面して日本との提携を求めてくるとの予想を示していた[9]。

　しかし、このように戦後のほんの一時期見られたアジア主義的連帯感は、中国大陸で国民党が敗退し共産党政権が成立したことで実現が難しくなり、日本の占領者であったアメリカが苛酷な対日政策を採用せず最終的には同盟者となることによって必要とされなくなったため雲散霧消した。他方、早くも1945年末には共産圏からの引き揚げ者に対してはソ連・中国共産党の状況を知る手段として、さらには「スパイ」との疑いから日本人協力者とともにGHQのCIC（対敵諜報部隊）を中心とする占領当局によって尋問がおこなわれたことも知られている[10]。

東久邇内閣が無事に大量のアメリカ軍の進駐を受け入れて総辞職すると、その後の日本の首相は戦前親英米派として活躍した幣原喜重郎、吉田茂によって引き継がれていく。これも占領軍との関係を円滑にすることで苛酷・懲罰的な政策を回避する意図から出たものといえよう。一方、対日占領政策はアメリカだけで決定・実施されたわけではなく、ワシントンには11ヵ国からなる極東委員会が設置され、東京には米・英・中・ソの代表による対日理事会が置かれていた。また英連邦軍が実際に日本に進駐した。中国も日本占領に参加する意図であったが、国共内戦の激化によって大規模な占領部隊の派遣はおこなわれなかった。しかし、中国政府は極東委員会・対日理事会を通じ、また東京裁判などの個別政策において少なからず影響を与えていった。とはいえ、占領政策はほぼアメリカの意図通りに進められていったと考えられている。

　そのなかで、新憲法における文民条項（66条2項）の挿入に中国が果たした役割が知られている。新憲法における戦争放棄条項は、言い出した人物が誰であったかはともかく、日本側とアメリカ側が天皇制の維持と引き換えに成立させることで合意をみた結果であるとの認識が強い[11]。一部研究者には押し付け憲法論も根強いが、多くは新憲法を戦後の日本人がおおむね好意的に受け入れたことなどから制定過程についても肯定的である。この日本の憲法問題に関して、もともと極東委員会では、国務大臣は文民に限るとの条文を含めるという方針が定められていた。しかし、新憲法案で戦力不保持が定められるため、日本政府とGHQの間で文民条項は必要ないことが合意されていた。しかし、新憲法案の帝国議会での審議中におこなわれた「芦田修正」に対して、中国政府が危機感を抱いたことが文民条項の挿入につながった。つまり9条2項の冒頭に「前項の目的を達するため」との文言が入れられたため、中国政府は侵略以外の目的、たとえば自衛を口実に日本が軍隊をもつ可能性が生じたことになると極東委員会で主張したのである。その結果、いわゆる文民条項が挿入されることになったが、これは長年日本の侵略に苦しめられていた中国政府ならではの着眼であったととらえられている[12]。

　これ以外にも占領当局は公職追放政策によって軍国主義者を主要なポストから追放し、農地解放によって地主制を解体し自作農を大量に創出した。これは、財閥解体と並んで日本から戦前の軍国主義的な要素を除去するためにおこなわ

れたものであった。このように新憲法のもと、軍事組織が半永久的に廃止され、封建主義的な制度が解体され、政治は政党政治によって運営されることになり、日本は民主主義的な「新日本」として生まれ変わったと日本人には意識された。しかし、このイメージが周辺諸国に共有されたかというとそうではない。それは、日本独立を前にして、フィリピンのみならずオーストラリア、ニュージーランドまでが日本の軍国主義復活の危険性に対して、アメリカに同盟条約による安全保障を求めたことから明らかである。この懸念は中ソ友好同盟相互援助条約にも反映され、さらに中国政府にとってはその後数十年にわたってなお懸念事項として止まったのである。

　日本の研究者の間にも「当初の占領政策が貫徹していれば、日本はきちんと民主化されたはずだった」という内容の「未完の占領改革」といった議論も存在する[13]。そのなかでは、民主主義的傾向の強い占領改革を中止し逆の方向にもっていったのは冷戦の論理だったとして、この動きは「逆コース」とも呼ばれ、さらに民主主義とはいえない自民党の一党優位体制が誕生した遠因としても扱われる。具体的には憲法改正を唱え、再軍備を推し進める「保守派＝戦前派」が復活したこと、中道・左派政権（片山・芦田内閣）から保守反動（吉田内閣）への権力移行がもたらされたこと、これらが民主主義導入・定着に逆行するものであったとされる。この説では、吉田茂を中心とした保守派がアメリカの冷戦戦略に乗って権力を確保し、アメリカ追随の外交政策と反共国家化を実現したため、中ソとの関係がその後しばらくは疎遠なままに置かれたとされる。他方、当然のことながら、吉田内閣といった保守政権といえども、民主主義体制における正当な選挙で国民に選択されたものに過ぎないとの見方もある。

3.　東京裁判と中間賠償

　アメリカ主導でおこなわれた初期の対日占領政策は、日本に懲罰的なものであり、その無力化を狙うものであった。それには物理的な非軍事化と精神的な「武装解除」の側面があったが、前者には苛酷な賠償を科すという政策があり、後者の非軍国主義化路線のなかには戦犯裁判が位置づけられる。時系列に沿って先に後者の側面の中心であった東京裁判を取り上げる。この「勝者の裁き」、

「文明の裁き」とも呼ばれる東京裁判は、連合国にとって日本人に戦争の過ちを意識させ、日本が再び世界の脅威とならないようにする「安全保障政策」の意義を有していた[14]。連合国は、東京裁判の過程において旧日本軍の残虐性を浮き彫りにし、その指導層が死刑にされることで、日本人の好戦性の芽を断とうとしたのである。その意味で民主主義改革の徹底による平和愛好国化を図るアメリカの路線が示されたのが東京裁判である。また、アジア各地での英米など連合国がおこなった戦犯裁判の中には対日報復的な側面が見られたことも指摘されている。他方、蒋介石が、戦後の共産党との戦いの中で旧日本軍人の助力を得たいと考え、戦犯裁判を寛大に処理したのではないかということも指摘されてきている。

　一般的に東京裁判は政治的な意図が反映されたものと見られており、裁判で罪状として取り上げられた事実についても不正確なものが多く含まれているとされている。また、東京裁判のプロセスには連合国の政治的意図が反映されたと見られているものの、判決については事実として受け入れるという姿勢が研究者の間では強い。国民政府は東京裁判の原告を構成した11ヵ国の一つであった。最終的に東京裁判では被告28人中25人に判決が下ったが、オーストラリアが主張した天皇戦犯論については、占領軍が天皇を占領支配の円滑化のために利用しようと考えていたことから受け入れられるところとはならなかった[15]。

　次に物理的な無力化である賠償政策に移る。この面では、まず日本軍の武装解除が図られ、ついで軍需産業の禁止、航空機・造船産業の規制などへと拡大していった。そのなかでも重要だったのが賠償政策であった。すなわち当初のアメリカの政策では、日本が戦時中に被害を与えた諸国に賠償をおこなうことで、日本の無力化と被害国の経済復興を同時に達成できるとされていた。賠償政策は一部実行に移され、日本から中国、フィリピンなどへ発電機や機械といった現物の設備が引き渡された。こうした賠償は、日本が与えた被害の総額、つまり各国へ支払われるべき賠償額が算定される前に、おそらく払われるであろう額のごく一部（30％程度）を暫定的に先に引き渡すという意味で中間賠償と呼ばれている。この仕組みには、設備機械の指定、金額算定、撤去、海上輸送、荷揚げ、仕向け国での備え付けなど困難なプロセスがあり、とりわけ中国

は内戦に悩まされていたため、満足な移送がおこなわれなかった。さらに最終的に冷戦状況下で日本の弱体化を望まないアメリカ政府が、これ以上日本を弱体化させると納税者の負担が増えて困るという国内事情の考慮もあり、49年5月にマッコイ声明を出すことによって、この政策は中止された。この中間賠償は日本が与えた戦争被害にとても見合うものではなかった。一方、この中止は賠償負担をなるべく軽くしてもらいたい日本側にとっては好都合なものであった[16]。

また日華平和条約の際の賠償放棄も、本来蔣介石は賠償を請求したかったものの、アメリカ政府の説得によって放棄させられたことも現在では知られている[17]。したがって、のちの自民党右派中心に広まる「蔣介石恩義論」は単なる「神話」に過ぎなかったとの評価も出てきている。

4. 中華人民共和国の成立と朝鮮戦争

1945年8月時点におけるソ連の中国におけるパートナーは蔣介石の中華民国政府であった。これは「ヤルタ密約」で約束された極東権益、とりわけ旅順・大連に関する権益を国際法的に確保するために必要なものであり、広くはアメリカとの協調体制＝「ヤルタ体制」を維持するために不可欠なものであった。それは、当然のごとくアメリカが国民党をパートナーとしていたからである。しかし、上述のようにマーシャル調停にもかかわらず国共内戦が勃発すると、情勢は急転を迎える。すなわち共産党軍が国民党を圧倒していったのである。これに対してスターリンは危機感を抱き、共産党軍に長江の渡河を思いとどまることを要請したというが、これは中国が統一されるよりも二つの勢力で内乱状態に置かれていた方が自国の安全保障にとって有利であると考えていたためであった[18]。このような発想は当時の日本の首脳にも共通していたと思われるが、日本になすすべはなかった。この国共内戦の結果、1949年10月に北京で中華人民共和国の建国が宣言され、国民党勢力は台湾に逃れることになる。いわゆる「二つの中国」の発生であり、その後の日本外交に重い課題を投げかけることになった。

中華人民共和国の成立と1950年2月に調印された中ソ友好同盟相互援助条

約は確かに東アジアの冷戦構造を画するものであったが、それら以上に日本の政治・外交に大きな影響を与えたのは1950年6月に勃発した朝鮮戦争とそれにともなう再軍備の開始であった[19]。まず、アメリカが国連軍という形で朝鮮半島に出兵する。その主要部隊は日本に駐留していた。その結果、日本国内の治安が脅かされかねない状況となり、マッカーサーは日本政府に対して警察予備隊の設立を命じる。これがその後の再軍備へと道を開くこととなった。次にマッカーサーは「台湾中立化」と称して台湾海峡に第7艦隊を派遣した。これは中国による台湾の接収を回避するための措置であった。それまでアメリカ政府は中国による台湾の接収に際しても関与を避ける姿勢であったが、朝鮮戦争を契機に台湾防衛をその政策とするようになる。この結果、日本の「二つの中国」問題に対する政策の選択肢は大きく狭まっていった。さらに重要であったのはアメリカ軍が朝鮮戦争参戦後、38度線を突破して北上し鴨緑江（おうりょくこう）の中朝国境に接近した結果、中国軍の大規模な参戦を招いたことである。この結果、朝鮮半島では米中間に直接の戦闘が生じ、その後数十年にわたって米中対立がアジア冷戦の基本構造となった。アメリカに安全保障を全般的に依存することとなる日本の選択は、この構造によって大きく制限されていく。

　朝鮮戦争の原因については、ほぼ研究者間での一致が見られ、北朝鮮の南侵によるものとされている。この金日成による朝鮮統一の動きには、当初はアメリカとの戦争を招くとして反対していたスターリンも、中国共産化を経て、いざというときの中国軍の参戦が見込めるという状況のなかで支持へと変わっていった。このスターリンの決断は、朝鮮半島の南北勢力圏分割での合意に象徴される東アジアの「ヤルタ体制」を最終的にかつ東側陣営から突きくずすものであった。この背景には中国内戦における毛沢東の勝利、すなわち中華人民共和国の建国によって共産陣営側が有利な状況になっているとのスターリンの判断があったといえよう[20]。こうして戦後の東アジア秩序における米ソ合意＝「ヤルタ体制」は、中国建国と朝鮮戦争によって完全に消散した。もっとも毛沢東は、建国直後の時期のこの戦争に乗り気でなかったものの、スターリンからの度重なる圧力と、38度線を突破して北上する国連軍（アメリカ軍）に安全保障上の危機を感じて参戦を決断したとされる。この38度線突破というアメリカの判断は、中国軍参戦の可能性を軽く見ていたうえになされたが、米国冷

戦政策の「封じ込め」から「巻き返し」への変容として理解されている。この米中戦争が泥沼化し、アメリカも多大な被害を受けたため、これを教訓として、その後は世界的にも「巻き返し」は試みられなくなった。

　一方、日本はこの戦争によって多大な恩恵を受けた。まず、東アジアにおける西側の軍事的橋頭堡としての地位が再認識され、経済援助による復興と講和・独立による西側陣営への確保に向けた動きが生じた。さらに重要であったのは、いわゆる朝鮮特需によってもたらされた経済的利益であり、これを機に日本は戦後復興へと大きく前進していく。これは、当時、「天佑」とまで称された。当時の日本は戦後のインフレを一挙に収束させるために採用されたドッジ・ラインによって不況下にあったが、この特需は日本経済をその窮地から脱出させただけではなく、その後の高度経済成長のきっかけとなった。上述の警察予備隊の設置は、兵站基地としての日本を共産勢力の妨害・破壊工作から防護しようとのマッカーサーの意図に出たもので、憲法ほかの法令すべてに優越する「マッカーサー書簡」によって日本政府に命じられたものである。警察官の要員数の上限に関する極東委員会決定に適合するように調整された7万5000人の警察予備隊発足と海上保安庁要員の8000人増員の予算は、国会を迂回する形（国会会期が終わるのを待って公表された）でおこなわれ法律外で処理された。

　次に、朝鮮戦争勃発・再軍備への日本側の反応を見る。吉田茂首相は、ソ連の日本侵略はないとして楽観視していたが、警察予備隊設置については国内の共産革命防止、治安維持の観点から歓迎した。ただし、吉田は旧日本軍を復活させないとの強い姿勢を示し、文民（警察官僚）による統制を図り、当初においては旧軍人を予備隊から排除し、隊員は米国軍事顧問団（民事局）の指導によって訓練された。また、朝鮮戦争の勃発によって国民世論においては再軍備支持が多数となっていたが、朝鮮戦争の膠着・休戦によって再軍備反対に振れていった。ところが優秀な隊員確保の必要性から1950年10月以降旧軍人の追放解除が開始され、1951年8月には予備隊に佐官、尉官級の旧軍人が入隊していく。その一方で、占領軍により、日本国内の共産党中央委員24名、『赤旗』幹部の公職追放が1950年6月6日に開始され、『赤旗』は停刊処分となった。このいわゆるレッド・パージは共産党幹部に逮捕状が出されるにとどまらず、

官公庁、新聞・放送、電力・石炭・鉄鋼・国鉄・電信電話・造船・化学などの重要産業の企業から共産党員・シンパ1万人以上が解雇される事態となった。

5. サンフランシスコ体制の成立

　冷戦がアジアに波及するにつれて日本を共産主義の防波堤・東アジアの兵器廠^{へいき}にしようとのアメリカの政策が強まっていく。まず、1948年1月にロイヤル陸軍長官が「日本を東アジアにおける全体主義の防波堤にする」と演説し、2月には統合参謀本部議長が、日独の限定的再軍備の検討を命令した。同48年2−3月にかけて対日占領政策の転換を担った国務省政策企画室長のジョージ・ケナンが来日し、マッカーサーとの会見の席上、経済援助の供与、貿易振興、賠償の見直し、公職追放中止などからなる対日占領政策の転換を提示した。こうした政策は、NSC（国家安全保障会議）文書13の2（NSC13/2）によってトルーマンに勧告された。さらに同年3月にはドレーパー陸軍次官が来日し、アメリカの経済界・納税者の論理を代弁した『ドレーパー報告』（同5月）を提出した。これは、占領軍の一部が推し進める左翼的な政策（過度経済力集中排除法など）に反発した勢力が、未来永劫には日本に税金をつぎ込めないため早く経済的に自立させねばならないという主張を本国に伝えた結果であった。こうした国務省、国防省の力により、マッカーサーの敷いた路線は見直され日本経済の復興へと方針は転換されていった[21]。

　日本の学会では「NSC13/2」採択に示されるアメリカの政策転換によって、国内における政治的な保守化・経済復興優先路線が推し進められるようになったと理解されている。つまり、冷戦の発生が日本のその後の政治的動向に大きな影響を与えたのである。この動きは公職追放政策にも影響を及ぼし、追放解除された保守政治家が戦後日本をリードしていく態勢がつくられる。さらに、冷戦の発生は日本の講和問題にも大きく影響した。トルーマン政権内では49年5月には国務省が講和すべき時期が近いと判断し、同年9月にアチソン国務長官とベヴィン英外相が講和促進で合意した。しかし、日本の基地を自由に使用したいアメリカ軍部が早期講和には反対であった。そこで、この主張を押し切るため、まずマッカーサーを説得し、マッカーサーに軍部を説得させる作戦

をアメリカ本国がとり、50年4月に対日講和条約担当の国務長官顧問に任命されたダレスが6月に来日することとなった。この来日時、朝鮮戦争が勃発し、アメリカはこれを契機に日本をアメリカの同盟国として確保する考えに傾いていく[22]。

　その前後、日本国内では部分（多数・単独・片面）講和を掲げる吉田内閣と、それを批判する全面講和論者の間に講和論争が展開されていた。「部分講和論」とは、独立の早期達成を重視して、冷戦構造における西側だけとの講和を実現しようとするもので、実質的には独立日本がアメリカ陣営に編入されることを意味していた。他方、「全面講和論」とは、社会党など野党や進歩派知識人が主に主張したもので、日本は冷戦構造の対立に巻き込まれるのを避けるため社会主義陣営のソ連・中国とも講和条約を結ぶべきであるというものであった。吉田茂自身は、当然西側のみとの早期講和を主張したばかりでなく、1950年4月には側近の池田勇人蔵相をアメリカに派遣し、ドッジ公使に「占領終結後の米軍駐留を日本から言い出しても良い」と伝えさせた。このように、独立後の安全保障を米軍駐留によって確保するという考えを抱いていた。しかし、この申し出がその後の日米安全保障条約にどのように影響したかは判然としていない[23]。

　朝鮮戦争勃発を受け、1950年9月にはトルーマン大統領が極東委員会構成国と日本との講和をめぐる非公式協議を開始することを声明した。ところが肝心のアメリカ政府内部でも意見が対立し、軍部は基地の継続使用を重視する立場から占領継続を希望し、国務省は日本を同盟国として西側に編入させたいとの立場から早期講和を希望していた。こうした政府内部の意見が調整された結果、アメリカの要求はおおむね以下の通りとなった。まず、対日講和条約においては日本を独立させて西側に組み込むが、沖縄の施政権をアメリカが獲得することが目指されることになった。次に日米安全保障条約では、日本本土の基地の自由使用が目指され、さらにその基地から極東全体に対して出動が可能になるような権利の獲得が求められた。また米軍駐留に関する行政協定を締結することも主張された。

　一方、上記のトルーマン声明を受けて、日本側の講和準備作業も加速した。外務省事務当局を中心に様々な案が検討されたが、吉田の考えは、独立後の安

全は米軍に依存するが、再軍備はなんとか先延ばししたいというものであった[24]。そして、1951年1月に吉田・ダレス会談がもたれた。日本本土への米軍駐留については日米双方とも希望していたために問題はなかった。しかし、日本側は条約を「集団的自衛」の関係に基づいた形式にしたかったものの、アメリカは「自助と相互援助」できる国以外には防衛上の義務を約束しないという「バンデンバーグ決議」を盾に拒絶したため、日本が集団防衛をできるようになるまでは、「日本に軍隊をおいて安全を守ってあげる」という条約形式になった[25]。このようにアメリカによる日本防衛義務が明記されなかったため単なる駐軍協定の形式になった。もっとも実際は駐留米軍が日本を守ることは確実であった。さらに、この協議の過程で「日本防衛」のみならず「極東での作戦に米軍を使用できる」という、いわゆる極東条項が米側の要請で挿入され、極東の安定が脅かされる場合には、米軍は日本本土の基地を使用できることとなった。

　再軍備問題をめぐっては、吉田のあまりの消極性にダレスが失望したため、日本側は交渉を進展させるように、ダレスの要求に一定譲歩し、漸増的再軍備を約束することになった。もっともダレスといえども、日本側に「自助」の意思があることを明確にさせたかった程度であった。この際、吉田が再軍備を「時期尚早」とした理由は、憲法9条および国民の平和主義、経済復興の必要性、軍国主義復活の危険性、極東諸国の反発など多岐にわたるが、今日では経済復興優先が吉田の真意で、またその後、すなわち経済復興後の再軍備に吉田は反対したわけではなかったことがわかっている。

　とはいえ、講和前後当時の政界では「非武装中立論」「護憲」を掲げた左翼勢力以外にも、再軍備による自主防衛を主張する改憲派が存在し、鳩山一郎ほかを中心に吉田を脅かすまでの勢力となっていた[26]。その配置のなかでは、吉田茂に連なる「解釈改憲」派、すなわち日米安保体制のもとで憲法の条文を変えることなく解釈を変えて限定的再軍備を進め、アメリカによる日本防衛を確実にしていくといった路線＝「吉田路線」は穏当かつ現実的なものとして評価されている[27]。

　こうしてサンフランシスコ講和会議が1951年9月8日に開催され、日本は独立を回復していくことになる。この会議に東側陣営からソ連、チェコスロバ

キア、ポーランドが出席したが講和条約には調印しなかった。また、中国・台湾はともに招請されなかったが、これはアメリカが台湾、イギリスが中国を主張して、結局両者取りやめとなったからである。したがって中国との講和は会議後の課題として残されることとなった。この「二つの中国」の選択過程において、日本側は台湾との協定を地方政権とのものにとどめ、将来の大陸中国との関係に可能性を残す努力をしたものの、選択の余地は多くはなかった[28]。それはアメリカが「吉田書簡」に象徴される圧力を行使して、日本が台湾を選択するように仕向けたからである。もっとも近年では、もともと吉田は台湾を選択することが大前提で、中国とは経済関係のみの設定を望んでいたので、むしろ国内的にアメリカからの圧力を外圧として利用したとの見方も出ている[29]。そのようななか1952年４月に日華平和条約が結ばれた。この条約交渉の過程で、台湾側は日本からの賠償を望んだものの、国民党の孤立化を危惧したアメリカからの圧力で取り下げざるを得なかったことも明らかとなっている[30]。

　これ以降、日本は政経分離のもとで大陸中国との貿易関係の増大を図るものの、正式の外交関係不在のもとでは大きな関係拡大は見込まれなかった。しかし、大陸中国は戦前の日本が資源供給地・輸出市場として強く依存していた地域であった。そうした関係が切断された結果、日本が経済的苦境に陥りさらには共産化の危険を招くのではないかと恐れたアメリカ政府内部では、中国に代わる市場として東南アジアに着目し、日本との垂直統合を構想するようになる[31]。こうした観点から、のちのアメリカ政府内でも東南アジアの共産化阻止は日本の自立・非共産化のために不可欠なものとされ、ひいてはアメリカのベトナム介入も「ドミノの最後のコマ」である日本のためであったという主張もあるが、日本人研究者で受け入れている人は少ないと思われる[32]。

おわりに——東アジアにおける戦後秩序における日中関係

　以上のように、太平洋戦争終結後の東アジアでは次第に冷戦の影響が見られるようになっていき、最終的には日米同盟を中心とした韓国・台湾などの自由主義陣営と、中・ソ・北朝鮮などの社会主義陣営に分断される構造が成立した。しかし、この分断線は欧州のものに比べて流動的で、朝鮮半島・台湾海峡・東

南アジアにおいて大小の武力衝突が生じていく。そのようななかで日中両国は分断線の両側に切り離されて存在することとなった。共産主義中国がソ連との提携を選択したのと同様に、敗戦の結果として非武装化された日本の安全保障政策としては、日米同盟、すなわち米軍駐留による安全保障以外の選択肢はなかったというのが大方の見方であろう。

　その結果、日米安全保障条約に基づく米軍駐留によって、日本はアメリカの軍事基地網の一部を形成することになった。これは日本にとっては自国の安全確保の不可欠な手段であったとしても、分断線の向こうの諸国にとっては軍事的脅威であることは間違いない。そのうえ安保条約には、アメリカの要求によって挿入されたものであるとはいえ、いわゆる「極東条項」が含まれている。一方、日本にとっては、信頼できる同盟パートナーとしてのアメリカが得られたことにより、西洋勢力への対抗のための中国との提携の必要性といったアジア主義的感情は薄まっていき、高度経済成長による経済生活の欧米化もあいまって自国がアジアの一国であるという意識すら希薄なものとなっていった。

　米ソ合意と「強い中国」を前提としたスターリン・ローズベルト間でつくられた「ヤルタ体制」は、国共内戦と共産党の勝利によって揺らぎはじめ、最終的には朝鮮戦争という「熱戦」の勃発によって崩壊した。その後、軍事的に相まみえた米中両国はその後20年にわたって激しい対立関係を維持することになる。そのような冷戦構造が姿を現すなかで、一敗戦国として弱体化を強いられていた日本は、次第にアジアの反共における橋頭堡という立場を得てアメリカからの経済支援を受けるようになった。さらに、アメリカ軍の基地を受け入れる代わりに安全を保障してもらう日米安保条約を、西側諸国のみとの講和条約とともに締結し、「サンフランシスコ体制」の一翼を担うことになった。また、自らもこの役割への期待に応えようとアメリカに協調しつつ経済復興に邁進していった。この路線は、日米安保に守られて自国は軽武装で済ませて経済復興に邁進するという「吉田路線」として日本では評価が高いが、日本・沖縄に大量のアメリカ軍が駐留し、かつそのアメリカ軍が東アジアに展開しうるという「中ソ封じ込め」の軍事体制構築と裏腹の関係にあった。

　大きく国際秩序の観点から言うと、「ヤルタ体制」が崩壊して冷戦が発生したことが戦後日本の地位を有利なものとした。いわば国共内戦で共産党が勝利

したこと、朝鮮戦争が勃発し、中国軍が参戦したことで、日本を経済復興させて西側陣営に組み込むという「サンフランシスコ体制」の構築が優先されたということになろう。この体制のもとで、日本の経済大国化の基礎が築かれていく。しかし、このヤルタ体制の崩壊からサンフランシスコ体制の確立に向かったのは、日本自身の選択とは言えず、アメリカの政策の転換が大きな要因であった。さらにその政策転換には中国情勢の変化と朝鮮戦争という現実が大きく関与していたのである。

　このように半ば外生的に、西側との片面講和であったサンフランシスコ講和条約、米軍駐留と極東条項を含む日米安全保障条約、「二つの中国」から台湾を選択した日華平和条約を締結し、中ソ陣営を封じ込める重要な部分として「サンフランシスコ体制」を形成した日本であったが、その後の外交政策のなかにはもちろん自発的な要素も見られる。それをとくに中国に限って言えば、「中ソ一枚岩」の脅威を低減させるために中ソ離間を図ること、「二つの中国」問題では台湾の西側陣営への確保に注力すること、さらに大陸中国との貿易関係を拡大して中国の西側への経済的依存状況をつくりだそうとしたことなどがそれである。さらに西側陣営の防衛のため、分断線に接近していた韓国、台湾、南ベトナムへの経済援助もおこなっていく。日本はアジアにおける中国共産主義の影響拡大を阻止するための役割を果たしていったのである[33]。以上のように「ヤルタ体制」では居場所がなかった日本が、冷戦の発生によってアメリカにとっての重要性を高めていき、公式に「サンフランシスコ体制」において反共・封じ込めの一翼としての地位を確立した。その枠内で、日本は経済成長にともなって非軍事的な役割を拡大していったのである。それは、中国に対しては1960年代までは封じ込め政策の一部となり、1970年代以降は中国の西側編入の先兵としての役割となった。

1　加藤聖文「大日本帝国の崩壊と残留日本人引揚問題」増田弘編著『大日本帝国の崩壊と引揚・復員』慶應義塾大学出版会、2012年。

2　引き揚げの全体像については若槻泰雄『新版・戦後引揚げの記録』時事通信社、1995年。とりわけ東北部を中心とするソ連占領地区からの引き揚げ者の困難さとの対比で、その後の日本では「蔣介石恩義論」が形成された。

3 いわゆる「漢奸」裁判については劉傑『漢奸裁判』中公新書、2000年。「漢奸」裁判と日本人戦犯裁判の比較を通じた洞察については Barak Kushner, *Men to Devils, Devils to Men: Japanese War Crimes and Chinese Justice*, Harvard Univ. Press, 2015. さらに、国民党の寛大な裁きの影響もあって、中国共産党も戦犯への寛大な判決をもたらしたことについては、大澤武司『毛沢東の対日戦犯裁判』中公新書、2016年。

4 楊大慶「中国に留まる日本人技術者」劉傑・川島真編『1945年の歴史認識』東京大学出版会、2009年。

5 Marc S. Gallicchi, *The Scramble for Asia: U.S. Military Power in the Aftermath of the Pacific War*, Rowman & Littlefield Publishers, 2011.

6 Frank Ninkovich, *The Wilsonian Century: U.S. Foreign Policy since 1900*, Univ. of Chicago Press, 1999.

7 松村史紀『「大国中国」の崩壊——マーシャル・ミッションからアジア冷戦へ』勁草書房、2011年。

8 五十嵐武士『戦後日米関係の形成』講談社学術文庫、1995年。

9 佐藤晋「戦後日本外交の選択とアジア秩序構想」慶應義塾大学大学院法学研究科内『法学政治学論究』第41号、1999年。

10 佐藤晋「大陸引揚者と共産圏情報」前掲、『大日本帝国の崩壊と引揚・復員』。

11 古関彰一『新憲法の誕生』中公文庫、1995年。

12 西修『日本国憲法の誕生を検証する』学陽書房、1986年。

13 油井大三郎『未完の占領改革』東京大学出版会、1989年。

14 日暮吉延『東京裁判』講談社現代新書、2008年。

15 粟屋憲太郎『東京裁判への道』講談社学術文庫、2013年。

16 秦郁彦『昭和財政史 終戦から講和まで（3）アメリカの対日占領政策』大蔵省財政史室編、東洋経済新報社、1976年。

17 殷燕軍『中日戦争賠償問題』御茶の水書房、1996年。

18 Sergei Goncharov, John Lewis, Litai Xue, *Uncertain Partners*, Stanford Univ. Press, 1995.

19 日本の再軍備については柴山太『日本再軍備への道』ミネルヴァ書房、2010年。

20 朝鮮戦争については、A・V・トルクノフ『朝鮮戦争の謎と真実——金日成、スターリン、毛沢東の機密電報による』草思社、2001年。和田春樹『朝鮮戦争全史』岩波書店、2002年。

21 ハワード・B・ショーンバーガー『占領　1945-1952』時事通信社、1994年。

22 前掲、『戦後日米関係の形成』。

23 坂元一哉『日米同盟の絆』有斐閣、2000年。

24 楠綾子『吉田茂と安全保障政策の形成——日米の構想とその相互作用1943～1952年』ミネルヴァ書房、2009年。

25 西村熊雄『サンフランシスコ平和条約・日米安保条約』中公文庫、1999年、39頁。

26 植村秀樹『再軍備の55年体制』木鐸社、1995年。

27 中島信吾『戦後日本の防衛政策』慶應義塾大学出版会、2006年。

28 井上正也『日中国交正常化の政治史』名古屋大学出版会、2010年。

29 袁克勤『アメリカと日華講和』柏書房、2001年。

30 同上。

31 西川博史『戦中戦後の中国とアメリカ・日本』HINAS、2014年。

32　Andrew Rotter, *The Path to Vietnam*, Cornell Univ. Press, 1989.

33　波多野澄雄・佐藤晋『現代日本の東南アジア政策』早稲田大学出版部、2007年。

国民政府の対日戦後処理と東アジア国際秩序の再建

厳海建（南京師範大学）

鈴木航 訳

はじめに

　第2次世界大戦後、中国が直面した課題には、それぞれ密接に関連し合う二つの側面があった。それは、日本に対する戦後処理と、東アジア国際秩序の再建である。対日戦後処理は、日中関係とそれをめぐる歴史認識に対して、深刻で長期的な影響を及ぼしてきた。それは、中華民国国民政府（1930年代から1940年代に中国国民党を中心に組織された政府）にとっては、二重の対立に制約されたものであった。つまり、国際政治におけるアメリカとソ連による冷戦と、国内政治における中国国民党（以下、国民党）と中国共産党（以下、共産党）の内戦である。最終的に、共産党を中心とした中華人民共和国（「新中国」）が成立し、国民党は台湾へ敗走した。日中関係と戦後東アジアの国際秩序の形成は、国共両党それぞれの政権が米ソ二大陣営に帰属することになったことと深く関係している。本稿では、以上のような戦後情勢の変化が、国内政治と国際政治の両面にもたらした影響に注目しつつ、戦後国民政府の対日処理の構想、実践、およびその最終的な結果と、その遺産（歴史問題という積み残しの課題）について整理してみたい。

1. 停戦と対日戦後処理

　1945年5月7日にドイツが降伏し、7月26日になると中米英の3ヵ国はポツダム宣言を発表して日本に無条件降伏を勧告した。8月6日と9日には、アメリカが日本の広島と長崎に原子爆弾を投下し、8月8日にはソ連が日本に対し宣戦布告をおこなった。8月10日、日本は中米英ソの4ヵ国に覚書を送り、連合国に対してポツダム宣言の各項目を受諾して無条件降伏する意向を伝えた。

　1945年8月15日正午、日本の昭和天皇は、国民に対してラジオで「終戦の詔書」を読み上げた。第1に、「世界の大勢もまた我に有利ではない」こと、そして相手国が「残虐な爆弾」を使用したので、「我が1億の国民の子孫を保つ」ために戦争を終わらせることなど、ポツダム宣言を受諾せざるを得ない理由が述べられた。しかし、そこには日本が敗戦した事実を認める言葉は一つもなかった。第2に、日本の「自存」と東アジアの「安寧」のためにやむを得ず、米英に対して宣戦したことが強調されている。この時点でなお「東亜を解放する」立場から、この目標が当面実現できないことを遺憾とするのみであった。第3に、詔書で述べられた戦争は、1941年に始まる「交戦すでに4年」の対英米戦争だけであり、中国への侵略戦争のことは一言も述べられていなかった。この3点を総合すれば、日本の「国体」を第一に考え、依然として皇国史観を堅持した内容だったといえよう[1]。

　こうして、天皇が宣布した一通の詔書によって日本の戦後は始まった。そして、日本社会における戦争認識の複雑さもこのときに始まった。「終戦の詔書」の公布はすべての日本人に敗戦という惨めな現実をつきつけたが、同時に、その内容は日本人が戦争責任や国体問題と向き合うことを回避させるものでもあった。「終戦の詔書」は、曖昧な態度でただ形式的に戦争の終結を宣言したのみで、戦争責任に関する明確な態度を避けている。この意味で、それは戦後日本の歴史認識問題にとっての伏線だった。

　8月15日、国民政府主席の蒋介石は、全国の兵士と民衆および世界の人々に向けてラジオ演説をおこなった。その原稿によれば、「"過去の罪悪をいつまでも怨むなかれ〔不念旧悪〕"、"人のために善をなせ〔与人為善〕"は、我が民

族の伝統であり至高の徳性である」と強調し、「敵はただ日本の好戦的軍閥であり、日本の人民は敵ではない」とのことだった。また、「報復してはならず、敵国の無辜の人民に侮辱を与えてもいけない」と呼びかけ、その理由については、「もし暴行によって敵のかつての暴行に応え、侮辱によってかつての彼らの過ちに応えるなら、お互い怨みに報いて永遠に終わることがないであろう」と述べた[2]。この演説は、のちに「以徳報怨」演説と呼ばれるようになったもので、戦後の日中関係に大きな影響を与えた。ここで特筆すべきは、それが戦後初期の国民政府の対日戦後処理の政策的基調を定めるものになったということである。

　まず指摘すべきは、抗戦勝利のあと、対日戦後処理に向き合った蒋介石の態度の二面性である。一つには、非常に大きな喜びと高揚した心理である。それは、長年の苦しい抗戦を経て最後に中国が獲得した勝利と、近代以来の日本の侵略と圧迫からやっと中国が抜け出したという事実に対してのものであった。国家の領袖として、また自らそれらを経験した一人の中国人として、彼にはそのように感じる十分な理由があった。もう一つは、戦後中国の行方と将来にかかわるものである。つまり、国民党の苦境、共産党の台頭を前にして、きたるべき国共対決に対応する準備をしなければならなかった。そのため、投降した日本軍の協力を得て、広大な旧占領地の地盤、軍備、資源を速やかに回収し接収することが不可欠だった。それは、蒋介石と国民党の立場からいって、戦後初期の、いわゆる日本の降伏受諾と国民政府による接収の時期における最重要課題だった。それゆえ、蒋介石は、日本に対する「以徳報怨」の基本方針、そして関連するいくつかの行動原則を提起した。そこには、中国の伝統文化、キリスト教精神の影響、戦後の東アジア再建に対する長期的な配慮などが含まれていたと同時に、現実的な打算も重要な要素として含まれていた。つまり、私心と独断もないわけではなかったのである。このような二面的な特質は、当時の中国政治の置かれていた全般的情勢と密接に関係していた[3]。

　「以徳報怨」について言えば、それはただ政策理念を示しただけのもので、ある特定の政策の代名詞ではなかった。それでも、戦後日本の政界は、蒋介石の「以徳報怨」政策に次のような具体策が含まれるとみていた。日本の天皇制を擁護すること、日本の分割に反対すること、在華邦人を保護すること、賠償請

求権を放棄すること、などである[4]。ただ、実際には、アメリカ主導の戦後処理の枠組みのなかでは、また自らの条件や国内情勢の進展における制約もあって、国民政府が主体的にその行動を決められる余地は非常に限られていた。それゆえ、蔣介石の先見性や実際の行動について過剰に評価することはできない[5]。

第2次世界大戦後、当然のこととして、日本の戦争責任問題が提起されるようになった。その最初の問題は、戦争指導者の責任だった。当時の国際世論において、天皇の戦争責任を追及する声は非常に強く、アメリカも例外ではなかった。しかし、アメリカが採用した方針は、日本占領後、マッカーサーおよびトルーマン政権の計画に基づいて天皇制を温存し、その影響を利用して、日本の非軍事化や民主的改革の実行と促進をはかる、というものであった。当時のアメリカの対日占領改革には多大な困難が予想されたがゆえに、天皇の影響を利用することで、その改革を効率よく円滑に実施することが目指されたのだった。

国民政府は、こうした日本の国家体制改造に関して、戦争終結前に次のように主張していた。すなわち、降伏後の日本の天皇に対する処分および国体問題の決定には日本国民の意思表明が必要であり、連合国はそれに干渉すべきでない、というものである。なお、蔣介石は、戦後になっても上述の態度をもちつづけたが、アメリカに従って天皇存続政策は支持したので、日本社会からはその選択も「以徳報怨」政策の重要な一部とみなされたのだった。

1943年のカイロ会談にさかのぼれば、蔣介石はローズベルトとの非公式会談のなかでも戦後日本の天皇制問題を取り上げている。その際、天皇制の存廃については明確な態度は示されなかったが、やはり、蔣介石は戦後日本の人民自らがこの決定をおこなう必要があると述べていた。中米英から日本の降伏を促すポツダム宣言が送付されると〔のちにソ連が加わる〕、日本政府はその受諾を表明する電文を、スイスとスウェーデン経由で中米英ソの4ヵ国に提出した。その電文において、天皇の統治を変更しないことが唯一の要求として言及されていた。日本の天皇存続に関する要求に対し、アメリカの返信は、「降伏した瞬間より、日本天皇と日本政府の国家統治権力は、連合国軍最高司令官の命令に従わなければならない」というものであった[6]。この返信に際して、アメリ

カは中英ソの３ヵ国首脳に意見を求めている。蔣介石は、その回答において、「日本の最終的な政府の形式については、日本人民の自由な意思表明という条件による」と重ねて言及していた[7]。

　日本に対する連合国の最終的な回答には、やはり、天皇制の存廃にかかわる明確な意思表示はなく、日本人民の自由意志による決定が強調されただけだった。しかし、実のところ、国民政府の戦後初期の対日政策には天皇制維持という構想はなかった。戦争終結に際して国防最高委員会が決定した「日本問題の処理についての意見書」は、以下のように述べている。「日本の天皇およびすべての皇室権力制度の存廃問題は、基本的に同盟国の一致した意見によって処理する。まず、その憲法改定から着手するが、天皇の大権を日本の人民に返還し、その〔憲法の〕民主主義の精神に違反するものは排除すべきである」[8]。

　さらに言えば、当時の中国国内の一般的な世論では、日本の天皇制を廃止すべきだという考えが多くなっていた。ポツダム宣言が天皇制の排除を明確に述べていないとはいえ、その精神は天皇制廃止の意思を含んでおり、それにもかかわらず、日本の天皇制が温存された理由は、日本占領における短期的かつ長期的な政治目標から、ポツダム宣言の精神に反するやり方をアメリカがとったことにある。当時の中国各界には、以上のような認識が広く存在していた。

　ところで、戦勝国による敗戦国の占領は、近代以来形成されてきた戦後処理の枠組みの重要な一部分をなしている。中国は、対日作戦をおこなった主要国として、日本本土の占領に参加する基本的な権利をもっていた。しかし、1943年のカイロ会談で、ローズベルト大統領が戦後の日本占領の「主体」を中国が担う必要があると表明した際、蔣介石はアメリカがそれを主導すべきで、必要ならば中国も協力することはできると答えた。アメリカは、抗戦勝利後も、中国に対し日本占領とその軍事統治への参加を要請した。しかし、中国は国内の政治闘争を考慮して日本本土の占領をあきらめ、憲兵の派遣という象徴的な形式でのみ占領政策に参加した。中国は事実上、日本本土に対する占領の権利を放棄したのだった。

　結局のところ、戦後初期における国民政府の政策的焦点は、国内の政治闘争だった。国民党は、将来の中国の指導権を共産党と争うなかで、内戦に力を集中するため、明らかに軍事力の分散を嫌っていた。とりわけ、1946年６月、

全面的な内戦が勃発して以降、単なる象徴的な意味での日本への軍隊派遣にも難色を示すようになった[9]。さらに、経済上の理由も重要な意味をもっている。当然ながら、国民政府にとって、日本占領のための経済負担を引き受けることは困難だった。こうして、戦後の対日占領と軍事統治において、中国の存在感はなくなった。このことは、後述するように、中国の勝利および日本の中国侵略の責任に対する認識が日本社会で欠落した要因となった。

　また、中国における日本人戦争捕虜と在華邦人の送還方針に関しても、様々な要因が複雑に絡んでいた。戦後国民政府は、日本人の送還に関して迅速に対応し、1946年7月には200万を超える日本人を送還したと発表した。送還した居留民に対しては、ある程度の金品携帯を許可する寛大な政策をとった。このような送還の効率的な実施には、アメリカの協力が非常に重要な意味をもった。国民政府によるすべての駐留日本軍の送還実施にアメリカが協力したのは、中国において日本が何らかの勢力を保持することを防ぎ、その影響力を完全になくすためである。他方で、国民政府は、日本人の捕虜や居留民を戦後建設に協力させることを望んでいた。つまり、アメリカの迅速な日本人の送還と国民政府の当初の思惑は矛盾した面もあった。それにもかかわらず、蔣介石が積極的にアメリカ軍と共同で日本人の送還をおこなうようになったもう一つの重要な理由は、共産党が日本人を利用しようとしたことを防ぐことにあったといえよう[10]。

　賠償の放棄についていえば、それはまったく蔣介石の本意ではなかったといえる。なぜなら、蔣介石はカイロ会談の際に工業設備や軍需物資によって日本が中国に賠償をおこなうべきだと主張していたからである。また、戦後国民政府は、連合国極東委員会の措置として、一部の日本の工場を取り壊して接収し、これを戦争賠償とみなす措置を講じはじめていた。しかし、アメリカは、ソ連を含む国際社会の反対を顧みることなく、1951年9月にサンフランシスコで対日講和会議を一方的に開催した。その会議を通過した講和条約では、戦争賠償問題に関する項目があり、そこでは日本の賠償責任がほぼ完全に免除された。この間、中国情勢はすでに変化しており、国民党は大陸で政権を失い、その政府が日本政府との間で1952年に「日華平和条約〔日台和約〕」を締結して、戦争賠償を求めることを自ら放棄することになる。

戦後、蔣介石が日本に対して寛大な気持ちを抱いたのは、当初から日本国民を敵とはせず、好戦的な軍閥を消滅させれば、日中両国は自ずと敵から友へと変わることができると考えていたからだった。さらにいえば、戦後の中国はアジアのリーダーの地位にあり、その中国にとって日本は反ソ反共の重要なパートナーとなる可能性があった。そのため中国は、戦後の日本に対して報復的な姿勢をとらなかったばかりか、あらゆる面で日本の復興を援助しその進展に配慮した。また、日本に対する蔣介石の寛大な政策は、ソ連に対抗するという長期的な目標以外に、日本軍の降伏受諾権限をめぐって共産党と争うなかでも必要だった。国民政府は、共産党の地理的な優位性に対抗するため、その部隊による降伏受理を禁止し、逆に日本軍を利用しようとした[1]。こうして日本軍は、蔣介石の戦後戦略のなかに組み入れられたのである。

　蔣介石の「以徳報怨」政策は、在華日本軍の国民政府に対する投降を促進する作用を発揮した。ただし、長期的な戦後東アジアの新秩序の建設という点から見れば、1949年の大陸における国民党政権の瓦解、米ソ冷戦と朝鮮戦争勃発により、それは意味をなさなくなった[11]。「以徳報怨」は道徳的な正義をもつとはいえ、過去の中国侵略についての深い反省や悔悟を日本の政府や各界に促すこともできなかった。日本は、自らがアメリカやイギリスに敗戦したことは完全に認めながら、一方で、中国を侵略したことに対しては見解をはっきりさせていなかったし、加害者としての認識や戦争責任の承諾に至っては言うまでもなかった。

2.　戦争犯罪人の裁判と戦争責任に関する罪の認定

　日本の戦争犯罪に対する裁判をおこなうことは、日本に侵略された国家間で戦時中からすでに合意されていた。1942年1月、ドイツに占領されたヨーロッパ9ヵ国の亡命政府の代表は、セント・ジェームズ宣言[2]を発表し、枢軸国の戦争犯罪に対して制裁を与えるべきことを表明した。会議に招請されて調印式に参加した中国代表も、中国侵略をおこなっている日本に対しても同宣言が示した原則を適用する必要があるという声明を出した。1943年10月、反ファシズムで一致する17ヵ国の代表が共同して、戦争犯罪の調査や関連する法律

問題の研究などを担う連合国戦争犯罪委員会[3]の設立を決定した[12]。1945年7月26日、中英米の3ヵ国はポツダム宣言に署名し、日本に無条件降伏を促した。同宣言のなかでも「我々の俘虜を虐待せる者を含む戦争犯罪人に対しては厳重なる処罰を加えらるべし」と、明確に述べられている。

1945年12月、米英ソ3ヵ国の外相がモスクワにて協議し、対日戦後処理に責任を負う極東委員会の設立について合意した。同委員会は、日本の降伏受諾に際して署名した9ヵ国——ソ連、アメリカ、中国、イギリス、フランス、オーストラリア、カナダ、ニュージーランド、オランダ——によって構成され、のちに、インドとフィリピンもこれに参加した。極東委員会は、降伏諸条件の履行、占領の実施および日本の各政府機構の管制に関する一切の権利を連合国軍最高司令官に委任することになった。1946年1月19日、以上の構成国から権限委任を受けた連合国軍最高司令官マッカーサーが、特別宣言を発令し、極東国際軍事裁判所憲章を公布した。同憲章は、極東国際軍事裁判所の設立を宣言し、日本の重要な戦争犯罪人に対して公正で迅速な裁判と処罰をおこなうことを目的とした。この裁判がその他の軍事裁判ともっとも異なる点は、A級戦犯の主要な罪名を「平和に対する罪」、「人道に対する罪」としたことである。他の裁判においては、伝統的な従来の戦争犯罪が扱われることになった。

東京裁判とは、連合国が戦後に東京で設立した極東国際軍事裁判所で第2次世界大戦中の日本のA級戦犯を裁いた国際裁判のことである。東京裁判は、占領改革（非武装化）の一部分であり、同時に〔のちの〕サンフランシスコ講和条約の第11条において日本が「受諾」すべきものと位置づけられた。1946年4月29日、極東国際軍事裁判所に、東條英機など28名のA級戦犯の正式な起訴状が提出された。5月3日、裁判所は最初の公判を開き、東條英機など戦犯の罪状審理を開始した。3日から4日にかけて、首席検察官のジョセフ・キーナンが起訴状を朗読し、1928年1月1日から1945年9月2日までの間に被告が犯した平和に反する罪、通常の戦争犯罪および人道に反する罪などを列挙した。被告は28人であったが、松岡洋右ら3名が死亡もしくは訴訟能力を喪失しており、実際に審判を受けたのは25人だった。1948年11月12日、同裁判所は、東條英機、広田弘毅、土肥原賢二、板垣征四郎、松井石根、武藤章、木村兵太郎に死刑を、木戸幸一ら16名に終身の禁固刑を、東郷茂徳に20年の禁

固刑を、重光葵に7年の禁固刑を言い渡した。7人の絞首刑は、1948年12月23日、東京巣鴨拘置所にて執行された。

　日本人の立場から言えば、日本の戦争犯罪人を裁いた東京裁判は、諸外国および国際社会が主導して設置したもので、外部で進行したものであった。ただし、裁判の結果は、以前は知り得なかった海外における日本軍の暴行の事実を多くの日本人に知らしめ、戦争責任について日本人に考えさせることにもなった。こうした外からの要因による戦争責任の追及は、実は日本人自らの内在的な反省のあり方と関連している。このとき、日本人が戦争責任の反省を真に内在的なものとして始めていたならば、歴史認識問題の解決は今よりは難しくなかったかもしれない。しかし、遺憾なことに、戦争責任に対する反省を日本社会の内部に生み出すことは、相当に困難で複雑な過程となってしまった。なぜなら、戦後初期の日本の民衆は、加害責任に対する認識が非常に薄く、外部から戦争責任を追及されても、それを自覚的に受けとめられなかったからである。そして、このような無自覚は、東京裁判の欠陥によって、強化されてしまった[13]。

　東京裁判には、アメリカの占領政策に基づいて、その国家利益を優先するという原則が反映していた。このことは、ドイツを裁いたニュルンベルク裁判所が、米英仏ソの4ヵ国が対等な立場にたって設立、運営をおこなった事情とは完全に異なっていた。東京裁判は、アメリカ主導のもとでおこなわれ、占領政策の変化につれて戦犯裁判の方針も大きく変化した。事実、占領政策は1948年を起点として、懲罰的な政策から日本の復興と自立を支援する方向へと転換し、戦犯処理も厳格さを求める姿勢から寛容な姿勢へと転じた。

　こうして、東京裁判がアメリカ主導の傾向を明らかに帯びはじめたことにより、太平洋戦争に対する責任追及が重視された一方で、アジア諸国に対する——とりわけ中国に対する長期の侵略戦争についての——責任問題は相対的に軽視されてしまった。東京裁判は、昭和天皇の戦争責任を追及しなかった。なぜなら、アメリカの占領政策の負担を軽減することを専ら考慮したからであったが、もう一つには、天皇は戦争中に配下の者たちに受動的に従っただけで、戦争に対する積極的な役割を担っていないとアメリカが判断したからでもある。アメリカ主導のもとで天皇に対する戦争責任が免除されたことの影響は非常に

大きかった[14]。アメリカ占領当局の天皇方針——昭和天皇を保護しつつ、その戦争責任を免除すること——により、天皇には戦争責任がないというだけでなく、天皇は平和主義者であるというイメージが流布されるようになった。こうして天皇制が維持されたことで、まずは右翼が侵略戦争の責任を否定する条件が生み出された。そして、アメリカが支援する戦後日本の君主制には、前政権の、いわゆる「穏健派」の政治家たちがすぐに呼び戻された。彼らは、日本の侵略戦争が自衛のための戦争であり、すべてのアジア民衆の繁栄のためにおこなわれた正義の戦争だ、と考えていた。こうして、日本が発動した戦争は「自衛戦争」であり、「東アジアの解放戦争」であるという論調が世間に広まったのである。

　さらに、アメリカは自らの利益のために、国際法に違反した日本の細菌兵器や化学兵器の使用に対する責任を免除し、従軍「慰安婦」や強制連行・労働などの罪に対しても深く追及しなかった。このことは、日本の戦争責任の認識や戦後の東アジア国際秩序をめぐる問題に対して深く影響を及ぼした。

　日本は、戦時中、治安維持法に基づいて日本国民に対して弾圧や宗教的迫害をおこなうと同時に、植民地の朝鮮や台湾および占領していた中国東北地域において過酷な支配をおこなった。いわゆる「帝国臣民」の朝鮮人と台湾人を強制的に軍隊に参加させたり日本で働かせたりした。また女性は、強制的に従軍「慰安婦」にさせられた。さらに、日本軍は、中国の華北地域で「三光作戦」をおこなうと同時に、中国人を労働者とするために捕らえた[4]。

　以上のような日本のアジアに対する残虐で暴力的な侵略行為について、東京裁判では部分的に裁判がおこなわれただけで、共産党占領下の地域における重大な戦犯問題については、基本的な事実さえほとんど解明されなかった。そのなかでも代表的な事例が、上述の「三光作戦」や強制連行・労働である。なお、東京裁判では、アメリカの〔主導的な〕役割によって意図的に覆い隠された重大な戦争犯罪の事実もある。それは、日本軍が国際法に違反して中国でおこなった生物兵器による戦闘（細菌戦）と化学兵器による戦闘（毒ガス戦）である。それには、生きている人間を用いて生物兵器、化学兵器の人体実験をおこなった事実も含まれる。こうしたことは、のちの時代に、東京裁判における「アジアの不在」と呼ばれるようになった問題だった。同裁判は、戦争の最大の被害

者だったアジア民衆の被害に正面から向き合わなかった[15]。

　さらに言えば、東京裁判は、指導者の個人責任を問題とし、国家の責任を追及しなかった。それは、ある意味では、日本政府と日本国民を傍観者の立場にたたせた、ということである[16]。日本が敗戦し降伏したのち、侵略の責任を負う前政権の官僚たちの多くは、戦犯としての裁判を受けた者もそうでない者も、また当時においてもその後においても、心から真の意味で中国に敗北したという考えをもつには至らなかった。このため、日本は、対中侵略の失敗から必要な経験や教訓を汲み取ることができなかったのであり、それは日中両国の平等で健全な国家関係を構築することに対して暗い影を残したのだった。

　もう一つの重要な問題は、連合国側の各国に設置されたBC級戦犯に関する裁判である。国民政府は、日本のBC級戦犯に対する裁判を主導することになった。国民政府が主導したBC級裁判は、極東地域のその他の連合国のBC級戦犯裁判のなかでも、いくらか特殊な位置に置かれていた。中国は、太平洋戦争勃発以前から長期にわたり日本の侵略を受けており、そのような日本の戦争犯罪責任を追及するうえで、その他の同盟国とは大きく違っていた。中国の裁判所は、英米などが主導した極東地域の他の裁判所や新たな独立国の裁判所と比べて、相当程度に主体性をもっていた。しかし、裁判の効果となると、国民政府自身の能力の限界および日本の侵略をめぐる特殊性により、それほど満足しうるものにはならなかった。戦争犯罪に対する国民政府の調査活動が遅れ、戦犯懲罰の実効性に直接の影響が出てしまったからである。つまり、日本の侵略戦争が長期におこなわれたことは、次のような事態をもたらしたのだった。すなわち、中国が訴追しようとした戦犯容疑者の相当数が〔すでに中国を離れてしまっており、〕引き渡しを求める必要があった。そして、〔当然のことながら、〕引き渡しが実施されたケースは非常に限られ、審判の主な対象は現地で投降した日本軍部隊の容疑者に限られてしまった[17]。

　日本の戦争犯罪の調査についていえば、国民政府は戦争中から早くもこれに着手し、戦犯名簿を作成していた。1944年5月16日、連合国戦争犯罪委員会ロンドン総会は、中国に極東太平洋小委員会を設立し、国民政府がその議長を担うことを決議した。11月29日、同小委員会は重慶において、国民政府国防最高委員会秘書長・王寵恵の主宰により、戦争犯罪を調査し審査する機構とし

て正式に成立した。その成立会議には、アメリカ、オーストラリア、ベルギー、イギリス、フランス、インド、オランダなど10ヵ国あまりの代表も招聘された。1945年9月14日、国民政府行政院は、戦争犯罪調査活動の規範化をはかるために、「敵国人犯罪調査令〔敵人罪行調査辦法〕」を公布した。

　1945年11月6日、国民政府は、戦犯を処理する中央専門機関である戦犯処理委員会〔戦争罪犯処理委員会〕を設置した。同委員会は、六つの機関——軍令部、軍政部、外交部、司法行政部および行政院秘書処、連合国戦争犯罪委員会極東太平洋小委員会——で構成され、軍令部が主宰し各機関の間で分担、協力がおこなわれた。国民政府と戦犯処理委員会の関連する規定によれば、1945年12月より、同委員会は南京、漢口、広州、瀋陽、太原、北平〔北京〕、徐州、上海、済南、台北の10都市で戦犯軍事裁判所〔審判戦犯軍事法庭〕および戦犯拘置所（戦犯拘留処）を設置した。南京が中央直属になった以外は、その他の9ヵ所は各地の最高軍事機関の所属となった。

　国民政府は、同年12月に「戦争犯罪人処理規則〔戦争罪犯処理辦法〕」を、翌1946年1月27日には「戦争犯罪人裁判規則〔戦争罪犯審判辦法〕」および同「施行細則」を発布した。これらは、戦犯の検挙、逮捕、判決、刑の執行などの各事項に対する詳細な規定である。これに基づき、中国侵略をおこなった戦犯の逮捕と審判が迅速におこなわれ、同時に日本にいる戦犯の引き渡し要請もおこなわれた。

　1946年10月25日、戦犯処理委員会は、国防部において対日戦犯処理政策会議を開催した。国防部長の白崇禧は、その会議の発言で、以下のように主張した。戦後の対日政策は、「仁愛寛大」と「以徳報怨」の精神に基づき、日中両国の永久平和の基礎を打ち立てるものであり、それゆえに、今回策定した戦犯処理政策では「寛大であるが放置はせず、正義の公理と民族間の情誼との両面に配慮する」、と。国民政府は、自らの戦略的な必要性から、蔣介石の言う「以徳報怨」の対日方針を堅持し、戦犯の処理と処罰を厳しく統制する一方で、少数の重要な戦犯を寛大に処分するための逃げ道もつくった。国民政府の戦犯処理の活動には、正義を広めて罪の根源を罰しようとする一面がありながら、民意をとりつくろい、竜頭蛇尾の政策によって、なんとか責任を逃れようとする一面もあったのである[18]。

1947年10月15日、国民政府の戦犯処理委員会は、戦犯の検挙を停止すると宣言した。1948年4月23日、国防部の軍事裁判所は、上海参議会臨時法廷を会場として、岡村寧次〔支那派遣軍総司令官〕の第1回公判をおこなった。国民政府戦犯処理委員会は、1948年7月に解散を宣言したが、国防部軍事裁判所は1949年1月26日に岡村寧次に対する第2回公判をおこない、その無罪釈放の判決を言い渡した。1月29日、国民政府は岡村を筆頭とする260名の在華邦人の戦犯を釈放し、駐日アメリカ軍と日本の新政府による管理へと移すため、日本に送還した。2月5日、国防部の戦犯軍事裁判所にも閉鎖命令が下された。

　さらに、国民政府は、戦犯判決の執行についても比較的寛容だった。すべての戦犯は日本に引き渡して刑に服させ、裁判をまだ終えていない容疑者はすべて無罪釈放とした。今井武夫は、その回想でこのことを高く評価し、「之れ等戦犯の内地服役と、個人釈放は何れも列国を刺激して、逐次之れに倣う国を生じたが、全員釈放の壮挙は、長く中国に追随しかね、国民政府独走の英断となっていた」と述べている[19][5]。戦後国民政府の主導した日本人戦犯の裁判は、国共内戦の勃発と時局の混乱により、その成果が内外に知られることはなく、本来あったはずの政治的な影響を発揮することはできなかった[20]。

3.　対日講和条約と戦後東アジア秩序の再建

　1951年9月8日に調印されたサンフランシスコ講和条約は、法的な意味で戦争を終結させた。それは、戦争による諸問題を解決し、「公式的な和解」を実現したものだった。同条約には、日本と連合国の成員48ヵ国が署名し、その翌年1952年4月28日に発効した。ただし、連合国のすべての成員が同条約に署名したわけではない。日本と中国、ソ連および多くのアジア諸国との和平交渉は遅々として進まなかった。

　国民党は、1947年3月、第6期第3回中央執行委員会全体会議において「外交報告に関する決議案」を採択した。そこで、「日本に対して報復主義はとらないが、同盟国と協力してその軍事的な侵略主義の復活を阻止し、その政治的な民主化を促進する。日本による侵略戦争のなかで中国が受けた生命と財産の甚大な被害については、正義と公正かつ合法的な要求に基づいて、その適切な

賠償がおこなわれるべきである」、と指摘された[21]。ここから、国民政府が対日戦後処理の問題においてもっとも重視したことは、日本の民主化と戦争賠償だったことがわかる。ただし、国民政府がここで同盟国との協力を強調したことは、中国の対日講和政策が必然的に同盟国の影響を受けざるを得ない、ということも意味していた。

　日本は、冷戦がアジアに波及したことにより、西側諸国といわゆる「多数の講和」をおこなうという選択を迫られた。当時、アメリカとソ連の対立が不断に激化し、国共内戦も勢いを増すなかで、〔西側にとって〕日本の共産主義化をいかに防ぐのかということが現実問題となっていた。これを国民政府の立場から見れば、同政府は、日本からより多くの賠償を獲得するのか、日本の共産主義化を防止するのか、この二つの選択の間で板挟みとなってしまったのである。

　こうしたなかで、講和条約の起草手続きが問題となった。これについて、アメリカ政府は〔極東委員会構成国による〕11ヵ国会議の開催と3分の2による多数決制を提案し、ソ連政府はまず4ヵ国外相会談で討論すべきだと主張した。これに対する国民政府の意見は、11ヵ国による3分の2の多数で決する場合、中英米ソの四大国がそこに含まれるべきで、もし四大国のうち一国でもこの方法について同意しないならば、中国はやはり再考する権利をもつとした。その後、この手続き問題に関する議論は、大国の一致した同意の原則を堅持するかどうかが焦点となった。このような講和条約起草の手続き問題に対する四大国の意見対立は、〔西側だけの〕一方的な講和という結果につながった[22]。

　アメリカは、1947年以降、対日政策を徐々に転換させていった。その理由は、戦後の米ソ対立が激化しつづけたことにより、アメリカの東アジア戦略の構造における国民政府の地位が相対的に低下したからであった。国民政府にとっても、東北、新疆および国共内戦などの諸問題において、ソ連との矛盾は絶えず深刻になった。これに加えて、国民政府は、国共内戦においても日に日に劣勢となっていた。アメリカ政府は、国民政府に対する信頼感を徐々に低下させる一方で、日本を次第に支援するようになった。日本を共産主義の拡散を防ぐための防波堤にしようと考えたのだった[23]。

　また、ヨーロッパで冷戦構造が形成された時点で、アメリカは対日政策の変更を検討しはじめたが、対日講和をめぐってはアメリカ軍と国務省の間で深刻

な対立が生じていた。こうしたアメリカの政策決定者たちに対日方針を基本的に統一するよう促したのが、中ソ友好同盟相互援助条約の調印〔1950年2月〕だった。その後、朝鮮戦争の勃発を要因として、アメリカは、日本を再武装させて同盟国として単独で日本と講和することを決定し、このために故意に〔朝鮮戦争の〕停戦交渉を引き延ばした。ソ連は、戦局において〔支援する北朝鮮が〕守勢にまわる状況下で、サンフランシスコ講和条約の調印を拒否し、一転して強硬な立場を取った。以降、朝鮮において、戦争もないが、平和もないという局面が続くことになった。

　中ソ同盟、朝鮮戦争および対日講和条約の問題は密接に関連しあっている。この三つが相互に影響し合い、互いに因果となり、それらがあわさって1950年代初期のアジアの複雑な政治局面をつくりだした。それは、東アジア冷戦構造の三部曲だった[24]。

　こうしたなか、講和会議の開催を前にして、イギリスとアメリカの間には中華人民共和国政府の代表と台湾当局代表のどちらを招請するのかをめぐる対立がうまれた。イギリスは、早くも1950年1月6日に中華人民共和国政府を正式承認し、同政府が対日講和会議に参加する代表権をもっていると主張した。一方でアメリカは、講和会議に中華人民共和国政府の代表を招請し参加させることを拒絶した。その後、アメリカ国務省は、ダレスを何度かロンドンに特使として派遣し、イギリス外務大臣モリソンと会談させた。1951年6月19日、第1に、講和会議に中華人民共和国の代表を招請しない以上、台湾当局の代表も参加させない、第2には、日本がどちらと外交関係をもつかは、日本が独立し国家主権を行使できるようになったのちに自ら決定する、という最終的な妥協が成立した[25]。

　1951年9月8日、サンフランシスコ講和会議が始まったが、共産党政権と国民党政権は、いずれも参加できなかった。サンフランシスコ講和条約は、アメリカが中ソを排除する方針をとったために、厳密にいえば、一方的な講和〔片面講和〕であり、戦争を終結する講和条約としては不完全なものだった。

　領土問題については、講和条約において、日本が朝鮮、台湾、澎湖諸島、千島列島およびサハリン島の占領地を放棄すべきことが規定された。しかしながら、これらの領土がいずれに帰属するかについては触れられていなかった。す

でに、日本の領土に対する基本原則は、カイロ宣言とポツダム宣言によって確立されていた[6]。しかし、戦後に冷戦が起こったことで、日米が相互の利害から接近し、敵国から同盟国へと転換するなかで、両国は、そのような連合国の間で合意されてきた日本の領土処理に対する基本原則を変更しようという考えをもつようになった。それは、アメリカにとっては東アジアの秩序を自らが主導しようとするためであり、日本にとっては連合国による懲罰を逃れたいがためであった。サンフランシスコ講和条約〔の領土規定〕は、日本と中韓ソ（ロ）の間、また中国と南方の隣国との間における領土問題の起源となり、深刻な後遺症を残したのである[26]。

　戦争賠償問題については、講和条約において、日本が引き起こした損害や苦痛に対して連合国に賠償しなければならないと規定された。ただし、同条約は「存立可能な経済を維持すべきものとすれば、日本国の資源は、日本国がすべての前記の損害又は苦痛に対して完全な賠償をおこない且つ同時に他の債務を履行するためには現在十分でない」という認識も示していた。そこで、被害国が本国における日本の財産を差し押さえることや、日本人の提供する役務〔生産・沈船引き揚げその他の作業による労役〕によって各国の損害回復の費用とするための請求が可能であると規定された。しかし、連合国の各構成国とその国民が、それ以外の一切の賠償請求の権利を放棄することも規定された。このような戦争賠償条項は、〔日本をアジアにおける反共の防波堤にしようという〕アメリカの自己利益の追求から出たものであり、その行為はアジア各国人民の利益を顧みずに放置するという卑劣なやり方だった。こうして、日本は、賠償支払いの形では侵略戦争の責任を引き受けることなく、また各被害国が広く参加した普遍的な講和を通じ、徹底的に賠償問題を解決する機会も失われてしまった。さらには、のちに日本が各国と賠償交渉をおこなう際、賠償の負担を少なくするよう交渉する余地を残してしまったのであった[27]。

　このようなサンフランシスコ講和条約の調印によって、日本は法的に連合国の占領状態を終わらせたといっても、実際には、真の独立を獲得できたわけではない。同条約の規定により、日本の一部の島嶼はアメリカ軍の信託統治領となり、アメリカ軍が日本に無期限に駐留することが認められた[7]。日米両国は、サンフランシスコ講和条約に調印すると同時に、安全保障条約にも調印し、さ

らにその実施にかかわる日米地位協定などを締結した。この条約および協定が規定したのは以下のことである。日本がアメリカに対して無制限に陸海空軍の基地を提供すること、日本に駐留するアメリカ軍の人員は基地内において治外法権とその他のかつて占領軍が享受していた一切の特権をもつこと、アメリカ軍が日本国内の内乱鎮圧のために出動したり、さらには海外へ出動したりすることが可能であること、などである。つまり、このような日米安全保障条約の締結は、日本のアメリカに対する政治・軍事上の従属的地位を固定化したものであったと言える。この条約により、日本は、名目上の独立を得るかわりに、実際には半独立の占領状態に置かれることになった。こうした半独立の占領体制は「サンフランシスコ講和体制」とも呼ばれる。当然ながら、以上のことは、日米双方がその戦略上から追求したものであり、同条約は戦後日米の同盟関係の基礎を確定すると同時に、戦後日本の国家安全政策の支柱となるものであった。

　他方で、問題となるのは、サンフランシスコ講和会議に、対日作戦の主要な参加国として連合国の勝利に重大な貢献をした中国が参加できなかったことである。戦後、共産党は、講和会議をめぐる政策においては、会議への参加権・代表権の要求を中心としながら、反米・連ソの立場で以下のことを主張した。それは、早期の講和、領土帰属の確定、日本の再軍備および米軍の長期駐留への反対、戦犯の厳格な処罰と賠償権を放棄しないこと、などだった。しかし、〔共産党政権の〕新中国は、最終的に、アメリカが一方的に開催したサンフランシスコ講和会議から排除されてしまった[28]。そして、1949年以降、台湾へ敗走した国民党政権が、アメリカの支持のもとで国際的な場において中国を「代表」する存在となった。中英ソなどの各国は、それぞれ程度は異なるが、これに対して反対を表明した。アメリカは、こうした反発を抑えるため、多国間の対日講和条約においては台湾当局を加えず、台湾当局が単独で日本と二国間講和条約を結ぶようにさせた。

　この条約締結にあたって、台湾へ移転した国民党政権がもっとも重視していたことは、台湾当局の国際的地位、台湾に対する統治権、そして大陸反攻のための〔アメリカとの〕同盟関係などである。こうしたなか、蔣介石が望んだサンフランシスコ講和条約発効より前の「日華平和条約」調印は、そのとおりに

実現した。台湾当局は、蔣介石の柔軟な対応により、その目標を達成したとはいえ、このために払った代価も非常に大きなものだった。「中華民国」は、法理上の地位を失い、多国間のサンフランシスコ講和条約交渉の蚊帳の外に置かれた。このため、サンフランシスコ講和条約における台湾・澎湖諸島の地位は〔帰属が明確に規定されなかったため、〕曖昧になってしまった。日本の戦争賠償についても、労務賠償形式の支払いを受けたほかには、国家賠償を受ける権利を実質的に放棄してしまった。つまり、台湾当局は、自ら望む期限内の条約妥結のため、賠償などの問題において日本に対し譲歩せざるを得なかった。結果として、同条約の達成からは屈辱的な姿しか見えないのである[29]。

このような「日華平和条約」の締結をアメリカが推進したことは、自らの戦略的利益を考えてのことであって、そこに台湾当局の利害に対する配慮は少しもなかった。つまり、同条約の締結は、台湾当局がアメリカの利益に対して屈服した結果であり、また日本の外交圧力に対する恥ずべき譲歩だった。蔣介石は、大陸反攻に対する国際社会の支持を得るため、対日交渉の過程のあらゆる面で譲歩を迫られた。「日本側の感情に配慮するため」として、戦争責任の内容でさえも明確にすることを避けてしまったことは、その極みだった。このような曖昧な措置は、日本の戦争責任や歴史認識に対する問題意識を弱めてしまったといえよう。

このほか、「日華平和条約」は、「国民政府」が中国で唯一の合法政府であることを明確に宣言しているわけではないし、日本と台湾当局の正式な「外交関係」の確立についても、はっきりとは規定していない。ゆえに、日本は、大陸の共産党政権と国交を樹立することを条約上で禁じられることはなかった。こうした手法は、日本と台湾当局の間の実質的な「外交関係」確立を妨げない代わりに、〔大陸の政権との交渉も妨げないという、〕日本の「対華」政策〔大陸と台湾に対する政策〕における両義性を示していた。日本側は台湾当局に平等な国際的地位を与えず、新中国とも公式関係を樹立する企図を放棄しなかった。ここからわかることは、戦後日本の「対華」政策には、初めから「一つの中国、一つの台湾」もしくは「二つの中国」の意図が含まれていたということである[30]。

しかしながら、台湾当局の行為は、国際法上の意義をもたなかった。なぜな

ら、当時の台湾の国民党当局は、すでに中国人民に見捨てられた政権だったからである。同政権は、中国人民を代表して対日賠償請求の放棄を宣言する権利を根本的にもたないし、当然ながら中国と中国人民はこの条約を承認していないのである。

1952年5月5日、周恩来外相は、中華人民共和国を代表して以下のような厳正な声明を発表した。日本政府が、アメリカの指図によって、日本民族の利益を売り渡す一方的なサンフランシスコ条約を受け入れ、国民党反動派と結託し新中国を敵視する不法な「日華平和条約」を結んだこと。また、同条約が「中華民国に関しては、中華民国国民政府の支配下に現にあり又は今後入るべきすべての領域に」適用されると公言していることは、まったく荒唐無稽なものであること。これは、日本の反動派と蔣王朝が再び中国を侵略し、中国人民を帝国主義、軍国主義の野蛮な統治のもとに置こうとしていることの確証であり、中国人民に対して公然と侮辱し敵視するものであり、中国人民と中国政府は不法な「日華平和条約」を絶対に承認しないということ、などである[31]。

おわりに——対日戦後処理の遺産とその影響

1945年8月、日本はポツダム宣言を受諾して降伏を宣言し、その後6年以上にわたり、連合国軍が日本を占領して改革を推進した。戦後の日本は、占領期のいくつもの改革を経て、ようやく明治以来の軍事化と民主化を完全に分離し（第1次世界大戦後の軍縮は部分的な非軍事化でしかなかった）、とりわけ、それは完全な植民地の放棄という空前の非軍事化だった。民主化と非軍事化および脱植民地化の同時進行は、戦後日本に新たな活力をもたらした。しかし、冷戦が勃発し、アメリカが次第に占領政策を変更して日本を支援するようになると、日本は急速に台頭して敗戦の影響を脱し、アメリカにとって東アジアで最重要な同盟国となった。それはまた、戦後の対日改革の効果をかなりの程度で弱めることにもなった。

他方で、戦後国民政府は、蔣介石の「以徳報怨」の対日処理方針を堅持し、日本に対して寛大な政策をとった。この政策の基調は、国民政府が戦後の日中両国の民族的な和解を目指そうとする善意の表れであり、同時に、戦後におけ

るいくつかの内外の現実が影響した結果でもあった。

　国民政府の戦後対日政策の基本方針で肯定すべき一面は、戦後の日中両国の民族的な和解を実現しようとした、その善意である。蔣介石は、民族的な和解を長期的なものと考え、その実現と東アジアの恒久的な平和に関心をもった。これは、客観的な理性による選択である。しかし、理由はもう一つあった。それは、戦後の国際構造からみれば、国民政府が日本に対して寛大な態度をとることによって、東アジアにおける日中の共同が実現できると考えられたからである。国民政府は、とりわけ反共およびソ連への牽制という問題において、日本の力を必要としていた。そのため、同政府は、戦後の日本に対して報復的な政策をとらなかっただけでなく、日本の復興援助にも尽力したのである。日本は、国民政府の戦後構想においてアジアでもっとも信頼できる同盟国だった。さらには、国民政府は、自らの戦略的な利益を考慮して、一方では投降した日本軍に旧日本占領地の接収に協力させようとし、他方でアメリカとの同盟関係を保持しながら、その対日政策に従うために、自らの要求を表明することを抑制してきた。

　中国は、第2次世界大戦のアジアの戦場において、連合国のなかで最大の被害を受けた。しかし、戦犯問題と賠償問題では相応の主導性を発揮することはできず、その存在感は薄くなってしまった。つまり、中国は、米ソ冷戦と国共内戦という二重の制約を背景に、その国際的な地位を低下させ、対日戦後処理を主導できなかった。こうしてアメリカが戦後の対日処理を主導していった。これにより、戦後の日本人は全体的に「太平洋戦争史観」を受け入れ、侵略戦争の戦争責任問題をその視界から徐々に遠ざけてしまった。

　つまり、日本人の理解する敗戦は、太平洋戦場におけるアメリカ軍に対する惨敗であり、中国戦場における失敗ではなくなった。中国に敗戦したという意識の乏しさは、日本の過去の戦争に対する反省と総括が、どこまでいっても、アメリカの戦争観とその正しさに縛られてしまうことになってしまった。国民党の指導層も、抗戦の勝利は中国が日本に勝利したのではなく、連合国が日本本土の作戦において勝利したことだと認識し、その結果、中国は対日処理を厳しくすべきではないと考えるようになった。

　蔣介石は、その戦後の講演のなかで、中国の8年間の「抗戦」を日中の戦争

だと定義し、「正義は必然的に強権に勝利する」と強調した。これは、中国と日本の戦争が中国側においてはただ防衛戦だっただけで、中国の軍事力によって勝ち取られた勝利ではないことを示している[32]。陳立夫も、外交部の対日講和条約に関する談話会において、次のように述べている。「日本は負けたが、中国は勝ってもいない。我が方を他の戦勝国と同列にみなすことはできない」、と。国民政府の方針は、対日政策において寛容すぎてもいけないが厳しすぎてもいけないというものだったが、実際のところは、その重点は厳しすぎてはいけないという方にあった[33]。国民政府国防次長の秦徳純は、今井武夫を送別した際に杖を贈り、こう語りかけたという。「日華両国は今次大戦で相争い、列強の参戦で漸く勝敗が決まったが、両国共に国力疲弊して、今度の復興も容易でない。就てはこの一本のステッキで、各々自国の顚覆を支え、国運の隆昌を図るように、お互い奮起しよう」[34]。ここでは、日本の敗戦が中国によるものではないという考え方が示されると同時に、両国の共通の主題が戦後復興にあったことも婉曲的に示されている。

　戦後のアメリカは、東アジアでもっとも権勢をもつリーダーとなった。それは、戦時に東アジア各国がアメリカとの同盟関係を強化し、継続しようとしてきたことの帰結だった。そして、国民政府は、アメリカの対日政策に従ったことにより、自らの主体性をある程度失ってしまった。1947年9月4日、上述の対日講話に関する談話会において、張道藩は次のように述べた。「日本を寛容に処すべきか、厳しく処すべきかを最初に決定すべきであろう。しかし、前提となる問題は、我々がそれを決定したあとで実行できるかどうかである」[35]。外交部長・王世杰も、中国は否決権をもっており、主張したことは比較的に実現できるはずだが、現実にはアメリカの利益を顧慮するので実現困難であろう、と認識していた。

　日本は、冷戦の出現によって、徐々に国際共産主義勢力に対抗するための最前線となった。アメリカも占領政策を変更し、共産主義勢力に対抗する盟友とするため、日本を援助した。国民政府は、その国際的な地位の低下によって日本の責任を追及する先頭には立てなくなった。このため、日本政府と日本国民は、中国からの戦争責任の追及を正面から受けることはなく、この問題で追及される機会を逸してしまった。従軍「慰安婦」、強制連行・労働、細菌戦など

の責任は、戦後に時間が経ってから、裁判において追及された。そのため、これらは「歴史問題」となってしまい、戦後賠償の問題として集中的に暴露されるようになった[36]。こうした問題は、現在に至るまで日中関係の健全な発展に影響しつづけている。

1　歩平『中日歴史問題与中日関係』北京：団結出版社、2015年、3頁。

2　蔣介石「抗戦勝利告全国軍民及全世界人士書」秦孝儀編『先総統蔣公思想言論総集』第32巻、台北：中国国民党中央委員会党史委員会、1984年、123頁。

3　汪朝光「抗戦勝利的喜悦与日本処置的糾結──由蔣介石日記観其戦後対日処置的双面性」『抗日戦争研究』2013年第3期。

4　黄自進「蔣介石与日本──一部近代中日関係史的縮影」台北：中央研究院近代史研究所、2012年、340頁。

5　袁成毅「戦後蔣介石対日「以徳報怨」政策的幾个問題」『抗日戦争研究』2006年第1期。

6　「中蘇美英対日本乞降照会的復文」（1945年8月11日）田桓編『戦後中日関係文献集（1945 - 1970)』北京：中国社会科学出版社、1996年、5頁。

7　秦孝儀編『先総統蔣公思想言論総集』第37巻、台北：中国国民党中央委員会党史委員会、1984年、307頁。

8　秦孝儀主編『中華民国重要史料初編──対日抗戦時期』第7編（戦後中国4）、台北：中国国民党中央委員会党史委員会、1980年、638頁。

9　陳奉林『戦後初期中国対日占領問題的来竜去脈』『歴史教学』2005年第2期。

10　鹿錫俊「蔣介石与戦後国共相争中的日本人角色」『抗日戦争研究』2013年第1期。

11　黄自進「抗戦結束前後蔣介石的対日態度──「以徳報怨」真相的探討」『中央研究院近代史研究所集刊』第45輯、2004年9月。

12　劉萍「連合国戦争罪行委員会的設立与運行──以台北"国史館"檔案為中心的探討」『歴史研究』2015年第6期。

13　歩平「抗戦勝利後対日本的戦後処理与中日歴史問題」『歴史教学問題』2016年第1期。

14　程兆奇「裕仁天皇戦争責任的再検討」『軍事歴史研究』2015年第6期。

15　粟屋憲太郎『未決の戦争責任』柏書房、1994年、29 - 30頁。

16　波多野澄雄（馬静訳）『国家与歴史──戦後日本的歴史問題』社会科学文献出版社、2016年。

17　厳海建「国民政府与日本乙丙級戦犯裁判」『近代史研究』2017年第1期。

18　左双文「国民政府与懲処日本戦犯幾個問題的再考察」『社会科学研究』2012年第6期。

19　今井武夫（翻訳組訳）『今井武夫回憶録』上海：上海訳文出版社、1978年、297頁。

20　宋志勇「戦後初期中国的対日政策与戦犯審判」『南海学報』2001年第4期。

21　「対於外交報告之決議案」中国第二歴史檔案館編『中国国民党歴次全国代表大会暨中央全会文献彙編』第38冊、北京：九州出版社、2012年、189頁。

22　曹芸「1947 - 1948年関於対日和約程序問題的討論──以美国外交文件為中心所作的探

討」『抗日戦争研究』2011年第1期。

23 段瑞聡「戦後初期国民政府対日講和構想——以対日和約審議委員会為中心」『抗日戦争研究』2015年第3期。

24 沈志華「中蘇同盟、朝鮮戦争与対日和約——東亜冷戦格局形成的三部曲及其互動関係」『中国社会科学』2005年第5期。

25 徐友珍「美英在新中国参与対日媾和問題上的争議」『世界歴史』2004年第2期。

26 胡徳坤「"旧金山和約"与東亜領土争端」『辺界与海洋研究』2017年第1期。

27 袁成毅「戦争賠償問題」前掲、歩平『中日歴史問題与中日関係』、43-44頁。

28 孫瑜「戦後初期中国共産党対日講和政策的演変」『抗日戦争研究』2012年第4期。

29 馮琳「対日和約問題上的蔣美分歧及蔣之因応」『抗日戦争研究』2016年第1期。

30 林暁光、周彦「"吉田書簡"、日台和約与中日関係」莽景石編『南開日本研究2010』北京：世界知識出版社、2010年、42頁。

31 「周恩来外長関於美国宣布非法的単独対日和約生効的声明」前掲、田桓編『戦後中日関係文献集（1945-1970)』、122-124頁。

32 家近亮子「蔣介石外交戦略中的対日政策——作為其帰結点的「以徳報怨」講話」中国社会科学院近代史研究所編『近代中国与世界——第二届近代中国与世界学術討論会論文集』第三巻、北京：社会科学文献出版社、2005年。

33 「外交部対日和約審議会談話会記録」（1947年9月4-30日）、中国第二歴史檔案館編『中華民国史檔案資料彙編』第五輯第三編（外交）、南京：江蘇古籍出版社、2000年、367頁。

34 前掲、今井武夫『今井武夫回憶録』、289-290頁。

35 前掲、「外交部対日和約審議会談話会記録」、367頁。

36 歩平「関於"跨国訴訟"——中日民間戦争賠償訴訟評述」『抗日戦争研究』2003年第4期。

訳者注

〔1〕「地理的優位性」とは国民政府軍が戦時首都重慶を中心とする西南部に展開していたのに対し、共産党の軍隊が華北を中心とした日本軍占領地に近い地域に展開していたことをさす。また、「降伏受諾権限」をめぐる争いとは、すなわち国共いずれが日本軍の占領地や武器・弾薬を獲得するのかをめぐるもの。戦後、日本軍指導部は、国民政府軍への降伏をすすめると同時に、積極的にその接収・復興に協力する方針を決定して行動した。また日本の大本営は、1945年8月22日、他地域の軍に全面的停戦を指令するなか、支那派遣軍にのみ例外的に「局地的自衛の措置」を認めていた。

〔2〕ロンドンのセント・ジェームズ宮殿における宣言。ベルギー、チェコスロバキア、自由フランス、ギリシア、ルクセンブルク、オランダ、ノルウェー、ポーランド、ユーゴスラビアのヨーロッパ9ヵ国の代表（いずれもロンドンにおける亡命政府）が集まり、ドイツによる市民に対する暴力を非難し、戦争における残虐行為の裁判による処罰を宣言した。中国をふくめた亡命政府以外の政府もオブザーバー参加しており、連合国間による戦争犯罪に関する最初の公式宣言であるとされる。

〔3〕枢軸国による残虐行為に対する処理を話し合うために連合国各国によって設置されたもの。従来の戦争犯罪を超える事態に対処するための法的理論的な検討を進めて、国際裁判所による犯罪者処罰の方針を最初に示した。当初、「連合国戦争犯罪捜査委員

会（United Nations War Crimes Commission for the Investigation of War Crimes）」として始まったが、のちに対象範囲を拡大し、「捜査」をはずした形の呼称に変更された。本訳文では「戦争犯罪委員会」に統一した。

〔4〕 共産党と八路軍が指導する抗日根拠地、抗日ゲリラ地区に対して日本軍がおこなった作戦（日本軍の用語では「治安粛正作戦」など）に対する中国側の呼称。「三光」とは中国語で、「焼光、殺光、搶光（焼きつくし、殺しつくし、奪いつくす）」を意味する。また、このなかで、強制労働に従事させるための「労働者狩り」もおこなわれ、日本へ連行されて働かされた者もいた。

〔5〕 今井武夫は陸軍少将として終戦の予備交渉である芷江会談に参加、戦犯とならなかったことから、南京における戦後処理を任された。中国語版の引用部分を、以下の日本語の原書により復元した。今井武夫『日中和平工作――回想と証言1937－1947』みすず書房、2009年、251頁。以下の注34も同様。

〔6〕 1943年11月のカイロにおける米英中3ヵ国会談で合意したカイロ宣言（12月1日発表）では、領土不拡大原則および日本の領土における日清戦争、日露戦争、第1次世界大戦の時期に拡大した部分を日本から剝奪する、という原則が決定された。ポツダム宣言では、「カイロ宣言の条項は履行せられるべく又日本国の主権は本州、北海道、九州及四国並に吾等の決定する諸小島に局限せらるべし」と規定された。

〔7〕 第3条において、「北緯29度以南の南西諸島（琉球諸島及び大東諸島を含む）嬬婦岩の南の南方諸島（小笠原群島、西之島及び火山列島を含む）並びに沖の鳥島及び南鳥島」を、アメリカを施政権者とする信託統治制度下に置くという国連に対する提案に日本が合意すること、それが採択されるまでアメリカがその統治権をもつことが規定された。

第2章
戦後の中国観・日本観の形成と変化

中国紅十字会代表団の初訪日（1954年10月31日）。（右2人目から左に）李徳全中国紅十字会会長（団長）、廖承志（副団長）、島津忠承日本赤十字社社長

日本｜戦後日本人の中国観の形成と変化
——1945‐92年

馬場公彦（北京大学）

はじめに——戦後日本人の対中認識の特徴

　1945年8月の敗戦の後、日本が戦後日本として再出発する際、最大の課題として立ちはだかったのは、日本人が民族として自立し、国家として独立し、周囲の国々と再び平和共存して国際社会に復帰するための方法とは何か、ということであった。この独立と平和共存の実現にあたって、解決しなければならなかった最大の壁は、対中戦争を総括し中国との終戦処理を済ませて負の遺産を払拭することであり、終戦処理の結果として講和をして国交を回復することであった。戦後日本の中国論は、この戦後処理と国交回復が二大論題となって絡み合って形成されてきたといってよい。

　日本人は、遣隋使・遣唐使の時代から、漢字・仏教・儒教をはじめとして中国の文明を摂取してきた。中国に対する関心は、近代以前は先進的文明を学習・吸収する資源として、近代以降は、中国に対する敬意は薄れて侮蔑へと転じ、連携のパートナーあるいは反発・対立のライバルあるいは敵対者に転じはしたものの、途切れることは決してなかった。日本で発行されている雑誌・新聞などのメディアにおいては、他の国家・国民をはるかに凌駕する量の中国論

が経常的に掲載・公刊されてきた。

　先述の戦後日本の二大論題をめぐっては、複雑な形成要因が作用し、多彩にして流動的な中国論が構成されてきた。複雑さの要因の第1は、対象となる中国の情報源の多様性であった。国交がないためにいくつもの確度の低い情報源が錯綜した。第2は中国論を展開する担い手たちの属性や立場の多様性であった。第3は中国論を伝達するメディア（主に活字の新聞・雑誌・書籍）の読者対象や論調の多様性であった。第4は中国が仕掛ける世論工作であった。さらに二つの中国が時々刻々の政策や国益に応じて、政府・財界・民間と様々な対象に向けて情報操作を仕掛けた。

　かくして、日本人という認識主体と、中国という認識対象との間に幾層もの認識回路が形成され、その認識回路は主体である日本・日本人と客体である中国・中国人の変化、日中を取り巻く国際情勢の変化にともなって、絶えず変遷を繰り返し、認識回路を通して醸成される中国像は不定形に変遷してきたのである。そこで、敗戦直後の1945年から1992年の天皇訪中に至る約半世紀を時期区分しながら、多元的・複線的な認識回路を分類し、中国像を抽出しその変遷をたどってみることとしよう[1]。

1.　新中国の誕生　1945‒49年──日本敗戦・中国内戦・東西冷戦

　戦後日本人の中国像はそれまでの中国像を変換するところから出発した。どう変換したのかをたどるために、敗戦直前の決戦時期ともいうべき1943年から45年に至る日本で発行された主要雑誌での中国論を見てみよう[2]。

　記事の大半の論題は眼前の戦局に関するもので、テーマ別には実際の武力衝突に関する武力戦、統一通貨を流通させることで貿易と産業開発の主導権を争う経済戦、戦争の正当性をめぐって国民を戦争に動員し国際的支持を獲得しようとする思想戦の3種類に分類できる。そこでの中国は敵国・敵対者としてのみ描かれているかというとそうではない。というのはこの日中戦争の決戦時期における中国論の内容を分類してみると、対象となる中国には三つの政府があった。すなわち重慶中国（敵地区・抵抗地区）・南京中国（和平地区）・延安中国（辺区・解放地区）の三つに分かれ、さらにあまり篇数は多くないが「満洲国」

（「偽満」）や満蒙に関するものであった。掲載本数から言えば参戦の友軍としての南京中国が交戦の敵軍としての重慶中国を上回り、延安中国に至っては情報不足によりほぼ皆無であった。このため、「暴戻」「暴慢」「驕慢」で「膺懲」すべき「支那人」イメージは底流にありながらも、「翼賛」と「宣撫」によって「親善」「恭順」な「支那」イメージが量的には圧倒していたからである。日本人にとって中国とは、抗戦している敵国でありながら相互提携関係にある友好国であるかのような錯覚を抱かせ、軍事力・政治力・経済力の実態とは裏腹に南京政府に対する過大評価をも生んだ。中国に対する認識の錯誤はこのようにして生じた[3]。

1945年8月の敗戦を契機として、日本人の間に高まったのは敗戦責任への関心と、戦争を鼓吹し国民を動員させた軍事・政治指導者に対する厳しい糾弾であった。それに比して中国はじめ南方のアジア諸民族に対する加害責任や植民地支配に対する責任の意識は、総じて言えば希薄であった。なぜかと言えば、第1に、中国大陸戦線に展開していた百万人を超える兵力においては、南方の太平洋戦線に比べれば軍勢の優位は保っていたということ、第2に、本土空襲・沖縄陥落・2発の原爆・ソ連侵攻など、米ソの圧倒的な軍事力の前に国民の抗戦意欲が沮喪したこと、第3に、終戦の決断においては、ときの首脳にとって「国体護持」が最大関心事であり、連合国側とりわけアメリカから国体護持の明確な保証を得られたことが、ポツダム宣言を受諾し無条件降伏の聖断を下す決め手となったこと、などが考えられる[4]。

ただし、中国からの引き揚げ者や中国戦線に従軍した兵士のなかには中国にもたらした惨禍への贖罪意識が強く、重い加害責任を自覚し、中国人に対して抱いた蔑視を克服すべきとの意見を表明する者もいた[5]。また、東亜同文書院・満鉄調査部出身者など左翼系の中国研究者や、延安で中国共産党の思想教育に感化された元日本兵捕虜などは、日中戦争の侵略と加害責任について自覚的で、激しい批判や告発をした。彼らは戦後日本の対中戦争責任論の源流となる。将校のなかには、蒋介石が「以徳報怨」講話をおこない、国が報復せず賠償も求めないことに恩義の念を強く抱く者もいた。この恩義論が求心力となって、のちに台湾の政府を承認し、反共主義を掲げて中華人民共和国を認めない自民党保守主流派が形成されていく。

戦後日本は、対中講和と国交回復への道には進まなかった。その阻害の要因には敗戦直後の国際環境の三つの変化があった。第1に、それまで日本が正式な政府としていた南京の和平救国政権が瓦解するとともに中国が国共内戦に突入し、講和の対象が不定形で不確かなものとなった。第2に、アメリカを主体とする連合国軍総司令部（GHQ/SCAP）が日本を占領下に置き、日本の外交権は剥奪された状態に置かれ、講和の主導権が失われた。第3に、朝鮮半島や台湾海峡での情勢が緊迫するにつれて東西対立がいっそう激しくなり、日本は西側諸国との講和を優先することで、冷戦の受益者としての地歩を占めることを選択した。

　中国との国交が断絶するなかで、中国に対する関心は高かったにもかかわらず、情報源は閉ざされた。そこでわずかな情報源として活用されたのが、中国共産党の革命根拠地である延安からの帰国者、1946年創立の親中国派コミュニストが集まる中国研究所研究員、中国に駐在して取材ができた中共支持の西側ジャーナリストがもたらす中国情報であった。彼らの情報の背後には、中共中央対外聯絡部（中聯部）・中共中央統一戦線工作部が主導する統一戦線による、共産党系の党同士の外交を通して無産階級同士の連帯を図る、「人民外交」方式の国際共産主義運動があった。

　トルーマン米政権は1948年末、国民党の腐敗・経済的混乱により中華民国政府の崩壊を見通し、中華民国政府への軍事援助を打ち切り、国共内戦不介入の政策決定をおこなった。国民党関連の情報はあまり重要視されず、精度は高くないが比較的自由な報道が確保されていた場所として上海と香港が貴重な情報源となった。

　この時期の論壇の知識人は、戦中の誤った中国認識を内省し、統一国家を目指す中国ナショナリズムを評価し、農村改革の実態に関心をもった。この関心と期待の背後には日本の変革と民主化勢力の伸長に対する使命感があった。彼らの悔恨と批判の矛先は、戦時中、対中国認識の学知の一つの主流をなしていた「支那学」（文献学を基礎にした人文学系中国古典学）および「支那学者」「支那通」に向けられた。「国家観念がない」「公徳心に欠ける」といった伝統的な旧中国像をそのまま近代中国に当てはめたために、中国の現状に対する誤認を招き、中国に対する蔑視観を助長させることにつながったとされたのであった。

敗戦直後のメディア空間もそれまでの戦時体制下とは大きな変貌を見せた。占領体制において GHQ/SCAP に属する CIE（民間情報教育局）と CCD（民間検閲局）によって指導され許容された言論空間においては、「大東亜戦争」を是認したり極東軍事裁判（東京裁判）を批判したりする記事は掲載が許されず、日本の戦時体制批判、日本の民主化推進が推奨された。右派の保守的な言説空間はきわめて狭く、占領初期に創刊され刊行が継続されていた雑誌は、圧倒的に左翼系のものが多く、左派が日本の論壇空間の主流を占めることとなった[6]。

敗戦直後の日本の論壇においては、中国論の担い手たちの属性、中国情報源の性質、日本の言論空間の特性などが相まって、日本人のなかで様々な見方と思惑が交錯した。中国内戦においては、人民が決起し中国共産党がそれを指導するという清新な新中国像が優勢を占めた。1949 年 10 月、中華人民共和国という新たな国家が成立すると、この国家に対する認識と評価をめぐって、とりわけ革命によって成立した新生国家であるため、中国の前途に対する期待と不可解さと不安が錯綜した。論壇においては、中国共産党は統一政権を担う正統な権力とされ、それまでの「旧中国」像とは一線を画す新中国像が醸成され定着していった。

同時に台湾に亡命した蔣介石率いる国民政府は、新中国像を、反共主義を標榜する遷占者国家としての中華民国とした。ここに、二つの中国をめぐる東西対立の構図が形成され、どちらの国家を承認し、どちらの国家と講和条約を締結し国交を回復するかという課題が生じた。二つの中国をめぐる争点は、右派と左派、政府与党と野党、与党内部の主流と非主流、政府と民間、知識界・学術界と庶民といった相違と対立のアリーナとなっていくのである。

2. 平和攻勢への応答　1950 - 55 年
　　──アジアのナショナリズムとコミュニズム

1950 年代に入ると 50 年 6 月に勃発した朝鮮戦争を契機として、東西対立の様相がいっそう濃厚となった。52 年 4 月、サンフランシスコ条約と日米安保条約が発効すると、日本にとっての課題とは、真の民族の独立を達成し、国際社会との良好な外交関係を実現していくことであった。それまでの日本の論壇

の主流を占めていたのは、西側諸国のみならず東側の社会主義圏とも平和共存することを目指す全面講和論であった。53年以降、中国共産党が「過渡期総路線」を掲げ、社会主義路線を明確に選択するなかで、それまでの清新な新中国像は、赤みがかった社会主義中国像へと変貌していった。この政治体制を異にする中国との平和共存のあり方が模索された。先述したように敗戦直後のメディア空間と論壇に集う公共知識人においては、独立と民主化を実現するうえで社会主義については親和的であり、日本共産党を中心とする党派的思考が優勢を占めていた。左派陣営においては日米関係を梃子にして西側陣営の一員に組み込まれようとする反共主義勢力への対抗意識も強かった。その底流には中国に対する侵略戦争への贖罪感があった。そのため、社会主義の旗幟を鮮明にする中国に対しては、51年末からの「三反・五反運動」によって文芸界の主だった知識人が批判に晒された思想改造運動について、創作・表現の自由の抑圧だとの疑念が表明されたものの、総じて一定の支持あるいは理解を示した。

　さらに、1952年以降、周恩来首相はそれまでの「人民外交」と並行するかたちで、「民間先行、以民促官」の対日「民間外交」方針を打ち出し、日本の各界民間人士を積極的に招請し民間貿易活動を再開することによって国交回復の突破口にしようとした。55年には中共中央政治局が対日政策並びに対日活動方針を打ち出し、対日工作員会（主任は郭沫若、副主任は廖承志）を成立させた。対日世論を誘導する宣伝工作を担う機関としては、毛沢東―周恩来の指揮系統の下に直接置かれた、廖承志が主導する「日本組（廖班）」が結成された[7]。具体的なメディアとしては3種の雑誌（1950年創刊の『中国画報』、53年創刊の『人民中国』、58年創刊の『北京周報』）と北京放送を通した広報・宣伝活動が展開された。それらは日本の各地方の日中友好団体や友好人士を主な世論工作対象としており、中国関連の新たな情報源となるとともに、草の根の日中友好・中国支持・国交回復の民間世論の形成においても大きな役割を果たした。

　一方、日本からも1952年の高良とみ等3名の衆議院議員の極秘裏の北京入りを皮切りに、日本の政財界の要人の訪中が相次ぎ、日中の通商関係の打開が図られた。中国政府も53年以降、中国に残留する邦人の送還に踏み切り、日中の民間交流ルートを開拓しようとした。54年には中国紅十字会会長の李徳全を団長とする訪日団を送り込み、滞在中、日本の各界は各地で一行を熱烈に

歓迎した[8]。以後、中国は日本の政・財・学術・文化各界の要人たちを中国に招請し、中国に親近感をもつ日本人の拡大に努めた。この時期、日本の総合雑誌をはじめとする各メディアには中国訪問後の見聞記事が堰を切ったように掲載されて、建国以降の清新な新中国像に彩られた親中的な論調が誌面を飾った。

戦後世界を東西陣営に隔てた冷戦は、アジアにおいては朝鮮戦争やインドシナ戦争など、熱戦に転化して東西対立の代理戦争の様相を呈した。この戦火のもとでアジアは脱植民地化と国内改革を課題として負うなかで、1954年のジュネーブ会議・コロンボ会議を通して国際社会に向けて平和と独立をアピールした。

1955年のバンドン会議を契機として、アジア・アフリカ諸国が次々と独立し、生気に満ちたナショナリズムの潮流が西洋の旧宗主国に新興勢力の存在感を示した。バンドン会議でインドのネルー首相、ホスト国インドネシアのスカルノ大統領とともに周恩来首相は華々しく外交デビューを果たし、米ソ両大国とは一線を画した、非同盟中立主義を掲げる第3勢力の盟主としての中国像が浮上してきた。

この時期の台湾においては、蔣介石―張羣の外省人系の国民政府が自由と反共主義を標榜して日米台を結束させ、大陸反攻を完遂するための宣伝戦（心戦）を展開し、自民党老保守派・財界・保守派知識人に向けて「以徳報怨」の恩義論を強調しての外交攻勢をかけた。しかしながら、一般国民に向けた世論形成のための宣伝工作はほとんどなされなかった。日台間で民間交流が進展すると50年間に及ぶ日本統治時代の遺産が可視化されるため、台湾本省人の本土意識が覚醒することを国民政府が懼れたことが背景にあろう[9]。

3. 対中不信の芽生え　1956 - 64年
——中ソ対立・台湾海峡危機・中印紛争・核実験

1956年2月のソ連共産党大会におけるフルシチョフのスターリン批判演説は、それまでソ連を同盟として指導を仰いできた中共首脳部に激震を走らせた。論争はエスカレートして対立の様相を呈し、60年には中国にいたソ連の技術者たちが一斉に引き揚げた。中国はソ連の議会主義による対米平和共存路線を批

判し、階級闘争と武装闘争による革命路線を鼓吹した。中ソ対立は世界の革新勢力の路線論争を巻き起こし、国際共産主義運動内部の党派対立の様相を呈した。

1954年9月と58年8月、中国人民解放軍は台湾海峡に向けて砲撃を開始し、59年3月にはチベットでの反乱に人民解放軍を派遣して武力鎮圧した。論壇ではそれまでの中国に対する支持者のなかから批判派が生まれた。64年、中国の原爆実験によって中国が宣伝する平和言説に対する疑念が生じ、批判派の勢力が増した。それまでの平和勢力としてのイメージは崩れ、ソ連とは違う、武装革命型社会主義中国像の輪郭が明らかになりつつあった。

それまで日本からは各界の識者が相次いで訪中し、日中間の民間貿易は着実に実績を積み上げつつあった。ところが1958年5月の長崎国旗事件[10]を契機として経済関係が冷え込んだばかりか、中国側は訪中団の招請を抑制するようになった。59年秋から中国では日米安保改定阻止運動（反60年安保）に呼応して日本軍国主義復活反対キャンペーンを展開した。日本の論壇では中国侵略に対する贖罪感と、日中講和・復交の希求による日本の戦争責任論の祖型が形成されていた。これに、日米関係を強固にして西側陣営の一員に組み込まれようとする反共主義勢力に対抗する意図が加わった。

1962年末に日中間にLT貿易（中国代表の廖承志と日本民間代表の高碕達之助が交換した覚書に基づく日中総合貿易の通称）が始まり、財界を中心に「半官半民外交」形式が主流となった。日中友好系企業および商社は、日中友好人士の一大拠点となった。64年には日中間で新聞記者交換の覚書が交わされ、北京を拠点として情報収集活動が可能にはなったが、取材や言論の規制が厳しく、要人への直接取材や独自の調査報道はほぼ不可能であった。

1950年代半ば頃から、在日台湾人留学生・亡命者が、第2次台湾海峡危機を契機として、台湾人の立場から台湾研究をし、台湾独立論を展開した。一方、長崎国旗事件、63年8月の日本政府による日本輸出入銀行を通してのビニロン・プラントの対中延べ払い輸出、同年10月の周鴻慶事件をめぐる日本政府の処理は、国民政府に"日本政府が「二つの中国」を操っている"との疑念を顕在化させた。台湾はいっそう反共宣伝のための対日世論工作を強化したが、マスメディアへの浸透度は依然として低かった。

戦時中に中国に滞在し戦後も中国研究を続けた一部の学者のなかには、台湾からの反共情報（「匪情」）に基づき大陸中国批判を日本の論壇でおこなう者が現れた。彼らの多くは拓殖大学の海外事情研究所に所属していた。

4.　文化大革命の衝撃と波紋　1965-72年

　1966年3月、中国を訪問した日本共産党は共同コミュニケをめぐって対ソ批判の明言化を譲らない毛沢東の不興を買い、中国共産党と決裂するまでに至った。日本共産党中央は即座に親中共派を除名し、内部分裂が起こり、日中友好協会など関係諸団体にまで分裂が派生した。

　1966年4月、自分の著作を焼き捨てよとの郭沫若の自己批判に、日本の友好人士たちは驚愕した。翌月、文化大革命が発動され、8月に毛沢東の閲兵する天安門広場を紅衛兵が埋め尽くすと、日本の学生たちが驚嘆した。文革に対して日本では激しい賛否両論が巻き起こり、文革は中共首脳部の権力闘争に過ぎないとの冷静で批判的論調も多かったが、文革初期にはどちらかと言えば支持・共鳴する者が優勢を占めた。共感の背景には、文革が内戦・建国期の中国革命と違って青年主体の都市型革命であったことから、学園紛争や70年の安保改定阻止闘争やベトナム反戦運動と同調して、陶酔感をともなうような過度の感情移入があった。また東南アジアへの経済進出が勢いを増すなかで、在日朝鮮人・韓国人・中国人差別阻止のための人権擁護運動や、経済進出は第2の侵略だと批判する新左翼運動や社会運動が盛り上がり、日共系左派に反対して武装闘争を訴える新左翼集団の動きが過激化していった。

　実際の文革期の中国は、世界から孤立して閉鎖され、あらゆる外交関係が機能不全に陥った。だが、運動圏にとっての文革とは、無産階級が武装蜂起して既存の権力を打倒する世界革命であり、毛沢東は世界革命のカリスマとなった。文革礼賛派や運動家にとって文革期の中国は、米ソ両大国に対峙して世界革命を主導する旗手としての中国像として映っていた。

　1969年末から日本の学園紛争は機動隊の導入などによって鎮静化され、翌年3月には万博があり、大衆消費社会へと変わっていった。71年の林彪事件は文革に対する陶酔感を一挙に幻滅させ、それまでの文革礼賛派は事態の推移

に説明する言葉を失い沈黙した。翌年の連合赤軍あさま山荘事件により、それまでの新左翼運動は一気に退潮していった。

　学術圏にとって文革は、それまでの首脳層の権力分析を中心とする国家論に軸を置いた中国論から、人民を主体としたコミューン論への転機となった。また、竹内好のように、中国革命の内在的理解を深めようという「内なる中国論」や、西洋近代のタイプとは違う、中国独自の「内発的近代」という視座が提起された。

　文革発生直後の1966年11月、台湾においては、伝統文化の破壊を鼓吹する文革への反動として、蔣介石が主導する中華文化復興運動が展開された[11]。日本の儒教研究を中心とする古典研究者は運動の恩恵を蒙った。だが、台湾からの情報は反共親国民党の立場からのものに制限され、台湾本省人の立場から見た現地情報はわずかで、進歩派を自認する中国研究者の多くは台湾情報に接近することを潔しとしなかった。台湾の対日本のメディア工作はフジー産経グループのルートに限定されていたため、日本の大衆への浸透力は依然として弱かった。

5.　文革の終わりと国交正常化　1972-78年

　1971年のキッシンジャー米大統領補佐官の秘密訪中、同年10月の中国国連復帰などが契機となって、国交回復に向けた議員団の訪中が相次ぎ、論壇では再び日中講和論が盛り上がった。このときの論点には、論者と雑誌の種類に応じて、従来の戦争責任論に依拠した道義優先の復交論と、国際環境を注視し国益の観点から復交の損得を秤量する実利優先の復交論に大別され、量的に見てその勢力はほぼ二分されていた。実利優先派のなかには国交消極論・慎重論もありはしたが、おおむね国交締結には肯定的な意見が優勢を占めた。ただ、国交無用論を主張する論者のなかに、日本の戦争責任はないとする日本無罪論を立てて反中国論を弄する論者が、戦後はじめて現れた。

　国交交渉は1972年9月に北京でおこなわれ、両国首脳による密室での交渉で、5日間の短時日のうちに共同声明が出され、国交正常化は達成された。交渉には日中戦争に関する日本側の謝罪や賠償の文言をめぐっての対立もありはした

が、より大きなものは中国側が国交三原則として提示した台湾問題をめぐる処理であった。日本は中国との国交正常化の即日に台湾との断交に踏み切り、日華平和条約の無効を認めることで決着した。台湾問題では曖昧さを残し、日本側の最大の懸念であった賠償問題は、中国側が早くに放棄の方針を示して戦争責任問題は副次的な問題として処理され、尖閣諸島問題は迂回されるなど、日中間で政治的妥協が図られた[12]。

　妥協については、中国側の譲歩した部分の方が大きかった。中国が米ソ対立・米中対立・中ソ対立という国際環境のなかで、台湾問題という原則を譲らない以外は、米国の同盟国である日本との国交締結のメリットをより強く意識したことと、文革のさなかで上海に蟠踞（ばんきょ）する四人組の容喙（ようかい）をおそれて一気呵成に妥結しようとしたこと、長期にわたる交渉になると国内の反日感情を喚起することになること、などが背景にあったものと思われる[13]。

　一方、日本側としては、国交締結は広く国民から歓迎され、論壇も支持はしたが、実際の交渉形式や内実を見ると、それまで国交回復を主張してきた対中講和論者や、国交回復のために行動してきた日中友好人士は主役とならず、外務省と官邸首脳部のみによる密室交渉であって、終戦処理としては不完全なものであった。その結果、後に歴史認識問題や領土問題といった禍根を残すこととなった[14]。

　1972年の国交回復以降、日中は「官官外交」へと転じ、台湾とは断交した。ところが、断交の前年頃から、日本の論壇で台湾関連の記事が急増した。断交以後は、貿易や議員交流や学術交流が活発になった。台湾は亜東関係協会日本支部（駐日代表は馬樹礼）を拠点として積極的な対日情報宣伝工作を展開した[15]。フジ＝産経グループのみならず日本の右派メディアに広範かつ積極的に働きかけ、右派系雑誌では台湾関連の記事が目立つようになった。台湾から発信された「匪情」（反共情報）は、日本での中国批判の言説の形成に一定の役割を果たした[16]。

　国交回復したと言っても、当時の中国は文革のさなかで民間交流の制限が大きく、活発とは言えなかったものの、パンダブームに見るように、中国に対する友好ムードは盛り上がっていった。論壇はと言えば、復交論を主導した友好人士や道義派親中論者は次第に姿を消し、中国を客体として冷静客観的に分析

する現実主義的な中国観察家が主流を占めるようになった。共同声明後の最大の外交課題であった平和友好条約を締結するまでに6年もの時間を要したのは、中国の反ソ外交に基づく「反覇権条項」の取り扱いをめぐり折り合いがつかなかったからだった[17]。また、その間の航空・海運・貿易・漁業協定も、とりわけ航空協定は台湾からの抵抗を受けての保守派自民党議員の反対運動に直面して、外交交渉は難航した。論壇や学者は、国交回復論議当時とは違って、日中提携優先論よりは中ソ等距離論の立場に立ち、平和条約締結に対しては慎重論を主張した。論壇では中国に対するかつての革命へのロマンや心情的共感をともなっての理想化された中国像は消失していき、ただの国としての中国像が優勢を占めていった。

6. 友好と離反　1979-87年

　日中関連情報の伝達は、新聞・雑誌・書籍等活字系メディアが中心だったが、70年代後半以降は活字系メディアの影響力・普及力が減退し、総合雑誌の発行部数は減りはじめ、論壇の影響力は低くなった。代わって1980年にNHKで毎月放映された特集『シルクロード』や82年の日中合作映画『未完の対局』などの人気コンテンツに見るように、写真・テレビ・映画など映像系メディアの影響力が増していった。また、直接訪中が容易になり、両国の人・情報・物資の往来が活発化していった。80年代以降、日中は「官官と民間の併存外交」の時代に入り、政界・財界は両国関係の強化に努め、庶民の中国に対する親近感・好感が増していったことは、内閣府実施の世論調査が実証している。民間の庶民層においては親近感のある楽観的中国像が形づくられていった。中国においても日本映画の上映が人民の間に日本に対する憧れを醸成させた。80年代の日中は民衆レベルでは相思相愛の蜜月の時代であった。

　中国は文革が終わり、鄧小平が主導する改革開放の時代へと変わっていった。しかしながら、変わらない中ソ対立は、1979年2月の中越戦争や西沙・南沙諸島の領有権をめぐる関係諸国との紛争となって表れ、国際社会に中国の前途に対する不透明感を際立たせ、外交関係の火種となった。中国国内の経済改革においては、政治路線の内部対立が経済の過熱化と調整の政策対立となって表

れ、経済進出を期待し協力を表明する日本の政界・財界に不安感をもたらした。日中間には1982年の歴史教科書問題、85年の靖国公式参拝問題、87年の光華寮問題など、両国のきしみを際立たせるような外交問題が続出した。中国に対する外交を弱腰だと批判する世論に抗して、両国民の民心の離反へと飛び火しないよう、両国は首脳レベルでの外交交渉による調整に努めた。

　対外開放によって直接取材が可能になり、現地調査の許される範囲が拡大していき、中国内部の諸データが整いはじめて参照可能になってきた。中国国内においても自由な言論空間が開かれはじめ、様々な分野で民間雑誌が創刊され、人民の肉声が伝わってきた。そこから学術界では地域研究としての現代中国研究が、論壇では中国観察が、客観的なデータに基づいて分析し、等身大の中国像をリポートした。そこに映された現実中国の相貌は、首脳層の権力闘争はすさまじく、若者は党やイデオロギーに対する不信と政治体制への不満を抱えており、革命で一新したはずの旧中国の封建性や、一掃されたはずの政治腐敗が強固に残存した、奇妙で異質な社会であった。中国革命の親和性や毛沢東のカリスマ性はすっかり消失したばかりか、研究者・ジャーナリスト・公共知識人の間に、庶民層の中国像とは裏腹の、違和感のある悲観的中国像が浸透していった。

　一方で80年代の中国社会の変転は、新たな視点から現代中国をとらえるアプローチを誘発した。社会学の分野では、中国独自の改革モデルとして「内発的発展論」（鶴見和子）、「郷鎮企業論」（中岡哲郎）が提示された。米国の歴史学界では中国近代化論をめぐって、従来の「西洋の衝撃（western impact）論」に対抗して「中国に即したアプローチ（China-oriented approach）論」が提起された。その流れを受けて、「儒教ルネサンス論」（溝口雄三）、「儒教資本主義論」（中嶋嶺雄）のような、伝統的中国像の発展的再生という発想が提示された。

　台湾では蔣介石死去の後に総統職を継いだ蔣経国は、それまでの大陸反攻から国内建設に国策の重点を移し、漸進的ではあるが中華民国の台湾化、台湾の民主化が進展するにともない、日本との関係枠組みはそれまでの日華関係から日台関係へと移っていった。台湾社会内部で台湾人意識が高まりを見せはじめ、民間では様々な社会運動が展開された。80年代の日本の論壇では、右派雑誌・新聞を拠点に台湾での「匪情」研究を踏まえた中国政府批判の記事と、左派雑

誌を拠点に台湾人の目線から見た台湾社会論とが共存した。

7. 天安門事件と反転する中国像　1988-92年

　1986年、胡耀邦総書記が政治体制改革を唱え、趙紫陽首相の支持のもと、改革派知識人が政治・経済体制の改革のためのデザインを描き、学生らは民主化運動に立ち上がった。学術界・文化界では新たな文化創造のための論議や出版活動が活況を呈した。89年4月の胡耀邦前総書記の死去への追悼、5月の五・四運動70周年と中ソ和解のためのゴルバチョフの訪中が重なり、民主化を求める学生たちが全国から天安門広場に集まった。鄧小平ら党の元老たちは学生たちの運動を「動乱」とし戒厳令を施行し、6月4日、解放軍を出動させて武力で運動を鎮圧して、趙紫陽を解任した。西側諸国は人権弾圧だと非難し、日本政府も含め経済制裁を加えた。中国政府は学生らに軍事訓練を課し、思想の引き締めと愛国主義教育を展開した。

　中国社会の異質性に違和感を覚えていた日本の論壇は、自由・人権・民主・憲政といった西洋発の普遍的な価値を中国社会が十分には実現していないことを憂慮し、民主運動家や改革派知識人に強い共感を表明して、天安門事件に衝撃を受け、共産党首脳を激しく非難した。期待は失望へと暗転し、国家崩壊論・経済破綻論などの悲観論が論壇を覆った。

　一方、日本政府は西洋諸国に先駆けて経済制裁を解除し、経済関係の修復に乗り出した。1992年初頭、鄧小平は南巡講話をおこない、いっそう大胆な経済改革と対外開放を唱えたことに前後して、中国経済は飛躍的な回復を見せ、好転した。同年4月、江沢民総書記は訪日して国交正常化20周年に天皇訪中を要請、訪中は10月に実現した。一方、論壇は経済制裁については継続を主張し、天皇訪中の賛否については、左派は沈黙し、右派は無益であり「対中位負け外交」だとしておおむね反対を表明した。

　中国経済のV字回復が明確になるにつれ、論壇の悲観論は楽観論へと変貌した。中国は経済力を伸ばし、国際的孤立から脱して政治的発言力を増すにつれて国際社会での存在感が大きくなり、中国台頭の実感が増した。急速に巨大化する隣国の威勢に対して恐怖・脅威のイメージがともなうようになり、脅威

としての中国像が強まってきた。この脅威イメージは、のちに歴史問題や靖国問題をめぐっての不信感を醸成し、次第に中国に対する疎遠の感情や嫌悪の感情へとエスカレートしていった。

　80年代末から天安門事件を経て天皇訪中に至る、一連の激しい浮沈を繰り返した中国社会の変転に応じて、日本の論壇は楽観と悲観の間を漂流した。中国論者は中国観察家と現代中国研究者で占められており、彼らは中南海の動向をのみ注視し、民主化運動をおおむね中国共産党の守旧派元老対民主改革派の知識人・学生という図式でしかとらえられなかった。そのために学生以外の農民や高齢者などの意識、あるいは北京・上海といった大都市以外の地方の動向、両岸三地（中国・台湾・香港）の中国人や海外華僑の連携に目配りが足りず、その後の経済回復や国際社会への復帰を予測できなかったし、分析可能なデータや説明論理をもち合わせていなかった。

　天安門事件をめぐる事態の推移の見誤りは、より長期的視点から現代中国をとらえるアプローチに気づかせた。そこで、日本の学界・論壇では、権力正統性の視点から、中国革命の歴史的画期性を相対化し、1949年の画期性・断続性よりは相対性・連続性を強調するような「20世紀中国論」（西村成雄）が提唱された。また、地域史の視点から、変革の起動要因としての国家権力の役割を相対化するような「華僑華人ネットワーク論」「東アジア海域論」（濱下武志）が提出された。さらに、歴史学の視点から、前近代とみられていた伝統的な旧中国像を長期的近代として包摂していこうという「中華帝国論」としての「冊封体制論」「朝貢システム論」などの見直しの動きが出てきた。これらの動きはのちの大国としての中国像をもたらした。

　台湾では、1988年1月、蔣経国が死去したあと、日本への留学経験をもつ台湾生まれの本省人の李登輝が総統となり、複数政党制に基づく政治的多元化と本土化はいっそう進んだ。天安門事件で中国共産党体制への批判が高まり、中国悲観論のトーンが強まるのに反して、中嶋嶺雄のような中国批判派の学者や、石原慎太郎のような保守系親台派議員との交流を通して、台湾と日本との情報回路が還流するようになった。李と司馬遼太郎との交流が台湾内部にあった錯雑した日本情緒を顕在化させたこともあって[18]、日華関係から日台関係へと比重は逆転した。歴史学界を中心に、台湾への帝国化の歴史的経験が視野に

入りはじめ、台湾の歴史と社会に対する理解が深まっていった。

おわりに——対中認識回路の変遷

　日本人の眼に中国という巨大な客体はどう映ってきたのか、約半世紀にわたって、中国像の特質とその変遷をたどった。対中認識の特徴とは、公式の外交官のみならず、財界人・知識人・作家・市民など、実に多数で多様な属性の人々が中国に関心をもち、中国を論じ、中国像の形成に寄与してきたということである。

　90年代以降の日中関係は、両国の政治家・官僚といった外交当事者だけでなく、財界・NPO・地方公共団体・会社員・学生といった市民が主役となる時代となった。知識人の公論や民間の世論が両国関係に大きく作用し、政府間の外交交渉だけでなく、いやそれ以上に、両国民の民族感情・国民感情が、両国関係をより大きく左右するようになってきた。

　日中関係とは、相互認識のレベルで言えば、元来が多元的多層的なものであった。1972年までは公式の外交関係がなかったにもかかわらず、保守と革新、親中と親台、反共と容共など、思想的・政治的立場が複雑に入り組んで、戦争責任論や復交論や中国革命論や文革論など、激しい争論を巻き起こしてきた。ところが、国交正常化以降、民間交流が活発化するのに反して、中国論の担い手がそれまでの多彩な属性から、客観的で実証的な中国観察をおこなう専門家に寡占化され、多彩な中国像がモノトーンの中国像に収まってきた。

　日本人の中国論の特質としては、情報不足や不正確な情報による誤認や、強い思い入れや過剰な期待感からくる誤解や、イデオロギーの違いからくる偏見が少なからずあった。過剰な期待やロマンは、冷酷な現実に直面したとき、容易に幻滅や悲観へと転じ、日中関係は暗転と好転、親密と疎遠の間を激しく揺れ動いた。

　中国が堅調で急速な経済成長を続け、2010年代には日本のGDPを追い越して国力が逆転し、両国間の貿易総額が飛躍的に拡大して相互依存関係が緊密になった。しかしながら日中関係は80年代以降の蜜月関係から相互離反の関係へ、特殊な隣国関係から普通の二国間関係へと転化した。「嫌中」「排日」という排

外的民族感情が、不和と対立の構造を固定化させる勢いにある。

　戦後日本人の中国像を彩ってきた、革命中国像・社会主義像はもはやない。国交正常化を契機として、ただの国、異質な国としての中国像を経て、90年代以降は脅威に満ちた大国へとその相貌を大きく変えつつある。とりわけ2000年代以降の中国像の変化は、日本人の中国像を単線的にたどるだけでなく、中国人の日本人像に対する分析と合わせて、双方の認識回路の相互関係を分析していく知的作業が求められる。

1　本稿は2冊の自著『戦後日本人の中国像——日本敗戦から文化大革命・日中復交まで』新曜社、2010年（中文版は苑崇利・胡亮・楊清淞訳『戦後日本人的中国観』社会科学文献出版社、2016年）、とその続編『現代日本人の中国像——日中国交正常化から天安門事件・天皇訪中まで』新曜社、2014年の知見を踏まえているが、逐一該当箇所の注記はしない。なお両著で関連記事を集計した雑誌は総計25種、記事総数4158本にのぼるが、本稿では紙幅の都合により具体的な論者の例示は最小限にとどめ、個別記事の紹介や引用はしない。

2　具体的には『外交時報』（月2回、外交時報社）、『東洋経済新報』（月3回、東洋経済新報社）、『文藝春秋』（月刊、文藝春秋社）、『新潮』（月刊、新潮社）、『中央公論』（月刊、中央公論社）、『改造』（月刊、改造社）、『日本及日本人』（月刊、日本新聞社）、『現代』（月刊、大日本雄弁会講談社）、『日本評論』（月刊、日本評論社）の9誌で、掲載された中国関連記事は総計144本あった。この記事数は注1の両著には含まれていない。

3　馬場公彦「従決戦、抗戦到敗戦、惨勝——1945年前後日中相互認識的転換」《開放時代》総第270期、2016年第6期。

4　日本の首脳たちによる終戦の決断に至る政治過程については、波多野澄雄『宰相鈴木貫太郎の決断』岩波現代全書、2015年、241-243頁に拠った。

5　占領期の庶民の中国観については、当時発行されていた新聞・雑誌を検証した、吉見義明『焼跡からのデモクラシー　上下』岩波現代全書、2014年、上153-156頁に拠った。

6　占領下のメディア空間については、山本武利『GHQの検閲・諜報・宣伝工作』岩波現代全書、2013年に拠った。

7　「人民外交」から「民間外交」に至る対日政策の変遷については、劉建平《戦後中日関係——《不正常》歴史的過程与結構》社会科学文献出版社、2010年、の第2・3章、周恩来を中核とする対日民間外交の展開過程については胡鳴《中日邦交正常化研究》中国社会科学出版社、2015年、第1・2章、実務全般を担った廖承志グループの活動実態については王雪萍編著『戦後日中関係と廖承志——中国の知日派と対日政策』慶應義塾大学出版会、2013年に拠った。

8　李徳全一行の訪日に関しては、程麻、林振江（林光江、古市雅子・訳）『李徳全』日

本僑報社、2017年（中文版は『日本难忘 李德全』中国社会科学出版社、2017年）が詳しい。

9　戦後の国民党による対日外交、世論工作については曽永賢『従左到右六十年——曽永賢先生訪談録』國史館、2009年、司馬桑敦『中日関係二十五年』聯経出版事業公司、1978年、黄天才『中日外交的人与事——黄天才東京訪実録』聯経出版事業公司、1995年などに詳しい証言がある。

10　1958年5月、日中友好協会長崎支部で開催された展示会に右翼分子が乱入し、中国国旗を破った事件。これが刑事事件を構成しないという岸信介内閣の見解に、中国国内で猛烈な反対運動が起きた。

11　中華文化復興運動については、菅野敦志『台湾の国家と文化——「脱日本化」・「中国化」・「本土化」』勁草書房、2011年の第3章に詳しい。

12　日中国交交渉の過程については、石井明・朱建栄・添谷芳秀・林暁光編『記録と交渉：日中国交正常化・日中平和友好条約締結交渉』岩波書店、2003年を参考にした。

13　中国側から見た日中国交交渉における問題点については、刘建平前掲書の第5章を参考にした。

14　日中国交交渉の歴史的評価については井上正也『日中国交正常化の政治史』名古屋大学出版会、2010年の第8章を参照した。

15　馬樹礼『使日十二年』聯経出版事業公司、1997年、191‐192頁。

16　黄天才前掲書、255‐291頁。司馬前掲書、359‐376頁。

17　日中平和友好条約締結交渉の過程については、田島高志著、高原明生・井上正也編集協力『外交証言録　日中平和友好条約交渉と鄧小平来日』岩波書店、2018年を参考にした。

18　司馬遼太郎『街道をゆく　第40巻　台湾紀行』朝日新聞社、1994年。

中国｜**戦後中国人の日本観の変遷**
　　　──1945 - 92年

孫揚（南京大学）

泉谷陽子 訳

はじめに

「中国人の日本観」とは、中国人が日本に対してどう認識し、どのような意見をもっているかということである。この問題に関して中国の学界では、黄遵憲・袁世凱・梁啓超・魯迅・蔣介石といった清末から民国期にかけての政治家と文化人に集中して研究がおこなわれてきた。陳衛平は近代中国人の日本観について、無知から関心へ、理解から模倣へ、批判から抵抗へ変化していった、とその過程を概括している[1]。

　戦後中国人の日本観に関する研究、とりわけ冷戦終結前に、一般の中国民衆が日本をどう認識していたかという研究は、非常に稀有であると言ってよいだろう。これを日本の学界における戦後の「日本人の中国観」に関する研究と比べるならば、その差は歴然としている。馬場公彦は、「戦後中国人の日本観に関する学術的著作は、ほぼゼロといえる」、「日中両国に国交がなかった1945年から1972年、さらには日中の民間交流がおおきく発展する1980年代末になるまで、日中両国間の相互認識の基礎は一貫してかなり脆弱であった」[2]と述べている。アメリカの研究者アレン・S・ホワイティングは1989年に出版した

*China Eyes Japan*において、1982年から1987年までの中国民衆の対日認識について比較的詳しく述べているが、それを除くと、中国の研究者では、魯義が2006年に『中日相互理解還有多遠〔日中の相互理解はどれほど進んだか〕』を出版し、比較研究の視点を用いて両国民衆の相互認識について考察をおこなっているだけである[3]。

　ここ二十数年間、日中関係は「周期的悪化」の様相を呈している。多くの原因があるが、両国民衆の互いに対する認識が非常に大きな要因となっている。中国人の日本観は、何人かの政治家や文化人の日本認識によって大づかみにとらえることができるような単純なものではなく、メディアと知識人たちの日本観もまた、必ずしもその全体を反映しているとはいえない。中国人の日本観は、生成と変化の過程で多くの要素から影響を受け、また認識主体の違いによって多くの類型に分かれる。1945年の抗日戦〔日中戦争〕終結から1992年の冷戦終結までの半世紀近くの間、中国人の日本観は、歴史的段階を経て変化してきた。まず、こうした問題をすっきりさせることが、日中関係の深層にひそむ社会心理的影響を理解する第一歩かもしれない。

1. 中国人の日本観に影響する三大要素

　戦後中国人の日本観は、主に（ただしこれだけに限らないが）三大要素の影響を受けている。第1に記憶と感情、第2に政治と外交、第3にメディアと知識人である。この三要素は、はっきりと区別できるものではないし、また相互に影響を及ぼし合っている。三要素のうちの一つが比較的突出するときもあるが、多くの場合三者があわさって、ある時期の中国人の日本に対する認識と見方を形成するのである。

1.1　記憶と感情

　記憶と感情はおそらく三者のなかでもっとも主要な要素である。その核心的内容は、日本の起こした侵略戦争によって中国民衆が受けた甚大な傷と苦痛といった集団的記憶、およびそれによって生じる侵略者への憎悪・祖国愛・平和希求といった集団的感情である。中国民衆の記憶と感情は、政府のプロパガン

ダによって完全に操作できると考える者がいるが、そうした見方は正確ではない。中国政府が対日外交政策を決定するときは、民衆の感情を考慮せざるを得ない。記憶と感情は時間の経過により変化するが、必ずしも次第に薄れていくわけではない。

1.2　政治と外交

　政治と外交には、国際的な枠組みと日中関係、さらには中国と日本それぞれの内政も含まれる。政治と外交の背後にある要因の一つは、日中両国の総合的な国力の消長である。総合的な国力には「ハード・パワー（資源・軍事・経済・科学技術など）」と「ソフト・パワー（制度・文化・国際的参与など）」が含まれる。両国の国力の消長は、中国人の日本観をある程度変化させる「構造的要因」であった。この点について、中国の多くの識者が似たような意見をもっている。それは、中国が発達してこそ、はじめて日中両国が本当の意味で平等につき合える、というものである[4]。

1.3　メディアと知識人

　改革開放以前の中国は、政治や経済が高度に集中した体制であり、メディアと知識界を、政治から独立した別の要因とみなすことはできなかった。改革開放以降、中国政府と民衆の対日認識・見解は、次第にメディアと知識界の影響を受けるようになった。全体的に言えば、改革開放以後、中国メディアの日本に対する関心は高まる傾向にあった。一方、専門的な学術雑誌に掲載された日本に関する論文の影響力は限られていた。人々に直接届けることが難しく、また上層部の関心をひくのも難しかったのである。そうであっても、知識界はやはり各種のルートを通じて日本に対する見解を伝え、政界と民衆に影響を及ぼすことができた。

2. 戦後中国人の日本観の三類型

2.1 政治家の日本観

　政治家には政策を決定する国家の指導者（たとえば毛沢東や周恩来、鄧小平など）、それに対日外交にあたる重要な官員（たとえば廖承志や張香山、孫平化など）が含まれる。彼らの日本観は個人的経歴や感情の影響を受けるが、より重要なのは、国家の現実的な利益に即して考えるということである。歴史的段階が異なれば、彼らの日本に対する態度もその重点が変わる。

　青年時代の毛沢東は、近代中国の志士たちと同様に救国の道を追い求め、日本から学ぶことを重視していた。その一方で、彼は早くから日中は必ずやいつか争うことになる、「戦わずして生存を図ることは難しい」と認識していた[5]。1949年以降の毛沢東の日本観は、主に中国が置かれた国際環境への判断と外交戦略の選択という基礎のうえに築かれた。中華人民共和国が成立した頃、毛沢東の日本観は「反米引日」の色彩が鮮明であった。つまり日本を自分の方に引き入れ、アメリカ帝国主義に共同であたるということを、対日外交の基本方針としていた。1960年代、中ソ関係に亀裂が生じ、日本は毛沢東の「二つの中間地帯」[1]に引き入れる対象となった。中国が「反修防修〔修正主義に反対し防止する〕」の道を歩むようになった1970年代、「連日反覇〔日本とむすび覇権に対抗する〕」は、毛沢東が「一条線、一大片〔一本の線と一つの地域〕」[2]として築こうとした対ソ戦略の重要なパーツであった。

　周恩来は青年時代に日本に留学し、日本に対する直接的な理解と経験を有していた。1949年以降、周恩来の日本観は日中友好を目標とし、歴史的恩讐と現実的利益を融合させた思考であった。周恩来は両国の国交正常化に尽力し、代々の友好を実現させることを対日外交の総方針とみなしていた。日中両国は二千年に及ぶ友好の歴史を有し、途中少しの間、不幸な関係があったがすでに過去のことであり、日中は新たな基礎のうえに、これまで以上の友好関係を築くことができる。新たな基礎には三つの方面がある。第1に、日本の侵略が失敗し、両国人民ともに苦しんだこと。その戦争の教訓は双方に共通である。第2に、外国から干渉を受けるという、両国共通の境遇である。第3に、両国人

民が平和的共存、友好的協力、相互不可侵と相互不干渉という共通した願望を
もっていることである。周恩来はまた、日中両国は近代化の過程において、と
もに繁栄することができると考えていた。日中は隣国であり、経済的に補い合
う関係にある。中国の建設には日本から各種機械設備や一部の工業品を輸入す
ることが必要であり、一方日本が必要とする大量の食糧や鉱産品を中国は供給
することができる。これによって、極東の平和ひいては全世界の平和を守るう
えで重要な役割を果たすのである[6]。

　鄧小平の日本観は中国の改革開放政策と密接にリンクしていた。彼は日中関
係の発展を長期的な観点から考える必要があるとみなしていた。1984年3月、
日本の首相中曽根康弘との談話で、鄧小平は次のように指摘した。「去年、
我々両国の指導者が東京で将来への展望と高い見識を有する決定をおこないま
した。それは日中関係を長期的観点で考慮し、発展させるというものです。ま
ずは21世紀、そして22世紀、23世紀まで発展させていき、友好関係を永遠に
続けようとするものです。こうして、我々の間にあるすべての問題の重要性が
超越されたのです」。鄧小平はまた日中間の協力はウィンウィンのものである
と見ていた。彼は指摘している。「視野を広げ遠くをみることが我々の間の協
力に有利となります。こうした協力は一方にのみ有利なのではなく、双方に、
両国、両国人民にとって有利なのです」。「中国は現在、資金が乏しくて、よい
ものが開発できない。もし開発できれば、さらに多くの日本が必要とするもの
を提供できる。現在、中国に投資することは、日本の将来に大きな利をもたら
すのです」[7]。

　廖承志は間違いなく中国の対日外交を担う最重要人物であり、日中「人民友
好」活動を直接指導する人物であった。彼の対日観は、自身が日本で生まれ育
ったという独特な経歴と感情に影響を受けており、それは対日外交における、
きわめて寛容で柔軟な対応にあらわれた。廖承志は日本の戦犯裁判の起訴状作
成の指導責任を負っていたとき、「一人も死刑判決とせず、一人も無期懲役と
せず、有期刑もなるべく少数に」という原則を貫徹するよう強調し、新華社の
報道に対しても、「素朴な感情で正確な政策に替えるようなことがあってはな
らない」と強調する指示を出したことがあった[8]。廖承志の対日外交には個人
的色彩が濃厚である。彼が主導して繰り広げられた対日外交は、日中「人民友

好」理念が打ち立てられ、広められていく過程でもあった。

　張香山の日本観は、日中両国の歴史文化に対する深い理解のうえにつくり上げられていた。日中両国にはほかの国とは異なり、共通の文化的淵源と東洋文化の伝統があり、長期にわたる友好的交流の歴史がある。これらは両国にとってきわめて貴重な共同財産であり、両国人民が相互に理解し合い、友好を深めていくことが比較的容易である精神的な基礎でもある、と彼は考えていた[9]。日本文化については、次のように見ていた。日本民族は外国の文化を受容する能力に長けていて、不断に外国文化を吸収している。日本は外国の文化を受け入れたのちに、そのまま用いるのではなく、多くの創造をおこない発展させた。日本は他国の文化を受け入れるとき、丸ごと受け入れるのではなく、しばしば自国の伝統と需要に応じて選択的に取り入れるか、あるいは改変を加えて取り入れている。日本民族が外国文化を摂取することに優れているのは、日本民族が進取の精神に富んでいるという特徴に関係がある[10]。彼はまた、両国の人民が日中友好をしっかり認識し、自信を強めるためには、相互理解と相互尊重、相互信頼を常に重要視すべきであると考えていた。

　数多い政治家のうちでも取り上げるべき人物に聶栄臻がいる。聶栄臻は対日工作の責任者ではないし、青年時代に日本を訪問した経験もないが、抗日戦争〔日中戦争〕期に晋察冀軍区司令員として、長期にわたり日本軍と戦った。聶栄臻は人道主義的精神にあふれた人物であり、1940年の百団大戦[(3)]のとき、2名の日本人孤児を保護し、彼女たちを日本の防御地区に送り返すよう指示したことがあった。1980年7月、孤児の1人であった〔栫〕美穂子が一家を連れて訪中し、当時全国人民代表大会副委員長で中央軍事委員会副主席だった聶栄臻と再会した。聶栄臻は美穂子との面会の席で言った。「過去のことはもういいですよ。日本の軍国主義者が発動した侵略戦争は中国の人民だけでなく、日本の人民にもきわめて大きな災禍をもたらしました」。「我々があのようにしたのは、中国人民解放軍が人道主義の栄えある伝統を有しているからです。過去のことはもういいですから、我々は前を向かねばなりません」[11]。

　これまで見てきたように、1949年以後の中国の政治家の対日観の基本的内容は、大きな歴史的尺度から日中関係を扱う、「人民友好」の視点で対日政策を解釈する、冷戦構造のなかで対日外交を思考する、人道主義の精神で日本人

民を大切にする、というものであったことがわかる。つまり中華人民共和国第1世代の指導者たちは、歴史問題を乗り越えられない「壁」になるとはみなしていなかったのである。呉学文は次のように回想している。「歴史問題について、私は周総理と陳毅副総理が非常に重要なことを語っていたと思う。周総理は、日中関係は二千年の交流という観点からみるべきであり、日清戦争後の50年間でみるべきでないとおっしゃられていた。二千年余りの間は友好的であった。日清戦争後の50年間でみると、侵略と被侵略の関係になるが、二千年余りでみると、両国の友好の歴史の方が長い。我々は友好の歴史を尊重するし、過去のように友好的につきあうことができると考える」。「陳毅はあるとき日本人にこのように語った。そうした歴史は過ぎたことです。ただ日本側が認識していれば、我々は忘れることができます。日本側が認識しないならば、我々は忘れることはできません」[12]。

一方で日本の右翼に対する警戒はゆるめず、日本軍国主義の復活を心配していた。これもまた政治家の日本観を構成する重要な一部であった。1987年5月、鄧小平は宇都宮徳馬ら日本の友人と面会した際、次のように憂慮を表明した。「もし日中関係に問題があるとすれば、それは日本のごくごく一部の人々、そのなかには政治的影響力をもつ人もいるようですが、彼らに軍国主義を復活させる傾向があること、それを中国の人民は心配しています。我々が心配しているのはこの点だけです」[13]。冷戦の終結前後、張香山は次のように考えていた。日本がもし政治大国となったら、国内の右翼勢力や平和憲法の改正を求める保守勢力、保守的民族主義者たちが新政権に圧力をかけて軍事大国の道を歩ませるかもしれない。その可能性が完全には排除できないので、厳重に警戒する必要があるのだ、と[14]。

2.2 一般民衆の日本観

日本の侵略を直接経験した中国民衆には、体験に基づく理解と認識がある。戦争を経験したことのない民衆は、主に直接伝えられた家族の記憶や文学作品、教科書、新聞雑誌、そして映画やドラマを通じて日本観を形成した。日本の中国侵略は戦争体験世代の中国人に骨髄に徹する痛みの記憶を残した。この記憶は一般民衆の日本観を形成する核となる要素である。改革開放以降、留学や仕

事のために日本に居住した中国人は膨大な数にのぼる。彼らの日本観は生活した直接体験によるもので、一般民衆の日本観にもある程度の影響を及ぼしているはずである。

　資料が乏しいため、終戦から冷戦終結まで、中国の一般民衆が日本について具体的にどのように認識していたかをつかむことは難しい。しかし、一般的な経験からいえば、大多数の一般民衆の日本に対する印象はやはり「歴史的印象」、つまりは侵略戦争における侵略者のイメージであった。一般的にアンケート調査は有効かつ比較的正確な研究方法であるといえるが、そのような調査は1980年代半ば以降ようやく始められ、またかなりの部分が日本の世論調査機関の協力を得ておこなわれたものであった。魯義がこれまでおこなった日中関係に関するアンケート調査によれば、中国の一般民衆が日本や日本人からすぐに連想する語句は、「南京大虐殺」「日本鬼子〔日本侵略者〕と抗日戦争」「東條英機」などであった[15]。このほかに、中国の一般民衆の日本観には、一つ注意すべき現象がある。それは中国人にとって、「日本」と「日本人」が決してイコールではないということである。いくつかの調査では、「日本が好き」の比率が「日本人が好き」の比率を上回り、「日本人が嫌い」の比率が、「日本が嫌い」の比率を上回るという結果になった。こうした結果から、余世存は、中国人が「日本人は正当な責任感、文明的な意識と健全な心情を有している」とは認めていない、と見ている[16]。

　1984年9月から11月の間、中国対外経済貿易コンサルティング公司は、北京・天津・上海・大連・広州・重慶・武漢の7都市で、無作為抽出によって企業事業単位の職員と大学生1500人余りを対象に調査票を郵送し、有効回答675部を回収した。これは改革開放以後、中国側が日中関係についておこなった世論調査のうちもっとも時期が早いものである。

　1988年8月、中国の社会調査関連部門と読売新聞が「日中共同世論調査」を共同でおこなった。この調査では無作為抽出法を採用し、日中両国で同じアンケート調査をおこなった。北京と上海の2都市で、調査対象は18歳以上の住民から各510人、合計1020人を選び調査し、そのうち1008人が回答した。調査内容は日中関係の現状、相手国への信頼度、過去の戦争に対する認識、核兵器、労働観など17の問題を含んでいた。この調査は「日中平和友好条約」

締結10周年にあたり読売新聞社が計画したもので、日中両国がはじめて協力しておこなった世論調査であった。この調査では、調査を受けた中国人の36％が「日本が好き」と回答している（同じ年、日本でおこなった調査では、調査を受けた57％が「中国が好き」と回答している）。48.5％は「日本は信頼できる」と認めている（同じ年、日本では76％が「中国は信頼できる」と回答）。「あなたはどの国が中国にとって軍事的脅威であると感じますか」という質問に対し、上位3ヵ国はベトナム（52.7％）・ソ連（36.5％）・日本（18.9％）であった。この年、中国民衆の50.6％は「現在の日中関係は良好である」とし、56.7％は「過去の日中戦争について多くの日本人は反省している」とみなしていた。

　1988年12月、吉林大学政治学研究会と日本の関西学院大学世論研究会が「日中印象共同世論調査」を合同でおこなった。中国の調査では比例分配方式を採用し、労働者・農民・知識人と幹部などのグループから1050人を抽出して調査し、1020人から回答を得た。中国での調査地点は長春・北京・上海の3都市である。調査内容は相手国への認識、好感か嫌悪か、両国関係の評価と期待、相手国の状況についての理解度など七つのテーマを含んでいた。調査結果は中国人の日本への印象のうち上位3位を占めるものは「裕福」「モダン」「民主的」であり、日本の中国に対する印象は「伝統」「貧困」「非民主的」であった。中国人の50％は日中関係が「良い方向へ進んでいる」とみていて、日本人の69％も同じ意見であった。

　1992年12月、中国の国情研究会社会調査部と日本の中央調査社が共同で「第2次日中印象共同世論調査」をおこなった。調査地点と方法は1988年12月の第1次調査と同様であった。中国では2010人が回答した。調査内容は天皇訪中に関するものを除いて、4年前と同じ問題をたずねている。この調査は天皇訪中と日中国交正常化20周年に際して、日本の毎日新聞社と中央調査社が共同で計画したものであった。調査データは、同年4月の江沢民総書記訪日と10月の天皇訪中が日中関係の新たな発展の契機となったことに、両国民が同意しており、また高く評価していることを示していた。中国人の日本に対する印象は「裕福」「モダン」「信頼できない」が上位を占め、日本の中国に対する印象は前回の調査からほぼ変わらず、順番にやや変動がみられただけであった。中国人の回答の69％は、日中関係は「良い方向へ進んでいる」とみていた。

1992年以降、類似の調査が何度かおこなわれた。1993年6月と8月、天津社会科学院日本研究所と中国人民大学世論研究所がそれぞれ北京と天津および青島と大連の市民に対して日本の好感度や日本への希望、心配することなどについて調査をおこなった。1993年10月から1994年1月、劉志明・真鍋一史らが「日米中3ヵ国の世論とメディアに関する調査」を、1995年3月には中国人民大学世論研究所と日本の国立国語研究所が「留日帰国者調査」を、同年3月から4月には、ギャラップ中国支社と日本の読売新聞社が「読売新聞、ギャラップ社共同世論調査」をおこなった。1996年12月には中国青年報社が「中国青年の対日意識調査」を、1997年3月から5月に朝日新聞社が「アジア6都市の対日意識調査」を、同年7月から8月に中国人民大学世論研究所とメディア研究所、日本の朝日新聞社が「日中連合世論調査」を、1999年5月から6月、鈴木英司が「中国大学生の日本観」の調査を、同年7月から8月、ギャラップ中国支社と日本の読売新聞社が「日中共同世論調査」、さらに10月にNHK放送文化研究所が「日中韓3ヵ国調査」、1992年から1999年に魯義が「大学院生の対日意識調査」を、それぞれおこなっている[17]。21世紀に入って、中国の各機関や団体による関連調査が日ごとに増加しているが、それらは筆者が対象とする時期からはずれている。ただ、民意調査はサンプルの取り方、問題の設定の仕方、調査側の傾向等の影響を受けるものであり、また調査対象の意見の一面を反映するにすぎないことを述べておく。

2.3　メディアと知識人の日本観

　改革開放前、メディアと知識界には、政治から離れて独立した日本観というものはなかった。教科書と文芸作品のなかの日本のイメージは、イデオロギーに左右され、一般民衆に重要な影響を及ぼした。改革開放以後も、メディアは政府当局が日本に対する立場と態度を表明するチャンネル、プラットホームでありつづけた。その一方で、メディアと知識界は、ある程度の言論空間を得て、両者は相互に密接に関係し合い、政府当局とは異なる視角で日本を観察し、理解しようと試みた。いくつかの具体的問題において、メディアと知識界の間には日本に対する共通認識もあったが、異なる意見も存在し、メディアや学者の内部でも日本観には相違が見られた。メディアと知識界はそれぞれのプラット

ホームを利用して日本に対する認識と意見を表明したが、それもまた、政府の対日政策と一般民衆の対日感情から影響を受けた。

　不完全な統計だが、中華人民共和国成立後1950年代の日本問題に関する著作は21部、論文は189篇あった。そのうち代表的なものとして、劉思慕「戦後日本問題」「戦前と戦後の日本」「米国の日本再武装問題についての講話」、李純清「日本問題概論」、陳橋驛「日本」、張香山「日本問題文献彙編」などがある。これらの論文著作の多くは、国際時事問題に関連して宣伝や教育のために、つまり国民が、日本の概況について理解し米国の強権政治を認識する一助とする目的で書かれた。そのため概論が多く、深く踏み込んで検討するようなものは少なく、また階級闘争の側面に多く紙幅を費やしている。そうであっても、これらの論著は日本の地理や民族、歴史、現状など幅広い諸問題に言及し、中国知識界の日本観を、ある面において反映している。1960年から1966年に中国で出版された日本に関する著作は21部、発表された論文は177篇であった。日本が1960年代にきわめて大きな経済的成果をあげたことに対して、関連する論著は基本的に否定的、懐疑的であった。日本の「独占資本の復活」「経済の対外的拡張」「経済の畸形的発展」など批判的観点で論じたものが多い[18]。日中の国交が正常化されると、いくつかの特集が組まれて紹介されたり、日本研究の内部刊行物が出版されたりしはじめた。たとえば遼寧大学の『日本問題』、河北大学の『日本問題研究』、天津市歴史研究所（天津社会科学院歴史研究所の前身）の『日本問題研究参考資料』などである。

「文革」終結後、とくに1980－90年代は中国において日本研究が活況を呈した時期である。『日本問題資料』1992年第4期と第5期に掲載された「日本学研究論文目録索引（1978－1991）」によれば、8種の定期刊行物だけで日本に関する研究論文が4200篇にものぼっている。また「中国日本学論著索引（1949－1988）」の統計では、1980年から88年の間に、中国において関連した著作が504部出版され、論文7348篇が発表された。一般的にあまりに専門的な学術雑誌の場合、一般民衆に対する影響はかなり限られているが、学術雑誌としての質を保ちながら大衆の読みものとなることに配慮した人文雑誌は、1980－90年代の中国社会に強い影響力をもった。これらの雑誌に掲載された日本に関する文章は年々増加し、少なからぬ読者の日本に対する興味をかきたてた。『読書』

という雑誌を例にとると、1970‐80年代、1号あたりの文章は全体で約50‐60篇だったが、その後90年代には40‐50篇、2000年代以降は約30篇程度に減少している。しかしこの間、日本に関する文章はかえって増加しているのである[19]。

　長期間日本に駐在する報道関係者として、呉学文の日本観はかなり代表的なものである。彼は歴史的にみて、各人が置かれた歴史的段階が異なれば、感情も異なると考える。たとえば、自分が抗日戦争の映画を観ると感動して涙を流すこともあるが、息子はこうした感情はもたないであろうといい、反対に日本の若い人に年配の人と同じように反省させることは不可能であるという。彼はまた日中関係を発展させるには、まず経済面の平等互恵問題を解決し、次に相互信頼を徐々に醸成していかなければならないと考える[20]。呉学文はまた次のように述べている。「将来の日本軍国主義の姿と手法は、以前のあのようなものではなく、必ずや新しい形式をもったものになるだろう。我々はいまこの問題を考えなければならない。……日本の平和主義は現在のところすっかり転向してしまったとはいえない。日本国内にはまだ多くの人が戦争に反対している……しかし同時に日本の一般民衆の防衛に対する観念が変化していることも見なければならない」[21]。

　呉学文の日本観が古い世代の報道関係者の認識を反映しているとすれば、新しい世代のメディアでは、劉檸の日本観が代表的である。劉檸は、自分は「ナショナリスト」から「リベラリスト」に「変質」したと率直に言う。彼の日本観の根本にはナショナリズムがあり、自身も「心のなかに日本への反発があり、日本人と極力距離をとるようにしている」と述べている。彼はまた、日本に対し次のように言う。文化的歴史的な原因にとらわれて、心のなかにいくらか「安心できない」という緊張感がある。もし日本が、他国や国際社会で何か善行や義挙をおこなうとしても、基本的には見返りを期待してのことである、と。その一方で劉檸は次のように考える。体制とナショナリズムの間には、一種の利用と被利用の関係がある。マスメディアがひたすら「日本叩き」をしても、自国の発展に有益なことはない。多くの問題について、やはり自身の過去を振り返り、平和的・理性的でなるべく公正な視角で日本に向き合うべきである[22]。

　メディアは記憶を伝承する重要な手段である。本稿が議論しているのは、お

およそインターネットが広く利用されるようになる前のメディアと知識界についてである。一般的に言って、記憶の伝承は主に二方面でおこなわれる。一つは家庭を通じて、老人が年下の者に口伝えする家族の記憶である。もう一つは組織化されたマスメディアを通じてであり、教科書・定期刊行物・論文著作・映画・テレビなどがこれにあたる。後者の記憶伝承の背後で、組織と制度が役割を果たしている。書籍の出版には検閲があり、新聞とテレビはいずれも加入資格の制度がある。これらによって必然的に制度とイデオロギーの制約を受けるのである。21世紀、インターネットが次第に一般民衆の主要な情報獲得ツールとなり、歴史記憶の伝承方式に、きわめて大きな変化をもたらした。一方では、ナショナリズムに、より迅速で広域に伝達できるプラットホームとチャンネルを与えたが、また一方では、人々の認識と価値観の多様化を促した。中国人の日本観がネット時代にその特質をどう変化させるのか、ひきつづき観察し考察する必要がある。

3. 戦後中国人の日本観の変遷——その四段階

3.1 戦後初期 (1945-49年)

　戦後初期、中国人の日本観は「大国」「勝利者」の自己認識と「徳をもって怨みに報いる」という対日態度の両者が併存していた。一方で、中国の「惨勝」、戦勝国というプライドと日本に対する恨みがひろく中国民衆の感情として表出された。多くの民衆は日本を厳罰に処することを求めた。一方で、国民政府は日本への処置が寛大であり、「徳をもって怨みに報いる」傾向が比較的明確であった。蔣介石にとって、「徳をもって怨みに報いる」のは、個人的感情もあるが、それよりも政治的配慮が大きかった。つまり蔣介石は戦後、日本が敵から友へ変われば、ソ連に対抗するという長期的目標のほかに、武装解除の問題においても、日本軍の助けを得て、地盤を守り、共産党の接収を阻止することができると考えたのである。

　台湾に撤退したのち、国民党は冷戦状況に基づき、米国の圧力を受けて、やむを得ず対日賠償を放棄した。対日賠償の放棄には、政界でも世間でも大きな

反対の声が存在した。顧維鈞[4]は回想録の中で書いている。「ときに理解しがたいことがある。賠償金のような重大問題を、台北政府はなんとも突然に思いもよらぬ決定を下した。中国人民が14年間受けた被害は、死傷の苦しみだけでなく、財産の損失や生活困難の苦しみでもあった。台北は米国の圧力に完全に屈する前に、少なくとも賠償金問題を慎重に検討すべきであったと思う。米国が日本占領の財政的負担から早く逃れたくて、気前よく賠償金請求をすべて放棄したのと、中国の状況は完全に異なるのだ」。「わたしがみるに、政府は対日賠償金請求問題についてもっと時間をかけることができた」[23]。

　しかも国民党当局は、日本の植民地統治時代の清算をうまく進められず、そのことが戦後台湾社会において日本観の変化にマイナスの影響を与えた。「二・二八事件」[5]の後、許寿裳ら知識人は日本の植民地統治に対して厳しい批判をおこなった。彼は日本の侵略者がおこなった教育の有害な思想が残存し一掃されていないことが、事件の発生に関係しているとみなした。だからこそ、台湾には新たな五・四運動が必要であるとし、道徳の実践と民族精神の発揚、国語国文教育の推進に力を入れ、日本侵略者による教育への影響を一掃することを強く訴えた[24]。有識者はこのような呼びかけを不断におこなったが、それでも全体としては、1949年以降、冷戦という国際的構造のもとにおかれ、台湾当局は日本の植民地統治が台湾社会と民衆に与えた心理的影響を徹底的に払拭することができなかったし、また一部の旧日本軍の軍人が蔣介石の高級軍事顧問として招聘されてもいた。現在の台湾社会にある「親日」の雰囲気と当時の国民党当局が歴史問題をきちんと処理しなかったことには一定の関係がある。

3.2　国交正常化以前（1949-72年）

　この時期の中国人の日本観は、主に中国共産党の日本に対する認識を体現していた。中国共産党は延安時代に日本観を形成した。日本共産党の指導者である野坂参三が延安で従事した反戦運動を通じて、中国共産党は「日本人民」という概念を受け入れた。これは1949年以後の「日中友好」という大原則が定められた歴史的原点であった[25]。中華人民共和国成立後、中国共産党とその指導者は延安時代の対日認識を維持したが、ソ連の影響も受け[26]、「二分法」という対日原則を形成した。それは日本軍国主義と日本人民を区別して、中国侵

略の責任は当時の日本政府にあり、日本人民には責任がないとし、また日本政府のなかでも政策決定をおこなった元凶と一般の官吏を区別し、大罪と一般的過ちとを区別するというものである。この「二分法」の日本観は、事実と論理の両面で欠陥がある。呉学文は次のように述べる。「日中の往来が増えると、我々の対日工作グループの日本に対する意見に多くの問題が生じた。とくに感情の面では、日本の侵略を受けた時間があまりにも長かったので、日本を区別して考えることが難しかったが、もし区別しなければ、対日工作は展開のしようがなかった」27。

　国際的な冷戦構造のなかで、中国の対日政策は、米国が日本をコントロールすることに反対すると同時に、「日本人民」と「誤った路線を実施する」日本政府とを区別し、「日本人民」が「独立と平和、日中友好を勝ちとる」ための闘いを支援することであった。この時期の世論は、一方で日本の対華侵略の歴史を糾弾し、米国による日本軍国主義復活を警戒するものであったが、その一方で日中両国の「人民友好」を宣伝し、「日本人民」の米国への抵抗に賛同し支援するものであった。それでは、「人民友好」という言説は一般民衆に受け入れられたのだろうか？　これは大いに疑問である。呉学文の回想によれば、1956年10月、日本商品展覧会が北京で開催されたとき、日中双方の協議により、開幕前市内に展覧会の宣伝広告を張り出したが、開幕式当日の朝には、広告のなかの日の丸の旗の多くが民衆によって破りとられていた28。外交戦略についていえば、全体として、こうした日本観のもとで「民をもって、官を促す」という対日外交方針が実際的作用を及ぼすことはなかった。

　中国共産党の革命史の叙述において、抗日戦争は重要な一部分であり、50 - 60年代の世論宣伝では抗日戦の勝利を人民戦争の思想の勝利であると強調することに重きをおいていた。関連する文芸作品のなかの日本侵略者の凶暴で残虐なイメージは、中国民衆の戦争体験を具体化し確認するものであった。1949年以降、「王二小」や「小英雄雨来」[6] など抗日戦争を題材にした文章が小学校の国語の教科書に採録され、ある世代の中国民衆の歴史記憶の重要な一部分となった。全体的にいえば、50 - 60年代の抗日戦に関係する文芸作品の中心を占めているのは、共産党の指導下で軍隊と人民が血みどろになって戦う英雄主義を際立たせることであり、戦争の苦難、とくに日本侵略者の中国民衆に対す

る殺害行為はメインテーマではなかった。1960年代中後期以降、中国による「反修防修」がピークに達し、中ソ関係はさらに悪化した。中米の関係改善という大きな変化を背景として、日中関係は次第に正常化に向かっていった。

3.3 戦略的友好の時期（1972-85年）

この段階に至り、とくに「文革」終結後、日中両国は戦略的友好の時期に入った。中国が1970年代末に改革開放に転じるにともない、中国人の日本観に変化が生じ、とりわけ日本の現状と日中両国の関係に対する見方が変わった。1972年以降、中国国内で日本研究が復活して日本語学習者が増加し、日中の各方面において交流が始まった。

政治レベルでは、以前の日本に対する敵国意識を改めはじめた。「日中両国人民は代々友好を続ける」というスローガンのもと、日本人の思想や感情にすでに変化が生じていると感じ、基本的に日本を、「ソ連の覇権主義に反対する統一戦線」の一員であるとみなすようになった。1970年代、海外の華人世界で起きていた「保釣（釣魚台防衛）」運動[7]は、当時の中国大陸の民衆の日本観に、それほど影響を及ぼさなかった。多くの中国民衆が「保釣」という言葉を耳にするようになるのは1990年代になってからである。

経済レベルでは、1970年代末、中国の政府官僚は大規模な海外視察をおこなった。日本の近代化のレベルと戦後経済発展の奇跡に、中国の指導者層はしきりに驚嘆した。開放の初め、中国人は日本の経験を特別に重視した。訪問先として日本がもっとも多く選ばれ、日本の専門家と研究者を中国に招聘し、その経験を紹介してもらった。中国に情報提供をおこなった人数も日本が首位で、その次が米国、そして西ドイツ、フランスなどのヨーロッパの国が続いた[29]。1978年10月末から12月上旬、国家経済委員会は訪日団を組織した。帰国後、鄧力群・馬洪らは商品経済を発展させるために、日本の企業管理の経験に学ぶことを呼びかけ、李先念ら党と国家の指導者はこれを非常に重視した。国家経済委員会の訪日団は帰国後、1978年末に品質管理協会を設立し、翌年3月には、中国企業管理協会を設立して、袁宝華が会長に、鄧力群が顧問についた。協会が設立されて最初におこなわれたのが、企業管理幹部研究班が、省レベルや大都市の経済委員会責任者と国有企業の管理幹部を順番に系統的に訓練したこと

だった。第1期研究班は外国の企業管理の経験を聴取したが、その最初が日本の経験であり、袁宝華、鄧力群、馬洪、孫尚清、呉家駿らはみな研究班で報告をおこなった。近代化モデルの選択において、日本の経験がとりわけ中国に重視されたのである。1980年4月、国務院副総理の余秋里が率いる代表団が訪日し、日本の経済発展の経験について全面的な視察をおこなった。代表団はエネルギー問題、企業競争の問題、教育と人材養成の問題、技術導入と研究の問題、これらはまさに中国が解決しなければならない緊急の課題であり、日本の経験は中国にとってそのまま参考になると考えた[30]。

　日本は中国の改革開放政策を支持し、中国は日本の資金や技術、経験を喉から手が出るほど必要とし、ウィンウィンの関係が形成された。日本商品、とりわけ家庭電気製品は中国市場で大変人気の商品となり、人々の現代日本に対する印象は「発展」や「先進」と結びつくようになった。広告を例にとると、「車が山にぶつかれば必ず道あり〔窮すれば通ずということわざ〕、道があれば必ずホンダ車あり」などは、中国ではだれでも知っているCMのフレーズとなった。関西大学の真鍋一史教授の研究によれば、中国の改革開放初期、日本のメーカーが中国メディアで宣伝する際、「貢献」「四つの近代化」「日中友好」「祝賀」「服務」などの言葉を頻繁に使用したが[31]、これらの語句は中国民衆に大いに好感をいだかせた。

　ODAについて、中国政府は意図的に隠したりごまかしたりしていたわけではなく、一般民衆でも少しはその状況を知っていた。中国民衆のODAに対する感情は、複雑で微妙なものを含んでいる。多くの国民は、ODAは両国間の「暗黙の了解」として、日本が過去の負い目に対しておこなう実質的な補償ととらえていた。呉学文の見方も一部の人のODA認識を代表しているかもしれない。彼は次のように述べている。「当時の日本は低利の借款を中国に提供し、中国の建設を助けた。これはもともと友好的なものであった。しかし、いまの日本は常に我々からの感謝を求めてくる。これが日本人のやり方であって、中国人はそんなことはしない。中国はこれまで日本に対し、戦争賠償を放棄したことについて感謝を求めたことはない」[32]。

　文化レベルで見ると、思想解放運動にともない、大量の日本の文芸作品と学術的著作が中国に流入した。1978年、「君よ憤怒の河を渉れ」が、文革後最初

に中国で上映された外国映画の一つとなり、大きな社会的反響を呼んだ。「鉄腕アトム」「一休さん」「花の子ルンルン」などは中国の児童に深く愛され、1980年〔吉田茂著の〕『激動の百年史』が翻訳出版されると、中国の改革派たちがこれに心酔した。胡耀邦は1983年に訪日した際、中央の批准した法案をもとに、1984年に3000名の日本の若者を中国に招き、友好大交歓会を開くことを提案した。これは日中「蜜月期」を象徴する出来事となった。多くの「日中友好時代」を経験した中国人はいまに至るまで、これをよく覚えていて、とくに日本の若者とフォークダンスを踊ったことは記憶に鮮明である。しかし、こうした時期であっても、日本の中国侵略の苦い記憶は、なお中国の一般民衆にとって日本観のもっとも重要な部分でありつづけた。

3.4 冷戦終結前後（1985-92年）

1985年の中曽根首相による靖国神社参拝から1992年の天皇訪中までのこの時期、日中両国の関係は、ひきつづき安定的発展を維持していたが、いくつかの新しい状況と問題が出現し、中国人の日本観は、さらに複雑さを増していった。国際関係では、中ソ関係が改善し、日中の「反覇権統一戦線」に基づく政治的な協力関係が、もはや存在しなくなった。また両国の国内についてみれば、多くの複雑な要因があるが、その一つとして民族主義の台頭があげられる。

中国にとっては、「改革を都市へ進める」ために、社会の奥深くに潜在していた各種矛盾が顕在化しはじめ、さらに「文化論ブーム」[8]の影響を受けて、各種思潮が激しく衝突した。愛国主義を核とする民族主義が民心を結集させ、感情を吐き出す重要な手段となった。もちろん、この時期民族主義の思潮は、中国社会においてまだ盛んになりはじめたばかりで、「団結して中華を振興しよう」という対内的な凝集力を体現することの方が多かった。

日本についていえば、冷戦終結前後、大国意識が芽生えると同時に、残された歴史問題に対して不適切な処理がおこなわれた。1982年と1986年の2度の歴史教科書事件によって、中・韓の国民感情をひどく傷つけた。1985年、中曽根首相が靖国神社に公式参拝し、さらに中国の対日貿易が大きく入超となったことから、現在の問題と歴史問題が絡み合って北京で「九・一八（満洲事変）デモ」が発生した。ソ連解体後、日本の一部の反中人士は、中国がソ連の後塵

を拝して、内乱が発生し分裂すると考え、日中友好を語ることができなくなった。

　1980年代後半、一部の中国民衆がいだく日本に対する反感と中国政府の対日政策は、その歩調を完全に一致させていたわけではなかった。昭和天皇崩御に際し、孫平化は代表団を率いて訪日した。孫平化は記者の取材を受けたとき、天皇の戦争責任問題を避けた。彼は「亡くなったばかりですぐに清算すべきものではない。隣邦との友好には礼節を重んじなければならない」と配慮を示した。英国や韓国などの政府が、昭和天皇には侵略戦争の責任があると指弾し、英国王室のメンバーや韓国大統領が葬儀に参列することに反対したのに対し、中国は抑制的な態度をとりつづけた[33]。1989年、北京で政治的事件が起きたとき、国際社会のなかで日本の中国に対する態度は比較的穏やかであった。

　1991年と1992年、海部首相と天皇の訪中が相次ぎ、中国の対日世論は、おおむね友好的態度でありプラスの評価であった。この友好的態度はだいたい1990年代後半まで続いた。孫平化は回想している。「天皇の訪中に両国人民の感情は複雑であった。これは日本軍国主義のもとでの対中侵略戦争によるものであって、理解できる。一部の人間が事に寄せて騒ぎ立てたのは、ただ社会を騒がせたかったのである。しかし中国側にはコントロールする力があり、綿密に手配し、警戒を厳格にしたので、とくに問題は起きなかった。割り切れないのは、主に抗日戦のとき深刻な被害を受けた者であろう。古いつけを計算してもしかたない。大局から考えるしかない。半世紀が過ぎた。『前事を忘れざるは後事の師』である」[34]。孫平化は回想録のなかで1992年11月に自身と張香山、符浩らが天皇から勲章を与えられたことに言及している。日本のメディアは大々的に報じ、〔ほぼ皆無であった〕中国とは大きな落差があった。彼は受勲を光栄であると述べているが、中国民衆がどう見たかがわからない。そこには両国の価値観の違いがあるのかもしれない。日中関係を研究する専門家の研究を待たねばならない[35]。天皇の訪中は、日中関係史上もっとも重大な事件の一つではあるが、いったいどれほどの中国民衆がこの事件に関心をもっていたかは難しい問題で、いまだ定説がない。少なくとも今日の中国では、1992年の天皇訪中が、人々の歴史記憶から消え去ってしまったようにみえる。

　全体的にいえば、冷戦が終結したばかりの時期、日中関係の悪化は、まだは

っきりとしたものではなく、中国民衆の日本に対する好感度は1980年代後半期よりもわずかに上昇しさえしていた。1988年の調査結果では、「日本を好き」と答えた中国人が36％だったが、1992年には40％に達し、歴代最高を記録した。同一調査で1992年に「中国を好き」と答えた日本人も40％いた[36]。天津社会科学院日本研究所が1993年6月、天津・北京の両都市で2000名の住民に対しおこなった調査では、「日本をとても好き」と答えた者が、まだ6.96％いた[37]。

おわりに

　人類の歴史の発展過程を振り返れば、あまたの作用する力のうち、もっとも空虚で、もっともとらえどころがないが、ときにもっとも意気盛んな力を見せつけるものこそが、「民心」である。中国人の日本観は、「民心」をある程度、ある面において証明し、表現し、伝えた。日本の価値をどう扱ってきたかという傾向をみると、政治家は実際の利益から考えることが多く、メディアと知識界は客観的で中立の傾向をもっていた。それは、理性の力を、よりよく示しているようであった。

　しかし、一般民衆の観念の変化には、独特な取捨の論理と価値判断があった。政治や学術では、一般民衆の集団の記憶を変えられないときがある。とくに、短期間で彼らの感情を転換させることはできない。1950年代、1960年代に中国がつくりあげた「日中友好」論は、虚構性を相当程度有していた。実際に、政治家や知識界と比較して、一般民衆の対日「友好」の感覚は、かなり低いものだった。中華民族の文化的特質である「歴史感覚」は、ただならぬほど重く、歴史論は往々にして現実の合法性の重要な源泉となっている。そのため、一般民衆の日本観の核心とは、彼らに見えている歴史に基づく感情の表明なのである。日中関係が周期的に悪化してきたその実質的原因は、中国民衆の取り除くことのできない、歴史的な心のしこりである。魯義の研究によれば、1980年代から21世紀最初の20年までの民意調査において、日中関係に影響する主要な原因をたずねると、中国民衆は、どの調査でも、「日本の歴史問題に対する態度」を首位にあげている[38]。歴史問題を過去にさかのぼって解決することは

できないが、見て見ぬ振りもできない。事実、日中国交正常化のスタート地点に戻れば、「解決」したかに見えた歴史問題が、実は解決されておらず、「日中友好」という戦略的目標に服従する言説のもと、とりあえず回避され、覆い隠されたのだった。予想しうる未来において、中国民衆の対日意識の中心は、依然として近代の歴史的記憶に基づくものであり、そうした感情が表明されるだろう。戦後中国人の日本観、その変化の方向についていえば、日中友好の「任重くして道遠し」なのである。

1 　陳衛平「近代中国的日本観之演進」『社会科学研究』1994年第1期、57頁。
2 　馬場公彦『戦後日本人的中国観』上、社会科学文献出版社、2015年、「中国語版序言」5-6頁〔原本は『戦後日本人の中国像——日本敗戦から文化大革命・日中復交まで』新曜社、2010年〕。
3 　Allen S.Whiting, *China Eyes Japan*, University of California Press, 1989.〔日本語版は岡部達味訳『中国人の日本観』岩波書店、1993年。日本語版には1993年現在の「エピローグ」が追加されている。2000年に岩波現代文庫に収録〕。魯義『中日相互理解還有多遠——関於両国民衆相互認識的比較研究』比較知識出版社、2006年。ホワイティングは1982年から87年の中国メディアと世論の日本に対する見方に大きな関心をよせ、2度の「教科書問題」が中国に引き起こした騒動に焦点をあてている。魯義は1980年代から21世紀初頭における日中両国民衆の相互認識を研究対象とし、比較分析を重視している。
4 　呉学文・卓南生『中日関係出了甚麼問題』北京大学出版社、2005年、56頁。
5 　徐剣雄「毛沢東的日本観初探」『党史文苑』2004年第2期、63-64頁。
6 　張香山「在東京"紀念周恩来先生逝世10周年集会"上的講話」(1986年1月21日)・「在北九州市"紀念周恩来先生逝世10周年集会"上的講話」(1986年1月23日)『中日関係的管窺与見証』当代中国出版社、1988年、270-274頁。
7 　鄧小平「発展中日関係要看得遠些」(1984年3月25日)『鄧小平文選』第3巻、人民出版社、1993年、53頁。
8 　劉建平「理解"廖承志時代":戦後中日関係的伝播政治学」成暁軍編著『廖承志研究備覧』暨南大学出版社、2013年、230頁。
9 　張香山「中国対外関係中的幾個問題——在日中倶楽部的演講」『中日関係的管窺与見証』156頁。
10 　張香山「我的日本文化観」『社会科学戦線』1984年第4期、143-145頁。
11 　朱敏之・肖慶璋「将軍与孤女重逢記——聶副委員長会見美穂子」姚遠方等編『将軍与孤女』上海人民出版社、1982年、75-76頁。
12 　呉学文・卓南生『中日関係出了甚麼問題』49-50頁。
13 　鄧小平「警惕日本極少数人復活軍国主義」(1987年5月5日)前掲『鄧小平文選』第3巻、230頁。

14　張香山「20年来的中日関係及其今后展望」前掲『中日関係的管窺与見証』38頁。

15　魯義『中日相互理解還有多遠——関於両国民衆相互認識的比較研究』90頁。

16　劉檸『摒棄"中日友好"的郷愁——21世紀中日関係風雲初記』泰徳時代出版有限公司、2005年、2頁。

17　関係する調査については、魯義『中日相互理解還有多遠——関於両国民衆相互認識的比較研究』57-95頁を参照。

18　倪学新「建国以来中国人日本観的変遷」『福建師範大学福清分校学報』1993年第1期、92-94頁。

19　羅興誠「陌生又熟悉的他者存在——1979-2008年『読書』的日本形象建構」南開大学修士論文、2010年、76頁。

20　呉学文・卓南生『中日関係出了甚麼問題』55-56頁。

21　呉学文・卓南生『中日関係出了甚麼問題』10頁。

22　劉檸『摒棄"中日友好"的郷愁——21世紀中日関係風雲初記』401-407頁。

23　顧維鈞『顧維鈞回憶録』第9冊、中華書局、1989年、187-188頁。

24　楊彦杰「従民族抗戦到民族文化重建——1945年前后許寿裳対日本的認識」『福建論壇』2015年第7期、80頁。

25　具体的には劉建平「野坂参三与中国共産党的日本認識——新中国対日外交思想探源」『開放時代』2007年第6期の論述を参照。

26　1949年7月、劉少奇がソ連を訪問したとき、スターリンは日本問題と日中関係について指示をおこなった。スターリンは、中国共産党は日本共産党と関係を密にするべきだと考えていた。いま米国は日本を取り込もうとしており、その目的が達せられると、今後中国の困難が大きくなるだろう。もし中国が日本を取り込むことができれば、資本主義は極東においておしまいだ。だから日本がどちら側につくかは決定的な意味をもつ。日本人民は問題ないのだから、中国人民は日本人への恨みを、中国が日本を取り込むときの障害としてはならない。しかし日本の上層部には反動的な人物がいて、まだ打倒されていない。今後の中国の任務は、日本の取り込みのため、日本共産党とその他の進歩的勢力を助けて、日本の反動的な人物に打撃を与えることである。

27　呉学文・卓南生『中日関係出了甚麼問題』24頁。

28　魯義『中日相互理解還有多遠——関於両国民衆相互認識的比較研究』144頁。

29　蕭冬連『中華人民共和国史』第10巻（1979-1981）、中文大学出版社、2009年、780-781頁。

30　蕭冬連『中華人民共和国史』第10巻（1979-1981）、784-785頁。

31　真鍋一史『国際イメージと広告』日経広告研究所、1998年、93頁。魯義『中日相互理解還有多遠——関於両国民衆相互認識的比較研究』35-36頁から再引用。

32　呉学文・卓南生『中日関係出了甚麼問題』35頁。

33　孫平化『中日友好随想録』遼寧人民出版社、2009年、113-114頁〔日本語版は武吉次朗訳『中日友好随想録——孫平化が記録する中日関係』上下、日本経済新聞出版社、2012年〕。

34　孫平化『中日友好随想録』280頁。

35　孫平化『中日友好随想録』281頁。

36　魯義『中日相互理解還有多遠——関於両国民衆相互認識的比較研究』86頁。

37　魯義『中日相互理解還有多遠——関於両国民衆相互認識的比較研究』66-67頁。

38　魯義『中日相互理解還有多遠──関於両国民衆相互認識的比較研究』93頁。

訳者注
〔1〕 米ソ間に中間地帯を設定する戦略であり、毛沢東は1946年にすでに言及していた。1964年の中間地帯論では、アジア・アフリカ・ラテンアメリカの第1中間地帯とヨーロッパ・オセアニア・カナダなどの第2中間地帯に世界を分類していた。
〔2〕 1970年代初頭、毛沢東が打ち出した、反ソ統一戦線の戦略。「一条線」は緯度で米・日・トルコ・欧州などを指し、「一大片」は周囲の国々を含めた地域的まとまりを指す。
〔3〕 1940年8月から12月、華北地域の八路軍が日本軍とおこなった大規模な戦闘。百個団（連隊）以上40万人を動員したのでこの名称がついた。
〔4〕 民国期の外交家、国際会議等で活躍した。1947年から56年まで国民政府の駐米大使をつとめる。
〔5〕 1947年に発生した民衆と政府の衝突事件。
〔6〕 前者は牛追いをしながら八路軍のために見張りをしていた王二小という少年の実話。道案内を装い日本軍を八路軍が待ち伏せしている場所へ連れて行ったが戦闘の犠牲となった。後者は少年の雨来が日本軍と勇敢に戦う物語。
〔7〕 釣魚台とは尖閣諸島のこと。沖縄返還にともない尖閣諸島が日本領とされたことに抗議する運動。
〔8〕 1980年代半ば、中国文化をめぐる議論が盛んにおこなわれた。

第 3 章
戦後の人の移動

中国からの引き揚げ（1953年3月23日）。上海から引揚者約
2000人を乗せ舞鶴港に入港する高砂丸

日本 | # 戦後日中間における「ヒト」の移動
―― 移動の構図と認識の諸相

大澤武司（福岡大学）

はじめに

　第2次世界大戦の最末期、英米中三国が日本に突きつけたポツダム宣言は、その領土を本州・九州・四国・北海道の「四つの島」などに限定するとともに、アジア・太平洋地域の全日本軍の武装解除と本国帰還を定めていた。そこには戦後の東アジア地域から完全に日本の影響力を排除しようとする「勝ちし者」の明確な意志が読み取れる。

　とくにアメリカはその貫徹を目指し、終戦直後から日本軍民の本国帰還、すなわち復員と引き揚げを積極的に推し進めた。もちろん、本稿が扱う戦後「中国」[1]と日本との間の「ヒト」の移動にもアメリカの存在が、その意志が一貫して強い影響を与えた。米中の協業で進められた中国軍管理地域からの日本軍民の復員・引き揚げは、一部の戦犯や留用技術者を除き、1946年6月末までにはほぼ完遂された。

　もっとも、戦後中国からの復員・引き揚げがこれですべて終わったわけではない。中国東北部には日本の傀儡国家「満洲国」があったが、戦後はソ連軍の管理地域となり、関東軍将兵や「満洲国」政府関係者、一般の居留民など、多

くの日本人がその管理下に入った。ソ連領に連行された60万ともいわれる日本人捕虜は長期にわたる強制労働に従事させられ、さらに一部の戦犯容疑者はその「ダモイ」（帰国）の終結が宣言された50年4月以降もソ連領、あるいは移管先の中華人民共和国（以下、中国）で拘留されつづけた。

　また、ソ連軍の撤退にともなって全面的に勃発した国共内戦は、旧「満洲国」地域を国民政府軍管理地域と中国共産党軍管理地域に分断した。とくに中共軍管理地域からの日本人居留民の引き揚げは滞り、多数の日本人留用技術者や中国残留孤児・婦人が生まれる背景となった。彼（彼女）らの引き揚げは、新中国成立後の50年代以降にもち越された。

　もちろん、戦後の日中間を移動した「ヒト」は日本人だけではなかった。大日本帝国の敗北は中華民国の勝利を意味し、植民地台湾や傀儡国家「満洲国」、あるいは中国本土の傀儡政権支配地域から戦前・戦時中に日本に移動（連行をも含む）した人々の帰還や送還なども実現した。中国人留日学生や中国人労務者、あるいはかつて「帝国臣民」であった台湾人や在日華僑など、彼らは大日本帝国の崩壊にともなう故郷の光復（奪われた主権の回復）や復帰、さらには国共内戦を経ての新国家の誕生など、目まぐるしく変わる「祖国」の姿を見つめながら、ぞれぞれ帰還先を選んでいった。

　本稿では、戦後日中間における「ヒト」の移動の構図、さらにはこれをめぐる「認識」の諸相を跡づける。もとより復員や引き揚げなどの「ヒト」の移動の集合体は、外的な諸要因や「個人の選択」などが複雑に交錯するなかで積み上げられた「移動の総体」と言える。だが、その総体をどのように「認識」するのかについては、「送還する側」と「送還される側」という単純な立場の違いによっても異なり、さらにはその現場にいた「個人」の「認識」に至っては、復員・引き揚げの過程での個々人の体験や記憶が一つとして同じではないことから、これを語り尽くすことは不可能であることをあらかじめ断っておきたい。

1. 大日本帝国の崩壊と「ヒト」の移動

1.1 「敗れし者」の帰還

　1945年8月、日本敗戦のときを海外で迎えた日本人の数は、軍人軍属367万（陸軍330万、海軍37万）、一般居留民321万、合計688万とされ、当時の内地の人口7000万のほぼ1割にのぼった。このうち本稿が扱う地域には、中国本土に約155万（軍人105万6000、居留民50万）、台湾に約52万（軍人16万9000〔南西諸島を含む〕、居留民35万）、満洲・関東州約206万（関東軍66万4000、居留民155万。居留民のうち15万が「根こそぎ動員」で関東軍に召集）がいたと考えられる[2]。

　ポツダム宣言第9項は日本軍の武装解除と本国帰還を厳命したが、居留民には言及がなかった。そのため日本政府も「物理的・社会的限界」[3]、すなわち輸送船舶の不足や戦後国内の食糧・住宅事情などを理由に、居留民については現地定着方針をとらざるを得なかった。

　抗日戦争の勝利直後、蔣介石が「以徳報怨」を唱え、日本軍民への報復を戒めたことはよく知られる。確かに中国（国府）軍管理地域となった中国本土や台湾では、その混乱も最小限度に抑えられた。だが、ソ連軍管理地域となった満洲・関東州（中国東北部）では、関東軍将兵のシベリア移送や居留民への暴行・略奪など、この世の地獄ともいえる様相を呈した。

　いずれにしても、敗戦国民となった日本人居留民の現地定着は非現実的であった。9月上旬、日本政府は満洲・朝鮮・中国本土の居留民引き揚げを「優先的に処理する」閣議決定をおこなったが、45年10月下旬に日本政府の外交権が全面停止された結果、在外日本軍民の復員・引き揚げは45年秋以降、米中主導によって進められていった。

　最初に動きだしたのは、中国本土からの復員・引き揚げであった[4]。45年9月下旬、米中両軍は合同参謀会議（重慶）を開き、「中国本土の日本人送還は（中略）内地の全日本軍の武装解除・復員完了後に（中略）開始する」「中国東北地域の日本人送還は中国本土完了後に開始する」と確認した。東京の連合国軍総司令部（GHQ）も、日本人送還は「軍事的要求」に基づくものであり、引

き揚げ実施に関する最初の包括的指令（45年10月16日）でも「軍人送還を最優先し、民間人は次順位とする」と定めた。つまり、ソ連軍管理下にあった満洲・関東州の居留民の送還は、その惨状にもかかわらず、当初から先送りされたのである。

　10月下旬、中国戦区の日本人送還に関する米中合同会議（上海）が開かれた。ここでは、中国陸軍が日本軍民の中国での国内輸送と乗船時検査を担当し、アメリカ第7艦隊がLST船（戦車揚陸艦）による海上輸送を担当する送還計画が確認された。この結果、居留民も送還の対象に含まれることになった。だが、この時点でも主たる関心は軍人軍属の武装解除・復員にあり、日本軍民全体の送還完了の時期は明確にされなかった。とまれ、45年11月中旬、機雷除去が完了した華北地域からの米中協業による日本軍民の送還が始まった。

　もっとも、アメリカ海軍のLST船に加え、日本商船隊や日本海軍の旧戦艦が投入された送還計画であったが、その進捗は緩慢だった。ある日本陸軍参謀の回想によれば、45年末段階の中国軍管理地域からの復員・引き揚げ者数は累計16万弱に過ぎなかった。つまり、中国本土からの送還完了後に予定されていた満洲・関東州の送還は、その開始のめどすら立っておらず、長期化が予想された。

　だが、結果的に中国本土や台湾、さらに満洲（関東州を除く）にいた日本人の送還計画は短期化され、46年秋にはほぼ完了する。その背景には、「中国大国化」を通じて日本なき後の戦後東アジアの秩序維持を目指そうとしたアメリカの強い意志の確立があった。終戦時、国府の首都は重慶にあり、その主力部隊も中国西南部に展開していた。華北・華中における中共軍との「受降（日本軍の武装解除）競争」では劣勢に立たされ、ソ連軍と連携した中共系軍がいちはやく進出した満洲への進駐は、さらに困難を極めた。

　国共両軍の緊張が高まるなか、現地中国戦区米軍司令官のウェデマイヤーが、本国政府にその中国政策の転換を訴えた。それまでのアメリカの戦後中国政策は、国府支持の観点から「中国要衝への国民政府の迅速な展開に対する支援」「日本軍の武装解除と日本への送還の実現」を掲げつつも、同時に「内戦不介入」という相矛盾する目的を追求するものであった。ウェデマイヤーはその変更を迫ったのである。

彼からの再三の訴えを受けた結果、45年12月上旬、ようやくアメリカの統合参謀本部は、日本人送還の実現を建前としつつ、「国民政府官憲に対する軍事物資の供給」「海兵隊の華北駐屯継続」さらには「国民政府の華北・東北接収支援のための更なる国府軍輸送への従事」を確認し、内戦への本格的介入を決意した。そして、さらにリバティー船とLST船を各100隻ずつ追加投入し、日本人送還を短期で完遂するようトルーマン大統領に勧告した。

　この背後には、11月下旬にソ連軍当局が中国東北部からの撤退の延期を表明していたこともあったと考えられる。12月15日、トルーマン大統領は、戦時中にすでに亡きローズベルト大統領が提起した「ヤルタ構想」の核心でもある「中国大国化」構想を継承しつつ、「強力で、統一された、民主的な中国」を実現し、「日本の勢力が中国に残存する可能性を除去する」と演説した。日本軍民送還の短期化の背景にあったのは、日本政府の努力ではなく、アメリカの戦後中国政策の転換、すなわち、国府支援という意志の確立だったのである。

　アメリカの強力な意志に基づき、中国軍管理地域の日本軍民の復員・送還が動いていく。最終的にLST船85隻、リバティー船100隻を投入した1日平均2万8100名を輸送する新たな送還計画が46年2月以降、急速に展開されていく。この過程で中国本土だけでなく、台湾の日本軍民の送還も本格化する。さらに米中の間では、満洲の居留民送還にも議論が及んだ。46年1月上旬の米中合同会議（上海）では、「葫蘆島および大連を乗船港とする」送還計画を実施するため、米中両軍の関係機関を東北各地に進出させることを確認するとともに、これらの機関を「4月1日、遅くとも5月1日に業務開始する」と決定し、ソ連軍の東北部撤退開始をにらみながら、中国本土の日本軍民の送還を進めることが確認された。

　この結果、46年3月以降、本格化した送還（遣送）は、船舶や鉄道を総動員した「驚異的圧縮搭載」による日本軍民の乗船港への陸上輸送や軍人・軍属の強行軍を通じて、着々と進展していった。この結果、中国本土や台湾については、46年9月1日時点で戦犯容疑者や日本人留用技術者を除くすべての日本軍民の復員・送還を完了することになった。

　46年5月3日、ソ連軍の満洲撤退が完了する。すでに4月上旬には国府の出先機関にあたる「東北行轅」の日僑俘虜管理所が瀋陽に置かれ、続いて乗船

港の葫蘆島にも米軍の送還機関が設置されるなど、5月上旬までには中国東北部の国府軍支配地域からの日本人送還の態勢が整えられた。さらに同月11日、在満日本人送還に関する米中協定が結ばれると、いわゆる「百万遣送（送還）」が本格化していった。

46年6月には国共内戦が勃発するが、アメリカの仲介に基づき、同年7月末までには国共間で中共軍支配地域の日本人送還に関する協力の合意が実現し、満洲全土の日本人送還が進められた。この結果、46年10月までの送還者数は、国府軍支配地域77万3263名、中共軍支配地域23万6759名、計101万名余りにおよび、同年11月以降も3次にわたって計3万6932名が送還され、合計104万6954名に達した。

もとより「日本の勢力が中国に残存する可能性を除去する」というアメリカの強い意志のもと、急ピッチで進められた復員・送還事業であった。だが、疲弊した戦後中国の国内経済を復興させるため、さらには専門の技術者不足を補うため、国府のみならず中共も同じく日本人技術者の留用を渇望していた。これはアメリカの意志に反するものであったが、国府は45年10月には「中国境内日籍員工暫行徴用通則」を定め、日本人技術者留用の規則を整備した。

また、半世紀にわたり日本統治下にあった台湾では最大7000名（家族を含めて計2万8000名）の技術者留用計画が策定・実施された。加えて日本の傀儡国家であった旧「満洲国」があった中国東北部でも、46年4月下旬には「日籍技術員工徴用実施辦法」が施行され、技術者本人の「自願」を原則とする「留用（残留）」がおこなわれた。

他方、中国東北部の中共軍支配地区でも国共内戦を戦う党・軍・政府機関などの「現場」の必要に基づき、医療関係者や航空関係技術者、鉄道関係技術者などの留用がおこなわれた。中共側は、彼（彼女）ら日本人技術者はあくまで「自願」により「残留」した者たちであり、「新中国に貢献した日本人たち」と評価するが、「送還」か「留用」かを選考する権限は、言うまでもなく中共の党・軍・政府機関が握っていた[5]。

結果的に国府軍管理地域の日本人留用技術者（中国本土約1万2000名、台湾7174名・家族含めて計2万7612名、中国東北部国民政府軍支配地域約1万名・家族含めて計3万3000名）は、国共内戦の本格化によりその大部分が最終的には日

本に送還された。一方、中国東北部で中共によって「留用」された日本人技術者とその家族（50年6月時点で2万797名）や、国共内戦の本格化にともない中共軍支配地区に残留を余儀なくされた日本人孤児・婦人など「遠地隔絶者」たち（孤児約2500名・婦人約4000名と推測された[6]）は、中華人民共和国成立後の50年代半ば、あるいは日中国交正常化後の70年代半ば以降、ようやく祖国への帰還を果たすのである。

1.2 「勝ちし者」の帰還

日本敗北の結果、大日本帝国は崩壊するに至った。これにともない台湾や朝鮮などの植民地は「解放」され、「満洲国」や汪兆銘政権下にあった中国本土の一部地域など、かつて日本の勢力下にあった地域が祖国復帰を果たしていった。

終戦時、日本にはこれらの地域や国家から移動してきていた「ヒト」が数多く存在していた。厚生省引揚援護局の推計では、朝鮮人156万1358名、中国人5万6051名、台湾人（台湾省人）3万4368名がいたとされる[7]。このうち中国人のなかには、中国本土や「満洲国」からの留学生のほか、戦時中に主に華北地域から日本全国各地の135に及ぶ事業所に「移入」（強制連行を含む）され、過酷な労働環境のなかを生き抜いた華人労務者（移入総数は5万1176名とされ、うち6830名が死亡）たちが含まれていた[8]。

中華民国を含む連合国が勝利した結果、中国人は「戦勝国民」となった。また、朝鮮人や台湾人は「解放人民」となり、原則、将来の祖国復帰や独立が約束され、日本の支配が及ばない存在となった。当然、彼らの大部分が祖国や故郷への帰還を強く望み、これをかなえるべく、日本政府にとって在日外国人の送還が喫緊の課題となった。

在華日本人の集団引き揚げと同じく、在日中国人・台湾人の帰還（送還）も前期と後期に分けられる。前期は終戦直後から朝鮮戦争勃発直前の1950年春までの時期を指し、後期は「集団」での送還という点から言えば、53年から58年までを指す。なお、50年代半ばの在日中国人の集団帰国については、中国残留日本人の「帰国」と同様に、東西冷戦によって分断された日中という二つの国家の間における「ヒト」の移動という性格を濃厚にもつものとなった（なお、これについては「2.3 『選びし者』の帰還」で扱う）。

終戦時、在日外国人のうちもっとも大きな集団であったのは朝鮮人であった。「解放人民」となり、独立が約束された朝鮮人は終戦直後から自発的に帰還を強く望み、下関や博多、仙崎などの乗船港に殺到した。日本政府も終戦直後の8月21日には早くも次官会議で「強制移入朝鮮人等の徴用解除」を決定し、9月1日には厚生省と内務省が合同で「朝鮮人の集団移入労務者」「復員軍人軍属」の優先的な送還を指示した。このような文脈において、日本各地の事業所にいた中国人労務者たちも「発見」「救出」され、祖国へと優先的に送還されることとなった[9]。

　日本への中国人労務者の移入は、42年11月27日付の東條英機内閣の閣議決定「華人労務者内地移入に関する件」に基づきおこなわれた。太平洋戦争勃発による国内労働力の不足を補うために実施された移入政策であり、その「要領」では、華北労工協会を通じた労務「契約」に基づく日本への渡航を基本とした。だが、「ウサギ狩り」と呼ばれた現地日本軍による作戦で「捕獲」された一般の中国人や、日本軍が「獲得」した中国兵捕虜が移入者に数多く含まれていたこともすでに歴史的事実となっている[10]。

　日本政府の外交権が停止された直後の45年11月1日には「朝鮮人と中国北部か中部に故郷がある中国人」の送還を優先するGHQ指令（SCAPIN No. 224）が出され、急ピッチでその送還が進められた。この結果、100万近くにのぼる「自発的帰還者」の帰還（送還）は45年末までにはほぼ完了する[11]。

　終戦直後の洪水のような「非日本人」の祖国帰還に続き、46年春から年末にかけてはGHQ指揮下の「管理された集団送還」がおこなわれ、さらに47年から50年までの間には「個別的な送還」が実施され、祖国帰還を希望する「非日本人」はことごとく日本から姿を消すこととなった。あえて言えば、これは明治維新以降、大日本帝国が拡張していく過程で、様々な経緯を通じて日本国内に移動してきた「ヒト」が、GHQの協力のもと、戦後日本の脱帝国化の過程で「排除」され、あるいは「切り捨て」られていく過程でもあった。

　さて、優先的に送還された中国人労務者に次いで祖国への帰国を強く望んでいたのが留日学生であった。ある統計によれば、46年5月時点で日本に残留していた留日学生数は、中国籍（「満洲国」・蒙疆自治政府からの派遣を含む）456名、台湾籍765名であったともされる[12]。ただ、彼らは祖国への帰還に慎重に

ならざるを得なかった。もとより彼らの多くは、日本の植民地であった台湾やその傀儡国家であった「満洲国」、あるいは協力政権であった蒙疆自治政府や汪兆銘政権の中華民国からの留日学生であった。そのため、帰国後、祖国によって「漢奸（民族の裏切り者）」や「売国奴」として裁かれることも十二分に想定された[13]。

　もっとも、46年6月以降、国共内戦が全面的に勃発すると、日本は高度人材である留日学生獲得の草刈り場となっていった。とくに国府軍の潰走が続くと、日本国内の留日学生組織は次第に「中台一体」と「共産党支持」に傾いていった。留日学生の本格的な祖国帰還の開始は49年10月の新中国の誕生を待つことになるが、国府の台湾統治強化の過程で発生した「二・二八事件」の影響などもあり、台湾出身者を含めた日本の中国人留学生の50年代における中国大陸への「帰国ブーム」の下地はこの時期、着々と醸成されていったのである[14]。

2.　冷戦体制の形成・確立と「ヒト」の移動

2.1　「残されし者」の帰還

　1949年10月1日、新たに中華人民共和国が成立すると、中国本土からの日本人送還はほぼ途絶した。この間、関東州（大連・旅順など）の居留民（引き揚げ者数は約22万6000）や、終戦以降、シベリアで抑留されていた関東軍将兵（約60万）たちは、46年12月に締結された「ソ連邦地区引き揚げに関する米ソ協定」に基づき、戦犯容疑者などを除き、50年4月までに「ダモイ」（帰国）していた。

　これにより前期集団引き揚げ（45年8月-50年4月）は終結を迎えた。だが、すでに述べたように、中国東北部で「留用」された日本人技術者とその家族、あるいはそこに「残留」を余儀なくされた日本人孤児・婦人たちはそのまま新中国に引き継がれた。これがいわゆる中国残留日本人である。

　52年4月、日華平和条約が結ばれると、日中間の外交関係の樹立は絶望的となった。この結果、日中間の戦後処理でもある中国残留日本人問題は、東西

冷戦を背景として、50年代半ばの「積み上げ」方式の日中民間交流の文脈で解決されていくことになる。これがいわゆる後期集団引き揚げ（53年3月-58年7月）と呼ばれるものである[15]。

中ソ友好同盟相互援助条約の締結や朝鮮戦争への中国人民義勇軍の介入を経て、アメリカが中国の封じ込めを強化するなか、中国はアメリカの同盟国となった「隣国」日本と接近をはかるべく、52年春以降、民間貿易や文化交流を手段とする働きかけを強めた。この文脈で中国残留日本人に対する「帰国」支援事業を始動させていった。もっとも、それは単なる外地から祖国への日本人の引き揚げ（送還）ではなく、共産主義国家である中国から資本主義国家である日本への移動という新たな意味を有した。

この後期集団引き揚げで「帰国」（引き揚げ）の対象となったのは、日本人留用技術者とその家族であった。52年12月1日、中国は「北京放送」を通じて日本人居留民の「帰国」支援をおこなうと表明した。政府間交渉ができなかったため、日本側は日本赤十字社・日本中国友好協会・日本平和連絡委員会が民間三団体を組織し、北京で中国側との交渉にあたった。

53年3月5日、民間三団体は中国紅十字会と日本人「帰国」支援に関する民間協定を締結した。ここで指摘しておきたいのは、中国残留日本人の祖国帰還に対する日中双方の認識の違いである。表記的には煩雑さをともなうが、後期集団引き揚げにおける中国残留日本人の祖国帰還について、中国側は一貫して「居留民」の「帰国」という表現を用いた。

その根底には、日本人留用技術者とその家族は、いずれも中共に協力するため、自らの自由意志で中国に留まった「居留民」であり、中共が強制的に抑留したのではないという主張があった。つまり、中国はあくまで帰国を希望する日本人居留民の「帰国」（回国）を人道的観点から支援するという立場をとったのである。

これに対して日本政府、あるいはその意向を受けた日本赤十字社は、中国残留日本人を「抑留者」あるいは「未帰還者」として位置づけ、その祖国への帰還はあくまで「引き揚げ」であり、国家事業として完遂すべきものだという立場をとった。中国残留日本人の祖国帰還という一つの事象も日中はそれぞれの立場から認識を異にしていたのである。

とはいえ、終始、交渉は中国側の主導で進み、結果的に民間三団体はその主張を容れ、協定では「帰国」という文言が用いられた。これにより53年3月以降、58年7月までの間、計21次にわたる集団引き揚げが実現する。なお、この後期集団引き揚げは「竹のカーテン」を挟んだ「ヒト」の移動という特殊性を有するとともに、終戦から10年近く経って実現した戦後処理という意義ももち、単純な「帰国（引き揚げ）」（送還）にとどまらず、多様かつ複雑な様相を呈することになった。ここではその展開を時系列で簡単に概観しておきたい。

　後期集団引き揚げの第1期は、53年3月から10月までに7次にわたっておこなわれ、主として日本人技術者とその家族、約2万6000名の日本人が「帰国」を果たした。中国側は「帰国を希望するすべての日本人」の「帰国」を支援するとしたが、これに対して日本政府は「引き揚げの本質」に基づき、「帰国」者は「日本人であることが必須条件」であるとし、さらに東西冷戦を背景として、日本政府は「帰国」者の中国への再渡航も禁止するとした。この結果、身元が明確でない残留孤児は無論のこと、中国籍の夫や子どもをもつ日本人婦人が「帰国」する場合には、離婚や子別れを強いられたことから、ひきつづき「残留」を余儀なくされた。

　53年秋、「帰国」希望者の減少を理由として、後期集団引き揚げは一時中断された。だが、日本人戦犯を含めて、残留日本人の存在が確実視されていた。この結果、54年9月、第2期の集団引き揚げ（帰国）が再開する。ただ、この動きは中国の対日和平攻勢の本格化と密接に関連していた。第1期集団「帰国」の終結後、中国は日中関係を前進させるため、「帰国」支援を担当した中国紅十字会代表団の訪日を画策していた。だが、吉田茂内閣はなかなかこれを認めなかった。中国側は膠着状況を打破するため、罪が比較的軽い日本人戦犯（西陵組・417名）の釈放・送還を提案し、集団引き揚げの再開を梃子として中国紅十字会代表団の訪日を実現させようと揺さぶりをかけた。この結果、54年9月から55年12月までに5次にわたり約3100名の「帰国」が再始動した。

　続く第3期、つまり56年7月から57年5月まで、第13次から第16次にわたって実現した計4次の「帰国」は特殊なものとなった。後述するが、この計4次にわたった「帰国」者の主力は撫順戦犯管理所（遼寧省）や太原戦犯管理所

（山西省）に拘留されていた日本人戦犯であった。56年夏、中国政府は3回に
わけて彼（彼女）らに対する免訴釈放を決定、日本側の民間三団体と送還協定
（天津協定）を締結し、それぞれ335名、328名、354名、計1017名を送還した。

　加えて、この第3期にはさらに特殊な「帰国」者が含まれることになった。
とくに57年5月、舞鶴に帰着した第16次の「引き揚げ」船には、戦犯6名お
よび「帰国」を希望する居留民100名以外にも、帰国華僑（新中国成立後に中国
本土に帰国した在日華僑）やその日本人婦人（子どもを含む）393名、「残留組」
里帰り日本人婦人（子どもを含む）867名、「戦後渡航組」里帰り日本人婦人（子
どもを含む）382名が乗り込み、実に乗船者の9割が「里帰り」（日本帰国後に
再び中国本土に戻る予定の一時帰国者）関係者で占めるに至った。

　言うまでもなく、これは日本政府が想定していた「引き揚げ」（帰還）の範
囲を逸脱するものであったが、東西冷戦下で分断された、国交なき日中間にお
ける「ヒト」の移動の多様性を反映するものでもあった。この「里帰り」日本
人婦人などの乗船を阻止するため、ときに日本政府も一時、配船拒否などの手
段で対抗しようと試みたが、中国本土に「帰国」希望者が存在する以上、これ
に応ぜざるを得なかった。結局、58年4月には第4期の集団引き揚げが再開
され、この年の7月までに計5次にわたって計2153名が「帰国」を果たした。

　もっとも、この時期には不幸にも58年5月2日に長崎国旗事件が発生し、
中国政府が日中交流の全面断絶を宣言したことで、後期集団引き揚げも完全に
終結してしまう。53年3月から58年7月まで5年4ヵ月間に及ぶ計21次の集
団引き揚げによって計3万2506名の帰国が実現し、これ以降、日中国交正常
化に至るまでの引き揚げは個別「帰国」に移行していった。

　ここで重要なのは、後期集団引き揚げにおいては、終戦直後から中国に「残
留」を余儀なくされていた孤児・婦人の「帰国」がほとんど実現しなかったこ
とである。その理由は、すでに触れたとおり、「引き揚げ者」は「日本人」で
なければならないとされ（孤児は自らが日本人だと知らない場合も多かった。また、
婦人の中国籍の夫・子どもの日本渡航は禁じられた）、「帰国」後の中国への再渡
航も禁じられたためである。そのため、彼女（彼）らの帰国は日中国交正常化
から10年近く経った80年代、さらには90年代に紆余曲折を経て、ようやくか
なうのである。

なお、21世紀初頭、日本国内では中国残留孤児の早期帰国実現義務などをめぐって日本政府の責任を追及する訴訟が提起されたが[16]、東西冷戦という当時の国際情勢において、日本政府が彼（彼女）らの「帰国」について、「引き揚げ（日本への永住帰国）の本質に反する」あるいは「自由主義陣営の足並みを乱す」という冷戦期の外交戦略的観点からこれを認めなかった歴史的事実を冷戦史の文脈でいかに評価すべきかという問題が残されるが、これには十分慎重であるべきだろう。

2.2　「裁かれし者」の帰還

　1931年9月の満洲事変、あるいは37年7月の盧溝橋事件以来、14年間、あるいは8年間にわたって日中両国は局地的・全面的な軍事衝突を継続した。41年12月の日本による真珠湾攻撃を経て、いわゆる「支那事変」は、第2次世界大戦と接続するに至った。日本敗北の結果、戦後にはアジア・太平洋地域の各地で対日戦犯裁判がおこなわれた。

　対日戦犯裁判に関する研究は多岐にわたるが、本稿で扱う戦後日中間における「ヒト」の移動にかかわるものとしては、中華民国が実施した46年4月から49年1月までの対日BC級戦犯裁判と中華人民共和国が実施した56年6月および7月のそれとがある。「勝者の裁き」とも評される前者については、極東国際軍事裁判（東京裁判）をはじめ枚挙にいとまがないため、本稿で詳細は扱わず、戦犯・戦犯容疑者の送還過程についてだけ概観したい。

　45年12月、国民政府は戦争罪犯処理委員会を設立するとともに、これ以降、北平（北京）、瀋陽、南京、広州、済南、漢口、太原、上海、徐州および台北の10ヵ所に戦犯法廷を設置した[17]。翌46年4月以降、『戦争罪犯処理辦法』『戦争罪犯審判法』『戦争罪犯審判辦法施行細則』などに基づき、最終的に起訴件数805件、起訴人数883名、死刑149名、有罪355名、無罪350名、その他29名を概要とする対日戦犯裁判を実施した。これらの裁判は、国防部審判戦犯軍事法庭が審理継続を決めたわずかな案件を除き、47年末までに裁判はほぼ終了し、各地の軍事法廷もその業務を終えた。この間、不起訴となった者、あるいは無罪となったものは、随時、釈放されて日本に送還された。

　48年秋以降、国共内戦が中共の優勢に傾くなか、国府の対日戦犯処理も最

終段階に入っていった。各地で拘留されていた既決戦犯・戦犯容疑者たちは、原則、上海の江湾国防部戦犯監獄へと移送された。48年末には上海の戦犯裁判もほとんど審理を終え、元支那派遣軍総司令官・岡村寧次大将ほか1名の判決を残すのみとなった。

　中共軍による北京解放が近づいた49年1月26日、国府の軍事法廷は岡村に「無罪釈放」の判決を下し、2月4日には岡村を含む260名の中国関係在監者が米軍の手によって横浜に上陸、このうち251名が巣鴨刑務所に送られ、有罪判決を受けた戦犯はひきつづき服役した。その後、サンフランシスコ講和条約第11条の規定に基づき、日本政府は連合国が有罪判決を下した日本人戦犯を日本国内でひきつづき拘禁し、刑を執行する義務を負うこととなったが、52年4月28日に調印された日華平和条約がこの規定を「中国に関する限り適用しない」と取り決めたことで、同年8月5日、日華平和条約の発効と同時に巣鴨刑務所にいた88名の中国関係戦犯はすべて釈放され、国府の対日戦犯処理は終わった。

　なお、「裁かれし者」のうち、とくに「ヒト」の移動として戦後日中関係において重要な政治的意味を有したのが、中華人民共和国によって拘留されていた日本人戦犯たちの送還（帰国）であった。中国は第2次世界大戦終結後に成立した国家であり、連合国が対日戦犯裁判をおこなっていた40年代後半には国共内戦のただなかにあったため、これに関与できなかった。だが、中共は抗日戦争勝利直後から日本人戦犯の処罰を必ずおこなうと言明しつづけていた。

　あまり知られていないが、建国直後の50年代初頭の中国には様々な経緯で中国政府にその身柄を拘束されるに至った1500名あまりの日本人戦犯が存在していた。彼（彼女）らは、撫順戦犯管理所と太原戦犯管理所、そして労働改造施設であった西陵農場（河北省易県）にそれぞれ拘留されていた[18]。

　このうち撫順にいた969名（撫順組）は、「中国関係戦犯容疑者」とされた元関東軍将兵や旧「満洲国」政府関係者などであり、5年間のシベリア抑留を経た後、50年7月、ソ連から中国に移管された。他方、太原にいた136名（太原組）と西陵にいた417名（西陵組）は、日本敗北後もひきつづき山西省に留まり、国民政府の有力者でもあった地方軍閥領袖の閻錫山とともに国共内戦で中共軍と戦い、これに敗れた末に中共軍に逮捕された残留日本軍民たちであった。西

陵組は太原組に比べて罪行が軽いとされたことから、すでに述べたようにひと足早い54年9月、第8次集団引き揚げで帰還を果たしていた。

他方、罪行が重いとされた撫順組と太原組は、その大部分が56年夏までの長期の拘留を余儀なくされた。対日講和をめぐる国際情勢が「片面講和」にほぼ固まった52年春以降、中国政府は長期的かつ段階的な対日戦犯工作を開始した。1000名近い日本人戦犯がいた撫順戦犯管理所を例にとれば、「学習反省（日本帝国主義の侵略戦争に対する認識の深化）」「認罪坦白（自らの戦争犯罪を認めて自白する）」「調査尋問（犯罪行為の調査・認定）」という3段階にわたり、時間をかけて対日戦犯処理の準備が進められた。毛沢東や周恩来ら中国の指導者たちは、日本人戦犯たちに過去の日本による中国侵略の罪を認識させ、中国の対日戦犯処理が「勝者の裁き」や一方的な報復にならないことを目指したともいえる。

3段階の「思想改造」教育を終え、日本人戦犯たちにも「認罪服法」の意識が根づきつつあった。56年4月25日、全国人民代表大会常務委員会は一部の重大な戦犯は裁判にかけるが、大部分の日本人戦犯は「免訴釈放」するとの「決定」をおこなった。このような「決定」の根底には「一個不殺」（ひとりも殺さず）という毛沢東思想に基づく「寛釈大多数、懲治極少数」（大多数は寛大に釈放し、極少数を罰する）という方針があったとされる[19]。

この結果、免訴釈放された戦犯たちは、第13次から第15次の帰還輸送船（第1梯団335名・第2梯団328名・第3梯団354名、計1017名）で祖国帰還を果たすことになった。なお、戦犯の帰国にあたっては日中両国の民間団体の間で新たに戦犯帰国協定（天津協定）が結ばれ、中国側は居留民の「帰国」とは異なる「枠組み」で戦犯を送還することを強く求めた。

これは居留民と戦犯の違いを明確化させるという目的もあったと思われるが、中国側はこの戦犯送還の新たな協定を結ぶにあたり、この協定に日本人婦人の里帰り（一時帰国）を含む「両国居留民の自由往来」のさらなる拡大に関する条項も日本側に認めることを迫った。つまり、戦犯送還問題を梃子として、日中間における「ヒト」の往来をさらに拡大させようと企図していたことがうかがえるものとなっていることには留意すべきである[20]。

なお、日本人戦犯に対する「寛大処理」については、中国側からすれば、革

命的人道主義・国際（団結）主義に基づき、日中間の「報復の連鎖」を断ち切るために実施したものであり、日本との将来の和解をも視野に入れた「正義の裁き」であったとの評価がなされている。他方、当時の日本国内においては、日中友好促進という立場から「革命中国」が掲げた理念の崇高さを肯定的に評価する革新勢力や世論も存在したが、帰還した戦犯たちを「アカ（共産主義者）」に「洗脳（思想改造）」された中国からの「工作員」あるいは「スパイ」ととらえる認識や論調も根強かった。東西冷戦という状況のもと、日本政府関係者はもちろんのこと、中国による日本への「革命輸出」に強い警戒を抱く日本国民も少なくなかった。

ちなみに、帰国後、日本人戦犯たちは「反戦平和・日中友好」を掲げる中国帰還者連絡会（中帰連）を結成し、自らの戦場での犯罪行為を証言しつづける（「バクロ」活動とも呼ぶ）ことで、過去の日本の侵略戦争への反省と日中不再戦を訴える活動を続けた。2002年4月、中帰連は会員の高齢化を理由に解散を余儀なくされたが、文字通り彼らはその「最期」まで「反戦平和・日中友好」の闘士として生き抜いたのである[21]。

2.3 「選びし者」の帰還

1949年10月、新たに中華人民共和国が誕生し、その年末、国府が台湾に逃れると、いわゆる「中国」には北京と台北の二つの政府が並立することになった。すでに述べたように、国共内戦が中共軍優勢に傾くなか、日本にいた中国人留学生は、新たに誕生する国家を帰還の対象、すなわち戻るべき祖国として選択する者が増加していった[22]。

新中国成立以降、50年代には5000名近い留日学生や在日華僑などが中国大陸に渡航したとされ、このうち約3000名が台湾籍であったといわれる。中国政府は建国当初から留学生の帰国実現に積極的であった。49年12月、政務院（後の国務院）文化教育委員会に直属する組織として「辦理留学生回国事務委員会」を設立し、北京人民広播電台を通じて、国家建設への協力を求めて留日学生の帰国を呼びかけた。

このような呼びかけに応じて、秘密裏に個別帰国をする留日学生や華僑も現れたが、いわゆる「帰国ブーム」と呼ばれる集団的な「帰国」が実現したのは、

53年3月に日本側民間三団体と中国紅十字会が日本人「帰国」に関する民間協定（北京協定）を結び、日中間での継続的な帰還輸送船の往来が実現してからである。帰国者数がピークとなった53年から55年の間に3178名もの留学生や華僑が中国大陸に渡ったとされる。その背景には卒業する留日学生の増加があった。

　ただ、台湾籍の者をも数多く含む留日学生や在日華僑の中国大陸への渡航は容易ではなかった。最初に中国側が民間三団体に彼らの帰国への支援を求めたのは53年3月の北京協定締結交渉のときであった。当時、中国側の交渉代表は、後に対日工作機関の統括者となる廖承志だったが、彼は在外華僑工作を指導する華僑事務委員会の副主任という立場にもあった。廖承志は三団体代表団の団長として北京を訪れていた島津忠承日赤社長に直接、帰還輸送船の往航を利用して留日学生や華僑の帰国を実現するよう要請したのである。

　この動きに強い異議を唱えたのが、台湾に逃れていた国府であった。日本政府は在華日本人が乗る帰還輸送船の航行の安全を確保するため、在京大使館を経由して国府に「理解」を求めた。これに対して国府は、人道的観点から「協力をなすことに決定」したが、台湾籍の留日学生や華僑の中国本土への渡航には強烈な反発を示し、帰還輸送船の往航で「モノ」と「ヒト」を輸送しない「No Cargo, No Passenger」の原則を厳守することを条件としたのである。この結果、日本政府は往航での彼らの送還に慎重とならざるを得なくなった。

　他方、中国側は「你送来華僑、我才送回日僑」（日本側が華僑を帰国させれば、中国側も日本人を帰国させる）（中国外交部檔案）という原則で臨み、第4次送還（53年5月実施予定）の先送りを日本側に通告したのである。結局、日本政府はなんとか国府の「黙認」を取りつけ、在華日本人の集団引き揚げを継続させた。その意味では中国側による日本人居留民の「帰国」支援は、単に人道的な観点からおこなわれたものではなく、国交なき日中間における「ヒト」の移動の突破口を切り拓くためにも有効に活用されたといえる。

　なお、華僑帰国に際して、その日本人の妻子も中国本土に渡航していった。国交なき「竹のカーテン」の彼方にある中国に渡航する以上、再び祖国である日本の土を踏める可能性はきわめて低かった。この結果、50年代後半には、彼女たちいわゆる「戦後渡航組」と呼ばれる日本人婦人の一時帰国（里帰り）

が日中の間で問題化することになる[23]。この里帰り問題が56年6月に締結された天津協定において、日本人戦犯送還の実現と抱き合わせで妥結するに至ったことは、すでに触れたとおりである。

おわりに

　日本の敗北と大日本帝国の崩壊は、近代東アジアの地域秩序の根底を覆すものだった。それは、帝国拡大の過程でアジア・太平洋地域各地に「進出」した日本軍民、あるいはその植民地や勢力圏下となった国家や地域から日本の「内地」に移動し、移入された「帝国臣民」や「非日本人」が、戦後もそのままそこにとどまる大前提を失わせた。そこに「ヒト」の大規模な移動が発生した。その移動は、整然とした単純な帰還ではなく、戦勝国の明確な意志に基づく戦後東アジア地域秩序の再編・再構築のうねりを直接・間接に受けながら、ひとりひとりの「ヒト」が決断し、行動した多種多様な移動が集積したものであった。これが戦後の日中間における「ヒト」の移動、すなわち帰還・引き揚げ・帰国・送還という諸相を紡ぎあげたことは、本稿で跡づけてきたとおりである。

　我々日本人は、明治維新以来の海外雄飛の足跡をその一部でもアジア・太平洋地域に遺したいと考えた。終戦直後の居留民に関する非現実的な「現地定着」という方針は、これを端的に表すものであった。他方、勝利者となったアメリカは、「ヤルタ構想」の文脈で戦後東アジア地域秩序の「創出」を構想し、日本の影響力の完全なる排除を目指した。日本軍民送還の短期化は、まさにその強い意志が反映されたものだった。

　もっとも、戦前・戦時の日本がこれらの地域で果たしてきた役割は、瞬時にして消し去れるものではなかった。戦後中国における国共両勢力による日本軍民の留用は、それを端的に物語るものであった。極端な例としては、太原組・西陵組の日本人戦犯たち、すなわち山西省の閻錫山軍によって「留用」された日本人部隊の「残留」があった。

　ちなみに閻錫山に協力した北支那方面軍第一軍の司令官澄田䛃四郎は、国府による「戦犯容疑者指名」を隠れ蓑として戦後も山西に留まり、旧日本軍部隊の閻錫山軍への協力を推進したが、国府軍の敗色が濃厚となると、残留部隊を

見捨てて飛行機で日本へと帰還した。なお、のちに澄田は、「無罪釈放」となった元支那派遣軍総司令官・岡村寧次大将の指揮のもと、台湾に逃れた国府軍の教育・訓練に協力した旧日本軍将校の軍事顧問団「白団」（団長の元陸軍少将富田直亮が白鴻亮という中国名を名乗ったため）の団員募集に際して中心的な役割を果たすなど、戦後の「日華提携」に労を惜しまなかった[24]。この「白団」の台湾渡航も戦後日中間における「ヒト」の移動の裏面史といえよう。

　概念的に整理すれば、日本人にとっては、戦後の祖国帰還は一貫して「引き揚げ」という言葉で表現されるが、勝者であるアメリカや中国、あるいはソ連などにとっては敗戦国の軍民を排除するための「送還」（遣送）という戦争の延長線上にある作業であった。50年代の後期集団引き揚げの再開に際して、戦勝国である中華民国を継承した中華人民共和国が日本人の引き揚げを「居留民」の「帰国」（回国）と表現したことは、戦後日中間における「ヒト」の移動を定義する権利が日中のいずれにあったのかを端的に表しているといえよう。

　他方、戦後日本からの「非日本人」の送還は、本質的には大日本帝国の「事後」処理、すなわち「非日本人」の排除という側面をもった。もちろん、「非日本人」の送還はGHQの指令に基づき進められたが、急激に「帝国」が縮小し、在外日本軍民が荒廃した「内地」を目指して帰還してくるなか、日本政府は各地の乗船港の引揚援護局を通じて粛々と「非日本人」の「帰還」を見送ったのである。

　もちろん、終戦直後の乗船港への帰還希望者の殺到にみられるように、帝国の崩壊というプッシュ要因の出現は、大部分の「非日本人」に自然と祖国帰還の道を選ばせた。ただ、旧「帝国臣民」であった在日台湾人の国籍問題をめぐるその後の日本政府の対応を想起すれば、そこには多分に「非日本人」の「切り離し」の力学が働いていたと考えられる。具体的に言えば、日本の旧植民地であった台湾は中華民国に返還され、本来、日本にいた台湾人は即座に中華民国国籍を獲得することが想定されたが、日本国内での扱いは「日本国民ではなくなった」存在とされ、「中国国籍になったとは看做され」なかった。

　他方、中国人の留日学生は戦勝国民となり、治外法権を獲得、なおかつ配給でも優遇を受け、大きな待遇の格差が生まれた。ここで重要なのは、かつての「帝国臣民」であった台湾人は「解放人民」とされながらも、ひきつづき日本

の法権下に置かれるとともに、後の外国人登録法（52年4月28日）や戸籍法（47年12月22日）などによって、非国民化（すなわち外国人として扱われる）され、日本国民となる場合には、改めて「帰化」することを求めた[25]。そこには崩壊した帝国、すなわち日本という国家による「棄民」があった。

　すでにお気づきだと思うが、本稿が扱った日中間における「ヒト」の移動のなかには、このような「棄民」の論理を至るところに見出すことができるのである。

1　ここで用いる戦後「中国」における「中国」には、中華民国と中華人民共和国の二つの国家が含意される。なお、本稿では、中華民国を国民政府（国府）あるいは台湾、中華人民共和国を中国政府あるいは中国（新中国）と表現する。

2　これらの地域の終戦時の日本人数は、厚生省援護局編『引揚げと援護三十年の歩み』厚生省、1977年、46-47頁および88-89頁など。

3　加藤聖文「大日本帝国の崩壊と残留日本人引揚問題――国際関係のなかの海外引揚」増田弘編著『大日本帝国の崩壊と引揚・復員』慶應義塾大学出版会、2012年、13頁。

4　復員・引き揚げの詳しい経緯については、加藤陽子「敗者の帰還――中国からの復員・引揚問題の展開」『国際政治』第109号、1995年および大澤武司「戦後東アジア地域秩序の再編と中国残留日本人の発生――『送還』と『留用』のはざまで」『中央大学政策文化総合研究所年報』第10号、2006年。前掲、加藤聖文論文ほか。

5　中国中日関係史学会編『友誼鋳春秋――為新中国做出貢献的日本人』第1巻、新華出版社、2002年および同第2巻、2005年など。

6　厚生省社会・援護局援護50年史編集委員会編『援護50年史』ぎょうせい、1997年、46頁。

7　前掲、『引揚げと援護三十年の歩み』、150-152頁。

8　山田昭次・田中宏編著『隣国からの告発――強制連行の企業責任2』創史社、1996年、167-168頁。なお、中国人労務者の「強制連行」をめぐる議論（認識）については、石飛仁（金子博文解説）『花岡事件「鹿島交渉」の軌跡』彩流社、2010年が参考になる。

9　前掲、『引揚げと援護三十年の歩み』、150-151頁。

10　杉原達『中国人強制連行』岩波新書、2002年など。

11　松本邦彦解説・訳『GHQ日本占領史　第16巻　外国人の取り扱い』日本図書センター、1996年。

12　川島真「過去の浄化と将来の選択－中国人・台湾人留学生」劉傑・川島真編『1945年の歴史認識――〈終戦〉をめぐる日中対話の試み』東京大学出版会、2009年。

13　陳焜旺主編『日本華僑・留学生運動史』日本僑報社、2004年および大類善啓『ある華僑の戦後日中関係史――日中交流のはざまに生きた韓慶愈』明石書店、2014年。浜口裕子『満洲国留日学生の日中関係史――満洲事変・日中戦争から戦後民間外交

へ』勁草書房、2015年など。

14　王雪萍「留日学生の選択──〈愛国〉と〈歴史〉」劉傑・川島真編前掲書。

15　大澤武司「在華邦人引揚交渉をめぐる戦後日中関係──日中民間交渉における『三団体方式』を中心として」『アジア研究』第49巻第3号、2003年および大澤武司「新中国から祖国へ──日本人留用者と日本人戦犯の帰還」加藤聖文・田畑光永・松重充浩編『挑戦する満洲研究──地域・民族・時間』東方書店、2015年ほか。なお、戦後日中間における中国残留日本人の移動の「要因」を総合的に扱った研究として、呉万虹『中国残留日本人の研究──移住・漂流・定着の国際関係論』日本図書センター、2004年など。

16　中国残留日本人孤児問題を体系的に扱った研究として、浅野慎一・佟岩『中国残留日本人孤児の研究──ポスト・コロニアルの東アジアを生きる』御茶の水書房、2016年。なお、国家賠償請求訴訟の末の日本政府と残留孤児たちの政治的「和解」の混乱・問題点を描いたものとして、菅原幸助『「中国残留孤児」裁判──問題だらけの政治解決』平原社、2009年など。また、「歴史社会学」の観点から後期集団引き揚げと中国残留日本人孤児との関連にも言及した研究として、南誠『中国帰国者をめぐる包摂と排除の歴史社会学──境界文化の生成とそのポリティクス』明石書店、2016年がある。

17　人民法院報社編『正義的審判──紀念中国人民抗日戦争勝利70周年』人民法院出版社・中央編訳出版社、2015年および宋志勇「戦後初期中国的対日政策与戦犯審判」『南開学報（哲社版）』第4期2001年。田中宏巳『BC級戦犯』ちくま新書、2002年。竹前栄治・中村隆英監修（小菅信子・永井均解説・訳）『GHQ日本占領史　第5巻　BC級戦争罪裁判』日本図書センター、1996年。法務大臣官房司法法制調査部『戦犯釈放史要』1967年ほか。

18　大澤武司『毛沢東の対日戦犯裁判──中国共産党の思惑と1526名の日本人』中公新書、2016年ほか。

19　王戦平主編『正義的審判──最高人民法院特別軍事法庭審判日本戦犯紀実』人民法院出版社、1990年および撫順市政協文史委員会編『震撼世界的奇迹──改造偽満皇帝溥儀暨日本戦犯紀実』中国文史出版社、1990年。任海生編著『共和国特赦戦犯始末』華文出版社、1995年ほか。

20　大澤武司「在華日本人『戦犯』の帰国──天津協定成立の経緯とその意義」『中央大学社会科学研究所年報』第7号、2002年。

21　袁韶瑩・楊瑰珍編著『従人到鬼　従鬼到人──日本“中国帰還者連絡会”研究』社会科学文献出版社、2002年および Barak Kushner, *Men to Devils, Devils to Men: Japanese War Crimes and Chinese Justice*, Harvard University Press, 2015 ほか。

22　本節は、前掲、王雪萍論文に拠った。

23　大澤武司「『ヒト』の移動と国家の論理──後期集団引揚の本質と限界」劉傑・川島真編前掲書。

24　「白団」については、中村祐悦『新版　白団──台湾軍をつくった日本軍将校たち』芙蓉書房出版、2006年および野嶋剛『ラスト・バタリオン──蔣介石と日本軍人たち』講談社、2014年など。

25　前掲、川島真論文、43頁および遠藤正敬『戸籍と国籍の近現代史──民族・血統・日本人』明石書店、2013年、213－274頁の「第5章　戦後『日本人』の再編──『帝国』の解体と『帝国臣民』の戸籍と国籍」など。

中国 | # 戦後日本人の帰国問題

呉万虹 (中国社会科学院)
森巧 訳

はじめに

　日本は、対中侵略戦争の際、大量の日本人を中国に送出し、中国での植民地統治を強固にしようと試みた。統計によれば1945年の終戦時には、中国東北部だけで100万人の日本人が居住しており、この他に100万人以上の日本軍が中国に駐留していたという。しかし1945年8月9日にソ連が国境を越えて中国東北部に進出すると、日本政府は自国民保護の義務を放棄した。日本軍の保護を失った日本人たちは緊急避難せざるを得なくなった。彼らは大連、丹東などを目指して逃げ、船で帰国しようとしたが、その途中で100万人に及ぶ難民が発生した。関東軍は、終戦間際に兵力不足を補うため「全民動員」の指令を発し、18歳から45歳までのすべての男性開拓団員に召集をかけていた。そのため開拓団には多くの老人、女性、子どもが取り残された。取り残された彼らが避難を強いられ、逃亡するなかで残留孤児、残留婦人となってしまったのである。東北部に比べると、「関内」〔河北省山海関以西かつ万里の長城以南の中国〕では日本人数は少なく、中国軍による日本軍の接収工作も終戦直後におこなわれた。そのため接収を待つ間も日本軍が一定の秩序を維持していた。少なくと

も関内では、東北部のような大逃亡の情景は見られなかった。

　本稿は、戦後日本人の帰国問題に関して、①日本人移民が発生した歴史的背景、②戦後の日本人送還政策決定、③送還実施の過程やその変容、の３点から多角的な分析を試みるものである。そして日本人帰国問題の本質をとらえながら、中国の視点に立って包括的な解明を試みる[1]。

1.　東北部の日本人移民問題

　中国東北部における日本人移民問題とは、長い歴史的背景を有する問題である。1905年に日露戦争が終結すると、日本は早くも組織的かつ計画的な東北部への移民を開始した。1906年、日本は中国東北部に南満洲鉄道株式会社を設立した。熱烈な「大陸移民」論者であった満鉄総裁の後藤新平は、10年間で100万人以上の日本人を満洲へ移住させ、農業や工業、商業に従事させるという計画を２度も政府に建議していた。このような経緯もあり、大量の日本人が中国東北部へと押し寄せたのである。1931年の満洲事変以前には、東北部に23万人の日本人が在住していた。彼らの多くは満鉄職員とその家族であった。その後の九・一八事変〔満洲事変〕によって、日本は全東北部を侵略・占領することに成功し、東北部への日本人移民推進を戦略方針の一つとした。

　1936年８月25日、広田弘毅内閣は、中国東北部への日本人移民送出が「七大国策」の一つであると正式に宣言した。これは1937年からの20年間で日本から東北部へ合計100万戸、500万人の移民を送出させる計画であった。1936年、日本は移民を支援する満洲拓殖株式会社を設立し、大規模な移民事業を開始した。日本の東北部支配における植民統治が包括的なものになっていくにつれ、日本人移民の職業構成も多様化し、行政、司法、警察、教育、医療などの職業に従事する者も現れるようになった。1938年には東北部在住の日本人人口は41万人であったが、1942年にはこれが109万人を超えるほどになっていた。日本人移民は中国東北部の都市の最良の地区や農村のもっとも肥沃な土地を占拠し、まるで自らが「人上人」〔人の上にある人〕であるかのような振る舞いをしていた。

　1945年の東北光復〔中国での抗日戦争勝利の呼称〕までに、中国東北部に移住

した日本人の総数はおおよそ160万人以上とされ、この他にさらに70万人以上の関東軍将兵が存在した。日本政府が戦後に公表した統計によれば、日本の降伏時、海外に残留した日本人と日本軍人の総数は629万人に及んだという。そして東北部（モンゴル東部地域や河北省承徳地域を含む）では、237.4万人の日本人移民と日本軍人が残留していた。これは海外に残留した日本人総数の3分の1以上を占める[1]。

日本の降伏時、東北部にいた日本人のうち、高官たちとその家族、資産家たちはすでに先行して避難していた。しかしその他の100万人の日本人たちは、天皇の降伏詔書によって、瞬く間に「難民」となってしまったのである。日本人移民たちをさらに失望させたのは、日本政府の「棄民」政策によって彼らがさらなる困難に陥れられたことである。ラストエンペラーとして著名な溥儀の弟は溥傑であるが、彼には日本人の妻である嵯峨浩がいた。嵯峨は、「満洲国」宮廷の人々と「御用列車」に乗って吉林の通化へと逃れた際、新京の駅前の惨状を目の当たりにしていた。彼女の回想録『流転の王妃』には、以下のような記述がある[2]。

　　その夜、降りしきる豪雨のなか、私たち200名の宮廷職員と家族は新京駅に向かいました。……駅は構内構外を問わず黒山のような避難民とその荷物で、足の踏場もありません。それでも、入りきれない人々は雨に濡れそぼち、辛抱強く待ち続けます。……怒号とともに、けたたましい赤ん坊の泣き声や母親の叱声が湧きあがります[3]。

日本人移民のなかには、葫蘆島へと向かう途中で自殺や病死、凍死、餓死した者も多い。彼らは人里離れた山奥やもの寂しい荒野に消えていった。また数万に及ぶ女性や子どもが、東北部の都市や農村をさまようこととなった。日本で編纂された『満洲国史』という著書によれば、当時、160万人以上の日本人（これには軍人や軍属の文官、軍人家族は含まれない）のうち、17万4022人が死亡した。「開拓団民」の死亡者数は7万8500人で全体の45％である[4]。難民の収容所で飢餓や寒さ、発疹チフスで亡くなった者も少なくない。彼らは日本の中国侵略戦争の殉死者であった[5]。

2. 中国による日本人・日本兵送還政策の決定と送還準備過程

　1945年8月14日、日本の支那派遣軍総司令部は、天皇がすでに「ポツダム宣言」を受諾したという通知を東京の大本営から受けていた。日本の敗戦と無条件降伏によって、鈴木貫太郎内閣は総辞職し、天皇は皇族の東久邇宮稔彦親王に組閣を命じて、終戦事務を担当させた。しかし日本政府には在華日本人や日本兵の帰国について顧みる余裕はなく、現地に残留した日本人たちについては、ただ彼らの安全を祈ることしかできなかった。8月29日には、日本陸軍大本営の参謀たちが、「満洲に在留する180万人の日本人については、現地に定着させ、日本国籍を離脱させる方針」を提案した。

　日本の最高戦争指導会議は、すでに1945年8月15日以前に、「中国に残留する日本人を現地に定住させる方針」を決定していた。関東軍司令官は、8月19日、この政策に基づいて、「帝国の復興のために可能な限り多くの日本人を中国大陸に定住させる」計画を策定した。

　当時、日本陸軍大本営の対ソ作戦参謀であった朝枝繁春大佐は、大本営特派軍使として新京（長春）に飛び、関東軍司令部に対して、「最高戦争指導会議」の方針の趣旨を伝え、さらに自らソ連軍総司令のアレクサンドル・ヴァシレフスキー（Aleksandr Mikhaylovich Vasilevsky）に宛てた『関東軍方面の停戦状況に関する実施報告』を起草した。日本側はソ連軍の援助のもと、日本人移民や武装解除された軍人たちが、再び通常の活動に従事し、ひきつづき中国東北部に居住できるよう要請していた。そしてこの報告では、東北部に居住する日本人が日本国籍を放棄したとしても支障ないとされていた。以上のように日本政府は、棄民政策をとっていたといえるであろう[6]。

　中国やソ連、アメリカなどの連合国は、戦後すぐに日本人や日本兵の送還を計画しはじめ、送還に必要な準備も進めていた。日本の敗戦後、支那派遣軍の副参謀長であった今井武夫は、南京から湖南省の芷江へ飛んで、中国側と投降に関する交渉を担当した。彼はその際に、日本人・日本兵の送還に関する要求をおこなっている。中国政府〔当時の政府は中国国民党の国民政府を指す〕の代表は、今井の要求に対して、アメリカ船を日本への運送に限定して借用するこ

とを研究中であると積極的な回答をした[7]。中国の水陸の交通システムは、14年に及ぶ日中戦争によって大きく破壊され、回復には長い時間が必要となっていた。また戦後、中国には300万人にも及ぶ大量の日本人・日本兵が残留していたが、彼らを短期間で安全に送還するのはきわめて困難な事業であった。蔣介石は中国共産党〔以下、共産党〕軍と戦略上の要地奪取を争うため、中国の西南や西北に駐在していた部隊を華北や東北などに移動させていた。国民政府は、日本人の送還を完了させるため、中国による日本人送還に関する援助と中国国民党〔以下、国民党〕軍の兵士の輸送について、外交ルートを通じてアメリカへ要請した。アメリカのトルーマン（Harry S. Truman）大統領は、蔣介石の中国統一を後押しするという観点に加えて、反共という冷戦的要因、またアメリカの極東やアジア太平洋地区の利権を維持するという要請から判断を下した。彼は、中国大陸における日本の残余勢力を排除するべきであると考え、国民政府による日本人・日本兵の送還を援助することを決定したのである。トルーマンはその回顧録のなかで以下のように語っている。

　　もし米軍が日本軍に、ただちに武器を捨てて海岸まで歩けと行ったならば、間違いなく中国全土が共産党の手にはいることがはっきりわかっていた。……そこで日本軍に、現在地を保持して秩序の維持に当たるように訓令した。そうしているうちに蔣介石指揮下の軍隊が到着し、日本軍はこの軍隊に降伏し、ついで海岸に向かって進み、つぎに米軍が日本軍を本国に送り返す処置をとる[8]。

　かような戦略に基づいて、アメリカは国民政府による送還援助の要請を了解し、積極的に準備を進めていた。アメリカはその対中声明のなかで次のように述べていた。アメリカは国民政府と戦争中に経常的かつ密接な協力関係を維持してきた。アメリカは、ポツダム宣言に基づいて、中国に残留する日本軍の影響力を排除する観点から、国民政府が接収地区において日本軍の武装解除を進め、日本軍を本国へ撤退させるのを一貫して援助する[9]。
　1945年7月、連合国はポツダム宣言第9条の「日本国軍隊は完全に武装を解除せられたる後各自の家庭に復帰し平和的且生産的の生活を営む機会を得し

めたるべし」という規定に則り、処理した。米中両国は国際的な慣例に基づいて、国民政府を主としながら、アメリカ軍の担当部署が輸送をおこなうとした。こうして1945年10月19日、中国戦区の日本人・日本兵送還工作は開始されたのである。10月25日には、米中双方は上海において第一次日本兵・日本人送還会議（「遣送中国戦区日本人回国連合会議」）を開催した。両者は協議の末に、「中国戦区における日本軍人および民間人の送還計画」（「中国戦区日本官兵与日僑送還帰国計画」）を制定した。この計画は、「日本の陸海人員を優先的に送還する」ことや「東北地区における日本兵・日本人の送還は、関内の送還が終了した後におこなう」ことを方針としていた。アメリカは、航空機を利用して国民党軍を華北や東北、台湾などの地域へ輸送し、国民党軍が日本軍の武装解除を進めると同時に、船隻を調達して中国が日本人・日本兵の送還をおこなうのを援助した。日本側については、中国戦区の日本官兵善後連絡総部が中国側への協力を担当していた[10]。

1946年1月5日、米中両国は上海において再度、会談を開催し、東北部に残留する日本人の送還問題について協議を開始することを正式にとり決めた。米中両国はその後多くの協議を重ね、最終的に1946年4月から東北部に残留する日本人・日本兵の全面的な送還を開始するという決定を下した。

中国東北部に進駐し対日宣戦布告したソ連軍は、東北部の日本人たちに対して、非常に苛烈な態度をとっていた。ソ連は大本営の『関東軍方面の停戦状況に関する実施報告』でなされた日本側の要求を拒絶した。そして59.4万に及ぶ関東軍の日本兵と148名の高級将校を逮捕し、彼らのすべてをシベリアなどに抑留して「労働改造」させた[11]。

3. 送還の実施過程と送還方式の変容

日本人の送還の歴史は10年以上に及んだが、各時期の送還には多種多様な特色を有していた。ここでは中華人民共和国の成立を境にして、送還の過程を前期と後期に分けることとする。

3.1 前期——戦後送還

　1945年の後半、中国戦区では各地で日本軍による受降式がおこなわれ、中国軍に投降した日本軍の総数は1,283,240人に及んだ。投降した日本兵のなかでは、長江一帯の日本兵がもっとも多く、投降者の半数以上を占める。中国陸軍総部は受降計画を策定した後、各戦区、各方面軍に指令を発し、日本側の支那派遣軍の総司令であった岡村寧次はこの計画に基づいて、投降した。日本兵は各受降区の大中規模の都市に結集したのち、中国側の各方面軍が日本兵の武装解除と投降を受け入れていった。各地に散在する日本人については、規定に基づき指定された結集地に集合することになっていた。

　北平地区の日本人は、北平や天津、大同、青島に、華東地区では上海や厦門に、そして四川や湖北、湖南等の地区の日本人は漢口に集合した。台湾の日本人はあまりに数が多いため、各都市に日本人を集めることになった。送還される者は乗船の1日前に身体検査を受け、消毒を受けなければならないなどの規定があった。送還方式については、時期や回数を分けて実施するという方法がとられた。

　初めに送還されたのは、沿岸地区の港に到着した日本人であった。その次に中国の内地に集合した日本人・日本兵が、複数の時期・回数にわたって、鉄道や船舶を用いて指定した送還港へ輸送された。日本の官兵善後連絡総部の統計に基づくと、中国の「関内」の日本人の総数は約94万人に及んだ。国民党軍陸軍総部は、100万人近い日本人を迅速に送還帰国させるため、9月の末に日本人に対して各地区の主要都市に集合するように命令を下していた。9月30日、国民党軍陸軍総司令部は「政字第二十一号訓令」によって、「中国国内における日本人の集中管理弁法」（「中国境内日僑集中管理弁法」）を公布した。

　1945年11月17日、中国戦区における大規模な送還工作が開始された。日中双方は迅速な日本兵・日本人の送還を実施するため、互いに担当機構を設置した。中国側は陸軍総部が担当機構となり、各受降地区に日本兵の管理と送還をおこなう専門部署を、各省市では日僑管理処〔軍人ではない日本人を管理する機関〕を置いたのである。台湾においては、各県都に日僑管理処が置かれた。このような機関は、日本人・日本兵に対する都市での集中管理や輸送、検査、総

務、食糧や燃料の供給、医療衛生などの工作を担当していた。東北部と台湾などの日本人がもっとも多かった地域では、送還時の混乱を避けるために日本人自身が指導者となって、小隊、中隊、大隊を編成し、隊ごとの送還を実施した。日本側は中国戦区の日本官兵善後連絡総部が担当し、総部長官は岡村寧次であった。総部の下には、16の地区級善後連絡部が置かれ、旧日本軍の最高級の将校が部長を務めた。その任務は中国側の陸軍総部や各受降担当官の命令を伝達、実行すること、そして地区ごとの日本軍の投降に関する一切の善後事務を処理することであった[12]。

初回の送還対象は天津にいた3400人（うち300名の負傷兵を含む）の日本人であり、彼らは塘沽から送還船に乗って帰国した。その後、中国戦区の各地に散らばった日本兵・日本人たちが、青島や上海、広州等の送還港に集結し、続々と帰国した。この間、アメリカは85隻の揚陸艦と100隻の艦艇と日本から接収した船隻を派遣して、日本人の送還を担当した。日本人の送還の過程で、国民政府は80％の船舶（30万トン）および70‐80％の輸送用鉄道を供給し、中国国内の輸送は日本人の送還によって大きな影響を受けた。蔣介石および国民政府は、帰国する日本人・日本兵に対して寛大な政策をとった。中国は、送還対象が軍か民かを問わずに、送還の際の寝具の携帯や、30キログラムの荷物の携帯を許した。一般日本人で日本円1000円、将官・佐官500円、士官・兵士200円の現金をもって帰国することも許可した[13]。

1946年2月6日、より迅速に送還を実施するため、米中日間で送還の綱領となるべき文書である「中国戦区における送還計画」（「中国戦区送還計画」）が定められた。この計画は、送還の指揮を担当する組織や日中双方が送還の過程で担当すべき業務、さらに日本兵・日本人が送還船に乗る際に遵守すべき条項などについて、規定を定めた。1946年4月までに東北部以外の地域では80％に及ぶ日本人・日本兵が送還され[14]、同年6月までに送還は完了したのである。

東北地区の送還の状況はより複雑であった。「中国戦区における日本軍人および民間人の送還計画」では、「東北地区における日本兵・日本人の送還は、関内の送還が終了した後におこなう」とされていた。天津や上海、青島での基本的な工作が完了したという前提で、東北地区での送還がいよいよ開始されることとなった。だが光復後の東北部は、ソ連軍、国民党軍、共産党軍が全地区

を分割統治する状況にあった。国民党地区には80万人、共産党軍地区には30万人、ソ連軍の統治した大連には27万人余りの日本人が存在していた。このように関内の送還に比べて、東北部の状況は複雑性を帯びていたのである。

当時、大連はソ連軍の統治下にあった。そのソ連軍が大連地区以外の日本人の送還を拒絶したため、葫蘆島港が、東北地域に残された100万人の日本人の帰国送還を実施するうえで唯一の道となったのである。

1946年1月10日、共産党代表の周恩来、アメリカ代表のジョージ・マーシャル（George Catlett Marshall, Jr）、国民党代表張群からなる軍事三人会議は、日本兵・日本人の送還に関する会談を実施した。この会談では、共産党代表葉剣英、アメリカ代表ウォルター・ロバートソン（Walter Spencer Robertson）、国民党代表鄭介民の三者による北平軍事調処執行部三人小組〔以下、軍調部三人小組〕の設置が決められた[15]。さらに東北部での送還を担当する部署として、国民党東北行営と東北民主連軍が、具体的な送還業務を実施することも取り決められた。

軍調部三人小組は、以下のような決定を下した。すなわち安東（丹東）の7万5000人は東北民主連軍の組織がその送還を担当し、陸路では朝鮮から、海路では鴨緑江から船で帰国させる。大連の27万人の日本人はソ連軍が直接送還させる。そしてその他の東北の日本兵・日本人は、すべて葫蘆島から送還するとした。1946年4月、軍調部三人小組の決定に基づき、軍調部東北執行小組の国民党代表と瀋陽駐在共産党代表の饒漱石、伍修権は協議をおこなった。また軍事調処執行部のアメリカ代表はハルビンに赴き、東北民主連軍総司令部の日本人送還辦事処処長李敏然（李立三）に面会し、共産党地区の送還について会議した。

三者協議は1946年5月から開始された。協議の結果、初めに国民党東北行轅の担当部局が国民党統治地区の日本人送還を実施することとなった。東北各地に散り散りとなった日本人については、軍民を問わず、すべて帰国させることが原則とされたのである。また重病人についても、一時的に錦西病院に留め置いて治療を施した後、最後の一隻で帰国させることとした[16]。

共産党の統治する解放区内の日本人送還は東北民主連軍が担当した。日本人の送還は1946年8月から開始され、日本人は陶頼昭と拉法の両地点で共産党

側から国民党当局へと委譲され、葫蘆島から送還された。安東の日本人については、民主連軍の手によって鴨緑江を渡らせ、朝鮮陸路を経て海運移送によって日本へと送還した。大連地区の日本人については原則として、ソ連軍が大連より輸送した[17]。

　1946年6月7日、日本人送還を理由として、国共両党は一時的に東北部における停戦を実施した。国共両党は東北部日本人の送還のため、協力して道路の舗装などをおこなっていたとされる。日本人送還の過程では、当時のアメリカ政府の果たした役割も大きかった。葫蘆島のアメリカ海軍基地司令部は、調達可能な日本船舶のすべてを葫蘆島へと送り、日本人の送還に利用した。また自国の太平洋にあった輸送艦の一部も葫蘆島へと送った。約30隻余りの米軍の輸送艦が日本人の送還に利用された。送還の全過程を通して、アメリカは日本人の送還のために緊急に200隻以上の船舶を調達した。それには日本の船舶にとどまらず、第6艦隊の大型輸送艦も含まれていた。これらの船舶は葫蘆島と佐世保、博多、舞鶴などの日本の港を計1500回以上往復した。アメリカ軍は、乗船後の日本人の食事の支給なども担当していた[18]。

　東北地区における100万人に及ぶ日本兵・日本人の送還は1946年5月から開始され、米中双方が送還工作を担当した。1946年5月7日、2489名の日本人を乗せた2隻のアメリカ船が葫蘆島を出発した。彼らは送還の第一陣であり、日本人帰国の第一歩であった。葫蘆島からの大規模送還はこうして始まったのである[19]。この日から、長春、瀋陽、鞍山、四平、営口などの日本人集結地から、錦州、錦西、葫蘆島などの送還港へ日本人を乗せた列車が忙しく往復した。錦州、盤錦、阜新地区の5万5000名の送還が先におこなわれ、その後瀋陽などの国民党地区の送還が順次実施された。8月20日までに都合93回、合計56万485人の送還がおこなわれ、国民党地区から送還された日本人の数は全体の62％に及んだ。

　当初の計画に基づき、8月21日からは東北民主連軍地区の日本人の送還に重点が移った。9月下旬までに共産党に留用された一部の日本人を除く、全日本人の送還が完了した。1946年5月7日から12月31日の230日余りの間に、葫蘆島では158回の送還がおこなわれ、計101万7549人が帰国した。1948年6月4日から9月20日の間には、さらに3871人の日本人が葫蘆島で乗船し帰国

した。こうして葫蘆島からの日本人の送還は終了したのである[20]。

　物資が極度に欠乏した時代であり、財政が逼迫していたにもかかわらず、国民政府は莫大な財政支出や物資、人力を提供した。1946年に東北行営日僑管理処は1.47億元以上の経費を支出し、並びに東北日僑善後連絡総処に対して1.74億元以上の経費を貸与した。1947年の東北日僑善後連絡総処の経費は24億元余りであったが、そのうち21.5億元は中国側からの貸与であった。1948年については、東北日僑善後連絡総処の経費は110億元余りであったが、中国側は経費の大部分を立て替えた。日本人たちを各地から葫蘆島へと運ぶのには実に1万3000輛の列車が必要であった。さらに彼らの帰国準備を迅速に進めるため、ときに航空機さえも利用された。1948年6月4日から9日の6日間に、中国側は瀋陽から錦州まで計50回以上の航空移送をおこない、2501人の日本人を乗せた[21]。

　葫蘆島の人々は、日本人の送還に際して多大な貢献をした。当時、葫蘆島で送還を待っていた日本人は、短い者で7日、長くて半月ほど島に滞在した。彼らのなかには1、2ヵ月ないしは半年も葫蘆島に滞在した者もいた。当時、東北日僑善後連絡総処の葫蘆島辦事処に奉職していた甲斐国三郎は、被送還者を乗船させる業務を担当していた。その彼は、中国人の協力について忘れようにも忘れられないという。彼は以下のように回想している。

　　当時、私は帰国する日本人たちを船に乗せる仕事をしていたが、当時港にやってくる送還船はわずかばかりの干し野菜こそあったものの、米はまったくなかった。食糧がきわめて欠乏していた当時、送還船に対して、より多くのより新鮮な野菜や米を供給できるかいなかは大きな難題となっていた。私は付近の村々に住む現地の中国人に大根や白菜、時に米を売ってくれるように依頼していた。当時の私は大変重要な仕事をしていたと思うが、現地の中国人に対しては心から感謝している[22]。

　現地の中国人は日本人の安全な送還のため、わずかしかない食糧を常に供出していた。葫蘆島の人々の義挙を目にした多くの日本人たちは、葫蘆島を一生忘れることのできない再生の地とみなすようになった。

日本帝国主義の中国侵略戦争は、中華民族にとっては空前絶後の大災難とな
った。日本の侵略者の手によって、数千万人の人々が虐殺された。しかし戦勝
国である中国人民として、暴挙に対して暴挙で報いるのではなく、中華民族の
寛容と慈しみの精神をもってして、日本人に対して救いの手を差し伸べ、迅速
に日本人を帰国させたのである。この点については他の日本人も認める点であ
った。彼らは下記のように当時を述懐する。

　　戦争末期の生活必要物資が欠乏した時期、中国人の日本人に対する不満が
　　高まっていたのは紛れもない事実である。しかし中国の人々は日本人に対
　　していかなる民族的な報復行動もしなかった。各地の中国人は日本人の悲
　　惨な境遇に同情し、彼らを困難から救おうと手を差し伸べ、彼らの安全を
　　保証していた。中国人は時に主体的に生活上の援助をしたという事例も数
　　多く見られた[23]。

　錦州と錦西の二大日本人キャンプには、生活設備が完備されていた。たとえ
ば、仮設の病院、幼稚園、学校、商店などがすべて揃っていた。関連史料の記
載によれば、日僑俘管理処は、重病人用の病院に加えて、一度に30人以上の
妊婦を受け入れることのできる産婦人科病院を設置した。統計資料は不完全で
あるものの、それによれば120人以上の乳児がここで安全に産まれ、難産とな
ったのはわずかに2件のみであったという。だが難産のケースでも胎児は命を
落としたが、母親は無事だった。年老いて体が弱った日本人たちが、列車での
輸送中に急病死したことがあった。このような日本人は約50名に及んだが、
すべて日僑俘管理処の列車付きの護送人員によって迅速かつ適切な処理が施さ
れた。彼らは日本の風俗習慣に照らして対応し、列車の停車駅で降車して、日
本人に急病死した遺体を火葬させた。そして遺灰は家族や親友のもとに送られ、
日本へ帰ったのである[24]。
　「徳をもって怨みに報いる」という中国人の人道主義精神は、日中友好の種を
蒔いた。近年その種が花開いた出来事があった。2007年4月11日、ときの中
国国務院総理・温家宝が日本の国会で「友情と協力のために」（「為了友誼与合
作」）と題する演説をおこなった。その演説のなかでも、葫蘆島における百万

人大送還について以下のように言及した。

　　ここに、私はもう一つの事に触れたいと思います。中国北部の港町コロ島は、かつて中国を侵略した日本軍の石油運送地でした。昔の石油貯蔵タンクの傍らに聳え立つ石碑に、戦争が終わって間もない頃、交通が不便で物資が極度に乏しかった状況の下で、中国人民が全力を尽くして残留日本人105万人を無事に帰国の途につかせた歴史的な一齣が記されています。当時コロ島から帰国したある日本人女性は、感情を込めて自ら経験したことを次ぎのように振り返っています。「200人あまりの日本人少年が石頭村の寒い夜に助けられ、また引き上げ途中でいろいろと救済されたことは勿論、東寧県の農民に救命の食べ物とコロ島で手に入れたただ一個の甘酸っぱいミカンも、私に深い印象が残り、今でも生々しくて忘れられません。これは善良、寛容な中国人が私たちの落胆した心を慰め、おかげさまでとうとう帰国の船に乗りました。」去年の6月、貴国の村山富市元首相はコロ島でおこなわれた記念イベントに出席した際に、「大送還は、まさに中華民族の大きな度量と中国人民の人道主義精神の表れである。」と言われました[25]。

　東北地区以外では、台湾地区の日本人送還も大規模な事業であった。1945年8月26日、中国戦区受降主官であった陸軍総司令の何応欽は、台湾、澎湖諸島は中国戦区の第16受降区〔以下、台湾受降区〕であると宣言し、降伏地を台湾台北とした。中国戦区の他の受降区と比べ、中国軍の台湾受降区における軍事接収の状況は複雑であり、その業務はより大規模なものとなった。

　日本軍捕虜たちの送還を無事に実施するため、台湾省軍事接収委員会は1945年12月1日に、戦俘管理処を設置した。戦俘管理処は、日本軍捕虜たちの集中する地区に五つの戦俘管理所を置いた。後に戦俘管理処は、日本人を送還させる主要な輸送港であった基隆港や高雄港に、送還を担当する輸送司令部も設けている。台湾省軍事接収委員会は、中国側の送還工作に日本軍捕虜を協力させるため、日本側に「第10方面軍善後連絡本部」を設置させた。安藤利吉が連絡本部の連絡官を担当し、彼と中国側は連携して送還業務にあたった。

また民間人の送還工作を迅速に実施するため、台湾省軍事接収委員会は「日本僑民管理委員会」を置いた。

　送還された日本軍捕虜と民間人の総数は45万人に及び、大量の輸送船舶が必要とされ、輸送にも長い時間がかかった。この送還に必要な船舶は主にアメリカ軍によって提供された。在台米軍連絡組の協力のもと、1945年12月25日から1946年4月26日の期間に送還業務がおこなわれ、合わせて16万5638人の日本軍捕虜（これには少数の朝鮮人の日本軍捕虜も含まれる）が送還された。日本の民間人については、一部の優れた産業技術者や台湾に残って働くことを希望する者、もしくは中国側が留用する必要があると考えた者以外は、みな日本へと送還された。その数は29万2713人にも及んだ[26]。

3.2　後期——自由意志による帰国

　送還港へと到達できなかった残留孤児や中国人に嫁いだ残留婦人、中国側に留用された技術者たちは、前期送還が終了したのちも、中国で生活しつづけた。人民共和国の成立後、多くの日本人が新中国の建設に参加したが、彼らの仕事環境は安定していて、その待遇も当時の中国人よりも良いものであった。国民政府は中国に残った日本人に対して、自由な帰国を認める政策をとっており、仕事のなくなった日本人たちが無理矢理に中国から送還されたという吉田茂政権の認識に対し反駁した。

　当時の東北9省14都市の調査によれば、東北解放区に残留した日本人は3万1030から3万3000人にのぼった。とりわけ衛生部、軍工部、軍需部において留用された職人や技術者は比較的多数であった。各部門において留用された日本人の数を挙げれば、以下のようになる。軍区衛生部7200人、軍区軍工部2000人、軍区軍需部900人、軍区のその他部署1500人である。遼寧省檔案館に所蔵される関連史料によれば、東北軍工部が留用した技術者186人中、日本人は103人を占め、実に留用者全体の半数を超える[27]。また新華社の報道は、1952年に中国に残った日本人は3万人程度であったと伝えている。当時の報道は以下のように告げている。

　　彼らはその他の合法的な外国人と同様に、人民政府〔中華人民共和国政府〕

によって保護された。中国の公営・私営の企業で働く日本人職員たちは、さらに中国の労働法規や労働保険などのより良い待遇を受けたという。ここ数ヵ月に至っては、日本人の生活は徐々に充実してきている。日本人たちが日本にいる家族を養うために大金を日本へ送金しているのはその証拠といえよう[28]。

　日本人と中国人の労働者は、国共内戦中、同じ労働条件を享受し、同じ人事評価を受けた。当時東北部を統治していた共産党（「東北人民政府」）は日本人のために日本語版の『民主新聞』を発行し、中国内外のニュースを報じていた。国共内戦において共産党が勝利を重ねると、『民主新聞』の発行範囲も東北三省から山海関の南へと拡大していった。

　人民政府部門と民主連軍に留用された日本人のなかには、優秀な業績を表彰され、解放軍記念章を授与された者も多かった。当時は第四野戦軍に参加した日本人将兵が中国解放軍記念章を授かり、多くの者が各種の軍功章を受けていた。人民政府は、彼らが帰国する際、当時の日本政府が対米追随の中国政策をとっていたことを憂慮した。中国は、日本人たちが帰国後に無事に就職し、生計を立てることができるよう、あえて彼らから記念章や軍功章を回収した。そして将来、条件が許すことになれば再発行することをとり決めた。1972年の日中国交正常化がなされた日、ある日本人の老兵は周恩来に手紙を書き、彼らの勲章を再発行もしくは返還することを要求した。中国側は慎重に検討した結果、再発行することを決めた[29]。

　中国の飛行隊を訓練した林弥一郎の事績は、日本人の留用者のなかでも突出している。林はもともと日本軍の航空部隊の隊長であり、8月15日の日本降伏後、彼の部隊は八路軍の厚いもてなしを受けた。林はそのことに恩を感じ、東北民主連軍が航空学校を設立するのを手助けした。東北民主連軍参謀長であった伍修権は、思いがけないことに、彼のピストルを記念品として林に贈った。伍は、このピストルは25,000里に及ぶ長征の間も伍が常に身につけて離さなかったものであると林に語った。林弥一郎は武装解除したばかりの自分にピストルを贈ってくれたのはなぜであろうと不思議に思いながらも、中国幹部の度量と気概の大きさを感じ取って心から敬服したという。

1946年3月1日に、林弥一郎が飛行主任教官に任命されると、航空飛行に関する教育工作はとても迅速に展開された。航空学校内で林の飛行訓練はもっとも厳しいことで有名であった。1949年10月に人民共和国が成立したとき、林と彼の部下たちはすでに手ずから160名に及ぶ中国人の航空隊員を育てていた。報道によれば、1949年の「建国」式典の閲兵式に参加した23名の航空隊員はすべて東北航空学校の出身であった[30]。抗日戦争勝利後、三百余名の関東軍飛行部隊出身者が東北民主連軍に参加していた。東北航空学校には、二百余名の日本人教官と技術職員がおり、5年という短期間で五百余名の航空人材を育てた。そのなかには朝鮮戦争で活躍した第4航空師団第10団28部隊も含まれる。

　日本に帰国した航空隊員たちは、日本の右翼からの迫害を受け、非常に厳しい生活を送った。そのため彼らのなかには、東北航空学校での生活を懐かしむ人々も少なくない。中国東北部での特別な日々を記念するため、林弥一郎は「航七会」という組織をつくった。この組織は日本各地に7個の支部を抱え、参加者は実に1000人を超える。1999年8月14日、林は病で逝去したが、「航七会」の会員たちは彼の一周忌に盛大な追悼式を開催し、彼を中国人民から永遠に尊敬されるべき空軍の友であったと褒め称えた[31]。

　人民解放軍は、東北部において、投降した数百万の関東軍や大量の満洲開拓民たちを接収した。日本人たちのなかには、軍事訓練や後方勤務の経験を有する者たちも少なくなかった。彼らは留用されたのちに思想を改めた。そして4000人余りにのぼる日本人たちが第四野戦軍に編入され、第四野戦軍とともに東北部から海南島まで戦った。黒山狙撃戦は、瀋陽戦役全体の帰趨を決する戦いであったが、解放軍内の日本人たちにとっても、彼らが経験したもっとも熾烈で、もっとも悲惨な戦いとなった。ある野戦病院では、日本人医師や看護師たちが一睡もせず献身を続けていた。彼らは一つの病院だけで3日間に2000人以上の負傷兵を救ったという[32]。1950年には、800人を超える日本人鉄道技術者たちが甘粛省で蘭州―天水間の鉄道建設に従事した。彼らはのちに蘭新鉄道や山西鉄道の修築にも携わることとなった。

　戦後、三千余名に及ぶ日本人医療工作者が、解放軍とともに中国全土をめぐり負傷者の救済にあたっていた。衛生兵の藤田良徳は、1940年11月に関東軍

とともに吉林省安図県に移動し、その後牡丹江の陸軍病院で勤務した。1945年8月の日本敗戦後、彼は逃げ延びようとするうちに凍傷を負った。幸いにも現地の農民が彼を見つけて救助した。彼は凍傷が回復したのちに、現地に根を下ろして、2名の日本人とともに中国人を診療するための診療所を開いた。1946年、藤田良徳の診療所は中国の地方政府によって接収され、藤田ら3人の日本人医師は外国人医師としての資格を得た。現地政府の役人は彼らのもとに訪れ、中国に残って革命のために貢献してほしいと依頼した。藤田は、1度目の帰国の機会を逃してでも、解放戦争における前線での救護任務に当たることにした。

　彼が2度目の帰国の機会を逃したのは1953年のことである。彼は当時、中国人の同僚である劉桂蘭と結婚し夫婦となっていたが、当時の政策によれば藤田は一人で帰国しなければならなかった。彼は妻を置いていくことが忍びなく、中国に留まる道を選んだ。同時に彼にとって、中国が自分の能力を活かすことのできる新天地となっていたことも、中国への残留を志願した理由であった。3回目は1958年のことである。そのときにはすでに現地の人々と藤田の間には、深い絆が生まれており、彼の医者としての技術と人徳は現地で名声を得ていた。患者たちは藤田を慕っており、たとえどれほど待ったとしても、藤田に診療してもらうことを希望するほどであった。患者たちの間では、「藤田がいれば万事安泰」と評判になっていた[33]。

　藤田以外にも、東北の鉱工業部門の企業で働いていた日本人たちも中国に大きな貢献をしていた。とくに鶴崗炭鉱では、700から800名の日本人青年たちが突撃隊を結成し、生産に当たっていた。東北民主連軍は彼らを表彰した際、日本人青年たちを含む鉱工業部門の職員の努力によって、大量の燃料が供給され、東北民主連軍が東北地区において戦略を展開し反攻を準備する条件が整ったとの謝辞を送っている。

　1956年6月27日に周恩来総理が日本人と会見した際、周は以下のように述べた。

　　我々は日本人が解放戦争時期に、医者や看護士、技術者として戦争に参加してくれたことに感激している。彼らは我々と日本人民が友好関係を結ぶ

ことができるという信念を強めてくれた。日本帝国主義は確かに残酷であったが、我々に対する日本人民の協力はそれ以上に大きなものであった[34]。

これらの人民共和国に貢献した日本人の事蹟については、中国中日関係史学会が2002年と2005年に『新中国に貢献した日本人たち――友情で綴る戦後史の一コマ』（『為新中国做出貢献的日本人――友誼鋳春秋』）として出版し、この2冊には、800頁以上の紙幅を割いて、日本人の貢献に関する物語を収めている[35]。

1949年の人民共和国成立後、1950年の夏には中国紅十字会会長の李徳全がモナコ公国のモンテカルロにて開催された国際赤十字会議に出席した。その際、日本赤十字社社長の島津忠承は中国紅十字に対して、中国に残留する日本人たちに関する中国側の協力を求めるとともに、日本人たちの状況について照会した。1952年7月に毛沢東と周恩来は、関係部門が策定した日本人帰国援助計画を承認し、中国紅十字や外交部、公安部、総理辦公室などの関係部門は日僑事務委員会を組織して、日本人の帰国援助を計画していた。同年9月には、毛沢東、周恩来の指示により、「日本人処理についての若干の問題に関する政務院決定」（「政務院関於処理日僑若干問題的決定」）などの政策文書が作成された。この決定は戦犯や刑事犯などの法律によって裁かれるべき一部の日本人を除き、日本人たちは自由意志に基づいて、複数回に分けて帰国させることとした[36]。

同年12月1日、中国は国際ラジオを通じて、「中国在留日本人に関する各種問題についての新華社質問に対する中央人民政府回答」（「中央人民政府有関方面就在中国的日本僑民的各項問題答新華社記者問」）という内容を放送した。中国側は問答形式によって、人民政府が法律に則って日本人を保護し、彼らの自由意志に基づいて帰国させる方針であると示した。さらに日本の関係機関や人民団体が中国を訪問し、日本人の帰国問題の解決のために、中国紅十字会と具体的事項について交渉をすることを歓迎すると表明した[37]。その後、中国紅十字会主席代表の廖承志が談話を発表した。廖は、人民政府の委託を受けて、中国紅十字会は日本人の帰国問題について協力するが、これは日本人の「強制送還」ではないという意思を日本側へ示した[38]。

1953年1月31日、日本代表団は北京を訪問した。中国紅十字会主席代表の

廖承志は島津忠承を団長とする日本赤十字会、日本平和連絡委員会、日中友好協会の三団体の代表団を招待していた[39]。1ヵ月にも及ぶ交渉を経て、日中双方は3月7日に「日本人帰国援助問題の交渉に関する共同コミュニケ」(「関於商洽協助日僑回国問題的公報」)を発表した。この文書は、中国側が天津、秦皇島、上海の3港を帰国希望の日本人の乗船地点とすること、日本側が船舶を派遣して日本人を帰国させ、中国側が港まで日本人を移送する費用を負担すること、日本人の携帯品や貨幣の両替などについて中国側が便宜を図ること、などの内容を盛り込んでいた[40]。

　1953年3月22日、第一次の日本人帰国は、天津新港からの969名であった。彼らは、白竜丸と白山丸という2隻の大型船舶に乗船し帰国した。彼らの多くは中国東北地域や華北地域に居住した日本人であった[41]。1953年3月から1958年7月までに、中国紅十字会は日本側と連絡を取りながら、合計21回、人数にして3万4880人にも及ぶ日本人たちを、天津、秦皇島、上海の3港から続々と帰国させていった。そのなかには撫順や太原の戦犯管理所で思想改造された後、人民政府の寛大な姿勢によって釈放された日本人戦犯も含まれていた。

　中国にいた日本人のなかには、中国人と長い間、職場や生活をともにするうちに厚い友情関係になったり、中国人と結婚して子どもをつくったりする者もいた。孤児となった者たちも、中国人によって育てられていた。日本人の帰国問題に対して、人民政府は終始寛容な態度を示していた。規定によれば、中国の各地に散在する帰国希望者は、一般の外国人出国手続きによって帰国希望を申請することができるとされ、中国の政府機関が証明書を発給すればすぐに帰国することができた。中国人男性と結婚した日本人女性が、その夫を連れて日本に行くことを望まない場合、人民政府は夫を連れ立って帰国することを強制しなかった。

　このような夫妻の子どもの帰国については、16歳以上であれば、自由意志によって日本への帰国を決定し、16歳未満の場合には父母が協議して解決すると決定した。中国側は、中国の孤児院に収容された日本人孤児についても帰国を援助した。そのほかにも中国側は、帰国を望みながら困難を抱えている日本人に対して、出発地から乗船地点までの食糧、宿泊施設、旅費(この旅費に

は50kgの荷物の輸送費も含まれる）を提供した。これらの費用は中国紅十字会が負担し、帰国日本人が一定金額の人民元を両替することも許可した[42]。

　1954年11月、中国に残る日本人の数は8000前後であった。中国紅十字会の調査によれば、そのなかで帰国を望まないのは、約4700名の女性と、女性の5分の1ほどの数の男性であった。帰国を希望したのは男性、女性、子どもを合わせても約2000名以下であった。この帰国希望の日本人は、各種の職業に従事しながら、大連、旅順〔1951年までソ連軍が統治していた〕および中国各地に居住した日本人たちであった。中国紅十字会は、現在は帰国を希望しないものの、将来帰国を希望する日本人に対しても、その帰国を援助する姿勢を示していた。

　これらの約2000名に及ぶ日本人が帰国した後、日本外務省は、1955年7月「中国大陸残留日本人の引き揚げ問題」についてのコミュニケを発表したため、日本人帰国問題については雑音が発生することとなった。このコミュニケでは、いまだに中国大陸には行方不明の約4万人が存在し、日本側の理解では、「中国の居留民引き揚げ問題はその後進展していない」と認識されていた。日本側はこれ以前にも、中国紅十字会と日本側「三団体」との交渉で、日本側の資料のみを根拠に、日本人の行方不明問題について調査するべきであると提起していた。コミュニケ問題とともに、広瀬正雄が衆議院引揚委員会の名義で訪中し中国側と交渉したことも、日本人の帰国問題に暗い影をもたらしたのである。中国側は、このような日本側の振る舞いについて、自由意志に基づいて日本人を帰国させるという人民政府と中国紅十字会の長年に及ぶ努力を無にするものであると認識していた[43]。周恩来総理は、1957年7月25日の日本民間放送使節団及び共同通信社代表との面会で、朝日新聞記者の質問に対して以下のように答えた。

　　〔日本政府はジュネーブ駐在の日本総領事を通じて中国のジュネーブ駐在総領
　　事にいわゆる行方不明の日本人三万五千人の調査についての問題を提出してき
　　た。続いて衆議院議員の広瀬正雄氏が電報で二回にわたりいわゆる行方不明の
　　日本人を調査する半官半民の代表団を中国に派遣してくることを要請してきた。〕
　　このようなことはまったく突然の非友好的な行為である。中国にいる日本

人居留民の問題については、われわれはすでに解決してきたし、また現在も引続いてこの問題を解決しつつある[44]。

　1959年、中国最高人民法院の特別軍事法廷は、裁判の結果、45名の日本人戦犯をそれぞれ8年から20年の懲役刑に処した。そのうち36名は判決後、撫順戦犯管理所で服役した。残る9名は太原戦犯管理所で服役したのちに撫順に移送されて服役した。45名の日本人戦犯のなかで、「満洲国」国務院総務次長であった武部六蔵は、重篤な病のために、審判後にすぐに釈放されて帰国した。また日本陸軍第39師団の師団長であった佐々真之助中将は服役中に病死した。この2名以外の43名の日本人戦犯は、1957年から1964年までの間に次々に釈放され、刑期を満了した者は14名であった。服役期間中の態度が良好であったために、中国最高人民法院の特別軍事法廷は29名を刑期前に釈放した。1964年3月には、刑期未了釈放者としては最後になる斎藤美夫、富永順太郎、和城野宏が日本へと送還された[45]。

おわりに

　1949年の人民共和国成立以降、10年に及んだ日本人送還の過程を概観すれば、人民政府が一貫した立場と政策をとっていたことがわかるであろう。すなわち人民政府は、人道主義の観点から、日本人の日常生活や移動送還の過程において、常に善処し彼らを保護しつづけていた。人民政府が日本人の帰国を援助したことは、戦後日中関係史の一頁に鮮明に刻まれるものであり、今日に至るまで帰国した日本人たちに大きな感動を与えつづけている。そして日本人帰国者のうち多くの人々が帰国後、「日中友好の種」となった。当時、冷戦という歴史的背景の影響を受け、日中間には国家間関係が存在しなかった。だが、民間における交流は継続され発展しつづけていた。帰国した日本人たちのなかにも、その民間交流の場面で一役買った人々が多くいたのである。日本人の帰国とは、単に戦後に残された日中間の問題が無事に解決されたことだけを意味しない。それは日中民間交流の推進と友好関係の発展にも寄与し、その後の日中国交正常化につながるような基礎的条件を積み上げていく過程でもあった。当時の日

本人たちは、帰国者の言葉を通して、人民共和国の経済発展の状況や中国の人々が日本人に対してどれほど友好的であるのかという実像を知った[46]。この経験は日本国内に広く良好な影響を与えたといえる。すなわち帰国者を通した中国理解は、日中間の経済・文化交流の契機となり、4度にわたる日中民間貿易協定の締結や経済文化団体の相互訪問の基礎となったのである。

　概して言えば、人民政府は留用された日本人技術者を尊重しながら重用した。中国は彼らに対して優遇措置を与えもしていた。後期送還の過程では多くの日本人が自主的な帰国を果たし、中国に対して友好的な感情を抱くようになった。中国からの帰国者の体験は、ソ連のシベリアから帰国した人々の凄惨な体験とはまったく異なるものである。

　1958年に中国に残る日本人たちの自主的な帰国は終了した。それ以降も六千余名の残留婦人と残留孤児が様々な原因によって中国に残留しつづけた。彼らの帰国問題が解決されたのは、1972年の日中交正常化後のことである。これは1980年代以降、日本社会に大きな影響を与えた残留孤児・残留婦人の問題の起源である。

1　于蘇軍「百万人日僑俘葫蘆島大遣返」『文史精華』2016年1月（http://www.wsjh.com.cn/Item/Show.asp?m=1&d=577）。

2　梅桑楡『大遣返――三百万日俘日僑漫漫帰国路』北京：国際文化出版公司、2009年10月、87頁。

3　愛新覚羅浩「流浪的王妃」『吉林文史資料』第八輯、1984年、112頁（愛新覚羅浩『「流転の王妃」の昭和史――幻の「満州国」』主婦と生活社、1984年、116‐117頁）。

4　満洲国史編纂刊行会『満洲国史』満蒙同胞援護会、1970年。

5　遼寧社会科学院編『葫蘆島百万日僑俘大遣返』瀋陽：五洲伝播出版社、2015年6月、64頁。

6　于蘇軍、前掲記事。

7　任駿『日僑日俘大遣返』南京：南京出版社、2015年、60頁。

8　哈里·杜魯門（李石訳）『杜魯門回憶録（下巻）』北京：東方出版社、2007年、76頁（ハリー・S.トルーマン（堀江芳孝訳）『トルーマン回顧録』恒文社、1992年、56頁）。

9　哈里·杜魯門、前掲書、85頁。

10　任駿、前掲書、113頁。

11　于蘇軍、前掲記事。

12　歩平·栄維木『中華抗日戦争全史』北京：中国青年出版社、2014年、451頁。

13　王尭『蔣介石与大国的恩恩怨怨』北京：台海出版社、2013年、383頁。

14　任駿、前掲書、110頁。

15　遼寧社会科学院編、前掲書、84頁。

16　「国民党控制区日僑的遣返」『中国網』2005年6月22日（http://www.china.com.cn/chinese/zhuanti/hld/896320.htm）。

17　遼寧社会科学院編、前掲書、84頁。

18　遼寧社会科学院編、前掲書、126頁。

19　于蘇軍、前掲記事。

20　遼寧社会科学院編、前掲書、94頁。

21　張志坤・関亜新『葫蘆島日僑遣返的調査与研究』北京：社会科学文献出版社、2010年、6頁および「中国遣返百万人日僑内幕」『青年参考』2008年8月4日（鳳凰資訊に転載：http://news.ifeng.com/history/1/jishi/200808/0804_2663_692536.shtml）。

22　遼寧社会科学院編、前掲書、136頁。

23　遼寧社会科学院編、前掲書、95頁。

24　任駿、前掲書、140-142頁。

25　新華社東京2007年4月12日電「中国国務院総理温家宝12日在日本国国会発表題為『為了友誼与合作』的演講（日本語訳にあたっては、中国大使館ホームページ上に掲載される「友情と協力のために——日本国国会における温家宝総理の演説」を採用した http://www.china-embassy.or.jp/jpn/zt/wenjiabaozonglifangri_jp/t311936.htm）。

26　劉栄付「抗戦勝利後台湾受降区的軍事接収」『紅広角』2013年第1期。

27　傅楽平「三万日籍解放軍這事、現在終於解密了」『鳳凰週刊』2006年第26期。

28　田桓主編『戦後中日関係文献集（1945-1970)』北京：中国社会科学出版社、1996年、139頁。

29　傅楽平「三万日籍解放軍這事、現在終於解密了」『鳳凰週刊』2006年第26期。

30　「二戦日軍王牌飛行員留華——助培養第1代飛行員」『中国新聞網』2009年3月13日、http://www.chinanews.com/hb/news/2009/03-13/1601562.shtml。

31　趙安博「往時的回顧」中日関係史学会編『為新中国做出貢献的日本人——友誼鋳春秋（第1巻）』北京：新華出版社、2002年。

32　「四野日籍解放軍——脖子掛同胞遺骨打過長江」『捜狐歴史』2014年4月21日、http://history.sohu.com/20140421/n398560940_1.shtml。

33　「抗戦勝利後留在中国搞建設的日本軍勤人員」『人民政協報』2009年2月12日、http://news.ifeng.com/history/1/renwu/200902/0212_2665_1008655_1.shtml。

34　傅楽平、前掲論文。

35　中日関係史学会編『為新中国做出貢献的日本人——友誼鋳春秋（第1巻)（第2巻)』北京：新華出版社、2002年-2005年（中国中日関係史学会編（武吉次朗訳）『新中国に貢献した日本人たち——友情で綴る戦後史の一コマ（正)（続)』日本僑報社、2003-2005年）。

36　歩平・栄維木、前掲書、453頁。

37　田桓主編、前掲書、139頁。

38　田桓主編、前掲書、142頁。

39　『紅会百年大事記』、http://www.cctv.com/health/special/C11952/01/index.shtml。

40　田桓主編、前掲書、146頁。

41 「按照関於協助日僑回国協議首批日僑乗輪返国」『天津日報』1953年3月24日。

42 田桓主編、前掲書、144頁。

43 「評日本岸信介内閣的対華政策」『人民日報』1957年7月30日。

44 田桓主編、前掲書、312頁、外務省アジア局中国課編『中共対日重要言論集』第3集、外務省アジア局中国課、1958年、16‐20頁。

45 新華社「撫順戦犯監獄長劉風魁就我国已全部釈放日本戦犯事対新華社記者発表談話」（1964年3月6日）、田桓主編、前掲書、716頁。

46 趙安博、前掲論文。

訳者注

〔1〕 戦後の旧植民地・占領地からの日本軍・一般日本人の帰国は、日本人を送還する中国側・アメリカ側から見れば、「送還」であり、帰国した日本人の側からすれば「引き揚げ」である。この点に関しては、日本人が送還されたのか、帰国したのかという論点をめぐって日中間に定義の違いも存在する。しかし本稿の翻訳にあたっては、中国側の視点からの分析であることを考慮して、訳語として便宜的に「引き揚げ」ではなく「送還」を用いることとする。

第4章
戦争の歴史の記憶

新年祝賀の儀にて天皇、皇后両陛下（2015年1月1日）。同日の新年所感の中で、終戦70年にあたり「満洲事変に始まるこの戦争の歴史」と言及される

日本 | 戦争の歴史の記憶

水羽信男 (広島大学)

はじめに

　本稿に課せられた「戦争の歴史の記憶」に関して、日本人、そして日本政府の議論のスタート地点は、どこにあるのだろうか。この点については、言うまでもなく1972年の「日中共同声明」の「日本側は、過去において日本国が戦争を通じて中国国民に重大な損害を与えたことについての責任を痛感し、深く反省する」との文言が基本である[1]。1978年に締結された「日中平和友好条約」も、「共同声明が両国間の平和友好関係の基礎となるものであること及び前記の共同声明に示された諸原則が厳格に遵守されるべきことを確認」している[2]。それゆえ閣議決定を経て村山富市（1924年-）首相が発表した「戦後50周年の終戦記念日にあたって」（「村山談話」）は、周知のように次のように指摘した。

　　わが国は、遠くない過去の一時期、……植民地支配と侵略によって、多く
　　の国々、とりわけアジア諸国の人々に対して多大の損害と苦痛を与えまし
　　た。私は、未来に誤ち無からしめんとするが故に、疑うべくもないこの歴
　　史の事実を謙虚に受け止め、ここにあらためて痛切な反省の意を表し、心

からのお詫びの気持ちを表明いたします[3]。

安倍晋三（1954年-）首相による2015年の「内閣総理大臣談話」も、満洲事変（1931年）以後の日本の歴史を「進むべき針路を誤り、戦争への道を進んで行きました」とし、「何の罪もない人々に、計り知れない損害と苦痛を、我が国が与えた事実」を指摘して、中国人が「戦争の苦痛を嘗め尽くした」と位置づけた。そのうえで「我が国は、先の大戦における行いについて、繰り返し、痛切な反省と心からのお詫びの気持ちを表明してきました」とし、「私たち日本人は、世代を超えて、過去の歴史に真正面から向き合わなければなりません」と述べた[4]。それは当時の明仁天皇（1933年-）が、同じく2015年に「満州事変に始まるこの戦争の歴史を十分に学び、今後の日本のあり方を考えていくことが、今、極めて大切なことだと思っています」と述べたことと軌を一にしているといえよう[5]。

安倍談話は日中の対立の激化のはじまりとして、1931年の満洲事変を位置づけており、上皇明仁は、明確に「十五年戦争」論に立っているように思われる。いずれにしても安倍談話は中国への加害と考えられてきた問題についても触れており、この日中戦争の歴史から我々は何を「学ぶ」べきなのだろうか。また「共同声明」が言う「反省」とは、日本人のいかなるおこないに対する、どのような反省であるべきなのだろうか。

以下、戦争の記憶について、まず戦争に参加した当事者たちの体験を確認し、その記憶について検討する。その後、戦後世代の戦争認識について検討するが、その際、靖国問題と教科書問題をとりあげる。この二つの問題が日本の戦争の記憶と強く結びつき、ともに韓国や中国からの批判を受けながら、現在でも継続的に議論されているからである。筆者には日中関係へ向けての「政策提言」の能力はないが、本稿が読者諸賢の議論に少しでも役立てば、筆者にとって望外の幸せである。

1. 戦中派の記憶体験

戦中派の戦争体験を考えるうえで、まず日本にとっての中国戦線の意味につ

いて簡単に確認しておく。鹿野政直は1937年の日中全面戦争の開始に着目しているが、その根拠は兵士の動員が25万人から150万人へと飛躍的に増大したことだけでなく、国民精神総動員運動（1937年）、国家総動員法（1938年）などを通じて、兵士だけでなく、女性を含む国民全体の総動員が目指されたことにあった[6]。戦場に限れば、兵は華北・華中において2975km、華南では425kmに及ぶ前線に配置され、前者は「欧州大戦当時の西部戦線に比して約四倍、後者は遥かに日露戦役に於ける奉天付近戦線を凌ぐ」とされた[7]。合計すれば本州の長さの2倍以上になる。この広大な戦線で厚生省の1964年の統計でも、45万人以上の戦死者が出て[8]、言うまでもなく、彼らの妻や母ら女性も「銃後」で日本軍を支えつづけた。

　この日中戦争のさなか尾崎秀実（1901-44年）は、日本のメディアや一般民衆のなかに、相互に矛盾する中国への恐怖ときわめて低い評価とが混在しており、学界も中国の「今」を科学的に分析する力に欠けると指弾している[9]。しかし戦争に参加した人々のなかには、中国理解を深めてゆく人々も存在した。たとえば火野葦平（1907-60年）を初代編集長に迎え、広州で発行された雑誌『兵隊』（1939年5月-44年5月）は、こうした知的営為を象徴的に示すものとなった[10]。尾崎が先の学界などへの批判にもかかわらず、次のように指摘したのは、おそらくやがて『兵隊』などで示されることになる中国認識を想定していたからだと思われる。

　　我々は何よりも日本の全国津々浦々から集まった多くの兵士たちが、身を以って思い思いの角度から深刻に学び得た「支那」を提げて日本に帰ることの中に支那理解の最も深い基礎を期待するのである[11]。

たとえばその具体例を『兵隊』から一つあげるとするならば、下田徳幸[12]が姉への手紙のなかで、次のように指摘していることが注目されよう。

　　中国が如何に徹底的に、抗日運動を実行してきたかといふことを切実に感ずることが出来ました。……中国のさうした運動と実情に余りにも無関心で居られたことを恥ぢないではゐられません。私は民族運動とその国際性

とを今日程切実に自分自身の問題として考へさせられたことはありません[13]。

　下田はこの手紙のなかで、岸田國士（1890 - 1954年）の『従軍五十日』（創元社、1939年）の一説を引いており、彼が岸田の議論に共鳴していたことは間違いないだろう。岸田の従軍記録は、1938年の武漢侵攻作戦に随行したペン部隊の一員としてのものだが、他のメンバーの作品と比べると、一線を画すものである[14]。岸田は「少数のものゝ誠意と努力が、多数のものゝ無自覚と妄動のために、片つ端から無駄にされつゝあるといふことを」憂え、中国での日本人・日本軍の加害の事実を示唆したのである（197頁）。

　この岸田の危機感は日本軍の指導部にも共有されていた。『兵隊』第7号（1939年）の巻頭論文は、「支那に来ればどの様な不徳も罪悪も天下御免と言ふ浪人根性があっては、如何に戦に勝っても聖戦の目的を達成することは出来ぬ。……武勲あるが故に不徳が許されると思ふは浪人根性に過ぎぬ」と強調したのである[15]。

　だが岸田の問題意識は単に個々の日本人の個人的な行為の問題にはとどまらない。当時、日本の指導層は、中国との戦争の理由を、「陰険偽善な西洋諸国の侵略から支那を救ひ、日満支手を携へて共存共栄東亜永遠の平和の礎を築かうとする日本が、其真意を曲解する支那人特に頑迷にして度し難い蔣政権に対して、慈悲の利剣を振ふのが聖戦の本義である」と説明していた[16]。

　しかし岸田は「〔日本の〕国民は今、何故に支那がかくまで欧米に依存し、われを疎んずる挙に出でたかを、とことんまで突きつめて考へてみなくてはならない」（182頁、以下〔　〕内は筆者の補足）として、次のように指摘している。

　　支那側に云はせると、日本のいふ親善とは、自分の方にばかり都合のいゝことを指し、支那にとつては、不利乃至屈辱を意味するのだから、さういふ親善ならごめん蒙りたいし、それよりも、かゝる美名のもとに行はれる日本の侵略を民族の血をもつて防ぎ止めようといふわけなのである（200頁）。

たしかに岸田は日本の中国侵略そのものを批判することはできず、政府や軍指導部が「国民自体の戒飭〔注意して慎ませること〕に乗り出すべきである」と提起するしかなかった（197頁）。また下田の手紙が掲載された『兵隊』も、戦争遂行のための雑誌であり、たとえば第5号（1939年7月20日）の表紙裏には、「これは笑止！　汕頭市中に敗残の支那軍が書き遺して逃げた児戯的迷文を皇軍の勇士はフフンと鼻で嗤って通り過ぎた」というキャプションのもとで、日本語で書かれた中国軍の抗日スローガンをとりあげている。ちなみにそのスローガンとは、「中国ハ捕虜ヲ大事ニスル」「我ラノ敵ハ日本軍閥ダ」「傷くな！戦ふな！　殺すな！」「弾ヲ空ニハナセ、中国ノ兄弟ヲ殺スナ！」「侵略戦争ヲ反対セ」ヨ、「侵略戦争ヲ革命ヘ転化セ」ヨであり、同じ頁には、後ろ手に縛られた中国人が写った「便衣隊狩り」の写真が掲載されている。

　しかし、それでも岸田は日中戦争を根柢的なところで疑っている、とは言えよう。彼は日本人の中国ナショナリズムに対する軽視に、ほとんど絶望しているのである。彼はペン部隊を迎えに来た中国人小学生が、「日の丸の旗と五色旗とを打ちふり、日本人の先生に引率されて、たしか『白地に赤く』といふ唱歌を合唱」する姿に、「正直なところ、なんだか変な気がした。顔をあげてゐられないくらゐであつた」と指摘する（80頁）[17]。なによりも、彼にとっては、もともと「日支の間に如何なる難問題があつたにせよ、それが戦争にまで発展するといふことは常識では考へられない」ことであった（201頁）。

　それゆえに下田や岸田だけではなく、同様の問題意識を抱える兵士の苦悩は大きく、「新秩序」を声高に叫びながらも、「暴支膺懲」的な差別的態度しかとれない日本の中国侵略による加害の現実を批判的にとらえ、あるべき日中関係を模索する兵＝一般民衆が生み出されつつあった。そして彼らの戦後における「語り」は、多くの国民の共有する情報となったと思われる。だからこそ、日本の中国侵略を厳しく指弾し、戦場の加害だけでなく、「満洲国」の鉱山の慰安婦や強制連行、さらには731部隊など加害の歴史についてもリアルに描いた文学作品や映画が、知るべき体験として、消極的であったとしても、ある時期までは受け入れられていた。それは戦場体験をもたない女性を含んでいたのであり、たとえば五味川純平（1916-95年）の『人間の条件』（1956-58年）や、『戦争と人間』（1965-82年）がベストセラーになり、映画化などもされたのである[18]。

中曽根康弘（1918 - 2019年）元首相も、戦後70周年にあたり『文藝春秋』に寄稿して、先の戦争を「誤った戦争」とし「アジアの国々に対しては、侵略戦争だったと言われても仕方ないものがあった」と明言した。中曽根が1984年に靖国神社を公式に参拝し、中国や韓国から批判を受けたのは周知のことであり、上記の評論でも保守政治家としての立場は堅持しているが、「自己の歴史の否定的な部分から目をそらすことなく、これらを直視する勇気と謙虚さを持つべきであるし、そこから汲み取るべき教訓を心に刻み、国民、国家を正しい方向に導くことこそが現代政治家の責務だと考える」と強調した[19]。

　戦中世代にとっての戦争の記憶体験は、政治的立場を異にしながらも、多くの場合、侵略・加害の事実と向き合うものであった。まさに吉田裕がいうように、戦争を体験した人々は「戦争の侵略性や加害性への認識をしだいに深めていく方向に向った」世代と言えよう[20]。

2.　戦後生まれの認識：靖国問題、教科書問題

　戦後生まれと言っても、敗戦からすでに70年以上が過ぎ、現在の30 - 40歳代の日本人にとって、戦争は祖父母の世代の経験である。日本では2017年の段階で戦後生まれが82.8％で、世代間の意識の変化の問題は考慮せざるを得なくなった[21]。この点を前提として、まずは靖国神社にまつわる問題から論じてゆく。

　靖国神社の示す歴史認識は、遊就館（1882年設立）の展示に象徴的に示されている。その主張を筆者なりにまとめれば、次のとおり。①1931年以後の日本の戦争は「自衛戦争」であり、白人の植民地支配からの「アジア解放」の戦争であって、開戦の要因は中国や米国など外国にあり、日本が望んだ戦争ではない。②ポツダム宣言受諾の条件であった東京裁判は「不当」なもので、A級をはじめとする「戦犯」は、実際には国家に殉じた尊い人々である。③したがって「村山談話」などは徹底的に批判すべきもので、アジアへの謝罪や反省は不要である。④日本国憲法などに象徴される戦後の民主化は批判すべきで、追慕すべきは戦前の天皇制下の日本である[22]。

　こうした歴史認識は自衛隊の航空幕僚長・田母神俊雄（1948年 -）によって

公的に表明され、2008年に彼は免職されたが、2014年の東京都知事選挙では61万票を超える支持を得た。この点を踏まえれば、靖国神社流の歴史認識にも相応の支持があるともいえよう。とくに田母神は当時のメディアの選挙分析において20歳代の男性の支持を得ていたと言われ、戦後世代の歴史認識の動向を象徴しているともいえる。

　しかし、吉田裕が明らかにしたように、1980年代の国民諸層の過半は、漠然としていて屈折してはいても、日本軍の残虐性を認識するようになっていたことを議論の前提とすべきであろう[23]。この点にかかわって、中島三千男は靖国神社を支持する人々について考察し、「偉業者型英霊観」と「犠牲者型英霊観」との違いに留意するように堤言している[24]。前者は靖国神社の歴史観を肯定している人々だが、後者は犠牲者を日本の平和の礎＝英霊とみなしてはいても、彼らが犠牲となった戦争そのものは「間違った戦争」ととらえている。とすれば、彼・彼女らは韓国や中国による首相の靖国神社参拝への批判に対して拒絶感を示しても、それは自らにつながる死者への哀悼の思いからであって、侵略否定論を全面的に支持しているわけではない。田母神に投票した人々の歴史認識の判断にも慎重な分析が必要であるし、靖国神社をめぐる問題についても、さらなる検討が必要であろう。

　とはいえ将来の日本人の歴史認識にとって、大きな意味をもつ歴史教育の現状はいかなるものか。教科書問題は1980年代にも論じられたが、国内外における対立を深刻化したのは、1996年の「新しい歴史教科書をつくる会」（以下、つくる会）の中学校向け教科書の活動からである（つくる会は中学校向けの公民の教科書も作成しているが、ここでは論じない）。

「つくる会」は自らの目的を「これまでの教科書が日本を不当に悪く描いていたのを改め、子供たちが日本に誇りを持てる教科書で学べるようにすること」だとする。趣意書では「日本人は子々孫々まで謝罪し続けることを運命づけられた罪人の如くにあつかわれてい」るとして、「現行の歴史教科書は旧敵国のプロパガンダをそのまま事実として記述するまでになってい」ると批判する。こうして「世界史的視野の中で、日本国と日本人の自画像を、品格とバランスをもって活写」することを目的とした[25]。

　こうした動きについては、日本の歴史学者は繰り返し、その問題点を指摘し

てきた。21世紀に入っても、たとえば歴史学研究会が『歴史研究の現在と教科書問題——「つくる会」教科書を問う』（青木書店、2005年）を刊行するなど時宜に応じて対応し、2011年3月には歴史学研究会を含め40以上の団体が、次のように指摘している。

　　自由社版・育鵬社版は、アジア近隣諸国を蔑視し、日本の侵略戦争・植民
　　地支配を正当化し、戦争を美化・肯定して自衛隊の海外派兵推進をする、
　　憲法を敵視し、男女平等を否定し、改憲を主張する教科書だといえます[26]。

　ちなみに国連・児童の権利委員会も、2010年に日本政府に対する「最終報告」を出し、「日本の歴史教科書が、歴史的事件に関して日本の解釈のみを反映している」ことに懸念を表し、「公的に検定されている教科書が、アジア太平洋地域の歴史的事件に関して、バランスのとれた視点を反映することを確保するよう勧告」した[27]。いうまでもなく、これは自由社版・育鵬社版教科書を念頭に置いたものであり、つくる会に批判的な人々の国際的な連帯も深まっている[28]。なお、現行の育鵬社版の中学歴史教科書の採択率は、全国平均6.2%である（自由社版は0.04%）[29]。

「つくる会」系の歴史像は靖国神社と親和性をもつが、新たな面ももっている。それは成田が言うように「言語論的転回」（Linguistic turn）を援用した点である[30]。この点を筆者なりに敷衍すれば、歴史とは個々の主観に基づく「語り」でしかなく、客観的な事実など存在しない、ということになろう。しかし、「言語論的転回」による本来的な従来の歴史学への批判——歴史史料は権力者が自分のために残したものでしかなく、残されなかった史料の方が多い等——を真摯に受けとめ、歴史学の再生に役立てようという学問的な熱意は、つくる会系の人々のなかでは霧消しているようである。

　彼・彼女らにとって歴史とは学問ではなく、自分たちが誇りをもてる物語だけが必要なのであろう。したがって彼・彼女らにとっては「事実」とは敵対する勢力との論争に勝つための道具でしかなく、彼・彼女らの「歴史の真実」はすでに定まっており、「事実」の確認あるいは発掘を通じて自己の認識を再検討する可能性は低いように筆者には思われる[31]。

高等学校用の日本史・世界史教科書に目を転じれば、2016年の検定対象のすべてが、1937年12月の南京での日本軍の蛮行について言及している[32]。だが、戦争を体験した世代が減少し、戦争の記憶が薄れるなか、学校現場や博物館、さらにはマスメディアなどで加害の事実を語ることに対する圧力や統制が強化されている。他方で、たとえば『朝日新聞』の報道を振り返ってみるとき、2007年頃から「南京大虐殺」ではなく「南京事件」との表記が増加していることに気づく（http://database.asahi.com/ 参照）。こうしたメディア状況が侵略戦争の加害の問題を語り難くしている、というのが言い過ぎならば、メディアの自己規制の一面を示しているとは言えないだろうか。いずれにしても、中学校であれ、高等学校であれ、侵略の加害の事実について教科書で触れていても、教育現場でどう扱われているのかは、様々な状況を想定しうる。

　とすれば、日本が謝罪しても繰り返し誤れと中国は要求すると言う人々のうち、どれだけの人が日中戦争について十分に理解しているのか、はなはだ心許ない状況が生まれつつある、とも言えよう。言うまでもなく、侵略・加害の事実は南京での虐殺だけでなく、重慶などへの無差別爆撃や、中国側が「三光作戦」と呼んだ華北での掃討作戦、さらには細菌兵器や毒ガスの使用、そして731部隊による人体実験など多岐にわたる。

　日本人のなかで中国への侵略に関して知らない人々が増えていることの要因としては、先に紹介したように、日本国内の政治的な要因や「戦争を知らない子供たち」の子どもたちが社会の中堅になっているという時代状況などがあげられる。また今日の日中関係の悪化という現状も、影響を与えているだろう。だが、より根本的な問題は、日本人の中国理解そのものにあるように筆者には思われる。

　この問題を考えるうえで、防衛省に残されていた1951年の史料は興味深い。ここでは①日中戦争時期の19の戦闘のうち、日本軍は平均約9倍の中国軍に14度勝利し、②戦争末期の目的を達成できなかった4度の戦いも、米国を中心とした連合国の支援を受けた中国側が制空権を握っていたためだとする[33]。こうした理解からは当然、米国に敗北したのであり中国には勝利していた、という言説が導かれる。こうした戦争観を五味川は1959年に「心の底から、大まじめに、中国に負けたのではないと信じていた日本人が、あの当時〔＝敗戦

時］に（そして現在になってもまだ）大多数を占めていた」と批判した[34]。

　しかし戦闘ではほとんど負けないのに、なぜ日本は中国との戦争に勝利できないのか。前述した日中戦争のさなかに形成されつつあった新たな中国認識の萌芽は、こうした問題に対する思索を通じて形成された。その知的営為を批判的に継承することこそが、戦後世代の日本人が侵略戦争の加害の事実を受け止めるための主体性を形成する一つの方策であり、現在の日本のあり様を再検討する契機ともなろう。それは満洲事変前夜の1931年7月に、日本の将来に大きな影響力をもった東京帝国大学の学生の88％が「満蒙」への武力行使を「正当」だと考え、52％が「直ちに武力行使すべき」とした[35]、という状況を再現させないことに通じると、筆者は考えている。

おわりに

　戦争の記憶をどう考えるのかは、近年の学会の論点の一つで、たとえばオーストリアでは自国のナチズムへの協力の問題が論じられている。この問題は米国の戦後戦略のなかで、ヒトラー（1889‐1945年）の最初の犠牲者としてオーストリアが位置づけられてきたことを想起したとき、きわめて重要な指摘であろう。またドイツではナチズム批判を、英米の民主主義理論からだけではなく、ドイツ帝国の知的伝統のなかからも見いだそうとしている。先に紹介した「言語論的転回」の刺激も受け、記憶をめぐる「語り」の政治性を明るみに出そうとする研究が各国で進み、また国際交流も進んでいるのである[36]。

　その際、語られる事実の重さゆえに、「語り」の政治性の分析を軽視することは、当然、避けるべきである。過去の事実に基づき語られる被害者の「語り」をすべて受け入れるべし、と他者から強制されるゆえんは、現在に生きる誰にもない。少なくとも語り手が、他者がつくった物語に拘束され、それゆえに自身の個々の実感を表すことを自己規制することはありえるし、そのことがもつ問題性を考えることも重要である[37]。

　上記の点を踏まえたうえで、あらゆる記憶が政治的に利用されうる状況のなかで、その政治的な意味を一つ一つひもとき、そのうえで個々の歴史事実に対して、私たちは自分の信じる価値観に基づき、評価をしなければならない[38]。

この点にかかわってかつて山田朗は日本人の「戦後責任」とは、「日本国民における〈歴史認識の定着〉の問題」であるとして、次のように指摘した。

　〔戦争責任を負うとは〕どのような歴史状況のなかで、どのような国家の判断・行動が、どのような結果をもたらしたのかを実証的に検証し、その因果関係や責任の所在を明らかにし、国民の共通認識として定着させることである[39]。

　山田の議論に従えば、記憶の「語り」の政治性を問うことは、「戦後責任」を回避するためのものであってはならない。かつて映画監督の伊丹万作（1900-46年）は、戦時下を生きた知識人の一人として、1946年、病死する直前に、次のように国民一人一人の「戦争責任」を追及したが、この問題を考えることは戦後世代にとっても重要であろう。

　批判力を失ひ、思考力を失ひ、信念を失ひ、家畜的な盲従に自己の一切を委ねるやうに成つてしまつて居た国民全体の文化的無気力、無自覚、無反省、無責任等が悪の本体なのである。……それは少なくとも個人の尊厳の冒瀆、すなはち自我の放棄であり人間性への裏切りである[40]。

　同時に忘れてはならないのは、伊丹の発言は労働組合運動が高揚した1946年に、自らが一度は告発人に名を連ねた映画界の戦争犯罪人摘発運動からの離脱を宣言する文章のなかで示されたことである。伊丹の政治運動との距離の取り方については、様々な評価が可能だが、彼にとって「戦争責任」とかかわって第一に重要だったのは、ある特定の政治イデオロギーあるいは組織を支持することではなく、なぜ戦時下の日本では、個の尊厳を基本とするリベラルな価値を、個人としても、社会としても、そして国家としても守れなかったのか、という難題を追究することであった。
　伊丹の指摘を待つまでもなく、自分で考えることを止めて、誰かの判断に自らを委ね、その結果が「凶」と出れば、それを他者の責任とするような国民は、いつまでたっても、別の誰かによって政治的に利用されつづけるだけだろう。

伊丹も言うように、もっとも大切なことは、一人一人が「騙されるやうな脆弱な自分といふものを解剖し、分析し、徹底的に自己を改造する努力を始めること」なのである。それは戦争の記憶を考えるうえでも、重要な視座となるのではなかろうか。

1　外務省のウェブサイトで2018年9月17日に閲覧した（https://www.mofa.go.jp/mofaj/area/china/nc_seimei.html）。

2　外務省のウェブサイトで2018年9月14日に閲覧した（https://www.mofa.go.jp/mofaj/area/china/nc_heiwa.html）。

3　外務省のウェブサイトで2018年9月17日に閲覧した（https://www.mofa.go.jp/mofaj/press/danwa/07/dmu_0815.html）。

4　首相官邸のウェブサイトで2018年9月17日に閲覧した（http://www.kantei.go.jp/jp/97_abe/discource/20150814danwa.html）。この文書を批判するものとしては、歴史学研究会の「戦後70年首相談話に対する声明」『歴史学研究』939号、2015年12月号がある。

5　宮内庁のウェブサイトで2015年4月14日に閲覧した（http://www.kunaicho.go.jp/okotoba/01/gokanso/shinnen-h27.html）。

6　鹿野政直『兵士であること――動員と従軍の精神史』朝日新聞社、2005年、8頁。

7　報道部長・田中大佐「事変第二周年を迎えて」『へいたい』事変第二周年記念号（第4号）、1939年7月5日、3頁。なおこの雑誌については、刀水書房の復刊本（2004年）を使用した。
　　本雑誌については、復刻版の付録・大濱徹也「雑誌『兵隊』解題　兵士の眼――雑誌『兵隊』が問いかける世界」を嚆矢として、多くの研究が発表されている。本稿では、以下の注にあげたもののほかに、次の研究を参照した。①金井景子「「前線」と「銃後」のジェンダー編成をめぐって――投稿雑誌『兵隊』とリーフレット『輝く』を中心に」倉沢愛子ほか編『動員・抵抗・翼賛』（『岩波講座アジア・太平洋戦争』第3巻）岩波書店、2006年。②菅野貴子「雑誌『兵隊』にみられるジェンダー思想」『文化表象を読む――ジェンダー研究の現在』お茶の水女子大学21世紀COEプログラムジェンダー研究のフロンティア、2008年。③掛野剛史「書く兵隊・戦う兵隊――火野葦平と雑誌『兵隊』」『アジア遊学』第167号（戦間期東アジアの日本語文学）、2013年。④中野綾子「慰問雑誌にみる戦場の読書空間――『陣中倶楽部』と『兵隊』を中心に」『出版研究』第45号、2014年。

8　大庭忠男『戦後、戦死者五万人のなぞをとく』本の泉社、1999年の表紙うら。

9　尾崎秀実「支那理解への道」『尾崎秀実著作集』第5巻、勁草書房、1979年、81頁（初出：『図書』第10号、1938年）。また尾崎の議論については、白神直哉「日中戦争期における日本知識人のアジア主義――尾崎秀実を題材として」（広島大学大学院総合科学研究科2017年度修士論文）を参照した。

10　以下、雑誌『兵隊』が描く中国論や日中提携論については、井上寿一『日中戦争下の

日本』講談社選書メチエ、2007年、とくに第二章「戦場のデモクラシー」を参考にした。

11　前掲、尾崎「支那理解への道」82頁。

12　下田は投稿を通じてその能力を見いだされ『兵隊』の編集部に入ってゆく（中野綾子「緩やかな動員のためのメディア──陸軍発行慰問雑誌『兵隊』をめぐって」『早稲田大学大学院教育学研究科紀要　別冊』第24巻第1期、2016年、45頁）。

13　松浦隊・下田徳幸「兵隊と感覚」『兵隊』第8号、1939年9月15日、16頁。

14　岸田は陸軍士官学校出身の陸軍少尉、その後、軍籍を離れ、東京大学で学び、パリ留学を経て当時は劇作家・小説家として人気を博し、やがて大政翼賛会の文化部長となる（1940 - 1942年）。
　　『従軍五十日』については、前掲、井上『日中戦争下の日本』82 - 84頁および荒井とみよ『中国戦線はどう描かれたか──従軍記を読む』岩波書店、2007年を参照のこと。また同時代の岸田に対する文壇の評価をとりあげた松本和也『日中戦争開戦後の文学場──報告／芸術／戦場』神奈川大学出版会、2018年によれば、岸田は当時にあっては「ものを考へる人間」の一人として高く評価され、「心ある人々」が求めたものに応えられる人物とみなされていた（64頁）。
　　なお以下の引用文のページ数は『岸田國士全集』第24巻、岩波書店、1991年に拠る。

15　陸軍歩兵大佐・中島徳太郎「浪人根性を去れ　聖戦第三年初頭の感想」『兵隊』第7号、1939年（発行年月日の記載無）、3頁。

16　同上。

17　初出では唱歌ではなく、「「天に代わりて」といふ軍歌を合唱」となっている。また「なんだか変な気がした」と「顔をあげてゐられない」との間に27文字分の空白がある（岸田國士「従軍五十日」『文藝春秋』第16巻第21号、1938年、295頁）。その他の原載誌と公刊本との差異は、前掲『岸田國士全集』第24巻、387 - 389頁を参照のこと。

18　最初の『人間の条件』三一書房版以後、河出書房新社版（1967年）、文春文庫版（1979年）、岩波現代文庫版（2005年）と続き、石ノ森章太郎による漫画版もあり（1988年）、テレビドラマ化もされた。三一書房から公刊された『戦争と人間』全18巻も、光文社文庫版（1985年）が復刻され、広汎な人々に受け入れられた。
　　また映画版『戦争と人間』に対する中国側の批判と五味川や映画監督・山本薩夫による反批判は、五味川純平『極限状況における人間』三一書房、1973年の第二部・Ⅳ「映画《戦争と人間》をめぐって」を参照されたい（初出：『日中』1972年1月号）。

19　中曽根康弘「大勲位の遺言」『文藝春秋』2015年9月号、145頁。

20　吉田裕『兵士たちの戦後史』岩波書店、2011年、289頁。

21　日本の人口構成については、総務省統計局のウェブサイトによる（https://www.stat.go.jp/data/jinsui/2017np/pdf/gaiyou2.pdf　2018年9月26日閲覧）。また世代間の問題については、成田龍一「現代社会の中の戦争像と戦後像」成田ほか編『記憶と認識の中のアジア・太平洋戦争』（岩波講座アジア・太平洋戦争戦後編）岩波書店、2015年などを参照のこと。

22　渡部昇一ほか編『決定版全論点　新世紀の靖國神社』近代出版社、2005年など。また靖国神社の示す歴史観については、木坂順一郎「「もうひとつの戦争展」と靖国史観」『歴史の理論と教育』第124・125合併号、2006年や、又吉盛清ほか編『靖国神社

と歴史教育——靖国・遊就館フィールドノート』明石書店、2013年がある。

23　吉田裕『日本人の戦争観——戦後史のなかの変容』岩波現代文庫、2005年、222‐224頁。吉田は日本の戦争観が国際環境に対応するかたちで、国外においては加害責任を認めながら、国内的には被害を強調する傾向があることをダブルスタンダードと呼び、2005年の「文庫版のためのあとがき」では、当時における加害否定論の台頭を、「保守の英知」に対する過大評価があったと自己批判している（280頁）。

24　中島三千男「「靖国」問題に見る戦争の「記憶」」『歴史学研究』第768号、2002年、186頁。

25　「つくる会」のウェブサイト（http://www.tsukurukai.com/index.html　2018年9月17日閲覧）。なお2006年に「改正教育基本法に基づく教科書改善を進める有識者の会」（教科書改善の会）が「つくる会」から分離し、もとは扶桑社から出版されていた「つくる会」の教科書は、自由社版（「つくる会」）と育鵬社版（教科書改善の会）の二つになった。

26　「歴史わい曲・侵略戦争肯定・憲法敵視、アジアの人々との共生を否定し、国際社会での孤立化の道に踏み出す「不適切な教科書」を子どもたちに渡してはならない」（http://rekiken.jp/appeals/appeal20110627.html　2018年9月30日閲覧）。また「育鵬社版・自由社版教科書は子どもたちに渡せない」（2011年7月）『歴史学研究』（第886号、2011年）なども参照されたい。

27　外務省のウェブサイトにおける人権外交を参照した（https://www.mofa.go.jp/mofaj/gaiko/jido/pdfs/1006_kj03_kenkai.pdf　2018年9月18日閲覧）。

28　この最終報告に対する日本政府の対応については、荒牧重人「子どもの権利条約第4・5回日本政府報告の検討と報告制度の効果的活用」『山梨学院ロー・ジャーナル』第12号、2017年を参照されたい。

29　育鵬社版教科書の普及率については、同教科書を発行している「教科書改善の会」のウェブサイトの情報による（http://kyoukashokaizen.blog114.fc2.com/blog-entry-298.html　2018年9月17日閲覧）。なお自由社版の占有率については、子どもと教科書全国ネット21の「2015年育鵬社・自由社教科書採択一覧」による（http://www.ne.jp/asahi/tawara/goma/2015.11.9/4.pdf　2019年7月7日閲覧）。なおこの表によると中学校の歴史の自由社版と育鵬社版をあわせた採択率は6.6％、7万3780冊である。

30　成田龍一「「東アジア史」の可能性——日本・中国・韓国＝共同編集『未来をひらく歴史』（2005年）をめぐって」小森陽一ほか編『東アジア歴史認識論争のメタヒストリー——「韓日、連帯21」の試み』青弓社、2008年、117頁。

31　こうした傾向を反知性主義と名付けたのは、内田樹編『日本の反知性主義』晶文社、2015年である。

32　「南京事件、見開き特集も登場　一部で先鋭化も」『産経新聞』2016年3月19日。

33　以上の記述は、波多野澄雄「日軍在中国戦場的"勝利"与"戦敗"的記憶」（台湾の国史館における報告スライド）に拠る。波多野は「昭和26年2月23日　旧日本陸軍の対支那軍作戦に於ける日本軍と支那軍との戦力比に関する考察　司令部」（国立公文書館アジア歴史資料センターリファレンスコード：C15010050000）と題する米国への回答文書を検討している。なお周知のように、制空権をもたない中国軍に対して日本軍が、「苦戦の後自主的退却」した唯一の戦闘が台児荘の戦いである。

34　前掲、五味川『極限状況における人間』59‐60頁（初出：『私と戦争』〔現代の発見、

第1巻〕春秋社、1959年）。

35　竹内洋『丸山眞男の時代――大学・知識人・ジャーナリズム』中公新書、2005年、290頁。またこのアンケートの初出は大学新聞連盟『現代学生の実態』鱒書房、1948年、59頁である。

36　久保亨「「ヨーロッパと東アジアにおける第二次世界大戦の記憶」会議参加記」『近代中国研究彙報』第40号、2018年。また田中仁編『21世紀の東アジアと歴史問題――思索と対話のための政治史論』法律文化社、2017年も、歴史の「語り」をテーマの一つとしていた。

37　大池真知子「女たちの声に耳を澄ます――映画『終わらない戦争』が表象する「慰安婦」と「慰安婦」問題」『アジア社会文化研究』第16号、2015年。

38　歴史における評価の問題については、高橋哲哉『歴史／修正主義』岩波書店、2001年を参照されたい。

39　山田朗「現代における〈戦争責任〉問題――天皇の〈戦争責任〉論を中心に」『歴史評論』第545号、1995年、29頁。

40　伊丹万作「戦争責任者の問題」『映画春秋』創刊号、1946年8月、34頁。大江健三郎編『伊丹万作エッセイ集』ちくま学芸文庫、2010年もあわせ参照されたい。

| 中国 | # 国家レベルの歴史観の変遷と
抗日戦争に関する歴史記憶の構築 |

中国

国家レベルの歴史観の変遷と抗日戦争に関する歴史記憶の構築

李寒梅（北京大学）

矢久保典良 訳

はじめに

　歴史記憶とは、理論上、民族精神を構成する重要な要素の一つである。歴史記憶の共有は、民族や国家に対する帰属意識の源泉である。また、戦争に関する歴史記憶とは、エスニシティ（族群）のアイデンティティにとっても、非常に重要な価値と意義をもつ[1]。こうした戦争の記憶とは、個人、集団、国家などの複数のレベルで構築される、いわば重層性を含んだものである。

　戦争に関する歴史記憶は、通常、個人が戦争中の自らの体験を思い起こす行為である。しかし、戦争体験者の個人の記憶には差異が存在する。それに加えて、彼らの記憶は、時間が経つにつれて薄れていったり、消えていったりする。このような戦争の記憶を保存し後世に伝えていくために、歴史学者は、生存者が語る記憶を聞き取って記録する。この記録は、「二次記憶」と呼ばれるものである。歴史学者は、それらの記憶や記録を用いて研究を進め、できるだけ完全な形で歴史事実を浮かび上がらせようと尽力し、近い過去の歴史の真実に迫ろうとしている。

　こうした研究を基礎として、戦争の記憶は、歴史教育、記念施設、記念儀式、

文学作品、映画、ドラマ、大衆メディアを介して人々の知識となっていく。こうして具体化された知識は、それまで覆い隠されてきた歴史事実を保存し、後世に伝え、戦争を体験していない後世の人々に集団記憶を形成させる際の大きな役割を果たすことになる。この集団記憶は、国家と民族の歴史を保存し伝承するための、一種の媒体となる。一般論でいえば、この種の集団記憶は、敗北と勝利、被害と抗争（侮辱と栄光）といった二面性を含んでいる。それは、この集団記憶が過去と現在をつなげ、その両者の共鳴を引き起こし、集団に対するアイデンティティと帰属意識を形成するからである。

　本稿は、集団記憶の構築を主題として、集団記憶を構築し保存し伝承する手段としての映画、テレビ、文芸作品、マスメディア、記念施設、記念儀式などを通して、中国における日中戦争（抗日戦争）の歴史記憶がどのように構築され、それがどのように変化していったのかを、主に歴史教育という視角から詳しく述べていきたい[2]。

1. 中華人民共和国成立後の国家レベルの歴史観の変遷

　民族の歴史は、学校の歴史教育を通して構築され、記憶され、そして伝承されていくものであり、歴史教科書は歴史記憶の伝承のためのもっとも重要な媒体である。しかし、歴史とは客観的な「過程」であり、歴史教育と歴史研究は、決して同じではないということを認めなければならない。つまり、歴史教科書の編集は、決して歴史の編纂と同列には扱えないのである。公立学校の歴史教育は、直接的であるか間接的であるかといった程度の違いこそあれ、おおよそ歴史に対する国家の意識を示している。だからこそ、歴史教育は、政府によってつくられた歴史記憶をもっとも重要な構成要素としており、学校の歴史教科書は、歴史研究に対する成果を選別した結果となってあらわれてくる。すなわち、教科書がつくり上げた歴史記憶とは、人々によって構築されたものなのである。さらにいえば、歴史教育の発展と歴史教科書の編集は、いずれも政治過程の一部であり、歴史の発展にしたがって、絶えず再考と修正を迫られるものなのである[3]。歴史教育とは、とりわけ歴史教科書の編集のことを指し、それは異なる時期の国家レベルの歴史観の変遷を映し出している。

1949年以来、中国の歴史教育と小中高（中小学）[1]の歴史教科書の編纂は変化してきた。本稿は、おおよそ以下の二つの時期に分ける。一つは、革命史観と階級闘争史観を中心とした歴史教育の時期（1949 - 77年）である。もう一つは、革命や階級闘争を重視する歴史観から、国民国家（民族国家）の意識を確立するための公民教育へと転換していった時期（1978年 - 現在）である。

　ちなみに、小中高の歴史教科書の編纂について言えば、「教育部全国統一科目の学習指導要領」（「教育部統一課程教学大綱」）が国家の歴史観の変遷を体現している、ということになる。

　教育部は、1949年の中華人民共和国（以下、人民共和国）の成立から1977年まで、「課程標準」と学習指導要領（「教学大綱」）を活用してきた[2]。この時期の小中高の歴史教育は、旧ソ連の教育観念から強く影響を受けており、そのことは次の二つの特徴からも明らかである。すなわち、政治意識が濃厚だったこと、階級に対する意識と階級闘争の意識が強かったこと、である。

　この時期の「課程標準」と「教学大綱」に依拠した小中高の歴史教科書は、次の五つの基本的な特徴を含むものであった。一つ目は、政治イデオロギー（中国共産党〔以下、共産党〕の指導と無産階級の立場）を強調し、階級闘争の歴史を最優先したことである。二つ目は、古代史の農民蜂起のように、人民の力を強調したことである（基本的には消極的な評価を下さなかった）。三つ目は、階級区分の論理によって、歴史上の人物を選択し、その人物に対する評価をおこなって、（国家の利益ではなく）階級の利益を強調したことである。四つ目は、世界史に関し、国際共産主義運動と人民闘争に関する歴史においてソ連の役割を際立たせていることである。五つ目は、政治史の知識に偏重しており、経済史や文化史が軽視されていたことである[4]。

　中国政府（共産党）は、1958年から「大躍進」政策を展開し、「教育を変革しなければならない」というスローガンを打ち出して、小中高の歴史教育を大幅に調整した。その調整は、現代を重視する代わりに、過去の時代を軽視する、というものだった。そのため、歴史教科書は、王朝を軸にした記述から、社会の発展の歴史を重視する記述へと変わった。それと同時に、教科書の内容も、人民共和国成立後の国家建設の成功の歴史、十月革命後のソ連の歴史、非資本主義諸国の現代史、アジア、アフリカ、ラテンアメリカの民族解放運動史の記

述を大幅に増やした。また、共産党は、1961年からの歴史教科書で「毛沢東思想」に関する章を設けた。さらに、1966年の文化大革命以降、歴史教材の基本知識にも変化を加えた。言い換えれば、歴史教材の大部分を『毛主席語録』からとるようになったのである。これらの内容が歴史教科書の構造の主要な部分を形成し、それらの内容が教学内容に具体的に加わったことで、「革命モデル」の歴史叙述が形成されることになった[5]。

　客観的にみれば、人民共和国が成立した当初は、ひどい破壊をこうむった内憂外患の状態にあり、その状態からの再建を目指した時代だった。そのため、共産党は、政権を強固なものにし、経済を回復するという厳しい任務に直面していた。人民は社会主義制度に対する十分な認識を欠いていたため、共産党は、人民の社会主義に対する政治的アイデンティティを確立する必要に迫られ、人民の人民共和国に対する情熱と信念を奮い立たせようとした。

　それと同時に、社会主義陣営のリーダーだったソ連は、国際社会における二大陣営の対立を背景として、人民共和国を政治、経済、軍事の各方面で支援し、当時の中国も、ソ連一辺倒の外交方針を選択した。こうした時代環境のもと、中国は、歴史教育において革命史観と階級闘争史観を強調し、それらに指導的な役割を担わせようとした。

　しかし、ここには、政治イデオロギーという限界が含まれていた。史学理論が参照されたり、学術研究の成果が反映されたりする余地はなかった。そのため、当時の中国は、多民族国家の歴史や文化、そして、人類文明の発展の多様性については、認識を欠いていた。こうして中国は、中ソ関係の決裂によって、事実上国際社会で孤立していき、国の門戸を閉ざす方向へと向かい、外部との経済交流や文化交流を停滞させるとともに、政治運動をエスカレートさせた。そうしたなかで、歴史教育を含む思想と文化の状況は、次第に正規の軌道から外れていった。

　1976年、文化大革命が終わった。1978年の共産党第11期中央委員会第3回全体会議（以下、第11期3中全会）は、党と国家の主題を「戦争と革命」から「平和と発展」へと転換するとした。具体的には、革命と政治闘争の時代から改革開放と国家の現代化建設の時代へと変わろうとした、ということである。

　国家レベルで「階級闘争を大綱となす」という影響が薄まっていくにつれて、

歴史教育も次第に正しい軌道へと戻っていった。そこでは、唯物史観が、歴史教科書の編纂においても、主要な思想的役割を担うようになり、歴史的な事件や人物に対する評価も客観的なものとなった。たとえば、1986年に公布された「全日制中高における歴史科目の学習指導要領」（「全日制中学歴史教学大綱」）は、中国の古代文明が世界に果たした役割を紹介するとともに、中国近代思想の文化的な立ち遅れについても人々に認めるように求めた。そこでは、西洋の資本主義制度が「かつて歴史上で積極的に作用していたこと」も認められるようになった[6]。さらに、国内の経済や文化が発展し、社会主義建設が成功したという内容も増えていき、それらに貢献した愛国的な人物に対する記述も増加していった。

　1991年、国家教育委員会は「小中高の近代史および国情教育を強化するための全体的なアウトライン（初稿）」（「中小学加強中国近代史及国情教育的総体綱要（初稿）」）を公布した。また、翌年に公布した「教学大綱」は、歴史教育において中国近現代史を強調し、「国情教育」〔政治、経済、社会、文化などといった中国の固有性や基本状況を理解させるための教育〕を推進するように求めた。さらに、「教学大綱」は、各地が郷土史の教材を自主的に編纂してもよいとし、中高の歴史教育における愛国主義教育の内容を豊かなものにしようとした。

　こうした変化の一例として、たとえば、台湾問題という国家統一にかかわる内容が中高の歴史教科書に盛り込まれたことが挙げられる[7]。こうした変化は、改革開放と国家の現代化建設という背景のもとで、中国の小中高の歴史教育が愛国主義教育の要素を強めたことを意味した。こうした明らかな変化は、小中高の歴史教育において、階級や政党〔共産党〕の観点を強調する立場を打破し、現代国家としての意識を涵養するものであった。小中高の歴史教育は、階級意識を育てる教育から、国民国家の意識を確立する公民教育へと方向転換したのである。

　やがて冷戦が終結し、グローバル化が進展すると、中国は、外部においてはグローバル化の挑戦を受け、内部においては個人と集団を分離する圧力にさらされた。そのため、伝統文化に回帰することで国民国家の求心力を維持しようとし、必然的に国民国家の凝集力を高めていくことになった。中国は、新しい時代の要求に応えるために、2001年秋から新しい教育課程改革を始めた。

教育部は、2000年に「教学大綱」を改訂し、そのなかで「階級観点を促進する」という教育目標を取り除くことを徹底させ、代わって「学生に国際意識を形成させる」、「学生に人類の伝統的な美徳を継承させる」といった目標を提示した[8]。この一連の教育課程改革が始まった後、さらなる時代の必要性に応えるために、教育規律の遵守が求められるようになった。その結果、現代化された教育の特徴が少しずつ現れるようになった。

　教育部は、1950年の「課程教学大綱」に代えて「課程標準」を用いるようになった。この「課程標準」とは、2001年と2003年に正式に公布された「全日制義務教育における歴史科目の学習指導要領（試用版）」（「全日制義務教育歴史課程標準（実験）」）と「普通科高校における歴史科目の学習指導要領（試用版）」（「普通高級中学歴史課程標準（実験）」、2011年改訂）のことである。これらの新しい「課程標準」は、目標を3段階に分けている。すなわち、知識と能力、課程と方法、感性と価値観である。そこでは、人文学の素養と科学精神の育成が重視された。たとえば、中学の「課程の性質」では、「人と社会や人と自然との関係を正確に理解し、人文学の素養を向上させ、正確な価値を選択し、人生における態度を向上させる」ことが求められた。また、高校では、「歴史という角度から、人と人、人と社会、人と自然との関係を理解することを学び、中華民族および全人類の歴史の命運に関心を払う。高校での歴史教育を通して、学生の健全な人格を養い、健康的な個性の成長を促す」ことが求められた[9]。

　こうして中高の歴史教育の基本理念は、徐々に教育の本質に回帰していった。すなわち、歴史教育の目標を人の成長に置き、歴史教育を介して社会教育と人の成長に対する効果とを結合させようとしたのである。この変化によって、歴史教科書の内容も、新しい教育課程にそって、政治的な表現から教育的な表現へと改められていった。

　総じて言えば、小中高の歴史教育に現れた国家レベルの歴史観は、1949年以降の約70年間において、革命や階級闘争を強調する歴史観から、国民国家意識を確立するという歴史観へと方向転換していった。そして、この変化の過程において、中国人の抗日戦争に関する集団記憶は、その都度形成され、蓄積されていったのだった。

2. 革命史観と階級史観の構築と抗日戦争の記憶（1949 - 77年）

　既述したように、一つの民族の歴史とは、学校での歴史教育を通して構築され、記憶化され、伝承されていくものである。学校における歴史教育とそこで使用される教科書は、政治的で権威的で、公式的で普遍的であることを特徴とする。こうした歴史記憶の構築は、学校教育を通して青少年時代から始まり、その民族の歴史記憶は、後世の人々の精神世界のなかに刻み込まれていく。それは、民族にとってきわめて重要な「記憶の場所」（sites of memory）となり、民族にとって「体制化された記憶」（institutionalized memory）となっていく。

　この種の記憶は、若い世代の歴史認識と民族アイデンティティをかなりの割合でつくり上げていく[10]。こうした前提のもとで、歴史に関する記念施設、記念儀式、文学、映画、ドラマ、大衆メディアなどが、時間、空間、物質、イメージなどといった複数の要素を結びつける媒介者となる。つまり、それらは、戦争を経験していない後世の人々に一種の臨場感を与え、過去と現在をつなぐ役目を果たすのである。こうして歴史記憶は、〔民族内部で〕共有され、その歴史の記憶を後世の人々に認知させることで、世代を超えて伝わっていく。

　人民共和国で最初の学習指導要領となった1950年の「小学校における各科目の暫定施行版学習指導要領（草案）」（「小学各科課程暫行標準（草案）」）は、歴史教育において、抗日戦争に関する教学上のポイントとして、次の五つを指摘した。すなわち、盧溝橋事件の勃発と和平路線のターニングポイント、中国国民党〔以下、国民党〕の消極的な抗戦と積極的な反共、共産党の徹底抗戦の遂行と抗日民主根拠地の建設、ドイツやイタリアのファシスト勢力の勃興と第2次世界大戦、全世界の人民に対するソ連の指導とそれによってもたらされたファシスト勢力（ドイツ、イタリア、日本）に対する勝利、である。

　これら五つのポイントは、改革開放以前の小中高の歴史教育において、抗日戦争に関する歴史記憶に次の三つの傾向をもたらした。

　一つ目は、共産党が中国の抗日戦争を指導した、という内容を押し出したことである。裏返せば、「国民党の消極的な抗戦と積極的な反共」を強調した、ということである。

　この歴史観は、人民共和国成立後の抗日戦争に関する最初の基本認識に反映

され、そこでの国民党に対する評価にも反映された。この基本認識は、抗日戦争における「二つの路線」という理解を生み出し、それを1956年の「小学校の歴史科目の学習指導要領（草案）」（「小学歴史教学大綱（草案）」）に盛り込むことになった。ここでいう「二つの路線」とは、共産党が「全面抗戦の路線」を堅持し、「蔣介石集団」が「片面抗戦の路線」、すなわち「抗日戦争は国民政府〔国民党政権〕および少数の軍隊にかかわる出来事であり、〔ここから共産党の役割を排除することで〕人民の抗日戦争の闘争力を制限してしまう」路線へと陥ってしまった、というものである。そのため、教育部が改革開放までに公布した小中高の「歴史教学大綱」は、〔抗日戦争に関する歴史のうち、共産党とのかかわりの深い歴史のみを語り、〕抗日戦争で前面に出ていた〔国民政府側の〕歴史をほとんど語らなかった。つまり、1980年の「教学大綱」においてもなお、「共産党が、多くの人民を率いて、日本帝国主義の侵略に反対する民族解放戦争を進めたこと」、「共産党が、国民党の３度にわたる反共思潮を退けたこと」が強調されていたのである。ちなみに、この時期の小中高の歴史教科書は、国共対立〔という政治対立〕に由来する歴史用語をそのまま使用していた。たとえば、「蔣介石集団」、「国民党軍隊」、「国民党反動政府」、「国民党統治区」といった用語である。こうした〔歴史用語を含めた、いわゆる政治性を帯びた〕記述は、1992年の改革によって、ようやく改められた[11]。

　私たちは、1980年の「教学大綱」のなかからだけでも、革命史観と階級史観が抗戦の記憶をいかに構築してきたのかを垣間見ることができる。1980年の「教学大綱」には、抗日戦争史のポイントの一つとして、「戦場における国民党の大敗北」という一節が依然として残されていた。こうした基準は、次のような教科書の内容からもわかるだろう。

事例1——中学教科書『中国歴史』（第４冊）
　抗戦が始まった直後、国民党の戦場では軍隊と土地が失われ、〔国民党軍は〕一撃で崩れてしまった。盧溝橋事件が起きて１ヵ月も経たないうちに、北平〔現在の北京〕と天津は相次いで陥落した。日本の侵略軍は、平綏線〔北平・綏遠（現フフホト）間の鉄道路線〕、平漢線〔北平・漢口間の鉄道路線〕、津浦線〔天津・浦口間の鉄道路線〕に沿って、華北の広大な土地

を侵略した。こうして、抗日戦争の開始からわずか半年後の1938年3月には、華北のほぼ全域が陥落した。

　1937年11月、日本の侵略軍は上海を占領し、上記三つの鉄道路線に続いて、南京を包囲し、攻撃した。南京を守備した15万の国民党軍は、敵軍に包囲されると、あわてふためいてすぐに退却し、翌月には南京が陥落してしまった。

　1938年春、日本の侵略軍は、徐州に侵攻して占領し、津浦線を占拠した。日本軍は山東省の北部から徐州へと進攻したが、中国軍の兵士が棗庄の台児荘で徹底して抗戦したため、日本軍の師団に手痛い打撃を加え、勝利した。しかし、国民党は、この勝利にのぼせあがり、組織だった有効的な抵抗を講じなかったため、すぐに徐州を失うことになった[12]。

事例2——中学教科書『中国歴史』（第3冊）

　日本は上海を占領して南京へ侵攻し、国民政府（「国民党政府」）に完全投降を迫った。これは、「蒋介石集団」の政治生命とその利益を直接脅威にさらした。また、これは、英米帝国主義勢力の中国における利益を危うくするものでもあった。そのため、「国民党政府」は、〔抗日戦争のための〕対日作戦の実行を迫られた。国民党は、〔1937年〕9月上旬に、共産党の合法的地位をしかたなく承認し、共産党との協力を宣言した。

　こうして、国民党は、必要に迫られて、抗日戦争に参加した。しかし、国民党は、人民が抗日戦争中に全面的に覚醒し、彼らの力が増していくことを恐れた。だからこそ、国民党は、人々の動員を進めることはなく、国民党の政府と軍隊にのみ頼る「片面抗戦」の路線をとったのだった。「蒋介石集団」は、様々な手段を用いて、人民の「救亡」〔中国を滅亡の危機から救う〕運動や共産党の活動を制限し、〔時には〕侵略者の武力を用いて人民の抗日の力を削ぎ落としていった。

　抗日戦争が始まると、国民党の戦場では、軍隊と土地がすぐに失われ、〔国民党軍は〕一撃で敗れた[13]。

二つ目は、中国の抗日戦争と世界の反ファシスト戦争との関係についてであ

る。

　少なくとも中ソ関係が悪化する以前の標準的な記述モデルは、共産党が国内の抗日戦争を指導し、ソ連が世界の反ファシスト戦争を率いた、というものだった。つまり、裏返して言えば、アメリカが国民党の消極的な抗日と積極的な反共を支持した、ということである[14]。1980年代前半までの小中高の歴史教科書は、依然として、社会主義陣営におけるソ連の指導と援助を強調するものだった。すなわち、「多くの国家が次々に志願兵を派遣して、抗日戦争を支援した。ソ連政府は、中国人民に多くの援助を与えた。彼らは、飛行機、大砲、タンクをはじめとする軍事物資を提供し、航空志願隊を派遣して、対日作戦に参加した。ノーマン・ベチューンは、偉大な国際主義の戦士であり、彼は、カナダ労工進歩党とアメリカ共産党によって派遣された。〔ベチューン医師は、〕長旅を厭うことなく、医療部隊を率いて中国にやってきた」[15]、と。

　ベチューン医師は、1980年代前半までの歴史教科書において、中国の抗日戦争の記述で唯一登場する国際的な人物だった。しかし、彼に関する記述は、彼が「カナダ労工進歩党とアメリカ共産党によって派遣された」とあるだけ〔で、簡単に紹介される程度〕だった。

　三つ目は、抗日戦争中の日本軍の戦争犯罪に関する史実についてである。

　日本軍の犯罪の歴史を象徴的に示す南京大虐殺に関する記述は、人民共和国が成立した直後から、すでに歴史教科書には盛り込まれていた。高校の暫定教科書として使用された胡華編『中国新民主主義革命（初稿）』（1950年）や人民教育出版社編『高校教科書中国歴史』（1956年）は、南京大虐殺について簡単に触れる程度ではあったが、1962年に出版された『12年制学校の中学教科書中国歴史（試用版）』（「十二年制学校初級中学課本中国歴史（試教本）」）は、詳細に描写するようになった。教育部は、1963年5月、「全日制中高歴史科目学習指導要領（草案）」（「全日制中学歴史教学大綱（草案）」）を公布し、「日本の侵略軍の南京における大虐殺」を教学上のポイントとした。これは、人民共和国成立後、南京大虐殺をはじめてカリキュラムに組み込んだことを意味した[16]。

　しかし、全国規模で統一された小中高の教育は、文化大革命が発生すると、機能しなくなった。そのため、歴史教科書も各地で自主的に編纂されるようになり、そのうちの一部は、南京大虐殺について、〔再び〕わずかに触れる程度

になった。しかも、〔南京大虐殺をはじめとする日本軍の犯罪行為に関する〕内容は、〔文革中の〕小中高の歴史教育においては、階級闘争という主題に徐々に埋もれていくことになった。それと同時に、革命史観と階級史観とが中心だったこの時期、南京大虐殺の歴史事実は、1980年代前半まで、「戦場における国民党の大敗北」の項目において、国民党の「消極的な抗戦」を証明するものとして利用されるだけだった。また、革命史観と階級史観が指導性を発揮していたこの時期、歴史教科書は、共産党が抗日戦争を指導する正義や日本の侵略性、そして、国民党の消極的な抗日と積極的な反共という非正義を強調するものだった。つまり、日本軍が戦時中におこなった暴行や戦争自体がもつ残虐性は、抗日戦争史に関する集団記憶においては、まだ明確には現れていなかった。

　総じて言えば、抗日戦争が終結すると、国共内戦という複雑な局面が生じ、加えて、人民共和国の成立初期に〔不安定な〕国内政治と冷戦による〔厳しい〕国際環境にさらされたため、共産党の主要な任務は、政権の合法性を獲得し、共産党の指導的な権威を確立して、人々に社会主義制度を認知させることであった。そのため、革命史観と階級史観が、主導的な位置を占めるようになった。共産党は、国共内戦と朝鮮戦争の勝利者として、人民共和国成立から３年後には国内の状況を回復し、1953年からの第１次５ヵ年計画を繰り上げて完成させた。こうして、共産党と中国の民衆は、社会主義建設に対する自信をかつてないほどに高めていった。中国は、社会主義と資本主義の二大陣営による冷戦といった国際環境のもとでソ連に追従し、1958年には、15年あるいはそれよりも短い期間で「イギリスを追い抜き、アメリカを追い抜く」という目標を打ち出した。結局、この姿勢が「大躍進」運動を導き、ついには文化大革命を導いたのだった。

　この時期、日本の侵略戦争を体験した人々や生存者の記憶、あるいは抗日戦争に関する歴史資料や歴史事実は、まだ十分には重視されていなかった。記憶を全面的に記録し、資料を収集、整理、保存して、事実を研究する準備がようやく始まったぐらいだった。つまり、しっかりとした学術研究が長期にわたって欠落していたため、ただ〔共産〕党と〔その〕国家の主張——日本の戦犯処理や戦争の賠償を放棄する措置なども含む——があるだけで、〔共産党の〕政治リーダーとしての見解がほぼすべてであった。そのため、中国の抗日戦争に

関する歴史記憶は、やや特殊な歴史条件のもとで、つまり、国家の政治的な要求に服従しなければならないという環境のもとで、ある程度薄められていき、ある部分の歴史については、階級と政党の立場によって遮断されてしまった[17]。たとえば、聶莉莉は、常徳で細菌戦に関する調査をおこなった際に、現地で発生していた史実を明らかにしたが、その細菌戦の被害状況を示す正確な記録は文字として残されていなかった。そのため、今日の現地住民の間でさえ、この出来事はほとんど知られていない。

　抗日戦争終結後に生まれ、1980年代以前の教育を受けた中国人は、抗日戦争の記憶を、学校教育などを介して形成した。その歴史記憶は、基本的には、共産党を革命の勝利者とする意識のもとで形成され、革命の英雄主義とロマン主義の色彩を帯びた愛国主義を支えるものとなった。この時期の特徴は、同じ時期の映画のなかにも如実に表れている。たとえば、『趙一曼』（1950年）、『狼牙山五壮士』（1958年）などの映画は、共産党員を優秀で模範的なイメージで描き出している。また、『呂梁英雄伝』（1950年）、『小さな密使（「鶏毛信」）』（1954年）、『平原遊撃隊』（1955年）、『鉄道遊撃隊』（1956年）、『地雷戦』（1962年）、『わんぱく兵チャン（「小兵張嘎」）』（1963年）、『医師ベチューン（「白求恩大夫」）』（1963年）、『野火と春風は古城に闘う（「野火春風闘古城」）』（1963年）、『地道戦（「地下道戦」）』（1965年）、『苦菜花』（1965年）などの映画は、抗日戦争における各個人の事績および党と人民が親密さをもって一体化していることを描き出した。これらの作品は、毛沢東が提起した持久戦の軍事思想や共産党が指導した人民戦争および抗日民族統一戦線を礼賛し、共産党の抗日戦争での指導力とその指導的な役割を強調した。

　また、『鉄道遊撃隊』、『東進序曲——総反撃の前夜（「東進序曲」）』（1962年）、『永不消逝的電波』（1958年）をはじめとする映画は、国民党軍と日本軍とが結託して、新四軍による抗日を妨害したこと、あるいは、国民党軍が敵に通じて祖国に背き、陰謀をはかったという事実を強調するような描き方をしている。つまり、これらの作品は、国民党の反動性を強調するものだった。

　これらの作品以外にも、人民共和国成立以前に共産党の指導を受けていた映画製作所が撮影した映画や左翼の映画関係者が撮影した映画は、東北抗日義勇軍や抗日戦争に身を投じた愛国青年、国民党の腐敗を題材としてとり上げた。

たとえば、『松花江のほとり（「松花江上」）』（長春電影制方廠、1947年）、『八千里の路、雲と月（「八千里路雲和月」）』（上海聯華・崑崙、1947年）、『春の河、東へ流る（「一江春水向東流」）』（上海聯華・崑崙、1947年）などである。これらは、人民共和国成立後も上映されつづけた。

　この時期の映画の多くは、〔日本軍については〕画一的に描き、〔共産党については〕ロマン的に描くことを特徴としていた。たとえば、日本の軍人は、いつも鼻の下にひげを蓄え、顔つきはずるがしこく、恫喝的で狼狽すること甚だしく、ひどい醜態をさらけ出すように描かれた。〔日本軍の〕翻訳官も、往々にして、その容貌が愚かで嘲笑される対象として描かれ、日本側に協力した傀儡政権の軍隊（「偽軍」）も、規律の緩い〔いい加減な〕存在として描かれていた。これに対して、抗日戦争で奮闘した英雄は、彼らの判断と推測が神の如くことごとく当たり、尋常でないほどの勝利を収めていった。これらの英雄はみな人民のなかから選ばれ、その人民は、党の教育と毛沢東思想の指導のもとで成長し、純粋な思想と完璧な人格と強固な意志をもった革命者として描かれていた[18]。このような革命の英雄主義やロマン主義の描写に満たされた映画は、その表現方法からして、抗日戦争の非情さや悲惨さを正面からは描かず、代わって、革命の楽観主義やロマン主義に満ちあふれた輝かしい勝利を全面に描き出したのだった。

　こうした〔技法をもつ中国の〕映画は、この時期の学校における歴史教育を除けば、中国人の抗日戦争に関する集団の歴史記憶を形成するうえで、重要な役割を担った。この映画手法は、今日まで影響を及ぼしており、今では商業性や娯楽性と結びついている。たとえば、かつての映画手法は、抗日「神劇」[3]を代表とする「横店[4]史観」の源泉となっている。

3. 国家意識と民族アイデンティティの確立と抗日戦争の記憶（1978年から現在まで）

　1978年の第11期3中全会は、文化大革命が終結したことから、党と国家の政治路線を、革命と政治闘争から改革開放と国家の現代化建設へと方向転換した。こうして中国は、国家の経済建設を推し進め、国際的な地位を変化させ、

グローバル化とインターネットの急速な発展により、国内の社会環境を大きく変化させながら、思想や文化、そして人々の意識を多様化させていった。この時代の急速な変化は、中国が現代国家だとするアイデンティティを確立させた。それは、国民の凝集力と民族の団結力を高め、大国的な視野や国際〔性をもった〕観念などを育み、新たな時代における愛国主義精神の高揚をもたらした。この時代の国家史観の変化は、1980年代以降の抗日戦争に関する歴史記憶を構築する際にも重要な影響を与えた。その主要な変化は、以下の2点に反映された。

1点目は、抗日戦争に対する認識が、共産党指導下の民族解放闘争の歴史から中華民族全体による民族の抗日戦争の歴史へと転換したことである。

既述したように、中国の抗日戦争史に関する記憶は、1980年代前半までは、共産党を抗日戦争の指導者とし、〔共産党が〕敵と対峙した最前線こそが抗日戦争史において揺らぐことのない重要な位置を占めている、とみなした。これに対し、国民党が日本軍と正面から対峙した戦場（「正面戦場」）は、歴史教育の現場から映画、テレビ、文芸作品に至るまで、〔共産党の役割を重視した〕国家史観のもとでは、抗日戦争史のなかで重要な位置を与えられず、その効果についても言及されることはなく、仮に語られるにしても否定的にしか語られなかった。教育部が1980年までに公布した中高の「歴史教学大綱」とそれに依拠した歴史教科書には、依然として「戦場における国民党の大敗北」の項目が残っていた。統計によれば、「正面戦場」に関する内容は、1980年初めの中高の歴史教科書では、わずかに3.13％しかなかった。それに対して、共産党の最前線に関する内容は、同じ教科書のなかで、28.1％にも達していた。

しかし、このような記述のあり方は、1980年代半ば以降、変化しはじめた。そして、今世紀に入ってからは、新しい「課程標準」に依拠した歴史教科書においては、国民党の「正面戦場」と共産党の最前線に関する記述の割合はほぼ等しくなった[19]。

3.1 国民党の「正面戦場」の意義とその効果

教育部が1986年に公布した「全日制中高における歴史科目学習指導要領」（「全日制中学歴史教学大綱」）は、国民党の抗日戦争に対して、はじめて肯定的

な評価を与えた。この「教学大綱」は、「国民党政府は、『正面戦場』で日本の侵略軍を攻撃した」と明確に指摘した。また、教学上のポイントとして、「国民党の『正面戦場』の抗戦」と「共産党による敵の背後にある戦場の開放」を併記することが指摘された。国民党の「正面戦場」の意義とその効果については、この「教学大綱」に依拠した歴史教科書が、「国民党政府は、日本の全面的な進攻に直面して、自衛をおこなうことを決め、声明を発表して、日本の暴力に抵抗した。そこでは、淞滬会戦、太原会戦、徐州会戦、武漢会戦が組織された」[20]と肯定的に記述した。さらに、台児荘戦役については、紙幅の多くを割いて、次のように記述した。

　　日本軍は、1938年3月、徐州を包囲するために、山東から二手に分かれて徐州の入り口である台児荘に進攻した。第5戦区司令長官李宗仁が指揮した中国軍は、日本軍の一路を臨沂で阻止し、別の一路を台児荘で阻止した。日中双方は、台児荘で熾烈な一進一退の攻防戦を展開した。これと同時に、中国軍は、台児荘に侵入する日本軍を包囲した。4月初め、中国軍は、全面反攻をおこない、日本軍は大敗して敗走した。日本軍は、台児荘戦役で2万強の人員を失った。これは、国民党政府が抗日戦争以来の「正面戦場」で獲得した最大の勝利だった[21]。

　この歴史教科書は、文字による記述に加えて、李宗仁将軍が指揮した徐州会戦を1枚の図版でもわかりやすく示した。1980年の「教学大綱」のポイントによれば、「戦場における国民党の大敗北」と台児荘戦役は、それぞれを対比して記述することになっていた。
　ちなみに、国民政府という〔歴史評価を中立に示す〕呼称は、1988年の「教学大綱」で使用されるようになった。つまり、それまでの中高の歴史教科書で使用されてきた「国民党軍隊」、「国民党政府」、「蔣介石集団」といった〔国民党を特殊な集団としてマイナスに評価する〕用語は、使用されなくなった。1990年からは、台児荘戦役、太原会戦、徐州会戦など〔の国民党が奮闘した抗日戦争の歴史〕が「教学大綱」のポイントに列挙されるようになった。さらに、抗日戦争の歴史的人物という項目は、張自忠をはじめとする国民党の抗日将軍を追

加した。

3.2　抗日戦争時期の国共合作と両党の衝突

　1980年代前半以前の中高の歴史教科書は、国民党が抗日民族統一戦線に「仕方なく参加していたこと」を強調し、国民党と共産党との衝突を「反共の思潮が高揚したことのあらわれ」（「反共高潮」）として描いていた。つまり、国民党の「受動的な抗戦への参加」と「反共高潮」がセットで記されていたわけである。しかし、中学校の1987年版歴史教科書『中国の歴史』は、国共合作について明記し、国民党が抗日戦争に「仕方なく参加した」という表現を削除した。これらの箇所は、「国民党は、9月中旬、共産党によって提案された国共合作を宣言し、蔣介石は、共産党の合法的な地位を認める談話を発表した」[22]という具合に書き改められた。

　しかし、それでも、国民党の「反共高潮」は、1987年の「教学大綱」で依然として約10分の7の節で触れられていた。そのため、この「教学大綱」に依拠した歴史教科書は、6段落にもわたって「反共高潮」を詳細に記述し、その記述量は、日本軍による侵略行為と犯罪行為に関する記述量よりもはるかに多かった。このような記述方法は、中国の学生たちに対して、国共対立の方が日本の侵略戦争よりも激しかった、と錯覚させるものだった。

　ところが、1980年代末から1990年代に入ると、「教学大綱」とそれに依拠した歴史教科書は、「反共高潮」という表現を「国共両党の摩擦」（「国共摩擦」）に徐々に書き改めていった。さらに、今世紀に入ると、「国共摩擦」に関する内容はわずかに「皖南事変」[5]のみとなり、しかも、〔学生に教える際の〕選択の内容へと変化して、教学上のポイントではなくなった。つまり、今世紀に入ってからの新しい「課程標準」に基づく歴史教科書は、「国共摩擦」に関する内容を削除し、代わって「国共双方が誠実に団結し、一致して抗日に向かい、中華民族の自由と独立のために長い年月をかけて貢献をした」と記述するようになった[23]。それと同時に、アメリカ、イギリスなどが抗日戦争中に中国に対しておこなった援助についても、肯定的な評価を下すようになり、中国が反ファシズム戦争の東方における主戦場として、世界の反ファシズム戦争に大きく貢献したことを強調するものとなった。

この時期、学校の歴史教育の現場で「正面戦場」に関する記述が増え、しかも客観的な記述が増えるにしたがって、同様の趣旨の抗日戦争に関する映画やドラマが大量に制作されるようになった。たとえば、『血戦台児荘』（楊光遠・翟俊傑、広西廠、1985年）、『盧溝橋事件（七・七事変）』（李前寛・肖桂雲、長春廠、1995年）、『喋血孤城』（沈東、八一廠、2010年）などである。

これらの映画は、「正面戦場」を描くことに力を注いでいた。ここでは、蒋介石、李宗仁、張自忠、王銘章、佟麟閣、趙登禹などといった国民政府軍の抗日将軍たちが命を懸けて抗日戦争に向かうさまが、銀幕上で描写されていた。そうして、これらの映画は、階級史観によって導かれていた〔共産党を中心とする〕政党観念を瓦解させていった。それと同時に、これらの映画が描き出した戦争の風景は、ノンフィクションのような雰囲気をもち、戦争の悲情さも観客に伝えた。これらは、戦争の残酷さと悲惨さを見事に表現していたわけである。たとえば、『血戦台児荘』や『喋血孤城』などの映画では、「援軍」がなかなか来ないなか、戦場で懸命に奮闘している兵士の様子が描かれていた。これは、中国の「軍閥」が各地で自ら政治の実権を握り、〔国民〕政府が政治の指導力を持っていなかったという社会の実態を明らかにしたものだった。ここには、もう、かつてのような「〔国民党が〕戦わずして退けば、大打撃を受ける」といった演出はなくなっていた。このような抗日戦争に関する複雑な実態と悲惨な状況を客観的に伝えたことは、抗日戦争に関する歴史記憶を再構築するのに役立ったのみならず、かつて見過ごされてきた歴史事実を解き明かすことにも貢献したのだった[24]。

以上が1点目の内容についてである。次に、2点目は、戦争の暴力とその被害状況が次々と暴露されたことである。

抗日戦争中の日本軍による暴行と戦争の苦難や被害状況は、1980年代半ばから暴露されるようになった。これらの事実は、中国の抗日戦争に関する歴史研究で主題となり、歴史教育や映画、ドラマ、大衆メディアなどでも主要な内容になった。こうして、戦争の暴力とその被害によって受けた苦痛は、中国人の抗日戦争に関する歴史の記憶において、主要な部分を占めるようになった。これは、隠された過去の歴史事実が暴露されていく一つの過程だった。

教育部が1980年に公布した「全日制十年制学校における中高歴史科目の学

習指導要領」(「全日制十年制学校中学歴史教学大綱」)は、日本軍の暴行について教えることを要求していなかった。そのため、日本軍の暴行については、戦争の過程のなかでわずかに叙述されるだけだった。たとえば、「上海、南京の陥落」、「日本軍による『掃蕩』、『蚕食〔徐々に占領すること〕』、『清郷〔治安維持活動〕』」といった項目で確認できる程度だった。

ところが、中学校の1991年版歴史教科書『中国の歴史』は、はじめて「南京大虐殺」を単独の項目として採用し、記述を大文字と小文字に分けるようになった。大文字の箇所は、南京大虐殺の発生日時、場所、原因、被害人数などを記述し、4段落に分かれた小文字の箇所は、日本軍による漢中門、中山碼頭、草鞋橋での暴行と日本軍の軍官による「殺人競争」の事例を記述した。高校の1993年版歴史教科書『中国近代現代史』(必修下冊)は、南京大虐殺の状況を簡単に紹介した後、目撃者である史栄禄氏の証言を引用した。続いて、高校の1997年版歴史教科書『中国近代現代史』(必修)は、1段落目に、日本人記者の目撃談を追記した。その目撃談は、「埠頭の至る所で、黒焦げになった屍が一つ一つ重なっていた。それは、まるで積み上げられた屍の山のようであり、その屍の山の間では、50人から100人前後の人影がゆっくりと動いていた。また、これらの屍は、川辺へと引きずられ、川の中に放り込まれた。うめき声やもだえ苦しむ声、鮮血で痙攣した手足、無言劇のような静寂さが、我々に深刻な印象を与えた」という内容だった[25]。この目撃者の証言、とりわけ日本人記者の証言が歴史教科書に追加され、これらの証言が、南京大虐殺の史実の描写に臨場感と説得力を与えたのだった。

加えて、抗日戦争時の日本軍の暴行に関して、それらの史実を記述した紙幅は次第に増えていき、南京大虐殺に限られた話ではなくなった。たとえば、歴史教科書では「残虐な統治」、「野蛮な略奪」といった章や節が追加され、日本の中国に対する植民統治の実態——たとえば保甲制度、細菌部隊、奴隷化教育、中国の資源や土地や農産物の略奪、労働者の虐殺など——を暴露していった[26]。つまり、日本軍の暴行に関する内容は多様化していき、それらを示す図版も次第に増えていったことで、文字による描写が生々しいものとなり、こうして学生の視覚に訴えることで、人々の心を震撼させるようになった。

教育部が2000年に公布した「九年制義務教育における全日制中学の歴史科

目の学習指導要領」（「九年制義務教育全日制初級中学歴史教学大綱」）と「全日制普通高校における歴史科目の学習指導要領」（「全日制普通高級中学歴史教学大綱」）は、「日本帝国主義による残虐な植民統治」を主題の一つに設定し、抗日戦争における日本軍の暴行に関して単独の項目を設けた。これによって、歴史教科書にも、日本軍の残虐行為について１項目立てられた。

　しかし、今世紀に入ってから教育改革がおこなわれると、新しい「課程標準」に依拠した歴史教科書は、従来の内容を精査して削減や調整をおこなった。〔今では、〕日本軍の中国侵略にともなう犯罪行為のうち、わずかに南京大虐殺という１節だけが残されている[27]。

　以上のような小中高の歴史教育の変化に合わせて、国家レベルの記念施設が設置されたり、記念儀式が実施されたりするようになった。たとえば、「侵華日軍南京大虐殺遇難同胞記念館」（1985年開館）、「中国人民抗日戦争記念館」（1987年開館）、「侵華日軍731部隊罪行陳列館和遺址記念館」（1985年開館、1995年と2015年に新館開設）、「重慶抗戦遺址博物館」（2005年竣工）などである。共産党中央は、1994年８月23日に「愛国主義教育実施綱要」を公布し、1997年６月から施行した。これに前後して、「全国愛国主義教育模範基地」が５期に分かれて計394ヵ所設けられ[28]、とりわけ、抗日戦争にかかわる模範基地は約70ヵ所にのぼった。また、南京大虐殺を記念する活動は1994年に始まり、その記念活動は地方色を押し出したものだった。2014年２月27日、全国人民代表大会第12期第７回会議は、「南京大虐殺の遭難者に対する国家追悼日の設立に関する決定」を決議し、2015年からは毎年12月13日を「南京大虐殺死難者国家追悼日」とすることを決めた。

　この時期、大衆メディアの抗日戦争に関する報道も、革命の英雄主義の叙述から、被害や苦難を中心とする叙述へと変化していった。中央電視台は、『重慶大爆撃（「重庆大轰炸」）』全５集（2011年）、『1937・南京の記憶』全５集・１集50分（2014年）、『731』全５集（2015年）といったドキュメンタリー番組を制作した。ある研究によれば、2005年から2015年までの10年間の『人民日報』では、抗日戦争に関する報道のうち、「被害」をテーマにしたものが「抵抗」をテーマとしたものよりも３倍強にのぼった、とのことである。また、類似の別の研究によれば、2009年から2014年までのメディアにおける抗日戦争に関

する報道のうち、「犠牲と苦難」をテーマにしたものが51%にのぼり、〔それに次ぐのが〕「栄光と勝利」の21%、「復興と夢」の19%とのことだった。したがって、抗日戦争を研究する学者たちは、「抵抗」の記憶が「地方化」され（地方のレベルでしか共有されなくなること）、周辺化されている、と考えるようになった。つまり、中国の抗日戦争の叙述は、悲しい内容を主とするようになり、中国を「戦争の被害者」として描くようになったのである[29]。

　他方で、映画やドラマ、文芸作品は、歴史教育や国家レベルの記念施設、記念儀式、そして官製メディアと比較すれば、政治色が弱く、市場原理にも配慮せざるを得ない、とは言えるだろう。しかし、それでも、1980年代半ば以降、抗日戦争における日本軍の暴行の事実を記録し暴露する映画やドラマが大量にあふれ出すようになった。代表的な作品には、次のようなものがある。『南京・血の証し（「屠城血証」）』（羅冠群、福建・南京電影制片廠、1986年。これは中国で南京大虐殺を題材にした最初の映画である）、『赤いコーリャン（「紅高粱」）』（張芸謀、西安電影制片廠、1987年）、『黒い太陽七三一戦慄！　石井七三一細菌部隊の全貌（「黒太陽731」）』（牟敦芾、香港銀都、1988年）、『晩鐘』（呉子牛、八一廠、1988年）、『南京1937』（呉子牛、龍詳影業、1996年）、『鬼が来た！（「鬼子来了」）』（姜文、華芸影視、2000年）、『紫の落陽（「紫日」）』（馮小寧、2001年）、『黄河絶恋』（馮小寧、上影、2005年）、『闘牛』（菅虎、2009年）、『南京！　南京！』（陸川、2009年）、『一九四二年』（馮小剛、華誼兄弟、2012年）、『三十二』（郭柯、四川光景深処文化伝播・北京良友文化伝播、2011年出品、2014年3月と11月にアメリカと中国でそれぞれ公開）、『二十二』（郭柯、四川光景深処文化伝播、2014年出品、2017年8月1日、中国で公開開始）などである。

　これらの映画は、国家間もしくは民族間の対抗という描写のもとで、戦争の残酷さや侵略者の暴行を明らかにした。たとえば、『南京・血の証し』、『黒い太陽七三一戦慄！　石井七三一細菌部隊の全貌』、『三十二』、『二十二』などがそうである。しかし、他方では、戦争における個人の被害状況に注目し、人間性そのものや、戦争が人間性を破壊すること自体に焦点をあてるものもあった。たとえば、呉子牛の『晩鐘』や『南京1937』、馮小寧の『紫の落陽』や『黄河絶恋』、陸川の『南京！　南京！』などである。また、姜文の『鬼が来た！』や菅虎の『闘牛』は、懐疑的で細部にこだわるまなざしで、もしくは反骨精神

のまなざしで、戦時下の〔どこにでもいる〕一人の人物に焦点をあてて、その人生を描き出した。要するに、これらの映画は、〔少し間違えれば〕荒唐無稽なポストモダンの色彩につつまれ[30]、国家レベルの叙述や民族主義の主流の叙述を瓦解させながら、世俗化へと向かっていったのである。これらの映画は、政党や階級のロジックを早々と打破し、国家や民族〔の範囲〕を超越する傾向にあったため、〔一部の人たちからは〕非難を受けたのだった。

　既述したように、国家レベルの歴史観は、文化大革命終結後、とりわけ1980年代半ば以降、政党と階級を重視する立場から、現代の国家意識と民族アイデンティティを重視する立場へと変化していった。これによって、中国の抗日戦争の歴史に関する集団記憶も、歴史教育や大衆メディア、映画、ドラマ、文芸作品などによって、再構築されていった。この歴史記憶の再構築の特徴は、次の2点に集約される。第1に、階級史観や政党の立場から覆い隠されてきた歴史事実が暴露されたことだった。ここには、国民党の「正面戦場」の史実やそれに対する評価、さらには、日本軍による戦争犯罪の暴露が含まれていた。第2に、新しく明らかとなった歴史事実を基盤にして、歴史の記憶が再構築され、抗日戦争に関する新しい認識が形成されたことである。

おわりに

　総じて言えば、中国における国家レベルの歴史観は、1949年の人民共和国の成立以来、革命史観や階級史観から国民国家の意識を確立する史観へと変化していった。これは、抗日戦争に関する歴史記憶の構築が、政党や階級の立場を離れて、全民族による抗日戦争の記憶を構築し再建するという複雑な過程を経たことを意味している。

　1980年代半ば以前の中国は、抗日戦争の歴史記憶を構築する際に、一部の歴史真実を隠していた。たとえば、国民党の「正面戦場」や日本軍の大部分の戦争犯罪についてである。その原因の一つは、共産党が政党と階級の立場を強調したからだった。また、別の原因として、抗日戦争終結後の国共内戦や冷戦によってもたらされた特殊な政治情勢や各種の政治運動が抗日戦争の一部の歴史を見えにくくしたからだった。その特殊な政治情勢には、日本との関係を

〔戦後に〕修復することも含まれていた。

　しかし、1980年代半ば以降、国際環境と国内の社会状況が変化したことにより、「覆い隠されてきたものを暴露する」過程は進んでいった。それらは、いわば開放された環境のもとで進展してきた歴史研究の成果に依拠するものだった。この時期の歴史研究は、大きく前進したのである。加えて、この過程が進んだのは、日本国内における日中戦争に関する論争に反応したからでもあった。

　この「覆い隠されてきたものを暴露する」過程は、戦争に対する世界規模での反省の過程からすれば、もしかしたら滞ってきた領域の一つだったかもしれないし、あるいは、〔今さらそのようなことをおこなうことは遅きに失しているという意味で〕誤っていることなのかもしれない。しかし、いずれにせよ、この変化は、抗日戦争終結後に特殊な歴史を経てきた中国にとっては、必然的なものでもあった。

　本稿は、現在の中国の学術界における当該テーマの研究について、簡単な整理をおこなったものである。ここから確認できた一つの変化は、抗日戦争に関する歴史の記憶が客観的になりつつあることである。しかし、私たちが中国の抗日戦争に関する記憶を構築し、〔現在のように〕再構築へと向かっている過程から啓発を得られるかどうかは、つまり、加害者であろうが被害者であろうが、戦争の史実から「覆い隠されてきたものを暴露する」過程そのものは、集団記憶の構築において、とても重要な意義をもっている。もし日中両国（韓国などの東アジア諸国を含む）が、自民族の戦争に関する記憶を構築する過程で、過去の戦争の歴史のなかで隠されてきた部分を十分に明らかにし、その過程そのものを共有できれば、日中両国および東アジア諸国が共通の「記憶の場所」を構築し、「記憶の共有」を実現して、歴史の和解へと進むのではないだろうか。

1　保羅・康納頓（納日碧力戈訳）『社会如何記憶』上海人民出版社、2000年、10頁。

2　著者の研究範囲には限界がある。そこで本稿では、1949年の人民共和国成立から現在までを限定的に論じることにしたい。つまり、本稿では、日中戦争終結後の1945年から1949年までの時期と台湾については扱わないことにする。

3　労拉・赫因、馬克・塞爾登編（聶露訳、尹鈦校閲）『審査歴史——日本、德国和美国

的公民身分与記憶』社会文献出版社、2012年、序言2頁。

4　盧蕊「愛国主義在百年中小学歴史教科書中的変遷研究」河北師範大学修士学位論文、2016年、81‐83頁〔万方数据文献 http://www.wanfangdata.com.cn/〕。

5　郝佩林「建国以来中小学歴史教科書変遷的課程観因素」揚州大学修士学位論文、2015年、46‐50頁〔万方数据文献 http://www.wanfangdata.com.cn/〕。

6　盧蕊前掲論文、95頁。

7　『九年義務教育全日制初級中学歴史教学大綱（試用）』1992年〔http://www.pep.com.cn〕。

8　『全日制普通高級中学歴史教学大綱（試験修訂版）』2000年〔http://www.pep.com.cn〕。

9　中華人民共和国教育部『全日制義務教育歴史課程標準（実験）』北京師範大学出版社、2001年。中華人民共和国教育部『普通高級中学歴史課程標準（実験）』人民教育出版社、2003年。

10　前掲『審査歴史』序言3頁。

11　「全日制十年制学校中学歴史教学大綱」1980年、課程教材研究所編『20世紀中国中小学課程標準・大綱彙編（歴史巻）』人民教育出版社、2001年、412頁。

12　初級中学課本『中国歴史』第4冊、人民教育出版社、1980年2月（第2版）、97頁。

13　初級中学課本『中国歴史』第3冊、人民教育出版社、1982年6月（第1版）、94‐98頁。

14　雪珥「抗戦記憶的変遷──従教科書看歴史観的転変」（http://www.sohu.com/a/30867009 244071(20171203、2015年9月7日閲覧）。

15　初級中学課本『中国歴史』第4冊、人民教育出版社、1982年6月（第1版）、101頁。

16　洛辰「中国歴史課本中的"南京大屠殺"」（http://www.sohu.com/a/3075525 245060/20171116、2015年9月6日閲覧）。

17　鄭毅「中韓日"戦争記憶"的差異与歴史認識重構」『日本学刊』2016年第3期。

18　左丹丹「"国族神話"的建構与消解──論大陸抗戦電影的歴史変遷（1949‐2013）」『文芸評論』2014年第2期。

19　王剛「20世紀80年代以来初中歴史教学中抗日戦争史内容演変研究」西北師範大学修士論文、2007年、10頁〔万方数据文献 http://www.wanfangdata.com.cn/〕。

20　初級中学課本『中国歴史』第3冊、人民教育出版社、1987年12月、67頁。

21　同上書、68頁。

22　同上書、66‐67頁。

23　王剛前掲論文、14頁。

24　左丹丹前掲論文。

25　洛辰前掲論文。

26　詳細は、初級中学課本『中国歴史』第3冊、人民教育出版社、1992年4月、63‐65頁。

27　王剛前掲論文、7頁。

28　「全国愛国主義教育模範基地」は、1997年6月（100ヵ所）、2001年6月（100ヵ所）、2005年11月（66ヵ所）、2009年5月（87ヵ所）、2017年3月（41ヵ所）の5期に分けて選定された。

29　張正昕「抗戦記憶的框架構建──基於〈人民日報〉的報道議題分析」『新聞研究導刊』2015年9月。

30　左丹丹前掲論文。

訳者注

〔1〕 中国における中学校とは、中等教育学校のことを指す。日本の中学校にあたる初級中学と日本の高等学校にあたる高級中学を含んだ概念である。下記、日本語訳では、原文の「中小学」を小中高、「中学」を中高、「初級中学」を中学、「高級中学」を高校と訳す。

〔2〕 「課程標準」と「教学大綱」は、教育部が制定した各教科の教育内容に関する概要基準のこと。これは、日本における「学習指導要領」にあたるので、日本語訳では両者を「学習指導要領」と記す。

〔3〕 日中戦争を扱った映画やテレビドラマなどにおける、現実離れしたストーリーを表すインターネット上のスラング。

〔4〕 横店とは、浙江省金華市横店鎮にある横店影視城のことを指す。ここは世界最大規模の映画スタジオで、中国版ハリウッドと言われている。

〔5〕 1941年1月、安徽省南部で起きた国民政府軍と新四軍との武力衝突事件。

第 5 章
戦後から国交正常化まで
――1952−72年

田中角栄首相と大平正芳外相（後方中央）の訪中（1972年9月25日）。北京空港にて出迎える周恩来首相。日中国交正常化へ

日本 ┃ **戦後から平和友好条約へ**

井上正也（成蹊大学）

はじめに

　本稿は、講和条約の締結から日中平和友好条約の締結に至るまでの日中関係を対象に、両国との間でいかなる争点が存在し、日本側の政策決定者が各争点をどのように認識していたかを明らかにする[1]。

　戦後日本にとって中華人民共和国（以下、中国）との外交関係の再構築は大きな外交課題であった。しかし、両国の接近を阻んだ最大の要因はアジアの冷戦構造であった。1949年に成立した中華人民共和国は、ソ連との間で中ソ友好同盟相互援助条約を締結し、朝鮮戦争に参戦したことで、アメリカとの間で全面対立へと陥った。これ以後のアジア冷戦は米中対立を軸に展開されたといっても過言ではない。

　ところが、1971年に米中関係は対立から和解への劇的な転換を迎える。米中両国を接近させた要因は、中ソ対立による共産主義ブロックの分裂と、ベトナム戦争におけるアメリカの苦境であった。中ソ対立と米中接近というアジア冷戦の構造転換は、1970年代における日中両国の接近を促し、国交正常化から平和友好条約へとつながる日中復交の推進力となったのである。

このように日中関係に決定的影響を及ぼしたのは、両国を取り巻くアジアの冷戦構造であった。西側陣営の一員として国際社会への復帰を進めていた戦後日本が、対中外交で選択できる幅は限られていたのである。

しかしながら、そのことは日中両国間に存在した個別の争点の存在を無視してよいわけではない。日米安全保障条約をめぐる安保問題が日本外交の構造を規定するものであったとすれば、アジア冷戦の副産物として誕生した「二つの中国」問題（台湾問題）は、日中双方の外交当局者にとって具体的な政策事項であり、国交正常化における最大の争点であった。

また戦後の日中両国が公式の外交関係をもてないなか、代わって発展した民間レベルでの交流も、これらの争点とは無縁ではなかった。日中関係史でしばしば言及される「政経分離」と「政経不可分」の対立は、安保問題や「二つの中国」問題をめぐる日中両国の認識の相違に起因するものであった。

以上の問題意識をもとに本稿では、戦後日中関係の歴史を俯瞰しつつ、①「二つの中国」問題、②日中民間関係、③日中復交過程、の3点を中心に両国間でいかなる認識の相違が存在したかを明らかにしたい。

1.「二つの中国」問題

1.1 日華平和条約の締結

東アジアにおいて東西冷戦構造が明確になるのは、1949年から翌50年にかけてである。中華人民共和国の建国と中ソ友好同盟相互援助条約（以下、中ソ条約）の締結によって、ユーラシアにおける巨大な共産主義ブロックが誕生した。中ソ同盟の形成は、占領統治下にあった日本にも大きな影響をもたらした。中ソ条約は、第1条に「日本国」または「日本国と連合する他の国」の侵略と平和の破壊を防止すると明記され、日本を主要な対象としていたためである。

1950年6月に朝鮮戦争が勃発すると、アジアにおける米中対決は決定的となった。日本列島の戦略的価値の増大にともなって、米国を中心とする対日講和に向けた動きも本格化した。こうしたなか、吉田茂政権は、サンフランシスコ講和条約と同時に日米安全保障条約を締結することで、独立後の日本本土へ

の米軍の常時駐留の継続を受け入れることを決定した。

　また中国との関係についても、吉田政権は、「全面講和」を否定し、1952年4月、国共内戦に敗れて台湾に逃れた蒋介石の中華民国政府（以下、国府）との間で日華平和条約を締結した[2]。日本の国府との講和は、日中の政治的接近を阻止したい米国のダレス国務省顧問の要請（第1次吉田書簡）によるものであった[3]。

　しかし、日本政府は、当初、国府との間で全面的な講和条約を締結する意図はなく、できれば将来の中国大陸との関係の余地を残したいと考えていた。事実、日華平和条約の締結に際して、日本政府は、「限定承認」という国際法上前例の無い概念を用いて、同条約の適用範囲が、国府の実効支配している領域に限定され、中国大陸に法的影響をもたらさないという立場をとろうとした。また「平和条約」という名称を避けて、地方政権との協定に近い体裁をとりたいとも考えていた。

　ところが、国府側は、戦争賠償の放棄などの具体的譲歩を日本に示す一方で、中国の正統政権として条約を締結することを強く主張した。そのため交渉は難航し、結果的に締結された日華平和条約には、戦争終了や賠償放棄といった項目が盛り込まれることになり、中国の代表政権との間で結ばれた「講和条約」の色彩を強く帯びる結果になったのである。

　日華平和条約の存在は日中国交正常化を実現するうえでの大きな障碍となった。日華平和条約の締結後、日本政府は、国府が「中国の代表者」であるという建前から、日華平和条約を締結したという立場をとるようになった。そして、同条約の戦争終了条項は、適用範囲にかかわりなく発効したとして、その法的有効性を主張したのである[4]。

　一方、中国側はこのような日本側の姿勢に激しく反発した。サンフランシスコ講和条約発効と日華平和条約の調印直後に、中国政府は各国の在外公館にすべての対日接触を禁じる指令を下し、これらの条約に断固反対する姿勢を固めた。そして、これ以降、吉田政権を標的にした「軍国主義復活」キャンペーンが展開されることになるのである[5]。

1.2 二重承認の模索と挫折

　かくして、戦後日中関係は、両国による国交関係が存在しないまま幕を開けた。日本政府は、台湾の中華民国との間で条約関係をもちながら、中国大陸の中華人民共和国といかなる関係を築いていくかといういわゆる「二つの中国」問題に直面することになった。

　この「二つの中国」問題のジレンマを解決するシナリオは、理論上次の三つが考えられた。第1は国府の大陸反攻による全土再統一である。第2は、中国による台湾併合である。そして、第3は、国府が「台湾の政権」として独立の道を歩むことである。これらのうち、第1は、国府軍の能力から実現性のないシナリオと見られており、第2も米軍が国府を支援しつづける限り、台湾の軍事的失陥はあり得ないという見方が強かった。

　日本をはじめ多くの西側諸国が望んだのは第3の選択肢であった。彼らは国府が大陸反攻の旗を下ろし、事実上の「一つの中国、一つの台湾」が成立すれば、台湾との外交関係を維持したままで、改めて中華人民共和国を承認する二重承認が可能になると考えたのである[6]。

　しかし、中台分断状況の固定化は、当事者である国府と中国政府双方からの抵抗が予想された。実際、1950年代の2度の台湾海峡危機の最中に、国際社会で「二つの中国」論が盛んになると、中国政府はこれに激しい反発を示した。また国府も中華民国の旗を下ろすことには強く反対した。両政権にとって「二つの中国」を受け入れることは、中国人としてのナショナル・アイデンティティを損なうことに等しく、政権の正統性にもかかわる問題であった。それゆえ、1950年代後半から国共両政府は、互いに対立しながらも徐々に反「二つの中国」という点で一致するようになっていたのである[7]。

　両中国からの反発を恐れた日本政府は、率先して「二つの中国」問題の解決に向けて動くことは避けたいと考えていた。日本政府の姿勢は、関係国による多国間協議によって「二つの中国」問題の最終決着を図るか、いずれかの国が率先して中国を外交承認することで、二重承認の先例をつくってくれれば、日本が後に続けるという他力本願な考えに基づいていたのである。

　第1の多国間協議の舞台として日本が期待をかけたのが国際連合であった。

国際連合では、設立以来、原加盟国である中華民国が、主にアメリカの支援を受けて、「中国の代表」として総会並びに安全保障理事会常任理事国の議席を有していた。そのため、中華人民共和国は建国直後から、中華民国の国連代表議席の剥奪を主張しており、国連でも議論になっていたのである。日本政府は、この国連中国代表権問題について、中華民国の国連議席を残したまま、新たに中国政府を国連に加盟させることができれば、「二つの中国」の共存を実現する足がかりになると考えたのである[8]。

　しかし、国連における「二つの中国」加盟の実現は容易ではなかった。中国政府に好意的なアフリカの新興独立国が国連に加盟し、国府の議席維持が危ぶまれるようになった1961年、米国を中心とする西側諸国の間で、中国の国連加盟と中華民国の国連議席の確保をめぐる本格的な議論がはじめて交わされた。だが、ここで難航したのは国府の説得であった。蒋介石は国連での中国加盟を視野に入れた決議案が通れば、中華民国は国連脱退を辞さないという瀬戸際外交をとることで強い抵抗を示したのである。そのため、中国代表権論議は進まず、実質的な棚上げを意味する重要事項指定案が新たに採択され、以後1971年のアルバニア決議案の採択まで、中国政府は国連加盟を阻まれることになった[9]。

　このとき、日本の池田勇人政権は、内心では国連中国代表権問題を通じた「二つの中国」問題の打開を望んでおり、米欧諸国に水面下での働きかけを進めていた。しかし、最終的には対米関係を重視し、重要事項指定案の共同提案国になることを選択したのである[10]。

　第2の他国の先例として期待されたのが1964年1月のフランスの中国承認であった。フランス政府は、対中国交樹立に際して、台湾との関係について、北京からいかなる前提条件も受け入れない立場を公式にとっていた。そのため、池田政権は、中仏国交樹立が、国府やアメリカの政策転換につながり、結果として「二つの中国」問題の打開の糸口になるのではないかと期待したのである。

　しかし、中国政府と国府による二重承認を認めない反「二つの中国」の意思は堅かった。中仏共同宣言が正式に発表されると、中国はフランスへの圧力を強めた。その結果、ド・ゴール（Charles de Gaulle）政権は国府との断交への意思を固める。フランスの中国承認政策が覆らないと判断した国府は対仏国交断

絶を決断したのである[11]。

　結局、国際的孤立も厭わない国府の強硬姿勢を前に日本政府も「二つの中国」承認を断念せざるを得なかった。1964年3月5日、外務省は「中国問題をめぐる統一見解」を発表した。この見解では、中国が国連に円満な形で加盟すれば、「中共との国交正常化を考慮する」との内容が、はじめて政府の公式見解として盛り込まれた。しかし、同時に「台湾にある国民政府と中国大陸にある中共政権の双方が、中国全体の主権者であるとの立場を主張している限り、わが国として双方と同時に外交関係をもつことは事実上不可能である」と「二つの中国」を二重承認する可能性を公式に否定したのである[12]。

2. 民間貿易の時代

2.1 「政経分離」対「政経不可分」

　前節にみたように、日中両国間の政府間関係は長らく断絶状態にあったが、すべての関係が断絶していたわけではない。国交正常化以前の日中関係の特徴の一つに、民間貿易を中心とする様々な非政府アクターの交流が活発であった点が指摘できる[13]。

　ただし、民間交流といっても、日本側は民間団体がこれを担ったことに対して、中国側のそれは、人員、組織ともに中国政府に統括されていた。その意味で、日中民間交流は非対称関係にあったことは否めない。いずれにせよ、国交をもたない状況で進展した民間関係は、戦後日中関係の特殊性を象徴するものであったといえよう。

　占領下日本の対中貿易は、連合国軍総司令部の命令によって全面禁輸に近い状況であり、講和後もアメリカとの間で対中貿易統制に関する秘密協定が締結されたことから、ひきつづき取引可能な貿易品目が厳しく制限されていた[14]。

　しかし、日本国内では、日中戦争期には対外輸出の3割以上を占めた中国市場への期待は依然として高く、とりわけ、関西財界を中心に対中貿易再開を求める声は強かった。1954年9月に発足した日本国際貿易促進協会に、財界人や保守系政治家が広く参集したことが示すように、当時は保革のイデオロギー

を問わず、中国市場への熱い眼差しが向けられていたのである[15]。

こうした動きを後押ししたのは中国の「人民外交」であった。中国政府による「人民外交」の本格化は、1954年10月に中ソ両国が、日本との関係「正常化」への希望を表明した対日共同宣言を発表してからである。この背景にはスターリンの死去を契機とする朝鮮戦争休戦、インドシナ休戦協定の締結といったアジアの緊張緩和があった。中国政府は、増大した軍事支出を抑制し、第1次5ヵ年計画によって国内経済を再建させるためにも、朝鮮戦争以来の武装闘争路線を転換する必要があったのである。

中国側が目指したのは、民間交流による「人民」への働きかけを通じて、日本国内の親中勢力を拡大し、将来的な日米離間を実現することにあった。そのために日本の各界への招待外交による人民間の連帯強化と、各種の民間協定の締結を通じた「積み上げ」方式によって、日中関係を拡大する方針がとられた。こうした方針は「以民促官」と呼ばれ、中国の対日政策の基本線となった[16]。

このような日本側と中国側の思惑の合致もあって日中民間交流は急速に拡大した。1954年12月の鳩山一郎政権の発足前後から、国会議員、文化、学術、労働団体による訪中が急速に増加した。中国側からも1954年10月に李徳全が、残留日本人の帰国問題を協議すべく中国政府の閣僚級高官としてはじめて訪日した。

また、日中貿易においても、1952年以降、往復3000万ポンドのバーター取引からなる民間貿易協定が2度にわたって締結された。そして、1955年5月に締結された第3次日中民間貿易協定では、決済方法の改善、双方の見本市展覧会の開催、政府間協定の締結が協定本文に規定されるなど大きな進歩が見られたのである。

しかしながら、両国政府による日中関係の「積み上げ」方式は同床異夢にあった。日米離間を目指した中国政府の思惑とは対照的に、日本政府の対中基本方針は、あくまでアメリカを刺激しない非政治領域の交流に限定する「政経分離」の枠を出ないものであった。1955年8月にジュネーブで米中大使級協議が開始されると、中国政府は、米中協議に続いて、日本に対しても国交正常化に向けた全般的な協議の開催を呼びかけた。だが、日本政府は、残留日本人の帰国問題以外の協議をおこなわない姿勢を示したため、日中政府間交渉は実現

しなかった[17]。

　かくして、日中関係を経済・文化交流に留めようとする日本側の「政経分離」と、民間関係の発展を政治関係に結びつけようとする中国側の「政経不可分」の矛盾は徐々に顕在化する。日中関係が明確に対立へと転じるのは、1957年2月に発足した岸信介政権のもとであった。米国の理解を取り付けることで対中貿易の拡大を図ろうとする岸政権に対して、中国政府は、岸の東南アジア歴訪における反中的な発言を理由に「岸批判」を展開した。そして、1958年5月に発生した長崎国旗事件を機に、中国政府は、民間交流の全面断絶を決定するのである[18]。

　中国政府による一方的な対日断絶の背景には毛沢東の対米闘争の強化があった。スターリン死後の社会主義陣営における盟主の自負を深めた毛沢東は、「向ソ一辺倒」からソ連との対等性を求めるようになった。そして、社会主義陣営の優位を確信した毛は、西側諸国との「平和共存」を模索するソ連首脳部とは対照的に、反米闘争を強化していたのである。

　中国の対日断絶は、反米統一戦線を形成するうえでの「人民外交」における手段の変化を意味した。中国政府は、日本人民に広範な働きかけをおこなう「以民促官」から、対米追従と規定した岸政権との交流を断絶する一方、日本共産党や日本社会党の友好人士への働きかけを強化していく「断而不絶」へと戦略を転換したのである[19]。

　日米離間を目指した中国がもっとも期待をかけたのが安保闘争であった。社会党は、1958年11月、警察官職務執行法改正法案の国会提出に対して、大衆闘争による反対運動を展開して廃案に追い込んでいた。中国政府は、警職法に続いて浮上した安保条約改定問題によって、日本国内に反米・反岸闘争が高揚していることに着目し、岸政権への対決姿勢を打ち出したのである。

　しかし、結局のところ、中国は安保闘争支援を通じた日米離間を実現できなかった。新安保条約が成立し、岸政権の退陣後におこなわれた衆議院総選挙でも、自民党の優位は揺らがなかった。1958年以来の中国の対日強硬路線は、社会党や日本国際貿易促進協会を反米統一戦線に取り込むことに成功した反面、国内世論に広範に存在した親中ムードを大きく損なう結果に終わったのである[20]。

2.2 友好貿易とLT貿易

　長崎国旗事件を機に強硬政策に転じた中国であったが、1960年8月に「貿易三原則」を日本に提示して民間貿易の可能性を示唆するなど、再び対日姿勢の緩和を図った。

　中国政府の政策転換の背景には、「大躍進」政策の破綻と中ソ対立の進展があった。中国国内での経済システムの崩壊によって大量の餓死者が発生し、さらに中ソ貿易も激減したため中国は経済面で苦境に立たされていたのである。

　しかし、「政経分離」と「政経不可分」の矛盾を抱えるなかで、中国側は無条件で貿易再開を受け入れたわけではなかった。1950年代の対立の再燃を避けるために中国側が導入したのは友好貿易という新しい貿易方式である。友好貿易とは、中国側の政治条項に同意し、日中貿易促進会や日本国際貿易促進協会から友好商社として推薦された企業のみが貿易に参入できる制度であった。

　とはいえ、「政経不可分」を前提とした友好貿易は、日本側には望ましいものではなかった。この友好貿易に対抗して「政経分離」を前提とした貿易再開を目指すべく、1962年6月、財界人の岡崎嘉平太は、友好商社とは異なる企業団体を結成して、新たな貿易協定を締結する岡崎構想を官邸に提出した。岡崎構想の狙いは、友好貿易では不可能であった大型機械やプラントの延べ払い輸出を含めた取り決めを提示することで、中国側に政治的条件の受け入れを前提としない貿易協定を受け入れさせることにあった。

　問題はこの岡崎構想を、どのようにして中国側に受け入れさせるかであった。この交渉を担ったのが自民党の親中国派の代議士であった。自民党親中国派の起源は、岸政権期に中国側が保守政界の分断を図るべく、自民党内の反主流派に訪中を働きかけたことにさかのぼる。1959年9月に訪中した石橋湛山前首相、翌月に訪中した松村謙三は、帰国後、党内で日中関係打開の立場を明確にして、彼らの派閥を中心に親中国派が形成された[21]。

　彼らが重要な役割を果たすのは池田政権が誕生してからである。松村や高碕達之助は、水面下で池田政権と協力して日中関係を前進させようとした。こうしたなか、彼らの動きは岡崎構想と結びつくことになる。1962年9月、まず松村が訪中して中国側と新たな貿易方式を進める大枠を合意した。そして、続

いて業界団体を引き連れて訪中した高碕が、11月9日に廖承志との間で「日中長期総合貿易に関する覚書」（高碕と廖の頭文字をとってLT貿易と称された）を調印したのである。

このLT貿易協定の締結によって、日中民間貿易は再び軌道に乗り拡大しはじめた。日中両政府の思惑を反映したLT貿易と友好貿易という二つの方式が競合しつつ展開されることになるのである。

しかしながら、軌道に乗りはじめたLT貿易も、「二つの中国」の政治闘争の影響を受けて再び停滞を余儀なくされる。池田政権による日中接近に対して国府は警戒心を強めていた。国府の反発は、1963年8月、池田政権がビニロン・プラントの対中国輸出に際して、日本輸出入銀行融資による延べ払い輸出を承認したことで本格化した。続いて10月に中国訪日代表団通訳の亡命騒ぎに端を発する周鴻慶事件が起こると、国府は日本に対して国交断絶をも辞さない強硬姿勢を示したのである[22]。

この国府の反発は、自民党内の派閥抗争と連動することで激化した。対中接近を志向し、松村や高碕といった親中国派との関係を強める池田に対して、岸信介や佐藤栄作ら反池田勢力は、水面下で国府と連携して池田政権に圧力を加えたのである。

池田と反池田勢力の対立が深まるなか、両者を仲裁すべく動いたのが、政界を引退していた吉田茂元首相であった。1964年2月に台湾を訪問した吉田は蔣介石と会談をおこない、国府の対日不信を和らげた。だが、その代償として5月に吉田書簡（第2次吉田書簡）が台湾に送付される。この吉田書簡は、池田政権が1964年内は中国向けプラント輸出に輸銀資金を用いないことを約束したものであった。これによって、池田政権の対中プラント輸出に歯止めがかけられるのである[23]。

とはいえ、1964年1月にフランスが中国を承認し、日中関係への世論の関心が高まるなか、国府の反発は、日中民間関係の拡大を阻止することはできなかった。同年4月に松村謙三が訪中して、日中記者交換協定と東京と北京の双方への常設貿易連絡事務所設置をめぐる覚書が取り決められた。そして、同年8月には東京に廖承志辦事処駐東京連絡事務所が、翌年1月には北京に高碕事務所がそれぞれ設置されるのである。

自民党内の外交路線をめぐる対立は、池田が病気のため退陣して佐藤栄作政権が成立すると一段と鮮明になった。1964年12月には親台湾派を中心としたアジア問題研究会（A研）、さらに翌年1月には親中国派によるアジア・アフリカ問題研究会（AA研）が相次いで発足する。このように1960年代前半を通じて、親中国派と親台湾派という対立軸が自民党内の派閥に沿って形成され、中国政策をめぐる党内対立は激化していくのである。

2.3　日中関係の停滞

　一般的に「親台湾派」との結びつきが強いと見られる佐藤栄作首相であるが、首相就任前には、側近が提案したビルマでの周恩来との会見を模索するなど、日中関係の進展に消極的であったわけではない。佐藤のブレイン・グループであるSオペレーションのメンバーには、柔軟な中国政策を主張し、緊張緩和を目的とした日中対話を進言する者もあった[24]。

　しかし、前節で見たように、中国政府と国府の双方が「二つの中国」に反対するなかで、日本政府も「二つの中国」の二重承認は不可能とする考えが広がりつつあった。こうした現実を踏まえて、佐藤首相も、日中貿易の進展は受け入れるが、国府を正統政府とする日本の中国政策を当面変える必要はないと考えていた。実際、政権発足前の政策勉強会で佐藤は「中国自身が双方とも"一つの中国"といっている。二つの中国というのは少し早い。漢民族を30年や40年の実情で、即断することは早すぎる。正統政府は国府ということだけでよい」と述べている[25]。

　だが、こうした佐藤政権の「政経分離」方針に、中国側は徐々に不信感を強めた。中国政府の対日姿勢を決定づけたのが、中国向け延べ払い輸出における輸銀融資問題である。前述したように、池田政権は「吉田書簡」によって、日本政府が1964年中は中国向けプラント輸出に輸銀資金を用いないと約束していた。そのため、1965年に入ると、佐藤政権が中国向けプラント輸出に輸銀融資を認めるかが政治争点となったのである。

　佐藤は日中関係の悪化を避けたいと考える反面、吉田茂や「親台湾派」の支持によって首相の地位を勝ち得たこともあり、これ以上の台湾からの反発を避けねばならなかった。また1965年2月にアメリカが北ベトナムに対する空爆

（北爆）を開始したこともあり、中国に対する「経済援助」と解釈されかねない輸銀融資に躊躇していた。そのため、佐藤首相は1965年3月末に輸銀資金の不使用を決定する。

　しかし、この決定に反発した中国政府は輸出契約の失効を通告した。さらに中国の不信を増大させたのは佐藤政権による台湾、韓国との連携強化である。この頃、佐藤政権は韓国との間で長年の懸案であった日韓基本条約の仮調印に踏みきり、台湾に対しても総額1億5000万ドルからなる第1次円借款の供与を決定していた。そのため、中国政府は、佐藤政権が「日本軍国主義」の復活を目指しており、韓国や台湾との「東北アジア軍事同盟」の結成を目指していると激しく批判したのである。

　中国の厳しい対日批判の背景には、中国共産党が主導していた「革命外交」への逆風もあった。米軍の北爆開始は、東南アジアへの「革命の輸出」を図ってきた中国に大きな打撃となった。中国政府は米国との直接戦争は慎重に回避していたが、今や米国との全面対決に備えなければならなくなった。さらに同年9月のインドネシアにおける「九・三〇事件」によって、東南アジア最大の盟邦であったインドネシア共産党も壊滅する。バンドン会議以来、脱植民地を掲げて、第三世界の支持を獲得してきた中国外交は完全な行き詰まりを見せたのである[26]。

　緊迫するアジア国際情勢のなかで、中国外交はかつて岸政権に対してとった政治闘争路線へと回帰していった。ベトナム反戦が高揚する日本国内の大衆運動に期待をかけ、ベトナム反戦と佐藤政権打倒を結びつけようとしたのである。

　そして、中国を取り巻く国際環境が悪化するなか、毛沢東は徐々に対外危機を背景にした「国内革命」に関心を向けるようになる。翌1966年5月より本格化した文化大革命の実態は、毛沢東が中国共産党内に広がりつつあった修正主義に対して、自らの復権を企図した権力闘争であった。文革の発動によって、中国の外交機能は完全に麻痺し、経済活動も長期にわたって停滞することになったのである。

　一方、日本側も中国の核軍備増強に懸念を抱くようになった。1964年10月に原爆開発に成功した中国は、1967年6月には水爆実験にも成功する。文化大革命で中国全土が混乱に陥るなか、佐藤首相は、合理的判断を失った中国指

導部が核を日本に向けることに強い懸念を抱いた。そして、「核の脅威」という点では中国はソ連以上に危険であるという認識を示すようになっていたのである[27]。

　日中両国の相互不信が高まるなかで、その犠牲となったのは政治的に中立な民間貿易を目指したLT貿易であった。LT貿易の開始から5年間の期限満了を迎えた1968年2月の日中民間貿易交渉は、中国側が佐藤批判を展開し、政治原則の受諾を日本側に迫ったために厳しい交渉となった。調印式は3月6日におこなわれたが、共同声明は日本側の抵抗にもかかわらず、中国側の主張する「政治三原則」と「政経不可分」に、日本側が「同意した」とする内容が盛り込まれた。さらにLT貿易は「MT貿易（覚書貿易 Memorandum Trade）」と呼称が変更され、協定は毎年の更新とされた。以後、毎年おこなわれる貿易交渉で、日本側は中国の厳しい批判を受けつづけた。日中関係は停滞の時代を迎えたのである[28]。

3.　国交正常化から平和友好条約へ

3.1　国交正常化

　1970年代の日中復交については、両国間ではその位置づけに違いが見られる。中国側は、国交正常化と平和友好条約を日中復交のプロセスにおける一体のものととらえる傾向が強い。しかし、日本側は対照的に、国交正常化と平和友好条約は別個のものと考える傾向が強い。なぜなら、日華平和条約を締結している日本にとって、日中間の「講和」はすでに成立したとする法的解釈をとっていたためである。日華平和条約の合法性を前提とする日本政府は、日中国交正常化に際して、平和条約の締結という形をとれなかった。そのため、国会批准を必要としない「共同声明」という形で、事実上の「戦後処理」をおこなったのである。そして、続く平和友好条約では、国交関係や戦争状態に関しては一切本文に明記しない形がとられた。

　それでは、なぜ中国側が日本側の求めた共同声明方式を受け入れ、日中国交正常化が成立したのであろうか。中国側の対日政策転換の最大の要因となった

のは、米中対決から中ソ対決へと移行したアジア国際情勢であった。

　1969年3月に勃発した中ソ国境での武力衝突によって、中ソ両国は国境で臨戦態勢を整えるに至った。ソ連からの先制核攻撃すら想定されるなかで、かつての「兄弟国」であったソ連は、中国にとって最大の軍事的脅威となった。

　中ソ武力衝突は、ベトナム戦争からの脱却を目指していた米国にとって大きな転換点となる。ニクソン政権は、対ソ連交渉における戦略的優位を確保するために対中関係改善の決意を固めた。その後、水面下での米中折衝を経て、1971年7月に日本を頭越しする形でおこなわれた米中接近は、日本国内に「ニクソン・ショック」と呼ばれる衝撃を与えた[29]。

　中ソ対決と米中和解は中国の対日戦略も劇的に転換させた。中国政府は、ソ連を主要敵と認識し、ソ連に対抗すべく、米国を含めた関係国を「一本の線（一条線）」のように団結させ、封じ込める戦略をとりつつあった。そのため、中国外交にとって、日本を対ソ連包囲網に引き込むことが、安保問題や台湾問題よりも重要な課題として浮上してきたのである[30]。

　もっとも、以上の情勢変化が、中国の対日政策にただちに反映されたわけではない。1971年6月、周恩来首相は後に「復交三原則」と呼ばれる原則を提示した。この原則は、国交正常化交渉の前提として日本が受諾すべき条件を提示したものであり、①中華人民共和国は中国を代表する唯一の合法政府である。②台湾は中華人民共和国の不可分の一部である。③日華平和条約は不法・無効であり、廃棄されねばならない、といったものであった。米中和解によって、中国政府は日米離間を追求する必要はなくなったが、日本の台湾への影響力を排除することは依然として重視していたのである[31]。

　一方、日本国内でも「ニクソン・ショック」を受けて状況が動きはじめていた。財界からは訪中団の派遣が相次ぎ、国内では「中国ブーム」が巻き起こった。そのため、日中国交正常化を求める世論の高まりを日本政府が無視することは難しくなりつつあった[32]。

　日本国内の議論を決定づけたのは1971年10月25日の国連中国代表権問題の決着であった。この日、国連創設以来、安保理常任理事国であった中華民国が国連から脱退し、中華人民共和国の国連加盟が実現したのである。これによって、これまで中国の正統政府として中華民国と国交を維持してきた日本の対中

政策は、その前提が大きく揺らぐことになった。外務省内でも日華断絶を前提とした日中国交正常化を支持する声が強まってきたのである[33]。

　1972年の日中国交正常化交渉を主導したのは専ら中国側であった[34]。佐藤政権が退陣して田中角栄が首相に就任したとき、中国側はすでに対日国交正常化への準備を開始していた。発足直後の田中政権に国交正常化交渉に入る決意を固めさせたのが、「竹入メモ」と呼ばれた公明党の竹入義勝委員長が中国からもち帰った周恩来との会談記録であった。7月27日からおこなわれた竹入・周恩来会談で、中国側は、日中交渉で①日米安保には触れず、1969年の佐藤・ニクソン共同声明にも言及しない。②「賠償請求権」の放棄、の2点を明らかにした。さらに台湾問題を共同声明や宣言に盛り込まず、国交正常化後の日台関係について「黙約事項」を設けることを提案したのである。

　中国側提案は、これまで争点であった安保問題や台湾問題に関して、中国側が柔軟な姿勢をとることを示唆していた。さらに周は戦争賠償の請求を公式に放棄することをはじめて明示した。中国側は国交正常化における対日要求を事実上、日華間の外交断絶に絞ることで、日本側に決意を促したのである。「竹入メモ」によって、中国側の決意を確信した田中首相と大平正芳外相は、国交正常化に反対する党内の親台湾派の反対を押し切り、8月末にハワイでの日米首脳会談に臨んだ。ニクソン大統領との会談で、対中国交正常化をめぐる米国の理解を取り付けた田中首相は北京に向けて出発したのである。そして、9月29日に日中共同声明を発表して、両国の国交正常化が成立した。

　20年以上外交関係が存在しなかった日中両国が、わずか4日間で交渉妥結に至った背景には、ソ連の対日接近を懸念して交渉を急いだ中国側と、親台湾派による巻き返しの機会を与えないために早期妥結を目指した日本側の思惑の一致があった。

　国交正常化交渉では、戦争終結の時期、賠償請求をめぐる法的問題、台湾の法的地位をめぐって対立する局面もあったが、最終的に両者の立場を整合させる形で共同声明が作成された。これらの争点は、日華平和条約の合法性を主張する日本側と、同条約を「不法」かつ「無効」とする中国側の主張の隔たりに起因するものであった。

　最大の争点であった台湾問題については、日本側は中国側の求めた「黙約事

項」を否定し、共同声明の調印後に大平外相が日華平和条約の「終了」に関する声明をおこなう形で合意が図られた。日本を悩ませてきた「二つの中国」の問題は、日華平和条約の「終了」と引き換えに日台民間関係を維持するという、これまでの日中関係の「政経分離」を逆転させる形で決着が付けられたのである。

3.2　日中交渉の停滞

　日中国交正常化の成立後、両国の残された最大の外交案件は平和条約の締結にあった。中国側は共同声明に続く次のステップとして、国会批准を必要とする平和条約の締結を目指した。しかし、当初短期間の交渉で可能と見られた日中平和友好条約は、予想に反して、さらに6年間の歳月を要した[35]。

　交渉が長期化した要因は、第1に対ソ戦略をめぐる日中両国の対立であった。日本を反ソ連包囲網に取り込もうとする中国に対して、日本政府が志向したのは中ソ等距離外交であった。この対ソ戦略をめぐる日中両国の思惑の食い違いが表面化したのである。

　第2に、田中政権の求心力の低下と自民党内の派閥対立の激化である。1972年12月の衆議院総選挙で、自民党が予想外の苦戦を強いられると、党内では反主流派による田中批判が強まり派閥抗争が激化しはじめた。そして、平和友好条約に先立つ実務協定（貿易・海運・航空・漁業）の一環として、日中航空協定交渉が開始されると、青嵐会を中心とする党内親台湾派は激しく田中と大平を攻撃した。こうした自民党の激しい派閥対立の影響を受けて、日本の対中外交もペースダウンを余儀なくされるのである[36]。

　そして、第3は中国国内の政治事情である。中国国内でも文化大革命がいまだ継続していた。1973年夏以降、西側諸国との関係改善を主導してきた周恩来に対する毛沢東からの批判が再燃して批林批孔運動へと発展する。そのため周の対日姿勢は硬直化せざるを得なくなった。

　中国政府が平和友好条約交渉を正式に申し入れたのは、実務協定交渉が一段落した1974年11月である。だが、田中政権は間もなく退陣したため、代わって発足した三木武夫政権との間で翌年1月から交渉が開始された。ところが、日中交渉は反覇権条項の扱いをめぐって早くも暗礁に乗り上げた。中国側は平

和友好条約の条文に、ソ連を念頭に置いた反覇権条項を挿入することを求めた。しかし、これに対して、対ソ戦略に巻き込まれることを懸念する日本側は、反覇権の宣言は条約に馴染まないとして反対したのである。

　交渉決裂を恐れる三木政権は、徐々に中国側に歩み寄りを見せた。1975年9月、日中外相会談で、宮澤喜一外相は、覇権反対は特定の第三国に向けられたものではないという「宮澤四原則」を提示した。日本政府は、反覇権に解釈の幅をもたせることによって、条約本文に反覇権条項を挿入する姿勢をはじめて示したのである。

　ところが、中国側は三木政権の提案に応じなかった。三木への不信感もあったが、何よりも大きかったのは、周恩来、毛沢東ら最高指導者が相次いで死去し、続いて「四人組」が逮捕されるという国内の政治的混乱であった。そのため、中国側では交渉どころではなくなり、三木政権下での条約交渉は完全に停滞したのである。

3.3　日中平和友好条約の締結

　1976年12月に成立した福田赳夫政権は、当初は中国国内の政治情勢を鑑み、日ソ関係の調整を優先した。当時、日ソ関係は、ミグ25亡命事件や漁業交渉をめぐって悪化していた。福田自身、北方領土問題の解決による日ソ平和条約の締結を望んでおり、また日ソ関係を軌道に乗せることで、来るべき日中条約交渉再開に際してソ連の牽制を和らげたいと考えていた。

　しかし、福田政権のソ連に対するアプローチは不調に終わった。ミグ事件や漁業問題をめぐって高圧的な姿勢を続けるソ連とは対照的に、先に変化を見せたのは中国であった。1977年7月、前年に失脚していた鄧小平が再復帰し、安定した外交態勢が確立されるなかで、中国政府は日中平和友好条約の交渉再開に向けて動き出したのである。

　中国側の変化の要因としては、従来からの対ソ戦略に加えて経済問題が大きな課題として浮上していたことが挙げられる。すなわち、中国政府は、1977年8月の第11回党大会で近代化建設を掲げ、国民経済発展10ヵ年計画を策定していた。中国にとって今や日本からの経済援助が近代化路線に不可欠の要因となりつつあったのである。

福田首相が、日中平和友好条約交渉に向けて、水面下で動き出したのは1977年秋からである。1978年2月から事務レベルでの日中予備交渉が開始された。さらに同時期、福田は自民党内の調整工作も開始する。条約締結をめぐる自民党内の対立はいまだ深刻であった。

　この最中の4月12日、尖閣諸島沖に中国漁船の一団が接近する事件が発生する。自民党内の条約反対派は、この機会に対中批判を強め、日本政府に具体的対応を求めた。しかし、福田政権は慎重に対応し、中国側も事件を偶発的なものと釈明して、間もなく漁船を領海外に移動させたために深刻化は避けられた。

　尖閣問題の沈静化が図られる一方で、福田は反対派との調整を乗りきり党内合意を固めた。元来、条約慎重派は、親台湾派の流れを汲む福田派に多く在籍していた。そのため、彼らも最終的には、福田政権の安定のために日中条約の締結に賛成せざるを得なかったのである。

　日中平和友好条約の事務レベル協議が北京で開始されたのは7月21日である。最大の争点は反覇権条項の表現であった。日本側は、日中条約の反ソ色を薄めるべく、条約が特定の第三国に影響を及ぼさないとする第三国条項の挿入を主張した。中国側が最終的にこれを受け入れ、8月12日に日中平和友好条約は調印されたのである。

　日中平和友好条約の締結後、日本政府は、この条約が日中間の問題であり、他の国には影響しないと説明した。福田首相自身も日中条約締結後は日ソ関係に本格的に取り組む考えであった。しかし、その時間は残されていなかった。1978年11月の自民党総裁予備選において、福田は大平正芳に予期せぬ敗北を喫して退陣したためである[37]。

　1979年1月には米中国交正常化が成立し、アジアにおいては新冷戦の潮流が明確になりつつあった。福田政権を引き継いだ大平正芳首相は、中国向け円借款（ODA）の供与に踏みきると同時に、対ソ姿勢については「西側の一員」としての態度を明確化した。そして、1979年末にソ連軍がアフガニスタンに侵攻すると、大平政権は米国と共同で対ソ制裁措置を取ることになる。条約交渉当時の本側の意図とは裏腹に、日中平和友好条約は中国側にとっては対ソ戦略の強化に寄与したのである。

おわりに

　本稿で明らかにしたように、戦後日中両国間には様々な点での認識の相違が存在した。最大の対立点はアジア冷戦を背景にした安保問題であった。日米安保条約を締結して西側陣営に属した日本政府と、日本「中立化」のために安保廃棄を目指す中国政府の認識は真っ向から対立するものであった。

　さらにアジア冷戦の副産物ともいえる「二つの中国」問題（台湾問題）をめぐっても日中両国の認識は大きく異なっていた。日華平和条約を締結した日本政府にとって理想的であったのは、国府との外交関係を維持したまま中国を承認することであった。しかし、中国政府と国府は一致して反「二つの中国」の姿勢を強めつつあり、両国には明らかな認識の対立が見られた。

　日中民間貿易をめぐる両国の認識の相違も、この安保問題と台湾問題に起因するものであった。民間交流による「人民」への働きかけを通じて、日本国内の親中勢力を拡大し、日米離間を実現しようとする中国側と、政治問題を切り離した形で貿易拡大を目指した日本側とは、まさに同床異夢であった。また1960年代以降、日中民間貿易の発展そのものが、中国政府と国府の政治的駆け引きの対象となった。こうした「二つの中国」の駆け引きは、自民党内の派閥抗争と連動することでいっそう激化したのである。

　こうした状況を一変させたのが中ソ武力衝突であった。ソ連の対日接近を恐れる中国側にとって対日関係の改善は急務となった。その結果、1972年の日中国交正常化交渉において、中国側は多くの点で日本側に譲歩を示した。中国側は賠償請求放棄という形で「戦後処理」を受け入れ、日米安保体制についても事実上容認した。また台湾問題についても、日華関係の外交断絶以外については柔軟な姿勢を示さざるを得なかった。米中和解の実現と対ソ包囲網の構築という新たな事態を前に、1950年代以来の争点であった安保問題と台湾問題にはじめて妥協の余地が生じたのである。

　しかし、日中国交正常化交渉では推進力となったソ連要因は、続く平和友好条約交渉では逆に抑制力となった。反ソ包囲網に日本を組み込もうとする中国側に対して、日本側は中ソ対立に巻き込まれることを懸念していた。そのため

両国は反覇権条項をめぐって膠着状態に陥ることになったのである。

　日中復交のプロセスにおいて、国交正常化と平和友好条約を一体のものとみなす中国側に対して、日本側は「戦後処理」は国交正常化ですべて終了したという立場をとり、平和友好条約については日中共同声明の合意以上のものを取り決めることはなかった。鄧小平の近代化路線を市場拡大の機会と考える財界にとって、日中平和友好条約は経済関係の拡大に対する政府の制度的な裏付けとなった。

　しかし、同時に課題も残された。日中両国間に存在した歴史認識をめぐる隔たりは、日中復交のプロセスにおいて十分に詰められたとは言い難い。本来、過去の戦争を両国国民がいかに認識するかは、両国関係を再構築するうえでもっとも重要な論点だったはずである。しかし、アジア冷戦の変容を背景に、これらの争点は政治的に処理され、両国間の戦後処理は曖昧な部分を残したまま決着が図られた。さらに日中国交正常化と平和友好条約は、本来は日中和解の"起点"であったにもかかわらず、1970年代以降の日中友好ムードのなかで忘却され、あたかも"終点"のように扱われたのである。そのことが日中両国の歴史認識にねじれを残し、1980年代以降、歴史認識問題が日中両国間で度々浮上する遠因になったといえよう。

1　最新の研究成果を踏まえた戦後日中関係の通史としては以下が挙げられる。高原明生・服部龍二編『日中関係史　1972‐2012　Ⅰ政治』東京大学出版会、2012年。国分良成・添谷芳秀・高原明生・川島真『日中関係史』有斐閣、2013年。また中国外交部檔案を用いた通史的研究として以下も参照、Amy King, *China-Japan Relations after World War Two*, Cambridge University Press, 2016.

2　日華平和条約については、井上正也『日中国交正常化の政治史』名古屋大学出版会、2010年、第1章。浅田正彦『日中戦後賠償と国際法』東信堂、2015年を参照。また交渉当事者の証言として以下も有用である。服部龍二「後宮虎郎アジア局第二課長研修所講演速記『日華平和条約交渉経緯』1952年6月25日」『中央大学論集』34号、2013年。

3　第1次吉田書簡の形成過程は、細谷千博『サンフランシスコ講和への道』中央公論社、1984年、第11章を参照。ただし、細谷が主張した吉田茂の「対米抵抗」については、袁克勤やスウェンソン゠ライトによって疑問が示されている。袁克勤『アメリカと日華講和』柏書房、2001年。John Swenson-Wright, *Unusual Allies? United States Security and Alliance Policy toward Japan, 1945-1960*, Stanford, CA: Stanford UP, 2005, 78-96.　ま

た外務省が公開した「西村調書」にも吉田の「対米抵抗」がうかがえる文書は含まれていない（外務省編『日本外交文書　平和条約の締結に関する調書』外務省、2002年）。「西村調書」を用いた研究として以下も参照、陳肇斌「『吉田書簡』再考」『北大法学論集』54巻4号、2003年。

4　井上『日中国交正常化の政治史』66-71頁。

5　戦後中国の軍国主義批判キャンペーンを概観した研究として以下を参照、朱建栄「中国の対日関係史における軍国主義批判」『年報近代日本研究』16号、1994年。

6　陳肇斌『戦後日本の中国政策』東京大学出版会、2000年は、外交文書を駆使して、1950年代の日本の対中政策が、一貫した"二つの中国」政策"であったと論じた先駆的研究である。ただし、本研究は日本の戦後外務省記録を十分に活用できなかったため、主に英米の外交文書に依拠している。そのため日本の対中政策の一貫性や戦略性を過度に評価する傾向がある。

7　反「二つの中国」規範の形成過程については以下を参照、福田円『中国外交と台湾』慶應義塾大学出版会、2013年。

8　国連中国代表権問題に対する日本の対応を一次史料に基づいて研究したものとして以下を参照、井上『日中国交正常化の政治史』第3章および第7章。Pan Liang, "Fighting with Formulas over China: Japan and the United Kingdom at the United Nations, 1961-1971", *The International History Review*, 31-2, June 2009, 329-355.

9　1961年国連中国代表権問題をめぐる米華関係については以下を参照、石川誠人「信頼性の危機と維持──1961年国連中国代表権問題をめぐる米華関係」『中国研究月報』61巻12号、2007年。

10　井上『日中国交正常化の政治史』178-194頁。

11　中仏国交正常化問題については以下を参照、福田円「中仏国交正常化（一九六四年）と『一つの中国』原則の形成」『国際政治』163号、2011年。

12　井上『日中国交正常化の政治史』211-214頁。

13　日中民間貿易に関する先駆的研究として以下を参照、添谷芳秀『日本外交と中国』慶応通信、1995年。

14　アメリカの対中輸出規制と日本との関連については以下を参照、加藤洋子『アメリカの世界戦略とココム』有信堂高文社、1992年。石井修『冷戦と日米関係』ジャパンタイムズ、1989年、第4章。

15　1950年代の日中民間貿易については以下を参照、陳『戦後日本の中国政策』。波多野勝・清水麗『友好の架け橋を夢見て』学陽書房、2004年。王偉彬『中国と日本の外交政策』ミネルヴァ書房、2004年。

16　1950年代の中国の対日外交を概観したものとして以下を参照、張香山（鈴木英司訳）『日中関係の管見と見証──国交正常化三〇年の歩み』三和書籍、2002年。廉舒「中国の対外政策と日本（一九五三─一九五七）」『法学政治学論究』50号、2001年。

17　井上『日中国交正常化の政治史』118-122頁。

18　杉浦康之「中国の『日本中立化』政策と対日情勢認識──岸信介内閣の成立から『岸批判』展開まで」『法学政治学論究』70号、2006年。同「中国の『日本中立化』政策と対日情勢認識──日本社会党の訪中と日本国内の反米・反岸闘争の相互連鎖（1958年6月〜1959年6月）」『近きに在りて』56号、2009年。

19　大澤武司「戦後初期日中関係における『断絶』の再検討（1958-1962）」添谷芳秀編

著『現代中国外交の六十年』慶應義塾大学出版会、2011年。

20 岡部達味『中国の対外戦略』東京大学出版会、2002年、108頁。

21 井上『日中国交正常化の政治史』222-236頁。

22 川島真・清水麗・松田康博・楊永明『日台関係史1945-2008』東京大学出版会、2009年、76-78頁。

23 第2次吉田書簡の形成過程については以下を参照、井上『日中国交正常化の政治史』258-291頁。清水麗『台湾外交の形成』名古屋大学出版会、2019年、第4章。

24 佐藤政権初期の対中政策については以下を参照、井上『日中国交正常化の政治史』第5章。井上正也「解題　日中関係」和田純編集『オンライン版　楠田實資料（佐藤栄作官邸文書）』丸善雄松堂、2017年。神田豊隆『冷戦構造の変容と日本の対中外交』岩波書店、2012年、第2章。

25 千田恒『佐藤内閣回想』中央公論社、1987年、31頁。

26 宮城大蔵『戦後アジア秩序の模索と日本』創文社、2004年、第5章。

27 黒崎輝『核兵器と日米関係』有志社、2006年、191-192頁。

28 MT貿易については以下を参照、鹿雪瑩『古井喜実と中国』思文閣出版、2011年。井上正也「日本から見た廖承志の対日工作」王雪萍編著『戦後日中関係と廖承志』慶應義塾大学出版会、2013年、197-236頁。日本日中覚書貿易事務所の史料を編纂したものとして以下も参照、嶋倉民生・井上正也編『LT・MT貿易関係資料』ゆまに書房、2018年。

29 米中接近については以下の論文集が有用である。William C. Kirby, Robert S Ross and Li Gong eds., *Normalization of U.S.-China Relations: An International History*, Cambridge, MA: Harvard University Asia Center, 2005.「ニクソン・ショック」前後の日本の対中接近の模索については以下を参照、増田弘「米中接近と日本」増田弘編著『ニクソン訪中と冷戦構造の変容』慶應義塾大学出版会、2006年。また中国問題をめぐる日米関係を分析した研究として以下を参照、木村隆和『日中国交正常化と日米関係』三恵社、2017年。

30 中国外交の転換については以下を参照、牛軍（真水康樹訳）『冷戦期中国外交の政策決定』千倉書房、2007年。益尾知佐子『中国政治外交の転換点』東京大学出版会、2010年。

31 井上『日中国交正常化の政治史』468-470頁。

32 毛里和子『日中関係』岩波書店、2006年、67頁。

33 井上『日中国交正常化の政治史』459-463頁。

34 国交正常化交渉については以下の史料集が有用である。石井明・朱建栄・添谷芳秀・林暁光編『記録と考証　日中国交正常化・日中平和友好条約締結交渉』岩波書店、2003年。一次史料やオーラル・ヒストリーに基づいた日本外交史研究としては以下の研究が挙げられる。井上『日中国交正常化の政治史』第8章、服部龍二『日中国交正常化』中公新書、2011年。井上正也「国交正常化」高原・服部編『日中関係史1972-2012 Ⅰ政治』41-70頁。胡鳴『中日邦交正常化研究』中国社会科学出版社、2015年。また交渉当事者の記録や回顧として以下を参照、栗山尚一「日中国交正常化」『早稲田法学』74巻4号、1999年。森田一（福永文夫・井上正也編）『大平正芳秘書官日記』東京堂出版、2018年。

35 日中平和友好条約に関する研究としては以下を参照、Sadako Ogata, *Normalization*

with China, A Comparative Study of U.S. and Japanese Processes, Berkeley: University of California, 1988. 緒方貞子（添谷芳秀訳）『戦後日中・米中関係』東京大学出版会、1992年。李恩民『「日中平和友好条約」交渉の政治過程』御茶の水書房、2005年。若月秀和『「全方位外交」の時代』日本経済評論社、2006年。江藤名保子「中国の対外戦略と日中平和友好条約」『国際政治』152号、2008年。交渉担当者の回顧として以下も参照、田島高志（高原明生・井上正也編集協力）『外交証言録 日中平和友好条約交渉と鄧小平来日』岩波書店、2018年。

36 日中実務協定交渉については以下を参照、小倉和夫『記録と考証 日中実務協定交渉』岩波書店、2010年。福田円「日中航空協定交渉」高原・服部編『日中関係史1972‐2012 Ⅰ政治』。

37 井上正也「福田赳夫」増田弘編著『戦後日本首相の外交思想』ミネルヴァ書房、2016年。

長期にわたって積み重ね、機をとらえて事を為す
——人民共和国の対日政策と日中関係の正常化

章百家（中央党史研究室）

福士由紀 訳

はじめに

　1945年8月15日、日本は敗戦投降し、第2次世界大戦が終結、中国は抗日戦争に勝利した。日中関係史上、最大の暗黒時代は過ぎ去った。だが、この後の日中関係はスムーズに発展したわけではなく、実に27年ものときを経てようやく歴史的な転換を迎えることとなる。1972年、日中国交正常化が実現し、1978年、両国は平和友好条約を締結した。ここにおいて、日中関係正常化の全プロセスが完了したのだった。

　1945年の日中戦争終結から1978年の日中平和友好条約締結までの33年間の歴史は、おおよそ四つの段階に分けられる。第1段階は、1952年以前の日中関係が「空白」だった時期、第2段階は1952年から1961年の、日中間の交流が基本的には民間でおこなわれていた時期、第3段階は1962年から1971年の、日中間の交流が「半官半民」に入った時期、第4段階は1972年から1978年の、両国の関係が全面的に正常化に至った時期である。

　日中関係の新たな扉を開くには、双方の共同努力が欠かせなかったが、歴史的に見ると、中国政府の対日政策が、明らかにより主動的かつ積極的であった。

本稿は、1950年代初めから1970年代末までの中華人民共和国の対日政策の形成と発展、およびそれが日中友好関係の形成に及ぼした影響について再検討する。

1. 両国関係の「空白」の時期から
　　「民間が先行し、民が官を促す」時期まで

　戦後の6年間、日中の間には直接的な交流はほとんどなかった。この短い「空白」期が両国の間に障壁をつくり、長い間、双方関係の正常化を阻害することとなった。1952年以後、日中の民間交流は困難のなかで歩み出し、拡大を続け、民間レベルでの日中友好はやがて一つの潮流となった。1958年から1960年に日中関係はいったん後退したが、この後再びもちなおした。

1.1　戦後初期、日中関係に影響を与えた事件と要素

　第2次世界大戦終結後の数年間に、日中関係に重大な影響を与える一連の事件が起きた。

　第1に、日本は敗戦後、アメリカに占領され、実質的に外交自主権を喪失した。戦後初期、アメリカ大統領特使ジョージ・マーシャルは来華当初、中国に対し、国共聯合部隊を組織して日本に派遣し象徴的に対日占領に参加するよう申し出ることを考えていたが、この構想は実行には付されなかった[1]。それは、一方では、国共両党がこれに疑心を抱いたため、また他方では、アメリカはソ連を対日占領に参加させないことを決めていたので、中国に参加を要請するのは都合が悪かったためであった。1947年、日本は新たな憲法を施行し、その後に成立した日本政府は、内政でも外交でもアメリカ追随の政策をとった。

　第2に、中国に重大な変化が起こった。内戦は政権交代を導いた。戦後、中国国内では、国共間の矛盾が高まり、1946年、大規模な内戦が勃発した。1949年、中国共産党（以下、共産党）は革命の勝利を勝ち取り、大陸には中華人民共和国が樹立され、中国国民党（以下、国民党）政権は台湾へと逃れた。アメリカは内戦期間中、「扶蒋反共」政策をとっていたため、人民共和国（「新中国」）は成立後すぐにソ連と同盟を結んだ。ほどなくして朝鮮戦争が勃発し、

中米両国は戦場で干戈を交えることとなり、これにより人民共和国の「ソ連一辺倒」の対外関係の枠組みが固定された。

　第3に、戦後、米ソ冷戦が起こり、世界的に両極が対峙する構造が形成され、東アジア地域はアジアの冷戦の最前線となった。第2次世界大戦中、アメリカは、戦後のアジアでは中国を主要なパートナーとすることを構想していた。だが、戦後、米ソ間の対立が先鋭化し、中国で内戦が勃発したことにより、もともと構想していた極東政策を変更し、日本への支援を強化し、誕生したばかりの人民共和国を抑圧し孤立させる政策をとった。朝鮮戦争勃発後、日本はアメリカの極東戦略上の地位をさらに一歩上昇させた。また同時に、台湾へ退いた蔣介石政権もアメリカから重視されるようになった。

　歴史上では、上述の三つの事件は並行して進展し、相互に影響し合った。そのなかで生まれた各種の要素が、短期間のうちに日中関係の「空白」をつくりだし、またそれは長期的に日中関係の発展に大きな影響を与え、戦後日中関係の正常化が険しい道を行くことを決定づけた。

1.2　人民共和国の国交樹立の原則と日中国交回復の障害

　1949年10月1日、中華人民共和国が成立した。人民共和国成立後の外交における重要な任務は、世界各国と正常な外交関係を結ぶことだった。当時の国際・国内状況を考慮して、中国新政府は以下のような原則をうち出した。人民共和国との国交樹立を望む国家は、必ず国民党政権との関係を断絶し、中華人民共和国政府が中国を代表する唯一の合法政府であることを承認し、人民共和国政府が国際連合での「国民党政府」の地位に取って代わることを支持しなければならない。以上の条件のもと、中国新政府は、平等・相互利益および相互間での領土主権の尊重という基礎のうえで交渉し、外交関係を樹立する[2]、と。

　人民共和国の外国との国交樹立における原則的立場は、普遍的に適用されるものであり、日本を排斥するものではなかった。しかし、日中間には、中国が他の国家との関係を処理する際には存在しない「講和条約」締結の問題がいまだに残っていた。まさにこの重要な問題をめぐって、当時のアメリカ政府と日本政府は、日中関係の正常化を阻害する大きな障碍をつくりだしていた。

　1950年の朝鮮戦争の勃発以後、アメリカは日本への支援を加速した。1951

年7月、アメリカ・イギリス両国政府は同時に対日講和条約草案を発表、その後すぐにサンフランシスコ講和会議開催の通知を発し、中国を排斥した状況下で対日講和条約を結ぶ準備をおこなった。ソ連との協議を経て、中国の周恩来総理は8月15日、以下のような声明を発表した。すなわち、アメリカ・イギリス両国政府によって提案された対日講和条約草案が中華人民共和国を対日作戦に加わった連合国の系譜から外していることは、国際協定に違反するものであり、基本的にこの草案を受け入れることはできない。またサンフランシスコ講和会議も国際義務を反故にするものであり、基本的にこの会議を承認することはできない[3]、と。この年の9月8日、中国が参加しないなかで、アメリカ・イギリス等の国はサンフランシスコで片面講和条約を締結した。ソ連は会議には出席したが、署名はしなかった。同日、アメリカは日本と「日米安全保障条約」を結んだ。

1952年4月28日、アメリカ政府と日本政府は同時に、サンフランシスコ講和条約の発効を宣言した。同日、吉田茂内閣はアメリカの指示のもと、台湾当局と「日華平和条約」と呼ばれる「条約」を締結し、「外交関係」を樹立した。このこともまた、日中関係の発展と両国の国交正常化の大きな障碍となった。5月5日、周恩来は声明を発表し次のように指摘した。サンフランシスコ講和条約および日台間の「日華平和条約」はどちらも不法かつ無効であり、中華人民共和国はこれに断固として反対する。この二つの平和条約は「日本をアメリカの極東における軍事的橋頭堡とし」、アメリカが「自ら育てた2頭の走狗を連合させた」ものである、と。

注意すべきは、この声明において周恩来が日本政府と日本人民を明確に区別して、以下のように指摘している点である。すなわち、日本政府の行為は、中華人民共和国との戦争状態を終わらせ、平和的関係を回復したいという日本人民の願望にまったく反するものである。中国はすべての占領軍が日本を離れるべきであるという意見を堅持する。中国人民は日本人民と平和共存し、友好団結し、相互に貿易をおこない、民族独立と国家主権を相互に尊重することで極東の平和を保障することを望む。このようであってはじめて、日中両国と両国人民に有益なのだ[4]、と。

1.3 「民間が先行し、民が官を促す」時期
―― 日中民間貿易の開始と在留日本人の帰国

　日中両国は隣り合っており、両国が互いに隔絶し合うことは、双方にとってまったく益のないことである。戦後、日本は経済回復期にあって、対外貿易の発展が必要とされるなかで、対中貿易はもっとも距離が近く利便性が高いものであった。人民共和国は成立初期、長期にわたった戦争の傷跡を癒し、アメリカによる抑圧政策・孤立政策を打破しようとするなかで、対日貿易を展開することは、西側国家による封じ込めを打ち破るのに役立つものだった。

　朝鮮戦争中、日本は対中禁輸に参加していた。日中の民間交流はこのきわめて困難な状況下で始められた。1950年以後、日本では、人民共和国との関係樹立を主張する人々が、続々と日中関係の促進を目的とする民間組織を設立しはじめた。中国政府は、両国の政府関係の進展が困難な状況であったため、民間外交を展開して日中関係の改善を推進することを決めた。毛沢東主席と周恩来総理はともに、対日関係は「民間が先行し、民が官を促す」ことが必要だ、と指摘した。これは、この後長期にわたって日中関係の発展を推進させるための基本的な考え方となった。1952年以後、日中民間交流の扉が徐々に開かれはじめた。

　1952年４月、モスクワで東西間の貿易促進を目的とした国際経済会議が開催され、中国と日本を含む42ヵ国の代表が参加した。これに先立つ２月、中国代表団の会議への参加準備に際して、周恩来は、今回の会議はアメリカの禁輸政策を打破する絶好の機会だと指摘した。彼は中国代表団に対し、会議期間中、外国の代表団と積極的に交流し、中国と西側国家間の相互貿易の局面打開を目指すよう指示した[5]。このすぐ後、中国国際貿易促進委員会は、日本の国際経済懇談会と連絡をとった。会議期間中、中国代表団団長の南漢宸は、日本代表団の国会議員である高良とみ、帆足計、宮腰喜助と会談し、平等・互恵・平和・友好の基本方針のもとで日中貿易をおこなうことを双方で確認した[6]。会議終了後、高良とみ等３人の議員は、中国側の招待を受け、５月中旬に人民共和国を訪問し、日中交流の道を切り開いた。周恩来はこの出来事を重視し、毛沢東に報告している[7]。６月１日、双方は交渉を経て合意に達し、第１次日

中民間貿易協定が正式に締結された。この協定は、1952年末までに日中双方がそれぞれ総額3000万英ポンドの輸出入をおこなうことを規定していた。だが、吉田茂内閣はアメリカに追随して対中禁輸政策を継続したため、この協定額を達成することはできず、1年の延長を経ても協定額のわずか5%を達成しただけだった[8]。しかし、とにもかくにも日中間の貿易交流は何とか開始されたのであった。

　これと同時に、中国側は中国在留日本人の帰国支援事業も積極的に展開した。戦争終結の際、数万人の日本人が中国に在留しており、のちにその一部は続々と帰国した。人民共和国は、成立後、中国在留日本人に対し、法に基づき保護し、友好的待遇を与える政策を採用すると同時に、日本人の帰国支援を始めた。しかし、日中関係が不正常な状態であったため、1952年末までに帰国した日本人はわずか500人余りに過ぎず、中国にはなお3万人以上の日本人が在留していた。1952年7月、毛沢東と周恩来は、関係部門が立案した在留日本人帰国支援計画を批准した。ほどなく、各部門の連合により組織された中央日僑事務委員会が北京に設立され、在留日本人がいる地区と部門には専門辦公室が設けられた。周恩来は日本人の送還にあたって、非常にきめ細かな組織配置・段取りをおこなった。全体の方針は、少数の戦犯および刑事犯に対しては法に基づいて取り扱い、それ以外の在留日本人については自由意志に基づくという原則のもと、グループに分けてそれぞれ期日を設けて、彼らが帰国するのを支援する、というものであった。具体的には、本人が申請を提出し、中国の関係部門がこれを審査して帰国許可を出すという方法がとられた[9]。実際には、少数ではあるが、中国の政府機関や企業、人民解放軍で働く専門技術者や、仕事の都合で中国を離れられない者、あるいは機密にかかわるといった理由で、しばらくは帰国を認められない者もいた。さらに、これまた少数ではあるが、中国に残って仕事をすることを望む日本人もいた。12月1日、中国政府は声明を発表し、日本政府が中国へ人員を派遣し、中国紅十字会と在留日本人問題について協議をおこない、これにより、この問題が円満に解決されることを望むとの意思を示した。これを知った日本政府は、日本赤十字社、日中友好協会および日本平和連絡会の3団体に、代表団を組織して訪中し、在留日本人帰国問題について中国側と協議するよう委託した。1953年3月5日、日中双方は在留

日本人帰国問題で意見の一致を見たことを公表した。この年の3月23日から最後の帰国団まで、総計3万2000人以上の在留日本人が帰国した[10]。

1953年、中国による在留日本人帰国支援事業は日本側の好意的反応を引き出し、また続いて朝鮮戦争が休戦となったため、北東アジア情勢は緩和へと向かい、いくつかの西側国家は中国との貿易をおこないはじめた。こうしたなかで、日本の政界と財界は、吉田茂内閣に対し日中関係を改善し、対中貿易を拡大するよう強く要求した。7月末、国会の衆参両院は、ともに日中貿易促進決議案および対中貿易制限緩和決議案を採択した。9月30日、日本の国会議員から成る日中貿易促進議員連盟代表団が中国側の招待に応えて訪中した。話し合いを経て、日中双方は10月29日に第2次日中民間貿易協定に調印した。この協定では1954年末を期限に、日中双方ともそれぞれ総額3000万英ポンドの輸出入をおこなうことが規定されたが、最終的な達成率は38.8％であった[11]。

1954年、人民共和国成立5周年のこの年、日本側は四十余名からなる観光訪問団を組織し、北京を訪れ国慶節の祝賀行事に参加した。この訪問団は、各党派の著名人士および友好団体の責任者から成っており、参加した衆参両院議員は日本の国会議員総数の20分の1を超えていた[12]。同時期に、日本学術文化代表団なども中国側の招待を受け訪中していた。この後、李徳全を団長、廖承志を副団長とする中国紅十字会代表団が日本側からの招待を受けて訪日した。この人民共和国初の訪日代表団は、日本の各界からの熱烈な歓迎を受けた。彼らの訪日は、日本政府の認可を得ておこなわれたものであり、中国との友好を主張する政財界の人々と友好諸団体の共同努力の結果であった。これ以後、日中民間関係は、経済交流から政治交流へと拡大していった。日本の各界人士が次々と中国を訪れ、人民共和国に対する理解を深めていった。

1.4 「民間での交流、官方での関係づくり」の時期
——漸進的な日中友好の潮流

1954年12月、吉田茂内閣が退陣し、民主党の鳩山一郎が首相に就任した。鳩山内閣は、日中関係の改善、日中貿易の発展に対して比較的熱心に取り組んだ。日本政府の公然・非公然の後押しがあり、日中民間交流はさらに一歩拡大した。

1955年3月末、日本の国際貿易促進協会と日中貿易促進議員連盟からの招請を受けて、雷任民を長とする中国貿易代表団が訪日し、第3次日中民間貿易協定に関する協議がおこなわれた。中国側が策定した方針と課題は、平等互恵の原則と「細水長流（少しずつ間断なく実行する）」の方針に基づき、積極的にさらに一歩日中貿易関係を促進させること、中国の平和外交政策と経済建設の成果を紹介し、民間を通じて官方での関係づくりをおこない、日中両国国民の友好関係を増進させること、であった[13]。今回の協議は、日本政府に対しアメリカからの圧力がかかったため、途中で多少のトラブルがあったものの、最終的には意見の一致を見た。4月27日、鳩山首相は日中間の合意事項を支持し支援を与えるとの態度を表明し、5月4日、双方は第3次日中民間貿易協定に調印した。今回の協定では、日中双方の（調印日より1年までの）輸出入総額をそれぞれ3000万英ポンドとすること、民間通商代表部を相互に設置すること、双方で速やかに共同声明を発表し、それぞれ両国政府に要請して日中貿易問題について両国政府間で商議し、協定を締結させるよう努力すること、が規定された。中国側代表団副秘書長だった孫平化は、のちに次のように回想している。「はっきり言えば、当時の民間貿易協定の協議は、民間が表舞台、政府が舞台裏にいたが、両者は同じような立場にいた。政府が直接出てこなかったのは、単に不都合だったからにすぎない」[14]。第3次協定は「民間で協議し、官方の関係づくりをする」という目的を遂げ、その結果、貿易総額は目標の67%に達し、第1次・第2次協定に比べると大きな前進を示した[15]。

　同じ時期、中国漁業協会代表団と日本の日中漁業協議会訪中団も北京で会談を開催しており、双方は4月15日に第1次日中民間「黄海・東海の漁業に関する協定」を締結した。この年の秋には、日本の商工界の代表団が訪中し、総額1200万英ポンド以上にあたる290余件の貿易契約が結ばれた。また11月には、元首相の片山哲が率いる憲法擁護国民連合の代表団が訪中し、第1次日中民間文化交流協定が締結され、日中間の文化・芸術交流も徐々に展開されはじめた。

　1955年と1956年、第3次日中民間貿易協定に基づき、日中双方は相手国において互いに自国の商品見本市を開催し、それぞれの国で大きな社会的反響を呼んだ。1955年10月から12月に東京と大阪で相次いで開催された中国商品見本市には、日本の政財界やその他の各界人士および190万人以上の市民が訪れ

た。翌年の1956年10月から12月には、日本の商品見本市が、北京・広州・上海で相次いで開催された。これは資本主義国が人民共和国で開催したはじめての大型見本市であり、毛沢東・劉少奇・朱徳・宋慶齢・周恩来などの中国の指導者たちが次々と見学に訪れた。北京だけで、見本市は24日間おこなわれ、来訪者は125万人に達した。これは当時の北京市民の3人に1人が訪れたことになり、まさに空前の盛況であったと言える。日中民間交流の拡大により、日中友好が有力な潮流となっていった。

1.5 共産党による全面的な対日政策と方針の策定

1950年代半ば、国際情勢が緩和へと向かうなかで、中国は大規模な経済建設を開始した。周辺諸国および西側諸国との関係改善のために、周恩来総理は有名な平和五原則を提唱した。1954年のジュネーブ会議の後、中米は大使級の会談を開催した。こうした状況下において、日中関係は、共産党中央がさらに重視するものとなっていた。

1954年10月、中ソ両国政府は、対日関係に関する共同声明を発表し、互恵の条件に則って広範な貿易関係を発展させ、密接な文化上の連繋を樹立することを主張すると同時に、段階的に日本との関係正常化を実現していきたいとの意思を示した。この年の12月、日本では鳩山内閣が組閣された。外務大臣の重光葵は、外交政策に関する声明を発表し、互いに受け入れ可能な条件下で、ソ連および中国との正常な関係回復を望むとの意思を表明した。この数日後、中国の周恩来総理は、第2回全国政治協商会議での政府報告のなかで、次のように宣言した。中国は日本と正常な関係を樹立することを望む。日本政府も同様の希望を抱いているのであれば、相応の措置をとって、中国政府は、段階的に中国と日本との関係を正常化させる準備をおこなう[16]、と。

日中関係の現状を改善できる可能性があることに鑑み、1955年初め、中共中央連絡部部長・王稼祥と外交部常務副部長・張聞天とが会談をおこない、対日政策を全面的かつ明確に示す文書を作成することが必要だと確認し合った。周恩来の同意を経て、王稼祥は対日工作にかかわる各部門の責任者を招集して議論をおこない、およそ1ヵ月の後、草案を完成させた。この草案は、周恩来の認可を経て、3月1日に政治局へ送られ、議論の結果、承認された。

「中共中央対日政策及び対日活動に関する方針と計画」と名付けられたこの文書は、人民共和国成立後はじめて出された全面的かつ完全な対日政策文書であった。この文書は、毛沢東と周恩来のこれまでの対日工作に関する講話や指示を拠り所とし、それを当時の国際情勢と対日工作の実践現状とに結びつけて、人民共和国の対日政策の全体方針を以下のように概括した。すなわち「（政府間ではない）日中両国の人民の間での友好関係を発展させ、アメリカを孤立させ、間接的に日本人民に影響を与えて日本政府に圧力をかけ、日本の対中関係を変化させるよう迫り、徐々に日中関係の正常化を成し遂げる」[17]、と。当時、人民共和国の外交面での主要な主張は、アメリカ帝国主義への反対と世界人民の団結を目的とする国際平和統一戦線を樹立することであった。中共の対日方針と政策もまた、この精神を体現するものだった。

この文書は、吉田茂内閣倒閣の原因、鳩山内閣と吉田内閣の内政・外交政策の共通点と相違点など、日本の国内情勢を分析し、そのうえで、中国の対日政策の基本原則を以下のように定めていた。第1、米軍の日本からの撤退を主張し、アメリカが日本に軍事基地を建設することに反対し、日本の再武装と軍国主義の復活に反対する。第2、平等互恵の原則に基づき、日中関係の改善を勝ち取り、外交関係の正常化を一歩一歩成し遂げる。第3、日本人民をひきつけ、日中両国の人民の間の友誼を樹立し、日本人民の置かれた境遇に同情を示す。第4、日本政府に圧力を与え、アメリカを孤立させ、日本に対中関係を変えるよう迫る。第5、日本人民による反米運動、独立・平和・民主化要求運動に間接的に影響を与え支援する。文書はさらに、新たな情勢下において、日中貿易・漁業・文化交流・議会交流・中国在留日本人と戦犯問題・日中関係正常化問題と世論問題など、七つの部門の事業を展開することで日中関係の発展を推進することを提唱しており、これらの事業についての比較的具体的な計画もおりこんでいた。また、文書では日中関係の先行きへの予測も示された[18]。

1955年と56年の2年間、日中関係は中国の外交政策にとってきわめて重要な位置に置かれていた。毛沢東、劉少奇などの指導者は、日本からの訪中客と何度も接見し、周恩来はさらに数えきれないほどの訪中日本人と面談した。中国の指導者は、中国の対日政策を詳細に説明し、中国が平和五原則の基礎のうえで、日本と正常な外交関係を樹立することを願っていることを明確に示した。

1955年10月、毛沢東は日本の国会議員訪中団と会見した際、次のように述べた。我々二つの民族は今では平等であり、二つの偉大な民族である。今後は頻繁に交流すべきだ。互いに良いところを認め合い、互いに助け合い、互いに感謝し合うべきである。我々両国は一つの共通の問題を抱えている。それは、ある国が我々の頭を押さえつけていて、現在においても完全には独立できていない、という問題だ。我々の間の社会制度は一致してはいないが、この不一致は我々相互の尊重と友誼とを妨害するものではない。我々二つの国家には、互いの助け、互いの連絡、平和友好が必要であり、できるだけ早く正常な外交関係を樹立すべきである[19]、と。日中戦争の歴史を語る際、中国の指導者は一方で「前事を忘れざるは、後事の師なり」という立場を強調し、他方で未来に目を向けることを強調した。1956年9月、旧日本軍将兵訪中団と会見した際、毛沢東は、以下のように述べた。現在の国際情勢と日本の状況は当時の状況とは大きく異なっている。我々は永遠に戦争は望まない。我々が望むのは平和であり、多数の友人である。ゆえに日本との関係を良くすることを希望する。日中の友好なしに、アジアの平和はあり得ない、と。毛沢東はさらに、訪中団に対し、あなたたちの国には今もまだ天皇がいるでしょう、彼に会ったら、宜しくお伝えください、とも述べた[20]。これは、人民共和国の指導者が日本の天皇へ送ったはじめての挨拶であり、また日本国民が選択した制度を尊重する意思を表したものであった。

1.6 日中両政府による直接的な連絡関係の樹立の試み

中国は、日中の民間での友好関係を発展させる努力をすると同時に、両国の政府間関係を推進させるための行動をもとった。1955年4月7日、中国はドイツとの間の戦争状態の終結を宣言した[21]。これにより、日中間でいまだ戦争状態が終わっていないことが、よりいっそう突出した問題となった。同年8月1日、米中の大使級会談がジュネーブで開催された。中国側は、この会談が日中関係を大きく前進させるチャンスとなると考えていた。

1955年7月、ジュネーブ駐在日本総領事は、いわゆる「日本国民送還の要求」についての覚書をジュネーブ駐在中国総領事へ送った。8月17日、ジュネーブ駐在中国総領事は、返信のなかで以下のような見解を示した。日中関係

の正常化を促進し、国際情勢の継続的緩和に貢献するために、中国政府は、日中両国政府が、両国間の貿易問題・双方の居留民問題・両国人民による相互往来問題および両国人民の利益に関する重大な問題に関して話し合いをおこなう必要があると考える。日本政府もまた同様の願いを有するのであれば、中華人民共和国政府は、日本政府が派遣する代表団と北京で会談をおこなうことを歓迎する、と。この件に関する毛沢東への報告のなかで、周恩来は、時間や場所の問題をめぐって引き延ばしや話のもつれはあるだろうが、中国側が示した会談の提案を日本政府が完全に拒絶するのは難しいだろうとの見通しを示していた[22]。11月4日、ジュネーブ駐在中国総領事は再度、ジュネーブ駐在日本総領事に書簡を送り、さらに一歩進んで以下のように提案した。両国関係の正常化はもっとも切迫した解決すべき問題である。ゆえに中国政府は、日本政府が代表団を中国へ派遣し両国関係の正常化促進問題について協議することを歓迎する、と。

　1956年、中国は、中国で拘禁されていた1062名の日本人戦犯に対し寛大な処置をおこなった。罪刑がとくに重い45名には有期懲役の判決が下され、その他の1017名は寛大にも釈放され日本へ送還された。日中両国が法的にはいまだ戦争状態にあり、国交が正常化されていない当時の状況において、これは中国政府が日中両国民の友好関係を強め、両国関係の正常化を促進させるためにとった重要な行動だった。

　しかし、この時期、主として日本側の原因により、日中関係打開の機会は訪れなかった。1956年2月、外務大臣重光葵は、衆議院外務委員会での議員からの質問への答弁のなかで、日本政府が中国政府からの国交回復を求める提案を受け取ったことを否認した。その後すぐに、事実関係を明らかにするために、中国外交部はこの件を公にし、さらに1955年7月から9月の間の日中間のやり取りを示す書簡を公表した。3月29日、鳩山首相は衆議院外務委員会での議員質問への答弁において、「共産党中国との関係は必ず正常化しなくてはならず」、「周恩来総理が協議の開催を望むのであれば、これを拒絶する理由はない」と述べた。4月18日、周恩来総理は書簡を送り、鳩山首相を中国に招請した。しかし、これに対する日本側の反応はなかった[23]。実際、日本政府は外ではアメリカの圧力、内では与党の親米路線の制約を受けており、日中国交回

復問題の打開など、この段階で、できるはずもなかった。1956年末、新たに日本の首相に就任した石橋湛山は、日本と中国との関係についてはアメリカと話し合って、できるだけ中国との経済関係を促進させたい、と述べた。また、石橋内閣の外務大臣に就任した岸信介は、日本は、国連とアメリカが中国を承認した後ではじめて、中国の承認問題について考えることができる、との見解を示した。これらの発言は、実質的に、日本と中国との正常な外交関係を回復させる前提条件を説明するものだった。

1.7 岸信介内閣による人民共和国への敵視と日中関係悪化への反対

1957年初め、岸信介が首相に就任した。彼は政権掌握後、アメリカの人民共和国敵視政策に追随し、日中関係を大きく後退させた。首相に就任して間もなく、岸は台湾を訪れ、蔣介石と会談し、台湾の大陸反攻に関し楽観的な見解を示した。さらに岸は、アジア各国およびアメリカを訪問した際に、中国は「侵略国家」だと何度も批判した。この後、岸信介内閣は、第4次日中民間貿易協定の協議と実行を計画的に妨害し、このことが日中関係の急速な悪化を招く直接的原因となった。

1958年3月5日、日中双方は第4次民間貿易協定に合意した。この協定に関する協議は、1956年10月からおこなわれていたが、合意に達するまでに2度中断され、順調には進まなかった。その主な原因は、協定のなかに、双方が互いに相手国に常駐の貿易事務所を設置するという項目が含まれていたためであった。日本が台湾といわゆる「外交関係」を保持している状況下において、この常駐事務所はどのような性質であるべきか、事務所の建物に国旗を掲げることができるか、駐在員は外交特権を有することができるか等、これらの問題の解決のためには、日本政府の同意や黙認が必要であった[24]。話し合いを繰り返し、協定への署名がおこなわれたが、岸信介内閣はすぐに声明を発表し以下のように述べた。すなわち、協定で規定されている中国の商務代表事務所が中華人民共和国国旗を掲揚する権利は認められない、また日中双方で法的紛糾が発生した際、双方が同意する方法で処理するという規定にも同意できず、その場合は日本の法律に則って処理すべきだ、と。岸信介内閣のこうした態度は、協定を実行できなくしただけでなく、中国を激しく侮辱した「長崎国旗事

件」[25] を引き起こした。

　以上の一連の事件の後、中国政府は断固とした措置をとり反対の意を示した。5月11日、中国政府は日本との貿易と文化交流を断絶することを決定した。その後の2年間、日中間の交流はほとんど全面停止の状態ではあったが、中国との友好を主張する若干の日本人は中国を訪れていた。この間に経験した曲折により、中国の指導者は日中関係にどのように取り組むかについて、より深く考えるようになり、より的確な政策と原則が提出されることとなった。

2.「半官半民」と「漸進的な積み重ね方式」

　1960年6月、岸信介内閣が倒れ、池田勇人内閣が組織された後、日中関係はやや改善し、双方の交流は復活しはじめた。日中関係が困難に陥っていた時期に、中国政府は、完全で長期的な対日方針をつくっていた。その後、日中関係がやや改善され、とくに「半官半民」の段階に入った後、中国政府はさらに、将来、日中国交正常化が実現したときに解決しなければならない問題について、あらかじめ政策を定め説明をおこなっていた。

2.1　「政治三原則」と「貿易三原則」と「政経不可分の原則」

　長い間、日本の政界の保守勢力は、中国との関係問題に対処する際、経済問題と政治問題とを分けて処理することを企図してきた。つまり、一方では、中国との貿易関係を発展させることを望み、他方では、政治・外交面においては、アメリカとできるだけ歩調を合わせ、人民共和国を承認せず、台湾との「外交関係」を保持し、「二つの中国」をつくりだそうとしてきた。こうしたなかで、岸信介内閣との闘争の経験に基づき、中国は「政治三原則」、「貿易三原則」、「政経不可分の原則」を打ち出した。

　1958年7月、日中関係を緩和させる方法を探るため、日本社会党元国際局局長の佐多忠隆等が中国を訪問した。中国国務院外事辦公室副主任の廖承志は会談の際、周恩来の指示に基づき、中国政府を代表して「政治三原則」を提示した。その要点は、第1、日本政府は中国を敵視してはならない、第2、アメリカに追随して「二つの中国」をつくる陰謀に加わらない、第3、日中両国関

係が正常化へと発展するのを妨害してはならない、というものだった[26]。周恩来がまさに次のように述べているように、日中双方関係から見て、この三原則は対等なものであった。すなわち、中国政府は日本政府を敵視せず、日本の存在を承認し、日本の発展を喜ばしく思っている。双方が話し合いをおこなう場合、当然日本政府が相手となる。中国政府は常に日中関係が正常化へ向けて発展することを奨励し支持している[27]、と。

　1960年8月、日中貿易促進会専務理事で、アジア・アフリカ連帯委員会常務理事の鈴木一雄が中国を訪れた。このとき、日中関係の発展を推進するために、周恩来は、政府間協定・民間契約・個別的配慮からなる「貿易三原則」を示し、以下のように説明した[28]。この三原則を提示したのは、日中がこれまで民間貿易をおこなってきた経験を通して、民間協定では何も保障されない、ということが明らかになったためである。すべての協定は今後、双方の政府が締結してはじめて保障が得られる。政府間協定は、両国政府が「政治三原則」を遵守し、双方関係が友好へ向かって発展しているなかではじめて調印できる。しかし、政府間の協定が結ばれていない状況下においても、双方はこれまでのように売り買いをすることができ、条件が整ったときには民間契約を結び、期限を定めた貿易をおこなうことができる。また、個別的配慮については、とくに困難がある日本の中小企業に対し、一定のルートを通じて援助を与える、と。

　1962年9月、日本政界の元老で、自民党顧問の松村謙三が池田首相の同意のもと、中国を訪問した。周恩来は、彼と3度にわたって長時間の会談をおこない、中国の対日政策について懇切丁寧に説明した。すなわち、中国政府は日中両国関係が政治三原則・貿易三原則および政経不可分の原則のうえに築かれるべきとの立場を堅持する、日中両国の政治関係と経済関係は結びつけて発展させなければならず、また並行して発展させなくてはならない、日中両国はまず両国人民が時間をかけて一つ一つ積み重ねる方式を採用し、両国の政治と経済関係を発展させ、両国関係の正常化を促進すべきである[29]、と。周恩来・松村会談における日中民間貿易の拡大の精神に基づき、日中双方は民間貿易に関する覚書作成のための予備討議を開始した。

2.2 「半官半民」のLT貿易

1962年10月下旬から11月上旬、元通産大臣で自民党国会議員の高碕達之助を団長とし、22の日本の大企業・商社の代表で組織された大型代表団が訪中した。日中双方の関係者の努力により、11月9日、廖承志と高碕達之助は共同で「日中長期総合貿易に関する覚書」に署名し、1963年から1967年までの5年を期間とした長期貿易協定が取り決められた。覚書では、この間の年間平均の輸出入取引総額は3600万英ポンドとされた。このときから、日中関係は民間を基礎としつつも、さらに一歩前進し、半官半民の新たな段階へ入ったといえる。

この覚書と長期貿易協定の締結は、日中関係史上、画期的な意味をもつ。その形式は民間によるものであったが、両国政府の認可を経ており、半官あるいは官方的性質をそなえるものであった。また、双方はそれぞれ連絡責任者を定め、政治面では廖承志と松村謙三、経済面では劉希文と高碕達之助がその任にあたり、中国側は「廖承志事務所」、日本側は「日中総合貿易連絡協議会事務所（高碕事務所）」を設けた。このため、覚書貿易は、廖承志と高碕両者の頭文字をとって「LT貿易」とも呼ばれた。この年の12月、日中双方の民間貿易組織もまた「日中友好貿易促進に関する議定書」に調印した。覚書貿易と議定書貿易は、1960年代の日中貿易の二大ルートとなった。日中間の貿易額は、1960年の2345万米ドルから1963年には1億米ドル以上に上昇した。両国を互いに訪問する人の数も急速に増加した[30]。

1963年10月3日、中日友好協会が北京に設立された。以後、中国側では当該協会が対日連絡に専門的に従事する機関となった[31]。日本側では、早くも1950年に日中友好協会が誕生しており、多くの日本人が中国側にも対日連絡を専門とする機関が設立されることを長い間願っていた。しかし、池田内閣以前、日本政府は長期にわたって硬直的な対中政策をとりつづけ、また中国人民が日本の対中侵略により受けた傷も癒えてはいなかった。こうした芳しくない政治情勢のために、人民共和国は遅々として対日連絡機関を設けることができず、LT貿易が取り決められた後、政治情勢が緩和されたことにより、はじめて正式に設立することができたのである。

1964年、日中双方は、互いの国での覚書貿易の連絡事務所の設立、常駐記者の派遣を実現させた。1964年末、佐藤栄作内閣が発足した。これ以後、日中関係の発展は、少なからぬ障碍にぶつかり長く停滞したものの、大きく後退することはなく、双方の民間交流は発展し拡大しつづけた。

2.3 戦争賠償問題について

1960年代前半、日中国交の正常化はまだしばらく実現困難であったが、中国の指導者は従来どおり、これに関係する重要問題を検討し、構想を示したり、決定を下したりしていた。

戦争賠償問題について、人民共和国がはじめて態度を明らかにしたのは、1951年8月のことだった。周恩来は、イギリス・アメリカの対日講和条約草案に関する声明を発表した際、次のように指摘していた。中国政府は、日本が健全にその平和経済を発展させ、日中両国間に正常な貿易関係を回復・発展させて、日本人民の生活が改善されることを望む。また、かつて日本に占領されて甚大な損害を被り、そして自力で再建することが困難な諸国は賠償を請求する権利を留保すべきである[32]、と。ここからは、このとき、中国は明確には日本に賠償を請求していないが、賠償請求の権利は留保していたことが見てとれる。

1955年3月に中共中央が制定した対日政策と方針に関する文書には、日中関係正常化問題に関する考察も含まれていた。文書では、賠償問題および戦争状態の終結問題が取り上げられ、これらの問題は現状では確定できず、両国関係が正常化されるのを待って解決すべき[33]との見解が示されていた。1957年、浅沼稲次郎書記長が率いる日本社会党親善使節団が訪中した。周恩来と接見した際、使節団の一人であった勝間田清一は、日中国交正常化が実現した際には、戦犯処理と同様に、戦争賠償問題についても寛大な政策をとってもらえないか、との意見を述べた。これに対し周恩来は、賠償問題の方針に関しては、現状では確定することはできず、国交正常化が実現された際にはじめて決定できる、と返答した[34]。

長い間、対日事務を担っていた張香山は、次のように回想している。1960年代初め頃に、中共中央は内部で戦争賠償問題について検討し、賠償請求を放

棄することを確定していた。その理由は3点あり、もっとも主要な理由は、日本人民に対し友好を示し、日本人民が賠償の負担によって苦しめられないようにするため、第2の理由は、第1次世界大戦後、ベルサイユ条約によりドイツに多額の賠償支払いが規定されたことで、ドイツは戦後大きな困苦を味わい、それが復仇主義を生み、ヒトラーを台頭させたという教訓を踏まえたため、第3の理由は、当時すでにいくつかの国家が賠償請求を放棄していたため。蔣介石が放棄したかどうかが、根拠にされたわけではない[35]、と。しかし、賠償請求の放棄については、当時は対内的にも対外的にもいまだ公開で説明されてはいなかった。

2.4 日中平和条約問題と台湾問題について

1963年10月9日、周恩来は石橋湛山元首相と接見した。会談の際、石橋は日中平和条約問題と台湾問題を取り上げた。周恩来はこの二つの問題に答えるなかで、アメリカの単独対日「講和」、日本が台湾と結んだ「日華平和条約」、これらが中華人民共和国と日本国とが平和条約を結ぶにあたっての最大の障碍となっていることを第1に指摘した。

日中平和条約問題をどのように処理するかに関して、周恩来は四つのあり得る方式を考えていた。すなわち、第1の方式は、日本が日台間の「日華平和条約」を破棄して、中国と正式に平和条約を結ぶこと。これがもっとも望ましい方法だが、日本の現政府がこれをおこなうのには困難がある。第2の方式は、日本が日台間の「日華平和条約」を破棄しないまま、中華人民共和国と別に平和条約を結ぶこと。この場合、これにより「二つの中国」がつくられることになり、大変に好ましくなく、中国人民は絶対にこれには同意できない。第3の方式は、日本の現政府の責任者である首相か外相が中国を訪問し、中華人民共和国が中国を代表することを承認する旨を明確に示した声明を発表すること。この場合、両国間には平和条約は結ばれなくても、互いに友好関係となり、アジアの平和を促進するよう努力をすれば、日中間の戦争状態は存在しないに等しくなる。これはもっとも勇敢な方法であるが、日本の現政府の責任者にこの種の勇気はない。第4の方式は、日本の元首相が中国を訪問し、人民共和国を承認し、日中関係を回復させ、両国の国交正常化を推進するため努力する旨の

声明を発表すること。これは間接的な方式であると同時に、一つ一つ積み重ねる方式でもある。我々は現在、実際にはこの第4の方式をとっているが、第1の方式を勝ち取らなくてはならない[36]、と。

　台湾問題に関して、周恩来は次のように指摘した。日本の一部の人の台湾に対する感情を冷静に分析すると、以下の3種類の感情があると言える。一つは、かつての植民地主義的感情、一つは軍国主義的感情、一つは経済交流の相手としての感情である。前二者の感情は、中国人民に対し友好的でなく、不健全なものだ。台湾の現状は中国の内戦により形成されたものである。しかしその後、アメリカがしゃしゃり出てきて問題を複雑化してしまった。アメリカは中国人民が台湾を解放するのに干渉し、国際問題としてこれを処理しようとしているが、中国人民がいかに台湾を解放するかは国内問題なのである。我々はアメリカがこの二つの問題をかき回して一緒くたにするのに断固として反対する。日本政府が台湾問題を中国内部の問題とみなし、人民共和国との関係を樹立し、中国に自身で台湾問題を解決させるようにすれば、問題はまったく複雑ではなくなるのだ[37]、と。

2.5　日中国交正常化問題について

　本稿の第1節1.2項で述べたように、人民共和国は外国との正常な外交関係樹立の原則を早い時期に明確化し、例外を一切認めていなかった。日中国交正常化の難点は、主として日本政府がアメリカの設けた対中政策の規制を乗り越えようとせず、台湾と「日華平和条約」を締結したことにあった。中国の指導者はこのことを十分に認識していた。1971年前半、米中間の秘密裏の接触はさらに進められていた。これと同時に、周恩来は、以前より頻繁に、訪中した日本人と会見をおこなうようになっていた。彼は、米中関係の突破が日中関係の突破をもたらすので、対日工作を強化しなくてはならないと明確に意識していた。

　6月28日の夜、キッシンジャーの秘密訪中の10日前、周恩来は人民大会堂で、公明党委員長の竹入義勝が率いる公明党訪中代表団と会見した。会談の際、周恩来は公明党が日中関係について最近発表した5項目の主張に賛成すると同時に、巧妙に公明党の主張のなかのいくつかの語句を修正・補充し、その含意

を中国の主張と一致させた。周恩来の表現によると、この5項目の主張とは、以下のようなものだった。①中華人民共和国政府が中国人民を代表する唯一の合法政府であることを承認する。②台湾は中華人民共和国の不可分の一省である。③日本政府が蔣介石と締結した「日華平和条約」は不法なものであり、必ず破棄すべきである。④アメリカの軍事力は台湾と台湾海峡地域から撤退すべきである。⑤中華人民共和国の国連での合法的議席を回復させ、蔣介石の国連での議席を取り消す。周恩来は、公明党の主張する5項目に従えば、日本と中華人民共和国の国交を回復させ、戦争状態を終わらせ、日中友好を発展させ、日中両国が平和五原則の基礎のうえで平和条約を締結する可能性が生まれ、さらに一歩進んで相互不可侵条約の締結を考えることができるようになるだろう[38]、と述べた。これはまさに日中関係正常化を実現する条件を説明したものであり、後に米中関係正常化の協議の際に出された条件と完全に同じものであった。

3. 日中関係正常化の「二段階」方式

1970年代初め、米中関係が正常化へ向けて具体的に動き出すという強烈な衝撃のもと、日中関係はついに長期にわたる停滞状態から抜け出した。日中関係正常化へ向けた動きがにわかに加速し、「二段階」方式がとられることとされた。すなわち、第1段階は、両国の総理が会談して「共同声明」を発表し、国交を回復し、両国間の不正常な状態を終結させる。第2段階は、協議を通して両国は一般的な平和条約とは異なる平和条約を締結する[39]。種々の原因により、日中平和友好条約の締結は本来の見込みより大幅に遅れた。しかし、この条約への署名は、日中関係正常化が全面的に達成されたことを宣言するものであった。

3.1 米中関係がもたらした衝撃と中国側が提出した日中国交正常化の三原則

1970年代に入ると、国際情勢には重大な変化が発生した。ベトナム戦争の泥沼にはまり込んだことにより、アメリカの内政・外交には大きな困難が生じ

ていた。ニクソンは政権を握って以降、ベトナムからの離脱のために、中国との関係緩和を模索しはじめた。一方、1969年の中ソ国境での武力衝突以降、中ソ関係はきわめて緊張した状態にあった。またこのとき、日本はすでに経済大国となっており、アメリカ経済との摩擦は日々深まっていた。

こうした状況下の1971年7月、国家安全保障問題担当大統領補佐官のキッシンジャーの極秘訪中は、世界中を驚かせた。同年10月、国連は中国の合法的議席を回復させた。1972年2月、アメリカ大統領ニクソンが訪中し、「上海コミュニケ」が発表された。米中関係正常化への動きの開始は、日本に大きな衝撃を与えた。アメリカの「頭越し外交」は日本に驚きと怒りをもたらし、日本の各界人士の日中国交正常化要求の声は日増しに高まった。

日中国交正常化の動きをさらに一歩発展させるために、1971年10月初め、中国側は、藤山愛一郎を団長とする日中国交回復促進議員連盟訪中代表団と会談した際、正式に①中華人民共和国政府は中国を代表する唯一の合法政府である。②台湾は中華人民共和国の領土の不可分の一部である。③日華平和条約は不法かつ無効なものであり、破棄すべきである、からなる日中国交正常化の三原則を提示した[40]。この三原則は、双方で発表した共同声明のなかに入れられた。同年10月末に国連での中国の合法的議席が回復された後には、第1項の原則はすでに問題ではなくなっていたが、第2項と第3項の原則について、日本国内では依然として議論がおこなわれていた。11月10日、東京都知事の美濃部亮吉等および日中国交回復国民会議訪中代表団との会見の際、周恩来は再度、次のように強調した。日本は、「台湾がすでに中国に返還されたことを必ず承認しなければならず」、「台湾の地位は未定」と言うことは、台湾を中国から分裂させようと言っていることに等しい[41]、と。

1972年の前半、周恩来は、日本の政局の変化を注意深く観察し、正確な判断を下した。5月15日、公明党の第2次訪中団に会見したとき、周恩来は以下のように述べた。田中角栄が首相となり中国を訪れて日中両国関係問題について話し合う気があるのなら、我々は歓迎する。我々はどうして、あのような勇気ある人物を拒絶することができようか[42]、と。この年の6月、佐藤栄作が辞任した。7月7日、田中角栄が首相に就任し、自民党の田中、大平、三木、中曽根の四派閥から成る新内閣が成立した。新内閣は日中国交正常化問題に対

し積極的態度をとり、田中首相は就任後はじめての記者会見で、日中国交正常化の機は熟しており、真剣にこの問題に取り組んでいきたい、と述べた。7月16日、周恩来は日本社会党前委員長の佐々木更三と会見した際にも、現任の首相・外相あるいはその他の大臣が訪中して日中国交回復問題について話し合うなら、北京空港を開放する準備をしよう、と明確に意思表示した。この後、日中双方は各種のルートを通して何度も意見交換し、田中角栄による中国訪問の準備が整えられた[43]。

3.2　田中首相の訪中と日中国交回復

1972年9月25日から30日、田中首相一行は北京に到着し、訪問活動をおこなった。毛沢東主席は田中首相一行と会見し、友好的に語り合った。周恩来総理は田中首相と4回にわたり非公開の会談をおこない、両国外相は2度、会談した。双方による両国国交正常化解決のための協議では、以下の7点の重要問題について話し合われた。

（1）復交（国交回復）三原則の問題。日本側は、三原則総体に対する明確な態度表明をせず、三つの原則それぞれに対し見解を表明しようとしていた。日本側は、共同声明において、中華人民共和国政府が中国の唯一の合法政府であることを承認し、台湾が中華人民共和国の領土の不可分の一部分であるとする中国の立場を「十分に理解し、尊重する」が、「日華平和条約」が不法で無効なものであり、破棄すべきである、という原則については明確な態度を示したくないとの意見を示した。このことについて日本側は、「日華平和条約」は国会の批准を経たものであり、日中国交正常化が実現すれば、「日華平和条約」は遡及的に終了すると説明し、中国側の配慮を求めた。これに対し中国側は、復交三原則は日中国交正常化の基礎であり、日本側が中国側の提示した三原則を承認するという前提のもとではじめて日本が直面する困難に配慮を与えることができる、と反発した。議論を経て、日本側は同意し、共同声明の前文に「日本側は、中華人民共和国政府が提起した『復交三原則』を十分理解する立場に立って国交正常化の実現をはかるという見解を再確認する」という一文が記された。共同声明の本文中には、復交三原則の第1項、第2項が明記された。お

そらく日本政府が直面する局部的な困難への配慮のため、中国側は共同声明のなかで「日華平和条約」について言及せず、その一方で日本側が単独声明を発表し、日中国交正常化の結果として「日華平和条約」が終了したことを宣言して、日台間の「外交関係」を継続不能にすることに同意したのであろう。9月29日、「日中共同声明」への署名の後、日本の外相の大平正芳は記者会見の席で、日中国交正常化の結果、「日華平和条約」は存在意義を失い、終了したと宣言した。日台間の「外交関係」は維持できなくなり、駐台湾の元日本大使館は善後処理の後、閉鎖された。

（2）日中間の戦争状態の終結に関する問題。日本側は、「日華平和条約」の締結を通して両国間の戦争状態はすでに終結していると考えていたので、中国側の「声明が発出される日に、戦争状態が終了する」という提案に同意せず、「戦争状態の終結を確認した」という文言を声明に記すことを求めた。「確認した」という提案は「日華平和条約」が合法であることを意味するので、中国側はこれに同意することはできなかった。そこで、話し合いを経て、折衷案がつくられた。それは、共同声明の前文にまず「戦争状態の終結と日中国交の正常化という両国国民の願望の実現は、両国関係の歴史に新たな一頁を開くこととなろう」という一文が記され、本文中で、「日本国と中華人民共和国との間のこれまでの不正常な状態は、この共同声明が発出される日に終了する」と明示する、というものであった。

（3）中国に対する侵略戦争の見方に関する問題。田中首相は、周恩来総理が開催した歓迎会で答辞を述べた際、日本の侵略戦争について述べ、「中国人民に多大のご迷惑をおかけした（給中国国民添了很大的麻煩）」と発言し、周恩来に批判された。この文言のあまりの軽さは、中国人民の強烈な反発を引き起こした。田中首相は、以下のように釈明し、陳謝の意思を示した。すなわち、日本語で言えば「ご迷惑をおかけした（添麻煩）」は誠心誠意の謝罪の意であり、以後このような過ちを犯さないことを約束する、中国語のなかにより適当な語彙があれば中国の習慣に従って改める、と。結局、共同声明のなかには、「日本側は、過去において日本国が戦争を通じて中国国民に重大な損害を与えたこ

とについての責任を痛感し、深く反省する」という一文が記された。

（4）戦争賠償についての問題。田中首相の訪中前、中国側は日本側に対し、日中両国国民の友誼のために、中国は日本国に対する戦争賠償要求を放棄する準備があることを正式に提示し、あわせてこのことを共同声明に書き入れることを建議していた。しかし、共同声明の具体的な条文を話し合った際、外務省条約局局長の高島益郎は、法律上から言って、この問題は日華平和条約のなかですでに解決しており、共同声明のなかで賠償について触れる必要はないと指摘した。日本側のこの態度に、中国側は強烈に反発した。翌日、高島は共同声明起草小組の会議上で、自分が中国側に対しておこなった戦争賠償放棄の条文に関する説明が誤解を引き起こすのは本意でなく、日本国民は中国の戦争賠償の請求権放棄に対し深く感動している、と述べた。結果的に、共同声明には、「中華人民共和国政府は、中日両国国民の友好のために、日本国に対する戦争賠償の請求を放棄することを宣言する」という文言が記された。

（5）「日米安全保障条約」に関する問題。日本側は、日本とアメリカとの関係は「きわめて重要」であることを強調した。中国側は、中国は日本とアメリカとの関係を尊重し、「日米安全保障条約」に対し意見はあるが、共同声明のなかでは言及しないこと、日中友好は排他的なものではないとの態度を示した。

（6）釣魚島に関する問題。田中首相は会談において、中国の釣魚島問題への態度を尋ねた。周恩来総理は次のように述べた。この問題について今回は話したくない。今話しても益はないので、後で改めて話し合おう。これは、この問題が大きくないと言っているわけではない、むしろ現在差し迫った問題は、両国関係の正常化だ。いくつかの問題はときの推移を待って話そう、と。このように、中国側と田中首相は、「後で改めて話す」ことを互いに了解したのだった。

（7）日台関係についての問題。日本側は、日中国交樹立以後、即座に日台間の外交関係を断絶し、駐台湾大使館・領事館を撤回し、「二つの中国」、「台湾

独立運動」を絶対に支持しないことを保証するが、日台間の経済交流と人員の往来を断絶することはできない、とした。これに対し、中国側は理解を示したが、今後はこの方面に関し随時中国側に通知することを要求した。日本側は、日本が台湾に関して何かおこなおうとする場合、事前に中国側に通知する、との意思を示した[44]。

双方は4回の会談を経て、「共同声明」に関する意見の一致を見た。会談終了後、周恩来総理は、「言ったからには約束を守り、おこなう以上はやり遂げる（言必信、行必果）」と書き記して田中首相に贈った。田中首相も漢文で「信為万事之本」と書き、返礼した。

9月29日、日中両国政府は、正式に「共同声明」に署名した。このことは、日中関係の正常化が実現し、法律上、両国の戦争状態は終結し、日中関係がここから新たな歴史的段階に入ったことを示すものだった。

3.3　日中平和友好条約の協議と締結

日中両国政府が発表した「共同声明」では、両国国交正常化後、「平和友好条約」を締結することを目的とした協議をおこなうことが規定されていた。

日中国交正常化後、両国関係は比較的速やかに発展した。「共同声明」の精神に基づき、両国は前後して貿易・航空・海運・漁業などに関する協定を結んだ。この四つの協定に関する話し合いはおおむねスムーズに進んだものの、いくつかの困難にもぶつかった。平和友好条約に関する協議もこのために遅滞した。毛沢東と周恩来は、1974年内に「共同声明」が規定する条約と協定に関しての話し合いを基本的に済ませることを望んでいたが、周恩来の病が重くなったため、中国側は鄧小平に「平和友好条約」締結工作を指導させることとした。

日中双方による平和友好条約についての協議における議論の焦点は、覇権主義への反対を条項に記すべきかどうかの問題だった。1974年11月、両国の副外相は条約の基本的な内容に関して全面的な意見交換をした。中国側の当初の構想は次のようなものだった。すなわち、条約の前文中で日中共同声明を明確に肯定し、条文には平和五原則、あらゆる武力に訴えないこと、覇権を求めな

いこと、この種の覇権を確立しようとする動きに反対すること、経済関係と人的交流の発展等の内容を包括すべきだ、と。日本側はおおむね同意を示したが、覇権追求への反対という一点に関しては、異議を提出した[45]。この年の11月末、田中角栄は献金をめぐるスキャンダルのため、突然辞任した。

1975年初め、三木武夫が首相となった。日中双方は正式に条約締結問題をめぐって交渉をおこなったが、覇権反対条項をめぐる深刻な対立により、協議は停滞し、なかなか前進しなかった。当時、中国は外交面では、アメリカ・ヨーロッパ・日本と連合してソ連覇権主義に反対する「一条線」戦略を実行しており、「反覇」は中国がきわめて重視する外交原則だった。中国側は、反覇条項はすでに「共同声明」にも盛り込まれており、なおかつ今後必ず執行されるものなのだから、条項に記すべきだと考えていた。一方、日本は対中、対ソ関係において、ある種のバランスを保ちたいと望んでおり、また政権担当者は常に国内の政治的要素の影響を受けていた。このため、日本側は、条約は両国関係に関するものであって、第三国にかかわったり、第三国を対象としたりすることはできないので、条項として記すことはできない、との意見を示した[46]。

1976年10月、中国の国内情勢には重大な変化が起こっていた。文化大革命収束後、中国国内では、近代化建設を加速させようとの声が高まっていた。これと同時に、国際情勢と日本国内にも日中平和友好条約の締結に有利な変化が現れていた。アメリカは、日中平和友好条約の締結を支持することを公表し、ヨーロッパ諸国もそれぞれに濃淡はあったものの日本と中国との関係強化を歓迎していた。また日本国内では、ソ連を警戒し防備しようとの世論が高まり、早期の日中平和友好条約の締結を支持する声がますます大きくなっていた。

1977年1月、新たに首相に就任した福田赳夫は施政演説のなかで、日中平和友好条約締結のための協議をできるだけ速やかに進めるとの意思を表明した。7月中旬、（第1次天安門事件で再失脚していた）鄧小平は、再度の復活を果たすとすぐに外交分野の諸事務に着手しはじめた。9月10日、鄧小平は浜野清吾を団長とする日中友好議員連盟訪中団と会見した。会談のなかで条約締結問題に話が及んだ際、鄧小平は次のように述べた。福田首相が声明でこの件を進めると表明したからには、我々は彼がこの方面に貢献することを期待している。実際のところ、このようなことは1秒もあれば解決できるのであって、長い時

間は必要ない。1秒とはつまり、「調印」の2字のことだ、[47]と。

　1978年3月、福田赳夫首相は、近いうちに断固として日中平和友好条約締結問題を処理する意思を中国側に電話で伝えた。中国側はただちに、協議の再開を歓迎すると応答するとともに、反覇権主義の立場についてさらなる説明をおこなった。その主な内容は、以下のようなものだった。日中の平和友好関係の樹立と発展は第三国に向けられたものではなく、日中双方はともに覇権を追求せず、またいかなる国家や国家集団が覇権を追求することにも反対し、誰かが覇権を追求するなら、その誰かに反対する。日中両国が覇権に反対するということは、両国が何らかの連合行動をとることを意味するものではなく、日中両国はともに独立自主の外交政策を有し、双方は相手国の内政には干渉しない[48]、と。7月21日、北京で協議が開始された。8月11日までに、条約の全内容に関して、双方は合意に達した。12日、日中両国政府は北京で、「平和友好条約」に調印した。

　1978年10月22日から29日、鄧小平副総理は日本側の招きに応じ、「日中平和友好条約」批准書交換式典に出席するため一週間の日本訪問をおこなった。訪問期間中、鄧小平は記者会見の席で、釣魚島（尖閣列島）問題について、以下のように公式に説明をおこなった。すなわち、この問題については、双方は異なる見解を有しており、日中国交正常化実現のときには、双方はこの問題をもち出さないことを約束し、今回の日中平和友好条約の協議の際にも、やはりこの問題をもち出さないことを約束した。この問題は一時棚上げにしておいても差し支えないし、それが10年であっても問題ない。我々の世代の人間は智慧が足りず、この問題についての話し合いはまとまらないが、次の世代の人間は我々よりも聡明であろう。そのときは皆が受け入れられる良い方法を見つけ、この問題を解決できるだろう[49]、と。

おわりに

　第1に、1950年代初めから70年代初め、国際的な冷戦構造、アメリカの掣肘および台湾問題のために、日中関係の発展には種々の困難が満ち満ちていた。しかし、中国では、指導者は一貫して日中関係を長い目で見、非常に重視して

きた。「民間が先行し、民が官を促す」という方針を実行し、徐々に全面的な対日政策を形成し、また忍耐強く継続的に交流を進め、一歩一歩両国関係を正常化の方向へ発展させるよう推し進めてきた。この時期、中国はいまだ日中国交正常化という目標を達成してはいなかったが、そのための準備を十分におこない、日中友好のための人脈を築きあげ、深厚な基礎づくりをおこなっていた。一方、日本では、影響力をもつ一群の有識の士が、政界・財界・文化界に現れ、隣国である日中両国は友好的に付き合うべきだと堅く信じ、日中国交正常化の実現のための努力を根気よく続けていた。

　第2に、中国の指導者は、寛大な心と将来を見据えた眼差しで日中関係に取り組んでいた。毛沢東と周恩来の基本的な見解は次のようなものだった。日本の中国に対する侵略戦争はすでに過去のものとなった。戦後、日中両国の状況は根本的に変化した。中国はすでに一つの新たな国家として屹立し、日本は以前とは異なる地位に身を置き、よその国を侵略するのではなく、逆に他者の圧迫を受ける立場になっている。日中二つの偉大な民族は今や平等であり、両国国民は独立を勝ち取るための闘争において、互いに支え合うべきだ。日中関係のカギは、平和共存であり、日中友好がなければ、アジアの平和もあり得ない。日本と中国とは二千年あまりにわたって平和共存してきたのであり、双方の間には真の「共存共栄」の種子を見つけることができよう。日中両国国民は交流をさらに深め、世代を超えて友好関係を続けていくべきである、と。

　第3に、1970年代初め、国際情勢は変化した。とくに米中関係正常化の動きと国連での中国の議席回復は、日中関係打開のための契機となった。日中両国の指導者はこの歴史的機会をとらえて国交正常化を実現させ、日中関係史上の新時代を切り開いた。この後の日中平和友好条約の締結は、日中関係をさらに一歩発展させただけでなく、アジアと世界の平和維持のために重要な機能を発揮した。日中平和友好条約の締結とその後の米中国交正常化は、改革開放政策を進める中国に有利な外部環境を提供し、日中関係にもかつてないほど良好な時期が訪れた。

　最後に、日中国交正常化を成し遂げるのは容易なことではなかった。この間の歴史は後世の人々が重視するに値し、また後世の人々に多くの啓示を与えるものである。この一連の過程において、毛沢東・周恩来・鄧小平などの中国の

指導者は日中平和友好の方向を堅持し、「大同を求め小異を残す」の考えのもと、漸進的に積み重ねるという方法で歴史的難題の解決を進めてきた。彼らは原則を守りながらも、巧みに必要な妥協をし、ついに日中関係正常化を実現した。この間、田中角栄・福田赳夫などの指導者を含む日中友好を主張する日本の有識の士もまた苦労を重ね、成否を分ける時点で勇気と決断力を示したことは感服に値する。日中関係の発展には双方の努力と協力が不可欠であり、「日中共同声明」と「日中平和友好条約」が確立した原則は、両国関係の発展を導くうえで長久の意味をもつものである。

1　マーシャルは中国に派遣された当初、中国側が国民党2個師団、中国共産党1個師団からなる聯合部隊を組織し、連合国軍による対日占領に参加するよう建議した。

2　裴堅章主編『中華人民共和国外交史　1949‐1956』世界知識出版社、1994年、4頁。

3　中共中央文献研究室・中央檔案館編『建国以来周恩来文稿』第5冊、中央文献出版社、2018年、103頁、121頁。中華人民共和国外交部・中共中央文献研究室編『周恩来外交文選』中央文献出版社、1990年、38‐40頁。

4　中共中央文献研究室・中央檔案館編『建国以来周恩来文稿』第6冊、322‐325頁。

5　中共中央文献研究室編『周恩来年譜　1949‐1976』上巻、中央文献出版社、1997年、218‐219頁。

6　裴堅章主編『中華人民共和国外交史　1949‐1956』159頁。

7　中共中央文献研究室・中央檔案館編『建国以来周恩来文稿』第6冊、285頁。

8　裴堅章主編『中華人民共和国外交史　1949‐1956』159頁。

9　中共中央文献研究室・中央檔案館編『建国以来周恩来文稿』第7冊、230‐235頁。同上、第8冊、68‐72頁。

10　裴堅章主編『中華人民共和国外交史　1949‐1956』165頁。

11　裴堅章主編『中華人民共和国外交史　1949‐1956』160頁。

12　孫平化『中日友好随想録』世界知識出版社、1986年、22頁。

13　裴堅章主編『中華人民共和国外交史　1949‐1956』160頁。

14　孫平化『中日友好随想録』27頁。

15　裴堅章主編『中華人民共和国外交史　1949‐1956』161頁。

16　中共中央文献研究室・中央檔案館編『建国以来周恩来文稿』第11冊、527頁。

17　張香山『中日関係管窺与見証』当代世界出版社、1998年、225頁。

18　張香山『中日関係管窺与見証』226‐227頁。

19　中共中央文献研究室編『毛沢東年譜　1949‐1976』第2巻、中央文献出版社、2013年、452頁。

20　中共中央文献研究室編『毛沢東年譜　1949‐1976』第2巻、615頁。

21　中華人民共和国外交部・中共中央文献研究室編『毛沢東外交文選』中央文献出版社、

1994年、201頁。

22　中共中央文献研究室・中央檔案館編『建国以来周恩来文稿』第12冊、361‐363頁。

23　裴堅章主編『中華人民共和国外交史　1949‐1956』172頁。

24　孫平化『中日友好随想録』45頁。

25　1958年5月、日中友好協会長崎支部で、中国の切手・切紙・織物の展覧会が開催された。この会場に2名の右翼反中分子が乱入して、会場に掲げられていた中国国旗を引きずり下ろして破り捨てた。この後、開催者側は事件を起こした者への懲罰を要求したが、岸信介内閣は「中国国旗は国家を代表する旗ではなく、一般の私人の物品に過ぎない」ので、事件を起こした者の行為は「刑事事件」を構成しない、との見解を示した。岸信介内閣の言動に対し、中国国内では強烈な反発が起こった。

26　黎家松主編『中華人民共和国外交大事記』第2巻、世界知識出版社、2001年、70頁。

27　中華人民共和国外交部・中共中央文献研究室編『周恩来外交文選』290頁。

28　中華人民共和国外交部・中共中央文献研究室編『周恩来外交文選』289‐291頁。

29　黎家松主編『中華人民共和国外交大事記』第2巻、242頁。中共中央文献研究室編『周恩来年譜　1949‐1976』中巻、496頁。

30　王泰平主編『中華人民共和国外交史　1957‐1969』世界知識出版社、1998年、23頁。

31　孫平化『中日友好随想録』68‐70頁。

32　中華人民共和国外交部・中共中央文献研究室編『周恩来外交文選』44頁。

33　張香山『中日関係管窺与見証』227頁。

34　張香山『中日関係管窺与見証』66頁。

35　張香山『中日関係管窺与見証』66‐67頁。

36　中華人民共和国外交部・中共中央文献研究室編『周恩来外交文選』340‐341頁。

37　中華人民共和国外交部・中共中央文献研究室編『周恩来外交文選』403‐411頁。

38　中華人民共和国外交部外交史研究室編『周恩来外交活動大事記　1949‐1975』世界知識出版社、1993年、593‐594頁。中共中央文献研究室編『周恩来年譜　1949‐1976』下巻、465‐466頁。

39　張香山『中日関係管窺与見証』71頁。

40　王泰平主編『中華人民共和国外交史　1970‐1978』第3巻、世界知識出版社、1999年、20頁。

41　中華人民共和国外交部・中共中央文献研究室編『周恩来外交文選』486頁。

42　中共中央文献研究室編『周恩来年譜　1949‐1976』下巻、525頁。

43　中共中央文献研究室編『周恩来年譜　1949‐1976』下巻、537頁。

44　以上の協議中に議論された七つの重要な問題については、王泰平主編『中華人民共和国外交史　1970‐1978』第3巻、22‐25頁を参照。

45　王泰平主編『中華人民共和国外交史　1970‐1978』第3巻、26‐27頁。

46　張香山『中日関係管窺与見証』71頁。

47　中共中央文献研究室編『鄧小平年譜　1975‐1979』上、中央文献出版社、2004年、199頁。

48　王泰平主編『中華人民共和国外交史　1970‐1978』第3巻、29‐30頁。

49　王泰平主編『中華人民共和国外交史　1970‐1978』第3巻、34頁。

第6章
日中関係黄金期
──1972−92年

鄧小平副総理の初訪日（1978年10月23日）。（左から）卓琳夫人、鄧小平、迎賓館にて出迎える福田赳夫首相、三枝夫人

日本

「日中友好」時代の再検証
——「72年体制」下の日中関係

杉浦康之（防衛省防衛研究所）

はじめに

　日中平和友好条約が締結された後、1979年から1992年までの日中関係は、基本的に良好な関係であったと記憶されている。とりわけ1980年代は蜜月期と評価され、83年から84年にかけての日中関係は、「2000年の歴史で『最良の状態』にある」とも言われた。事実、この時期、日中双方のトップリーダーが頻繁に往来し、活発に首脳会談を実施した。また複数の主要閣僚が参加する日中閣僚会議も定期的に開催された。1982年5月、来日した趙紫陽・国務院総理が、「平和友好・平等互恵・長期安定」の日中関係三原則を提起した。そして1983年11月に胡耀邦・中国共産党総書記が来日したときに、中曽根康弘首相が日中関係三原則に「相互信頼」を加えることを提案し、日中関係四原則となった。

　この時期、日本政府は、円借款を中心とする政府開発援助（ODA）を提供し、中国への積極的な経済協力を実施した。日本の財界も、新日本製鉄の稲山嘉寛や松下電器産業の松下幸之助などを中心として、中国の経済発展を支持し、援助をおこなった。一般国民レベルでは、相互訪問にはいまだ制約が大きかった

ものの、人気ドキュメンタリー「NHK 特集　シルクロード」などの影響もあり、多くの日本人が中国に強い親近感を有していた。

　中国政府もこうした日本側の姿勢を評価していた。中国は1982年9月の中国共産党第12回全国代表大会（党大会）で、米ソ両超大国のいずれとも戦略的連携を結ばないとする「独立自主外交」を提起したが、このとき胡耀邦はその対外政策を具体的に述べるパラグラフでまず日本を取り上げるなど、対日重視政策を示した。とりわけ、中国は、自国の経済建設に対する日本の協力を重視した。また、80年代初期、中国は、安全保障政策も含め、日本の「政治大国化」を期待するかのような発言さえおこなっていた。さらに一般国民のレベルでは、日本の映画、ドラマ、アニメなどが放映され、人気を博した。

　だが、この時期の日中関係は、かかる良好な関係を基調としながらも、多くの問題を内包し、ときにはそれが表面化するという事態に直面した。日中両国関係を支えていた経済関係では、1979年2月、中国が日本を含む外国企業とのプラント契約を保留したいとの意向を示し、1981年1月には宝山製鉄所の二期工事の中止を含む、プラント契約の破棄を一方的に通告するという事態が生じた。また80年代中旬以降、中国は、貿易不均衡の是正、対中投資の促進、技術移転の拡大を求め、対日批判を展開した。歴史問題では、1982年と1986年の2度にわたり歴史教科書問題が生じ、1985年には首相の靖国神社参拝が外交問題となった。また、日本の閣僚の歴史認識に関する発言が外交問題となるケースも生じた。台湾をめぐっては、1987年2月に光華寮問題が生じた。日本の「政治大国化」に関しても、中国は80年代半ば以降から警戒するようになり、1986年12月の防衛費GDP 1%枠の撤廃を懸念する姿勢を示した。そして、対日批判を目的とした学生デモが、この時期から展開されるようになった。

　さらに、1989年6月4日、民主化を求めて集結した学生を中心とする一般市民に対し、中国共産党政権は中国人民解放軍を用いてこれを鎮圧し、多数の死者が出るという第2次天安門事件（以下、天安門事件）が生じた。日本政府は、こうした中国側の行動に対し、米国を中心とする他の西側諸国と歩調を合わせ、円借款の停止を中心とした経済制裁を実施した。またこの事件を契機に、日本人の対中親近感にも陰りが見られるようになった。

こうした危機的な状況があったにもかかわらず、この時期の日中関係は決定的な対立状態に陥ることはなかった。また80年代に表面化した諸問題は、いずれも長期化することはなかった。天安門事件による日本の対中経済支援の停止ですら、日本が中国の国際社会における孤立を回避しようと努力し、中国も日本を「突破口」として、西側諸国の対中経済制裁網を打開しようとしたことにより、早期に緩和されていき、1990年11月、日本政府は対中ODAの凍結解除を決定した。1991年8月、海部俊樹首相が訪中したことで日中関係は天安門事件以前の状態を回復し、そして、1992年10月、史上はじめての天皇・美智子皇后両陛下の訪中が実現した。このように、この時期の日中関係は、危機的状況から速やかに回復し得る強靭性を有していた。

　本稿は、日中関係がなぜこの時期にかかる強靭性を有していたのかを解明するため、安定システムとしての「72年体制」の存在を主たる分析枠組みとして設定する。そしてこの分析枠組みに基づき、1979年から1992年までの日中関係を概観する。

1.　日中関係を取り巻く政治・社会状況と 安定システムとしての「72年体制」

1.1　日本の政治・社会状況

　この時代の日本国内の政治・社会状況はおおむね以下のような特徴を有していたと言える。第1に、首相の交代こそ頻繁におこなわれたものの、自民党による長期安定政権が継続していた。日本社会党を中心とする野党は、その時々の選挙で躍進することはあったものの、政権を獲得するには至らなかった。他方、1972年の自民党総裁選挙における田中角栄と福田赳夫の対立に端を発した自民党内の権力闘争の激化は1980年代初頭まで尾を引き、ときには政局の混乱を招くこともしばしばあった。こうした自民党内の権力闘争の中心にあったのは、田中派、および田中角栄から派内の主導権を奪取した竹下登、金丸信率いる経世会（竹下派）であった。この時期、唯一の長期政権を実現した中曽根康弘も、田中派の支持を基盤としていた（北岡、1995；若月、2012）。

第2の特徴は、日本経済が基本的に活力を維持し、経済大国としての日本の地位が確立したことである。1970年代、2度にわたる石油ショックを受け、日本の高度経済成長は終焉した。しかし、80年代に入ると日本経済は再び活力を取り戻し、その後安定成長期を迎えた。そして、1986年からはのちにバブル経済と呼ばれる好景気を迎えた。また1985年のプラザ合意以降、円高ドル安の傾向が顕著となっていった。こうした状況下において、日本企業は中国を含めた近隣のアジア諸国に積極的に進出していった（村田、2006；若月、2012）。

　第3には、戦後40年を経て、日本社会にも変化が見られるようになったことである。1979年にエズラ・ボーゲルが出版した『ジャパン・アズ・ナンバーワン』は、日本でベストセラーとなった。同書は必ずしも無批判に日本を賛美したわけではなかったが、多くの日本人は自国の発展に強烈な自信を有するようになった。こうしたなかで、第2次世界大戦の敗戦国との立場を基調とした戦後政治のあり方に対しても、一部のメディアや知識人、さらには政治家から疑問が投げかけられるようになった（村田、2006）。

1.2　中国の政治・社会状況

　中国の政治・社会状況には以下のような特徴があった。第1に、1978年12月の中国共産党第11期中央委員会第3回全体会議（11期3中全会）にて、鄧小平を中心とする新たな中国共産党指導部が始動し、文化大革命以来の混乱に終止符が打たれた。これ以降、鄧小平の提唱する改革開放政策が、中国の基本方針となっていった。他方、80年代を通じて、中国共産党指導部には改革開放政策のあり方などをめぐる権力闘争が生じ、その過程で胡耀邦、趙紫陽という、2人の中国共産党総書記が失脚した（高原・前田、2014）。

　第2に、こうした改革開放政策により、中国は市場経済システムと外資導入による経済発展を志向するようになった。80年代の中国は多くの面で社会主義経済システムを維持しており、必ずしも完全に市場経済システムに移行したわけではなかった。また外資の導入にも多くの制限が課せられていた。しかしながら、この時期に設置された経済特区や経済技術開発区といった対外開放地域は目覚ましい経済発展を遂げていき、今日に至るまでの高度経済成長の先駆けとなった。そして、1992年の鄧小平の南巡講話により、中国は市場経済シ

ステムと外資導入を主軸とする経済発展を志向するようになっていった（高原・前田、2014）。

　第3に、改革開放政策により、毛沢東時代には見られなかった都市部と農村部、沿岸部と内陸部における経済格差が拡大していった。さらに中国共産党の幹部や官僚の汚職・腐敗問題が社会問題として表面化することとなった。こうした情勢に不満をもった中国の学生たちは、党や政府を批判するデモをたびたびおこなった。一連の学生デモは、ソ連・東欧諸国、さらには韓国・台湾の動向にも触発される形で、民主化運動へと昇華していった。こうした学生による民主化運動に対して、鄧小平を中心とする中国共産党指導部はこれを抑圧する姿勢を堅持したため、天安門事件という悲劇が生じた（国分、1992；高原・前田、2014）。

1.3　日中関係を取り巻く国際情勢

　1978年から1992年までの間、日中両国を取り巻く国際情勢は激変した。第1に米ソ冷戦を中心とする国際構造に関していえば、この時代の第1の潮流は、ソ連のアフガニスタン侵攻を契機とする米ソ新冷戦の勃発であった。しかし、新冷戦は長期化することなく、1985年にソ連でゴルバチョフが指導者になると米ソ関係は徐々に改善に向かい、1989年12月、米ソ首脳会談において両国は冷戦の終焉を宣言した。そして冷戦の終焉に従い、東欧の社会主義圏は徐々に崩壊していき、1991年12月にはソ連そのものが消滅した（若月、2017）。

　第2に米中関係は、1979年に米中国交正常化を実現したのち、レーガン政権の登場により台湾問題をめぐり摩擦が生じた（益尾、2010）。しかし、新冷戦を背景として、ソ連という共通の脅威により、その後米中関係は政治・経済・安全保障など広範囲にわたりその交流を深めていき、「黄金の時期」とも称された（リリー、2006）。だが、こうした状況は1989年6月の天安門事件を境に一変した。米国は中国政府による民主化運動の弾圧を厳しく批判し、多くの西側諸国とともに対中経済制裁に乗り出した。一方、中国はこうした米国の動きを「和平演変」だと批判した。これ以降、人権問題は米中関係の中心議題の一つになった。またアメリカ国内では、中国をソ連に代わる新たな脅威とみなす議論も登場した（田中、2007；高木、2007；国分、2017）。

第3に日米関係では、日米貿易摩擦が本格化し、米国国内では日本がソ連に代わる新たな脅威だとみなす世論すら登場した。1985年9月、米国の対日貿易赤字を是正するため、円高ドル安を容認することを目的とするプラザ合意が発表された。この後、日本経済は一時的な円高不況を経て、バブル経済へと突入した。また日米貿易摩擦は解消されることなく、激化する様相を呈した。一方日米安保体制は、こうした経済摩擦にもかかわらず、強化されていった。とくに中曽根政権は、「ロン・ヤス」と呼ばれた中曽根首相とレーガン大統領の良好な個人的関係を背景に、西側陣営の一員として米国の冷戦戦略を支えるべく、ソ連を対象とした日米安全保障協力を促進させた（五百旗頭、2006；若月、2012；若月、2017）。

1.4　安定システムとしての「72年体制」

　こうした国内および国際情勢を背景として、日中関係は、「72年体制」と呼ぶべき、様々な難題を克服し得る強靭性を有する安定システムを擁していた。「72年体制」に関しては、研究者によりいくつかの定義があるが、たとえばその先駆者たる国分良成は、①冷戦体制におけるソ連を仮想敵とする日米中の連携、②中国の近代化支援と相互依存の形成に向けた共通の合意、③日中両国に戦争時代の悲劇を乗り越えて確固とした「友好」を確立したいとの戦争世代の共通認識、④台湾の「中華民国」ではなく大陸の「中華人民共和国」を、中国を代表する正統政府として承認する点での合意、の4点をその基本内容として指摘する（国分、2017）。他方、服部龍二は、1972年の日中国交正常化の画期性を認めつつも、台湾問題や歴史問題での原則の確立に疑問を提示し、それを体制と呼ぶことを過大評価と指摘している（服部、2011）。両者の議論を踏まえ、井上正也は、「72年体制」を合意そのものではなく、両国の争点を顕在化させない紛争処理のメカニズム構築にあると指摘する（井上、2012）。

　本稿でいうところの安定システムとしての「72年体制」は、井上の定義を基にしている。国分の指摘する四つの基本内容に加え、井上の議論を敷衍するならば、安定システムとしての「72年体制」は以下の三つの特徴を有していると言えよう。

　第1の特徴は、当時の日中関係が、日本外務省と中国外交部による公式外交

ルートと並び、様々なアクターが関与する非公式外交ルートを有していたことである。こうした非公式外交ルートに属するアクターとして、日本側では、①政界：田中角栄、二階堂進、竹下登、金丸信らの田中派・竹下派の大物議員、伊東正義らの自民党内親中派議員、公明党、日本社会党、②経済界：稲山嘉寛、岡崎嘉平太、土光敏夫といった大物財界人および経済団体連合会（経団連）、③知識人：大来佐武郎、香山健一など、④日中友好団体：日中友好議員連盟、日中経済協会、日中協会、日本国際貿易促進協会、日本中国文化交流協会、日中友好会館、が指摘できる。

　一方、中国側では、廖承志と彼の下で長らく対日工作に従事してきた、孫平化・中日友好協会会長、張香山・中日友好21世紀委員会中国側首席ら「知日派」が、非公式外交ルートを担った。こうした非公式外交ルートは、政治指導者の考えを内々に相手に伝え、相手の真意を探るなど、公式外交ルートを補完する役割を果たした。他方、中国共産党による一党独裁体制のもと、中国側は公式外交ルートと非公式外交ルートを一枚岩のものとして管理できたのに対し、日本側の各アクターは必ずしもその思惑を一致させていたわけではなかった。中国は、こうした片務的な多元構造を利用し、日本側の各アクターへの働きかけを通じて、日本政府の対中政策に影響を及ぼそうとした。

　第2の特徴として指摘し得るのは、「72年体制」が「日中友好」概念に基づいた援助－被援助関係を基本としており、本来有していた「戦略性」が、意図的とも言えるほど、後退させられていたことである。経済大国である日本が、貧しい中国の改革開放政策を支援するという構図が、この時期を通じて日中関係の常態であった。その際、日本政府はその対中援助の必要性を説明するに際して、戦略的観点から説明するよりも、戦前の日本が中国に侵略戦争をおこなったにもかかわらず、戦後中国は対日賠償を放棄したという道義性に基づき、「日中友好」精神を強調する傾向があった。実際には、この時期、日本政府は、米国を中心とする西側陣営との足並みを乱すことなく、中国をそうした西側諸国主導の国際秩序に組み込み、安定させるという戦略的思考をある程度有していた。日本企業の対中支援も、必ずしも情緒的な側面からのみおこなわれたものではなく、各業界や各企業の経済的合理性により決定されていた点が多かった。そうした現実にもかかわらず、戦略的観点ではなく、「日中友好」概念が

この時期の日中関係の基調であった。中国も日本の対中支援を受け入れるにあたり、こうした「日中友好」精神を強調し、それを対日政策のなかで最大限活用しようとした。こうしたなかで、日本の対中 ODA は日中関係を安定させ得る重要な紐帯であった。

　第3の特徴は、日中間に何らかの重要な外交事案が生じた際、「暗黙の合意（黙契）」や「不同意の同意」と呼ばれる政治的解決により、事態を深刻化させることなく、曖昧なままその解決を図る傾向があったことである。それは、公式および非公式外交ルートを駆使して、互いの意図を水面下に伝え、その後日本外務省チャイナ・スクールと中国の知日派が「阿吽の呼吸」により、巧みな合意を形成するという傾向を有していた。1982年の歴史教科書問題の解決や1992年の天皇訪中の実現などは、その典型例であった。

　かかる「72年体制」は、1972年の日中国交正常化に至るまでの日中関係の経緯が培ったものであった。すなわち、日本の対中政策と中国の対日政策の共同作品であり、日中両国の政治指導者と実務家の叡智の結晶であった。

2.　蜜月期の日中関係

2.1　プラント契約キャンセル問題と日本の対中 ODA の始動

　1978年2月、日中長期貿易取り決めが日中の民間団体によって締結された。この取り決めの有効期間は1978年から85年であり、最初の5年間で日本側が技術およびプラントを70億ドルから80億ドル輸出し、中国側が原油、原料炭、一般炭を輸出すること、技術やプラントの輸出については原則として延べ払い方式に基づくことを規定した。この取り決めを契機として、宝山製鉄所建設の契約をはじめ、日中間で大型商談が次々と結ばれ、1978年と1979年の契約総額は79.9億ドルに達した。このとき中国では、四人組を打倒した華国鋒を中心に、復活したばかりの鄧小平、国務院日常業務と対外経済貿易を主管していた李先念などの最高指導者層が、海外から大型プラントを大量に輸入し、そうした技術導入を通じた、達成速度と重工業重視の経済発展路線を採用しており、その路線は実務レベルでも指示されていた。だが、後に「洋躍進」と揶揄され

ることになるこの性急な開発政策は、外貨を稼ぐ輸出商品として期待された原油の生産が伸び悩んだこともあり、ただちに資金不足に直面した。こうした状況下、1978年12月に開催された11期3中全会で、陳雲が党副主席・政治局常務委員に選出された。均衡発展論者であった陳雲は、インフラ建設の規模縮小を中心とする経済調整に乗り出した。1979年2月、中国側は1978年12月以降に契約したプラント類について、すべての契約の実施を保留したいと申し入れた（田中、1991；国分他、2013；李、2016）。

　そして稲山嘉寛らをはじめとする、日本経済界のかねてからの提案も踏まえ、1979年9月、中国は日本に対して正式に経済協力を要請した。これに対し、1979年12月、訪中した大平正芳首相は、第1次円借款プロジェクトを発表した。その対象案件は、港湾2件、鉄道3件、水力発電1件であり、1979年度は500億円を提供するというものであった。第1次円借款プロジェクトは、1983年までに総額3309億円を供与した。さらに「日中友好のシンボル」として、北京に近代的な病院を建設するための無償協力案件も発表された。このとき大平は、①軍事協力はしない、②欧米諸国との協調に基づく対中協力、③ASEAN諸国との関係を犠牲にしない、という対中経済協力に関する「大平三原則」を表明した。この原則に基づき、日本の対中ODAは、通商産業省や経済界が求めていたタイド式（ひも付き）ではなく、「原則としてアンタイド式」となった。この方針は、日本が中国市場を独占するのではないかと懸念する、米国への配慮であった。また、大平は対中円借款の供与に積極的であったが、その背後には、日中国交正常化時に中国が賠償を放棄した経緯から、賠償の代わりとして円借款で埋め合わせをしたいという、大平の個人的な思いがあった（田中、1991；国分他、2013；服部、2014；李、2016；若月、2017）。

　日本の対中ODAが始動したことにより、日中関係はさらに好転した。1980年5月、華国鋒が来日し、同年12月には第1回日中閣僚会議が北京で開催された。しかし、その間、中国経済はインフレ、財政赤字、エネルギー不足に悩むようになる。こうしたなか、華国鋒は失脚し、1980年12月の中央工作会議は緊縮財政を提起し、プラント導入契約のキャンセルに着手することを正式に決定した。そして、1981年1月、中国側は宝山製鉄所の二期工事の中止などを含むプラント契約の破棄を一方的に通告した。日本企業が失った契約金額の

総額は、3000億円以上であったため、深刻な問題となった（田中、1991；国分、1992；李、2016）。

　こうした状況に直面し、日本政府は、状況把握と事態収束のため、大来佐武郎を政府代表として中国に派遣した。大来は鄧小平、谷牧、姚依林の両国務院副総理らと会談した。日本国内では岡崎嘉平太が、鈴木善幸首相に対し、「戦争の賠償権を放棄した」中国に「大局的見地から」資金協力をするよう促した。中国側も、補償問題を避けつつ、日本政府からの借款による状況打開を期待した。日本政府は、厳しい財政事情を抱えていたものの、円借款の一部である1300億円を商品借款に振り替えてプラント建設に回すほか、日本輸出入銀行の延べ払い信用供与約1000億円、民間融資約700億円を供与することを決定した。1981年9月、二階堂進・自民党総務会長が訪中し、谷牧副総理と会談をおこない、日中両国は上記の内容で合意した。こうしてプラント契約キャンセル問題は、日本の対中ODAを活用することで沈静化された（田中、1991；李、2016；若月、2017）。

2.2　日中友好の時代

　こうして危機を乗り越えた日中関係は、80年代を通じて、基本的には「友好」の時代を享受することとなる。この時代、両国の政治指導者の往来が活発化したことにより、日中政治関係の緊密化が顕著となった。そうした緊密化は、日本の対中経済協力の強化や日中民間交流の拡大にも波及した。

　1982年5月、日中国交正常化10周年を記念して、趙紫陽が来日し、鈴木善幸首相と2度にわたって会談した。両首相は、対ソ関係、米中関係、台湾問題、日中関係に関して意見交換をおこなった。そして、趙紫陽は、前述した「平和友好・平等互恵・長期安定」という「日中関係三原則」を提示した（田中、1991）。

　1982年9月1日、中国共産党第12回党大会が開かれた。同大会の政治報告において、胡耀邦は対外関係に関するセンテンスで最初に日本に言及した。その報告内容は、後述の第1次歴史教科書問題の影響もあり、日本の軍国主義復活への懸念が表明されていたものの、新たに提起された「独立自主外交」という方針のもと、「日中関係三原則」に基づき、日本との関係を重視する姿勢が

顕著であった（田中、1991；毛里、2006）。党大会閉幕後、鈴木首相が訪中し、鄧小平、趙紫陽らと会談した。鈴木首相は教科書問題の是正措置の実行を約束し、趙紫陽もそれを評価した。また両国は、総額650億円にのぼる、日本の1982年度対中円借款の供与に合意した（若月、2017）。

　1982年11月、中曽根康弘が首相に就任すると、日中関係はいっそう強化された。「戦後政治の総決算」を標榜する中曽根は、その言動からタカ派とみなされていた。中国も、1983年1月の中曽根訪米時の「不沈空母」発言を警戒していた。しかし、中曽根は国会で日本の対中戦争を侵略戦争と認め、2月に二階堂進・自民党幹事長を政府特使として、4月に櫻内義雄を「私的特使」として相次いで中国に派遣した。彼らが中国の政治指導者たちと会談をおこなったことにより、中曽根政権への中国の懸念は払拭された。そのため、同年9月、中曽根内閣批判を繰り返す日本社会党訪中団に対し、胡耀邦は賛同を示さなかった（田中、1991；若月、2012；若月、2017）。

　1983年11月、胡耀邦が来日した。このとき中曽根は、「日中友好21世紀委員会」の設立を提案し、さらに「日中関係三原則」に「相互信頼」を加え、四原則とすることを提起した。胡耀邦もこの中曽根の提案に首肯した。両首脳は、対ソ関係、米中関係、台湾問題、朝鮮半島情勢などの国際情勢を話し合った。この会談で中曽根と胡耀邦は意気投合し、親しい友人関係を築き、両者の関係は、家族ぐるみにまで発展した。さらに来日中、胡耀邦は3000人の日本の青年を中国に招待すると発言した（田中、1991；服部、2012）。

　翌1984年3月、今度は中曽根が訪中し、趙紫陽、胡耀邦、鄧小平らと会談した。この会談で、日中両国は、対ソ関係、朝鮮半島情勢、日本の安全保障政策を中心に、外交・安全保障問題を話し合った。このとき、胡耀邦は中曽根を中南海の私邸に招くほど、厚遇した。中曽根は、胡耀邦に対し、円借款の増額を提示したが、その際、「対中協力は戦争により大きな迷惑をかけた反省の表れであり、当然のことである」と言及した。他方、日本の対中円借款の増額は、対外開放政策を進めていた鄧小平、趙紫陽にとって、大きな支援となった。両国首脳の緊密な関係は、日中関係の発展に大きく寄与した。たとえば、日中両国の人的往来も頻繁となり、1983年の約19万人から84年には約28万人となった。さらに1984年4月から、日中の防衛交流も始まった。こうした状況を踏

まえ、1983年と1984年の日中関係は「史上最高」と称された（田中、1991；服部、2012；国分他、2013；若月、2017）。

　だが、1985年8月15日、中曽根が靖国神社に公式参拝したことで日中関係は悪化した（後述）。しかし、中曽根と胡耀邦の友情関係は、靖国神社参拝後も変わることなく、中曽根は胡耀邦への配慮から1986年の参拝を見送った。1986年11月、中曽根は再度訪中し、胡耀邦、趙紫陽、鄧小平らと会談した。このとき胡耀邦は、第2次歴史教科書問題（後述）や靖国神社参拝見送りに関する中曽根の姿勢を評価した（服部、2012；若月、2017）。そして、翌年開催予定の中国共産党第13回党大会では、大幅な新旧交代がおこなわれることを告げた[1]。一方、鄧小平は、中国の政治体制改革に関して質問した中曽根に対し、世代交代は第13回党大会では一気にできず、1997年の第15回党大会までかかるため、自分はもとより、胡耀邦、趙紫陽にも達成できないという、異なる見解を述べた[2]。他方、鄧小平は、民主主義的な選挙の導入に関して、「20年後、30年後にはできるかもしれないし、自分も普通選挙自体に反対しないが、今は実施できない」と発言した[3]。このように、日中両国の指導者は、中国の国内政治問題に関して、かなり突っ込んだ意見を交わしていた。こうした問題に加え、両国首脳は、朝鮮半島情勢や日中貿易問題などを話し合った。

　1987年1月、胡耀邦は1986年12月に生じた学生デモの取り締まりに対する姿勢などが問題視され、総書記を辞任した。この胡耀邦失脚の直前、鄧小平は、趙紫陽に対して、対日政策方針の調整を指示していた。その後、中国は「日中友好」を掲げながらも、歴史問題、台湾問題、経済問題などで、躊躇なく日本を批判するようになった。こうして、中曽根と胡耀邦の友情関係を基軸とした日中関係の「最良の時代」は終焉した（田中、1991；服部、2012；江藤、2014）。

　他方、「最良の時代」は終焉したものの、日中友好の時代は続いた。1987年11月、中曽根の指名により竹下登が首相となった。中国は竹下政権に対し、期待を寄せるとともに、翌年の竹下の訪中を要請した。竹下は田中角栄の派閥を実質的に継承しており、中国と密接な関係を有していた。1988年4月、竹下は中国要人から厚い信頼を受けていた伊東正義を首相特使として訪中させた。その直後、奥野誠亮・国土庁長官が靖国神社を参拝し、中国への侵略戦争を否定する発言をおこなった。中国は奥野発言を批判したが、必要以上に追及する

ことを避けた。そして竹下首相が国会で侵略戦争を実質的に認める答弁をおこない、奥野が辞表を出したことで、事態は収束した（田中、1991；若月、2017）。

　1988年8月、竹下首相は訪中し、鄧小平、胡耀邦の後任として総書記に就任した趙紫陽、李鵬・国務院総理らと会談した。このとき日本側は、第3次円借款その他の経済協力として、1990年度から95年度の6年間に、総額8100億円の円借款、輸銀のアンタイド・ローンを約400億円、合計8500億円という、大規模な対中援助の実施を表明した。この巨額な日本の対中経済協力に、鄧小平も「歓迎するとともに感謝する」と謝意を示した。また竹下首相も、李鵬・国務院総理も、日中友好の重要性に言及した。竹下は、日本の対中円借款を、「援助」ではなく「協力」とする持論を展開し、中国に対して低姿勢で臨んだ。中国側もこうした竹下の姿勢を評価した。両国首脳は、対ソ政策、朝鮮半島情勢、カンボジア和平などの国際情勢に関しても意見を交換した（田中、1991；若月、2017）。このように、胡耀邦の失脚と中曽根内閣の終焉という、大きな変化はあったものの、日中友好の理念に基づき、日本が中国の改革開放政策に積極的に協力するという「72年体制」の枠組みは不変であった。

2.3　友好時代の摩擦とその解決

　他方、日中友好の時代と言われた80年代においても、日中関係は多数の摩擦を抱えることになった。この時期の摩擦は、①歴史認識問題、②台湾問題、③日本の安全保障政策の変化、④経済問題に大別される。しかし、これらの問題は、「72年体制」が内包する紛争処理メカニズムにより、長期化することなく、沈静化された。

①歴史認識問題

　1982年7月に生じた第1次歴史教科書問題は、国交正常化以後、日中間で生じた最初の歴史認識問題であった。そのきっかけは、日本の歴史教科書の検定において、ある会社の教科書の記述にあった「華北への侵略」という表現を、文部省が「華北に進出」に書き換えさせたとする日本の報道であった。この報道自体は誤報であったものの、文部省がそれまで長年にわたり「侵略」に改善意見を付けていたことなどが明らかとなった（国分他、2013）。

当初、中国はこの報道に対して比較的冷静な反応であった。しかし、1982年7月、党内の有力なイデオローグであった胡喬木の主導のもと、鄧小平の同意も経て、中国は激しい対日批判を、自国メディアや外交ルートなどを通じて、展開した。中国がこのような対日批判を展開した背景には、（ⅰ）「愛国主義」浸透を意図した「抗日戦争」史研究によるナショナリズムの高揚、（ⅱ）田中派国会議員の訪台に起因する台湾問題とのリンケージ、（ⅲ）独立自主外交の提起による対日政策の部分的修正、などが指摘されている（江藤、2014）。

　こうした中国の反応に対し、日本国内ではこれを内政干渉ととらえる見方も少なくなかった。鈴木首相は当初事情を説明すれば中国に理解してもらえると考えていた。しかし、中国側は小川平二文相の訪中招請取り消しを申し入れ、また外交ルートで教科書是正の「要求」を伝えた。こうした中国の強い反発に直面し、日本政府も、9月に予定されていた首相訪中への影響を懸念するようになった。そこで日本政府は、大崎仁・文部省学術国際局長に加え、中国の要望も踏まえ、日中国交正常化で活躍した橋本恕・外務省情報文化局長を中国に派遣し、協議させた。両者の報告を踏まえ、8月下旬、日本政府は、「『歴史教科書』についての宮澤喜一内閣官房長官談話」（宮澤談話）を発表した。宮澤談話は「我が国としては、アジアの近隣諸国との友好、親善を進めるうえでこれらの批判に十分耳を傾け、政府の責任において是正する」ことを明言し、教科書検定の基準を改めることに言及した。中国側も、こうした日本側の姿勢を受け入れ、事態は沈静化した。鈴木首相は9月の訪中の際に宮澤談話の履行を約束し、趙紫陽も日中の未来志向が「歴史の改竄」に利用されないよう警告したものの、首脳会談で教科書問題は主たる争点とはならなかった。そして1982年11月、日本政府は教科書検定基準として、「近隣のアジア諸国との間の近現代の歴史的事情の扱いに国際理解と国際協調の見地から必要な配慮がされていること」という、いわゆる「近隣諸国条項」を追加した（田中、1991；国分他、2013；江藤、2014；若月、2017）。

　1985年8月、中曽根首相による靖国神社公式参拝は、80年代の日中関係における第2の歴史認識問題となった。戦後、東久邇宮稔彦以下の歴代首相は靖国神社を参拝し、昭和天皇も8回参拝した。1975年には三木武夫が首相としてはじめて終戦記念日に参拝した。A級戦犯が合祀された1978年以降も、大

平正芳、鈴木善幸が参拝しており、中曽根も首相就任後、靖国神社参拝を何度もおこなっていたが、中国はこれらの参拝に抗議してこなかった。この中曽根の靖国神社参拝が問題となったのは、三木武夫以降の首相が私的参拝と位置づけることで違憲との批判をかわしていたのに対し、「戦後政治の総決算」を標榜した中曽根が憲法問題を解決して公式参拝に道を開こうとしたためであった。1985年8月15日、中曽根は、神道形式を避けることで宗教色を排除しながら、公式参拝をおこなった（服部、2012；服部、2015）。

　他方、中曽根は日中関係を重視し、事前に野田毅・日中協会理事長、木部佳昭・建設相らを北京に派遣し、中国からの同意を得ようとした（服部、2012）。参拝前日には、柳谷謙介・外務省事務次官が、宋之光・中国駐日大使に説明をおこなった（若月、2017）。しかし、こうした中曽根の試みはいずれも成功せず、中国は公式・非公式の外交ルートを通じて、A級戦犯が合祀されている限り、首相の靖国神社参拝は望ましくないと伝えた（服部、2012；若月、2017）。中曽根もA級戦犯合祀が問題となることは理解しており、公式参拝を実施する前段階で、櫻内義雄らを通じて、靖国神社にA級戦犯の分祀を働きかけたが、靖国神社からの理解は得られなかった（服部、2012；服部、2015；若月、2017）。当初、中国は外交部報道官や国内メディアを通じて、抑制的な姿勢で中曽根の靖国公式参拝を批判した。しかし9月18日、北京で中曽根の靖国神社公式参拝を批判する学生デモが生じ、それが中国各地に拡大すると、中国政府の対日批判も激しくなった（田中、1991；江藤、2014）。

　こうした状況下、中曽根首相は秋の例大祭での靖国神社参拝を見合わせた。そして安倍晋太郎外相を北京に派遣し、中国側は年1回の慰霊祭にはクレームをつけないというラインで、中国側と政治決着をつけようとした。安倍は鄧小平、呉学謙外交部長らと会談したが、鄧小平は歴史認識問題がコントロール不能な民衆運動を呼び覚ますことを懸念し、この問題に対する危機意識が低い日本政府の対応に不満を漏らした（服部、2012；若月、2017）。中曽根の靖国神社公式参拝によって歴史認識問題は、中国民衆が反政府活動をおこなう口実となり、また中国共産党内部で保守派が開放政策を揺さぶる手段となったという意味で、中国国内の政治問題となったとも言われている（江藤、2014）。

　1985年12月、胡耀邦は小説『大地の子』の取材のために訪中した作家・山

崎豊子と中江要介・駐中国大使とのランチに臨んだ。このとき胡耀邦は、靖国神社からＡ級戦犯だけを分祀する、いわゆる「Ａ級戦犯分祀論」に言及した。中曽根は、中江からの報告を受け、秘密裏にＡ級戦犯分祀に向けた働きかけを強化したと見られるが、靖国神社が賛同せず、これも失敗に終わった。1986年7月、中曽根は稲山嘉寛や香山健一・学習院大学教授を通じて、中国側に「8月15日の年1回だけの参拝」への容認を求めた。しかし、中国側はこの中曽根の要望を拒絶した。さらに稲山は中曽根に、靖国神社を参拝すれば胡耀邦が政治的に危うくなるというメッセージを伝えた。香山も中曽根に、「靖国神社公式参拝問題での総理の慎重な姿勢に対する敬意と期待」という、胡啓立経由の胡耀邦のメッセージを伝えた。こうした報告を踏まえ、中曽根は靖国神社参拝を断念した（服部、2012；服部、2015；若月、2017）。ただし、このとき、首相、外相、官房長官の三者が靖国神社参拝をおこなわないという「紳士協定」が結ばれたとする中国の主張に関しては、中曽根や中江はきっぱりとこれを否定している（服部、2012）。

この他、1986年5月末、「日本を守る国民会議」が編集した『新編日本史』（原書房）の記述内容に対し、中国と韓国が批判するという第2次歴史教科書問題が浮上していた。このとき中曽根は海部俊樹文相に「宮澤談話」を遵守するよう指示し、後藤田正晴・官房長官の主導のもと、藤田公郎・外務省アジア局長を中心に修正をおこなった。中国側もこうした中曽根内閣の対応を評価し、事態は早期に沈静化された（田中、1991；若月、2017）。

この直後、衆参同時選挙に勝利した中曽根が第3次内閣を発足させたとき、海部に代わり文相に就任した藤尾正行が、第2次歴史教科書問題に関して中国、韓国の姿勢を批判し、また首相の靖国神社公式参拝の断念を遺憾とし南京事件を否定するなどの意見を表明した。中曽根は日中関係、日韓関係を重視し、藤尾を罷免した。中国はこうした中曽根の対応を評価した。続く竹下内閣でも、奥野・国土庁長官の靖国神社参拝と歴史認識に関する発言により、歴史認識問題が浮上したが、竹下首相の要請で奥野が辞任したことで、問題は早期解決した（田中、1991；若月、2017）。

②台湾問題

　台湾問題は、日中国交正常化が実現されたのちも、日中関係の重要な懸案事項となる傾向があった。そうした傾向は、80年代においても例外ではなかった。

　80年代の日中関係で台湾問題が最初に争点となったのは、1982年7月の江崎真澄を団長とする自民党訪問団が台湾を訪れたときであった。自民党がこのような訪問団を送ったのは、日中国交正常化後、はじめてのことであった。レーガン政権の登場により、台湾問題が米中関係でも重要な争点となっていたこともあり、中国側は日本政府の考えていた以上にこの問題を重視し、第1次歴史教科書問題とともに、対日批判を展開する理由となった。だが、第1次歴史教科書問題が収束すると、中国の台湾問題をめぐる対日批判も後退した（益尾、2010；国分他、2013；江藤、2014）。しかし、1986年9月、自民党の親台湾派議員を中心に、「蔣介石先生の遺徳を顕彰する会」が開かれ、再び中国の反発を招くという事態が生じた（若月、2017）。

　こうしたなか1987年2月、台湾問題をめぐる日中間の紛争事案として、光華寮問題が浮上した。この問題は、大阪高等裁判所が京都にある留学生寮「光華寮」の所有権を台湾にあると認める判決を出したことに対し、中国が激しく抗議したことに始まったものであった。中国側はこの判決内容を、「二つの中国」を肯定し、「日中共同声明」および「日中平和友好条約」に違反するものであるとする口上書を日本側に手渡すと同時に、自国メディアで対日批判を展開した。これに対し日本政府は、三権分立の立場から、政府としては関与できないと回答した。しかし、中国側は納得せず、鄧小平が日本からの訪中団との会見で再三この問題に言及した。その際、鄧小平は矢野絢也・公明党書記長との会談で、日本はどの国よりも中国に対する借りが多いが、中国は国交回復の際に戦争賠償を要求しなかった、日本は中国の発展を助けるためにもっと多くの貢献をすべきだ、と述べた（小嶋、2012；国分、2017）。

　この鄧小平発言に対し、柳谷謙介・外務省事務次官がオフレコの記者懇談会で、「（鄧小平は）雲の上の人になってしまったのではないか。下からの報告が届いているのか」と発言したことが報じられ、さらに「雲の上の人」という表現が「老糊塗（老いぼれ）」と誤訳されたことで、中国側はいっそう強く反発した。中国側は、1987年6月の第5回日中定期閣僚会議の機会を利用して、

日本の行動を「二つの中国」につながりかねない、と批判した（田中、1991；小嶋、2012；国分他、2013）。

　こうした状況下、中曽根首相は、自民党のパイプを使って対中関係の打開を図ろうとした。こうした対中工作が功を奏したのか、1987年9月5日、鄧小平は、二階堂進・自民党前副総裁との会談で光華寮問題に直接言及することを避け、同11月の塚本三郎・民社党委員長との会見でも、「私は言い尽くした」と語るに止まった（小嶋、2012；若月、2017）。

③日本の安全保障政策の変化

　1970年代末から1980年代初頭にかけて、中国は、対ソ統一戦線強化の観点から、日本の防衛費の増額や日米同盟の強化に肯定的な姿勢を示した。たとえば1980年5月、伍修権・人民解放軍副参謀長は、日米安保条約を積極的に評価したばかりか、「日本は防衛費を国民総生産（GNP）の2％程度とすることが望ましい」と発言していた。1982年11月、鄧小平も同様の主張をし、「日本と米国との同盟関係強化を歓迎する」と述べた（ドリフテ、2004）。しかしながら、1982年の第12回党大会で、中国が対ソ統一戦線から独立自主外交へと、その外交路線をシフトしたことにともない、こうした発言は徐々に姿を消していった。

　1986年12月、中曽根内閣は防衛費対GNP比1％枠の撤廃を閣議決定した。これに対して、中国外交部報道官は、ただちに論評した。翌年1月中旬、竹下登・自民党幹事長が訪中したとき、鄧小平や呉学謙・外交部長は、この問題に対する中国の懸念を伝えた（田中、1991）。

　1987年5月、栗原祐幸・防衛庁長官が、歴代長官としてはじめて訪中した。栗原は、張愛萍・国防部長との会談で、中国側の懸念を払拭するべく、日本の防衛政策を説明した。張愛萍はこれに対して、靖国神社参拝問題や歴史教科書問題などを根拠に、日本に「新たな軍国主義」が発生していると主張したが、防衛費対GNP比1％枠の撤廃を批判する言動はおこなわなかった。そのためこの問題は一応沈静化した。他方、栗原は鄧小平との会談を希望したが、光華寮問題で対日不満を募らせていたこともあり、中国側はこの要求に応じなかった（若月、2017）。

④貿易不均衡問題

　日中間の経済問題もすでに80年代から生じていた。中国側は80年代初頭から、日本企業の対中直接投資の少なさと技術移転の消極性に不満を抱いていた（李、2016）。こうしたなか、日中の貿易関係は、主として日本の対中輸出の増加という形で拡大していった。その結果、中国は、対日貿易赤字に直面し、外貨準備高が大幅に減少した。日本側ではこのような状況を、中国側の事情とみなしていたが、中国側はこうした現状に不満を抱いた（田中、1991）。

　1985年7月、趙紫陽は櫻内義雄との会見で貿易不均衡問題を取り上げた。同月に開かれた第4回日中閣僚会議でも、中国側は、貿易不均衡の是正、日本の対中投資の促進、技術移転の拡大を求めた。これ以降、貿易不均衡問題は日中間の懸案事項となった。同年9月から始まった中曽根首相の靖国神社公式参拝に反対する学生デモにおいても、「日本の経済侵略反対」が叫ばれた。中国が改革開放政策を始動して間もない時期であり、国内に保守派を抱えていた時期であっただけに、この貿易不均衡問題をめぐる対日批判は、対外開放政策そのものを揺さぶりかねない可能性も内包していた。中国は貿易を拡大するなかで輸出と輸入のバランスを保つことを重視し、日本側の対中輸入拡大を要求する拡大均衡策によって、問題を解決しようとした（兪、2015）。

　1986年になっても、日中貿易の不均衡は続いた。鄧小平は、日中相互依存論を唱え、日本の対中経済協力を促した。しかし、それでも問題は解決せず、86年12月、鄧小平は櫻内義雄率いる日本国際貿易促進協会訪中団との会見で、貿易不均衡問題を「根本的問題」であると発言した。1987年、光華寮問題とも相まって、中国側の貿易不均衡問題への態度は感情的なものとなっていった。前述の鄧小平の矢野殉也への発言も、この文脈のなかでおこなわれたものであった。1987年6月の第5回日中閣僚会議でも、貿易不均衡問題は光華寮問題と並んで主要テーマとなった（兪、2015）。

　最終的にこの問題が解決したのは、(i)1985年のプラザ合意による急速な円高を背景とした日本企業による対外投資意欲の上昇、(ii)1988年8月の竹下首相訪中の際に提示された巨額の第3次円借款と日中投資保護協定の調印であった（兪、2015；李、2016）。これ以降、日本企業の対中投資は拡大していった。

1989年4月、来日した李鵬は竹下首相との会談のなかで、「日中貿易は発展し、不均衡も是正されつつある」と語り、貿易不均衡問題は外交問題としては収束した（兪、2015）。

3. 天安門事件の勃発と天皇訪中

3.1 天安門事件をめぐる日中関係

　1989年4月、胡耀邦が急逝すると、清廉で学生の自由化運動に理解を示した胡耀邦を敬愛していた学生・知識人らは、全国各地でただちに追悼運動を始めた。折から官僚の不正やインフレの昂進に社会の不満が蓄積していたこともあり、追悼運動は拡大し、現政権批判へと転化した。その後、中国当局が学生運動を「反革命的暴乱」と断定すると、学生は激しく反発し、天安門広場を占拠して民主化を要求するに至った。これに対して、6月4日未明、当局は人民解放軍を投入して学生・市民らを武力弾圧し、多数の死傷者を出した。武力弾圧に反対した趙紫陽は失脚し、以後、死去するまで軟禁下に置かれた（三宅、2012）。

　天安門事件は西側メディアのライブ映像により、国外にリアルタイムで伝えられたことで、世界に衝撃を与えた。西欧諸国は、それまでの対中経済協力を一変させ、中国当局の行動を厳しく批判するとともに、対中経済制裁に乗り出した。米国のブッシュ政権は、戦略的見地から当初慎重な対応を取ろうとしたが、議会が制裁を求めたため、軍事分野を中心とする制裁措置を取った。このように中国は国際社会において大きく孤立することになった。だが、ブッシュは秘密裏に鄧小平に親書を送り、密使派遣を打診した。そして、鄧小平がこれに応じると、スコウクロフト安全保障担当大統領補佐官とイーグルバーガー国務副長官が派遣され、鄧小平、李鵬、銭其琛外交部長と会談し、ニクソン政権以来の友好関係を重視する旨が伝えられた（三宅、2012）。

　日本政府は、こうした西側先進諸国の対中制裁には歩調を合わせつつも、日中関係の特殊性を重視し、中国を早期に国際社会に復帰させることを目指した。事件直後の衆議院本会議で、宇野宗佑首相は、「日中関係は米中関係とはまっ

たく違うことを自覚しなければならない。我々は中国とかつて戦争関係にあったという過去をもっており、今中国が混乱しているときに、あえて黒白をつけたような発言は避けるべきだと思う。しかし、銃口を国民に向けることはゆゆしきことと言わざるを得ない。一日も早く平静になってほしいと希求する」と答弁した。その後日本政府は、第3次円借款の凍結を決定するなど、他の西側先進諸国同様に制裁措置を取ったものの、宇野首相は「中国が国際社会から孤立しないように、良き隣人として中国に申し上げたい」と述べた。このとき日本政府は、米国政府と事前協議をおこない、対中政策において日米の歩調を合わせようとした。7月のアルシュ・サミットで日本は、ブッシュ大統領の賛意を踏まえ、「中国当局が、政治、経済改革と開放に向けての動きを再開することにより、中国の孤立化を避け、可能な限り早期に協力関係への復帰をもたらす条件を創り出すよう期待する」という文言を、政治宣言に入れることに成功した（田中、1991：三宅、2012）。一方、日本国民の対中イメージは、天安門事件をきっかけとして、大いに悪化した（国分他、2013）。

　こうした危機的状況において、鄧小平をはじめとする中国の指導者層は、現状打破の「突破口」として日本に期待した。銭其琛は、「中国に共同制裁を科している国々のなかで、日本は一貫して積極的ではなかった。西側各国と歩調を合わせるためだけに、サミットで中国制裁決議に同意させられたようなものだった」、「日本は当然、自身の利益のためにやっているのだろうが西側諸国による対中政策の共同戦線のなかで弱点であり、中国が制裁を打ち破る際におのずと最良の突破口となった」と回顧している（銭、2003）。楊振亜・中国駐日大使も、「駐外使節会議が7月6日から12日まで北京で開催された。この会議は鄧小平同志の戦略思想に基づき、原則を堅持し、政策を変えず、矛盾を利用し、多くの工作をおこない、もって西側の制裁を打破することを明確にした。同時に多くの要素の分析を結合させ、打開の突破口を確定し、日本への工作を重視し、日本が逐次制裁解除をおこなうなかで一歩先行し、西側諸国のなかで率先的役割を果たすように推し進めることを明確にした」と振り返っている（楊、2007）。また中国共産党指導部は、孫平化、張香山といった、廖承志の薫陶を受けた知日派に、日本の政界、財界、メディアなどに対して、制裁解除のために積極的に働きかけるよう指示した（孫、2012）。

その後中国は対日「突破口」外交を積極的に展開した。1989年9月19日、中日友好協会の招請に応じて、伊東正義・日中友好議員連盟会長が、天安門事件後、西側先進諸国の政治家で真っ先に公に訪中した。このとき鄧小平自らが伊東との会見に応じ、天安門事件後、趙紫陽の後任の総書記に就任した江沢民も伊東と会談した。鄧小平は、「中国側は日本がアルシュ・サミットにおいて他国と違った態度を取ったことに注目している」と発言した。伊東は帰国後の首相官邸での報告で、第3次対中円借款の早期実施を進言した。この後、日本の経済界や政治家が相次いで訪中した。来日した孫平化も、海部俊樹首相、中山太郎外相、自民党要人らと会談した（楊、2007；三宅、2012）。米国も中国孤立化回避を模索していたが、自らがイニシアティブをとるのが難しいため、日本の積極的な役割を期待した（三宅、2012）。

　1989年12月、米国がスコウクロフトらの秘密訪中を公表し、一部制裁緩和を検討しているとのニュースを受け、日本政府は本格的に対中円借款再開へと動き出した。1990年1月、鄒家華・国務委員兼国家計画委員会主任が、中国要人として天安門事件後はじめて来日し、日本側と第3次円借款開始を協議した。鄒は海部首相、中山外相のほか、竹下元首相、伊東正義、安倍晋太郎らと接触し、財界人とも交流した。同月、日本政府は、松浦晃一郎・外務省経済協力局長を派遣し、中国側と第3次円借款供与のための準備を開始することに合意した（三宅、2012）。この後4月から9月にかけて、自民党から竹下、宇野の両元首相や金丸信、宮澤喜一、渡辺美智雄らの有力政治家が次々訪中し、野党でも日本社会党や公明党が訪中した（三宅、2012；国分他、2013）。

　日本政府は、1990年7月のヒューストン・サミットでの対中円借款凍結解除に向けて、米国政府と緊密な連携を取った。6月25日中国が、北京の米国大使館で保護されていた、反体制派物理学者の方励之夫妻の出国を認めたため、米国も日米協調による対中円借款再開に積極的になった。サミット直前の日米首脳会談で海部首相はブッシュ大統領に第3次対中円借款凍結の解除を伝え、ブッシュ大統領もこれを了承した。米国の同意を踏まえ、海部首相はサミットで各国に対し、対中円借款の凍結を徐々に解除すると発表した。サミット終了後、小和田恆・外務審議官が首相特使として訪中し、中国に第3次対中円借款再開を伝えた。そして11月2日、日本政府は第3次対中円借款の凍結解除を

閣議決定した（田中、2007；三宅、2012）。

　日中関係の全面的正常化の総仕上げとして、日中双方が重視したのが、海部首相の訪中であった。とりわけ中国側は積極的に働きかけ、楊振亜が竹下元首相ら有力政治家と接触したほか、中国の指導者も訪中した日本の政治家に早期の訪中実現を要請した。1991年1月、橋本龍太郎蔵相の訪中を契機に閣僚の訪中が再開され、4月に中山外相が訪中して、年内の首相訪中の意向を表明した。6月、銭其琛が来日し、首相訪中、日中国交正常化20周年記念行事、天皇陛下訪中問題について突っ込んだ意見交換をおこなった。7月のロンドン・サミットで海部首相はブッシュ大統領に訪中の意図を伝え、了解を取っていた。こうして西側諸国との協調関係を維持しつつ、8月10日、海部首相が訪中した。海部訪中は、天安門事件後、西側諸国では最初の国家指導者の訪中であり、これをもって日中関係の正常化が実現した。しかし、中国はこれに満足することなく、天皇訪中実現に向けて動き出した（三宅、2012）。

3.2　天皇訪中

　中国による天皇訪中の本格的な検討は、1978年10月の鄧小平来日にさかのぼる。鄧小平は昭和天皇と会談したが、このとき昭和天皇は、「両国の間には非常に長い友好の歴史があり、その間には一時、不幸な出来事がありましたが、過去のこととしてこれからは長く両国の親善の歴史が進むことを期待しています」と発言した。鄧小平は歴史問題に対する昭和天皇のこの発言に感動し、天皇訪中を検討したと言われている。中国は、1979年4月の鄧穎超・全国人民代表大会常務副委員長の来日を皮切りとして、1970年代と80年代を通じて、複数回、日本側に天皇訪中を打診した。昭和天皇も訪中に意欲があったとも言われているが、結局それを実現させることのないまま、1989年1月に崩御した（城山、2009）。中国は、日本国内の天皇の影響力を踏まえて、その天皇の「お言葉」によって日中間の歴史認識問題を解決することを目指した。その意味では、中国の対日政策としての天皇訪中工作は、「和解の論理」を内包していた（杉浦、2012）。

　昭和から平成へと元号が改まったのち、1989年4月、李鵬が来日して、天皇の訪中を日本側に打診した。このとき日本側も中国の訪中招請に前向きな姿

勢を示した。しかし、天安門事件により、そうした動きは頓挫することとなった。一方、中国は前述のように、対日「突破口」外交を展開していた。そして日本の対中経済制裁が緩和されていくなかで、1991年6月の銭其琛の来日を皮切りに、中国は改めて繰り返し天皇訪中の実現を日本側に打診していった。このような中国側の熱意の裏には、それまでの「和解の論理」に加え、天皇訪中を西側の対中制裁網打破という外交戦略に活用する、「戦略の論理」が存在していた。銭其琛は、「当時、我々が日本を対中制裁解除の突破口として先行させたのは、単に西側の制裁を打破するのみならず、さらに多くの戦略的考慮があった。即ち、双方のハイレベルな交流を実現し、日本の天皇のはじめての訪中を促進することを通じて、日中関係の発展が新たな段階へ進むことが出来るということだった」、「天皇訪中が実現すれば、西側各国が科した中国指導者との交流禁止令を打ち破ることができた」と当時を振り返っている（銭、2003）。だが、海部首相は天安門事件に関する対中経済制裁の解除には積極的であったものの、天皇訪中には慎重な姿勢を崩さなかった（杉浦、2012）。

　1991年11月、海部内閣に代わって宮澤喜一内閣が登場すると、日本側も天皇訪中の実現に徐々に積極的となった。とくに渡辺美智雄外相は、政府内で熱心な「天皇訪中論者」となった。1992年1月、渡辺外相は訪中し、江沢民、李鵬、銭其琛らと会談した。このとき中国側は、日中国交正常化20周年にあたる、1992年秋の天皇訪中を招請したが、渡辺外相もこの時点で招請を受諾する意向を事実上伝えていたようである（若宮、2006；楊、2007）。宮澤首相も、1992年1月、来日したブッシュ大統領に天皇訪中を実施する方針を伝え、その了解を得た。日本側は、中国の天皇訪中における「戦略の論理」を十分理解しており、西側先進諸国、とくに米国と歩調を合わせたうえで、中国の国際社会復帰を後押しするために、その提案に乗ったのである（若宮、2006；杉浦、2012）。

　だが、与党自民党内には、天皇訪中に反対する勢力も少なくなかった。その原因となったのは、天安門事件による日本の対中感情が悪化したことに加え、①日本の国連平和維持活動（PKO）法案への中国の強い警戒感、②中国国内での対日民間賠償請求の運動の高揚、③日本の固有の領土である尖閣諸島を中国領として明記した「領海法」の制定、などによる、日中関係の悪化であった。

その結果、1992年4月、江沢民が来日したにもかかわらず、天皇訪中実現の合意はならなかった（杉浦、2012）。

　このとき日本の中国大使であった橋本恕は、宮澤首相の指令を受け、中国側と協議をおこない、天皇訪中実現の代わりとして、中国が日本政府を批判するかのような報道や発言を控えることを要請した。中国側はこれに対して明示的な同意こそ避けたものの、PKO協力法の成立に対して抑制的な発言をするという「暗黙の合意」で応えた。こうした中国の姿勢を「お土産」とし、宮澤首相と橋本大使を中心に自民党内の反対派への説得がおこなわれた。このとき宮澤内閣を支えていた竹下派も天皇訪中実現のため、積極的に動いた。一方、宮澤首相が、来日した孫平化との会談を通じて、天皇訪中を実現する意向を中国側に伝えていたこともあり、中国は日本国内の動向を静観する姿勢を堅持した。そして1992年8月25日、宮澤内閣は天皇訪中の実現を閣議決定した（城山、2009；杉浦、2012）。

　天皇訪中のハイライトは、1992年10月23日午後6時半（日本時間7時半）、人民大会堂でおこなわれた楊尚昆・国家主席主催の晩餐会において、天皇陛下が「お言葉」を発せられた瞬間であった。このとき、天皇陛下は、「両国の関係の永きにわたる歴史において、我が国が中国国民に対し多大の苦難を与えた不幸な一時期がありました。これは私の深く悲しみとするところであります」と静かに語られた。この発言は、外務省をはじめとする政府関係者による案を参考にしつつ、天皇陛下自らが考えたものであった。こうした「お言葉」は、中国側でも高く評価された。また中国は、天皇訪中が西側の対中制裁打破に有効であったと認識した。このように、「和解の論理」と「戦略の論理」の両面において、天皇訪中の果たした意義は大きかった（城山、2009；杉浦、2012）。

おわりに

　以上、本稿は、1979年から1992年までの日中関係を概観した。今から振り返るならば、この時代はやはり日中の蜜月期であり、とくに1980年代は「日中友好」の最盛期であったように思われる。だが、それは、この時代の日中関係に何らの問題も発生しなかったことを意味するものではない。実際には、

1979年2月のプラント契約問題の発生以来、この時代には様々な政治問題が発生していた。それらの多くは、歴史認識問題、台湾問題、日本の安全保障政策をめぐる問題など、1990年代以降、激化、あるいは長期化するテーマであった。また1989年6月の天安門事件は、日中国交正常化以後、両国が直面した最大の政治危機であった。

しかし、この時代の日中関係は、安定システムとしての「72年体制」を有していた。そして、この「72年体制」が効果的に機能したことにより、一連の問題は、長期化、あるいは泥沼化することなく、比較的短期間に収束していった。未曽有の危機であった天安門事件ですら、1991年8月、海部首相が訪中したことで、日本国民の対中感情の悪化を別にすれば、基本的に克服されたと評価できる。そして1992年10月の天皇訪中の実現により、日中関係は、歴史の問題の解決という「和解の論理」の点でも、中国の国際社会復帰という「戦略の論理」の点でも、それまで到達した地点よりも一歩踏み出したかのように見えた。

しかしながら、今日我々はここで合意された「和解」が完成には至らなかったことを知っている。それは、中国は天皇の「お言葉」を「和解」の起点となるものと位置づけ、すべての日本人が永続的にこれを尊重し、遵守することを求めたのに対し、日本は、「お言葉」を「和解」の到達点と位置づけ、その精神をもって歴史問題の区切りとし、日中関係がこれより新たな時代へと発展することを求めたためであったように思われる。こうした日中両国の隔たりは、1995年以降、顕在化し、歴史問題はその後も日中関係の懸案事項として燻りつづけている（杉浦、2012）。

安定システムとしての「72年体制」も、日中両国の国内政治や社会・経済情勢の変化、国際社会における両国のパワーバランスの変化、さらには両国で政治指導者、知中派・知日派から一般国民まで幅広い意味で世代交代がおこなわれた結果、徐々に機能しなくなっていった。かかる安定システムを欠いた日中関係は、1990年代後半から2000年代にかけて、「日中友好」概念が後退するなかで、争点が顕在化していき、不安定な時代を迎えることとなった。

参考文献

井上正也「第二章　国交正常化　1972年」高原明生・服部龍二編『日中関係史　1972 - 2012　I 政治』東京大学出版会、2012年。

五百旗頭真編『新版　戦後日本外交史』有斐閣、2006年。

江藤名保子『中国ナショナリズムのなかの日本──「愛国主義」の変容と歴史認識問題』勁草書房、2014年。

北岡伸一『自民党──政権党の38年』読売新聞社、1995年。

国分良成『中国政治と民主化──改革・開放政策の実証分析』サイマル出版会、1992年。

国分良成・添谷芳秀・高原明生・川島真『日中関係史』有斐閣、2013年。

国分良成『中国政治からみた日中関係』岩波書店、2017年。

小嶋華津子「第七章　光華寮問題　1987 - 88年」高原・服部編『日中関係史　1972 - 2012　I 政治』。

城山英巳『中国共産党「天皇工作」秘録』文藝春秋、2009年。

杉浦康之「第九章　天皇訪中　1991 - 90年」高原・服部編『日中関係史　1972 - 2012　I 政治』。

孫平化著、武吉次朗訳『中日友好随想録　孫平化が記録する中日関係（上）（下）』日本経済新聞出版社、2012年。

高木誠一郎「第一章　米国と中国の対外戦略における相手方の位置づけ」高木誠一郎編『米中関係──冷戦後の構造と展開──』日本国際問題研究所、2007年。

高原明生・前田宏子『シリーズ中国近現代史⑤　開発主義の時代へ1972 - 2014』岩波書店、2014年。

田中明彦『日中関係　1945 - 1990』東京大学出版会、1991年。

田中明彦『日本の〈現代〉2──アジアのなかの日本』NTT 出版、2007年。

ラインハルト・ドリフテ著、坂井定雄訳『冷戦後の日中安全保障──関与政策のダイナミクス』ミネルヴァ書房、2004年。

服部龍二『日中国交正常化──田中角栄、大平正芳、官僚たちの挑戦』中公新書、2011年

服部龍二「第六章　中曽根・胡耀邦関係と歴史問題」高原・服部編『日中関係史　1972 - 2012　I 政治』。

服部龍二『大平正芳──理念と外交』岩波現代全書、2014年。

服部龍二『中曽根康弘──「大統領的首相」の軌跡』中公新書、2015年。

益尾知佐子『中国政治外交の転換点──改革開放と「独立自主の対外政策」』東京大学出版会、2010年。

三宅康之「第八章　六・四（第二次天安門）事件　1988 - 91年」高原・服部編『日中関係史　1972 - 2012　I 政治』。

村田晃嗣『プレイバック1980年代』文藝春秋、2006年。

毛里和子『日中関係──戦後から新時代へ』岩波書店、2006年。

俞敏浩『国際社会における日中関係──1978～2001年の中国外交と日本』勁草書房、2015年。

李彦銘『日中関係と日本経済界──国交正常化から「政冷経熱」まで』勁草書房、2016年。

ジェームズ・R. リリー著、西倉一喜訳、『チャイナハンズ──元駐中米国大使の回想1916 - 1991』草思社、2006年。

若月秀和『現代日本政治史4——大国日本の政治指導　1972～1989』吉川弘文館、2012年。

若月秀和『冷戦の終焉と日本外交　鈴木・中曽根・竹下政権の外政1980～1989年』千倉書房、2017年。

若宮啓文『和解とナショナリズム　新版・戦後保守のアジア観』朝日新聞社、2006年。

銭其琛『外交十記』北京：世界知識出版社、2003年（邦訳、濱本良一訳『銭其琛回顧録　中国外交二〇年の証言』東洋書院、2006年）。

楊振亜『出使東瀛』上海：上海辞書出版社・漢語大詞典出版社、2007年。

1　「中曽根総理・胡耀邦中国総書記会談（北京からの電話報告）」（1986年11月8日）『中曽根総理中国訪問』（2017年度外交記録公開）。

2　「総理訪中（鄧小平主任との会見——政治体制改革）」（1986年11月8日）『中曽根総理中国訪問』（2017年度外交記録公開）。

3　「総理訪中（鄧小平主任との会見——マルクス主義観等）」（1986年11月8日）『中曽根総理中国訪問』（2017年度外交記録公開）。

中国 | # 歴史の回顧と啓示
—— 日中関係の黄金期（1972 - 92年）

張沱生 （中国国際戦略研究基金会）

河合玲佳 訳

はじめに

　1972年の国交正常化から1992年の記念すべき国交正常化20周年に至るまでの間、日中の友好協力は大いに進展し、両国関係にはきわめて深い変化が生じた。この20年は戦後日中関係の発展における黄金期であった。そこからあっという間に、再び20年以上の歳月が経過した。この間、日中関係は紆余曲折を経験し、2012年からは国交正常化以来もっとも困難な時期に突入した。現在、こうした状況下で、両国の黄金期の歴史について振り返って考えてみることは非常に大きな意義を有する。この研究の成果が、日中関係が苦境を脱し、新たな発展を迎える一助になることを願うばかりである。

1.　日中関係が飛躍的に発展した20年

　日中国交正常化20周年記念において、日中両国は、1972年から1992年までの日中関係が歩んできた過程をともに高く評価した。そのなかで中国側が再三指摘したのが、日中が国交正常化を実現し両国関係の歴史に新たな1ページを

開いてから20年の間に、両国関係は満足のいく発展を遂げ、日中友好は実り多き成果を結んだ、ということであった。両国関係がこの時期に成し遂げたことは、両国政府と国民が長年にわたってともに努力をしてきた結果であり、きわめて得がたく貴重なものである[1]。加えて、中国側がさらに指摘したのは、国交正常化から20年経った後の日中関係を正常化直後と比較すると、まるで別世界のようであり、両国関係は大きく変化しながらも順調に推移した、ということだ。すなわちこの時期は、異なる社会制度をもつ二つの大国が国際協調と平和共存を進めるための、かけがえのない経験を提供してくれたのであった[2]。

　こうした成功を大いに強調する一方で、中国側がまたはっきりと指摘したのが、この20年の期間に、両国の間にはいくつかのすれ違いや摩擦も生じ、その関係性はいささか複雑さを帯びはじめていたが、それは日中友好発展の長い流れの支流に過ぎず、両国関係の発展における重大な障害になるまでには至っていない、ということであった[3]。

　当時日本側として参加していた役人や専門の学者、友好人士といった人々の大多数は、いずれもこの意見に賛同した。

　日中関係が20年間に得た主な成功とは何だったのであろうか。それは、大きく四つに分かれる。

（1）政治の面では、「日中共同声明」の発表と「日中平和友好条約」の締結により、両国は友好関係を重大原則とする法的な基盤を築き上げた。これに基づき、双方の上層部が頻繁に相互訪問をおこなったり、多くのレベル、多くのルートで折衝対話を進めたりするなどして、両国間の相互理解と信頼を大いに深化させた[4]。

　1972年9月、中米関係の改善という好機をしっかりととらえつつ、日中で結んだ三原則[1]を基礎として、田中首相が訪中の招待に応じ、周恩来総理と会談した。両者は「日中共同声明」に署名し、戦争状態の終結を宣言し、両国国交正常化を実現した。ここにおいて日中は、戦後27年間外交関係を閉ざしていたという歴史を終わらせ、両国の歴史に新たな1ページを刻んだ。中国側は、声明において、日本に対する戦争賠償の要求を放棄することを宣言

した。このことは、日本で無視できないほどの非常に肯定的な反響を引き起こした。

1978年8月12日、日本の右翼勢力による妨害を打ち破り、また双方が反覇権条項についての意見の不一致を克服したことで、両国は北京で「日中平和友好条約」を締結するに至った。1978年10月23日、条約批准書の交換式典が日本の首相官邸でおこなわれ、鄧小平副総理は福田首相とともに出席した。条約は双方が条約批准書を交換した後に発効するものであり、この平和友好条約の発効によって、両国の国交正常化は法制上の保証を得た。

その後10年以上の間、つまり、1979年の鄧小平2度目の訪日から1992年の江沢民総書記の訪日と日本の天皇の初訪中までの間、両国の指導者は絶えず緊密な接触と対話を続けてきた[5]。このことは、双方が協力を推し進め、見解の相違をコントロールし解決に導いて信頼関係を強化させていくうえで、きわめて重要な役割を果たした。なかでも、鄧小平と大平首相の数度にわたる対話は、中国が近代化に向けて努力するという方向性を明確にし、かつ日本が中国の改革開放を積極的に支持し、近代化の実現を進めていった過程において、重大な意義をもっていた[6]。さらに、胡耀邦と中曽根首相は、対話を通じて、日中関係の発展を導く四原則[(2)]を共同で提起し、「日中は二度と戦争をしない」という誓いを立てただけでなく、双方の歴史的な摩擦を抑えることについても重要な役割を果たした[7]。また、1991年の海部首相の訪中、1992年の江沢民総書記の訪日や天皇の訪中は、天安門事件後にアメリカをはじめとする西側諸国によっておこなわれた中国に対する全面制裁を打破するのに際して、有効に働いた。

この時期の両国の間では、歴史問題や台湾と尖閣諸島などの政治問題でいくつかの摩擦も生じたが、その多くが早期に収まり、緩和されていった。「大同を求め小異を残す（求同存異）」[(3)]の方針のもと、貴重で得がたい日中友好協力関係を全力で維持したという事実こそ、この時代の両国の政治関係に見られるもっとも際立った特徴である。

（2）経済の面では、相次いで多くの事業協定を締結するなど、積極的なやり取りがおこなわれた。すなわち、中国が日本の近代化の経験を学び、日本が中国の改革開放を支持することで、両国の経済貿易協力関係は急速に発展し、強

力な相互補完性をもった両国の経済協力が確立されて、日中関係の絆は揺るぎないものとなった[8]。

　1974から1975年までの日中両国は、貿易、航空、海運、漁業、郵政などの協定を続けざまに締結し、経済協力のための道筋を整えた。

　その後、日中がさらに多くの経済貿易協力協定を締結するにつれて、双方の経済貿易協力は当初の小規模な輸出入貿易から、貿易、投資、技術協力、政府の資金協力（主に日本の対中国政府開発援助[9]、エネルギー借款、および「黒字還流計画」借款）など、多くの分野にわたる全面的かつ大規模な経済貿易へと迅速に発展した。

　20年間で、双方の輸出入貿易額は1972年の10.38億ドルから1992年の253.8億ドルと、20倍以上に増加した。日中貿易の構造もこれに応じて絶えず最適化され、中国の工業製品が輸出に占める比重は次第に上昇していった。

　1979年から、松下電器産業（現在のパナソニック）など多くの大中小の日本企業が中国に投資して工場を建設しはじめ、1985年以降この発展は加速した。1992年の時点で、直接投資のプロジェクトは1985年の211件から1805件にまで成長し、その契約額は12.3億ドルから21.73億ドルへと増加した[10]。

　このほか、1979年に始まった日本政府の様々な対中借款と無償援助の総額は1992年までに1兆3942.19億円に達し、これが中国の経済建設を積極的に進める助けとなった。

　この間、様々な原因により日中間には経済摩擦も生じていたが、いずれも比較的スムーズに解決された。双方の経済関係の大きな発展の根本的な要因となったのは、次の三つの点であった。それは、経済のきわめて強い相互補完性、経済貿易協力の互恵性、そして、両国の政治関係の全面的で健全かつ安定した発展である。加えて、中国が日本の戦争賠償を免除したことは、日本に恐縮の念と感謝の気持ちをもたらし、このこともまた双方の経済貿易協力に積極的な影響を与えた。

（3）国際的な安全保障の面では、両国は長期的な敵対状態を終えた。双方がいずれも覇権主義に反対して覇権を求めず、世界そして地域の平和と安全、発展を維持するべく、それぞれが積極的な貢献を果たした。

国交正常化の実現後、日米安全保障条約は対中国という方針をもたなくなり[11]、日中両国が共同でソ連の覇権主義に反対するという戦略的協力が形成されていった。

　1982年以降、中国は独立自主的な平和外交路線の実行を提起し、アメリカと一定の距離を置きながら、ソ連との関係緩和、改善に着手した。当時の良好な日中関係は、日中米の三国関係の基本的なバランスを保持し、中ソ関係を改善し、東アジアとアジア太平洋の平和と安定を守っていくうえで、重要な役割を果たした。

　1989年の春から夏にかけて中国で巻き起こった政治的事件[4]の後、日本は一時的に西欧7ヵ国の対中制裁に加わったが、中国を孤立させることについては明確に反対した。その後日本は、閣僚と首相の訪中を進んで実行に移し、対中国の限定的経済制裁を解除した。日本がとったこうした政策は、中国が西欧による全面制裁を打破するための大きな支えとなった。

　1991年の湾岸戦争勃発後、日中両国は政策上でいくつかの相違を抱えるようになったが、これはまだ両国の安定的な関係に大きな影響をもたらさなかった。

　1992年、日中は国連の枠組みのもとで国際平和維持協力を展開しはじめた。双方がカンボジアで取り組んだ平和維持協力は、両国が平和裏に協力していくうえでの良好な再スタートとなった。

　この時代の日中間の国際安全保障での協力は、多くの点において間接協力という特徴を有していた。地域および世界の安定と安全に対して両国がおこなった貢献は、主に双方の関係の改善と発展を通じて実現されたものであった。

（4）人文交流やその他の様々な友好活動の面では、官民が一体となって大きな進展を成し遂げた。双方の人文交流は文化、スポーツ、教育、芸術、科学技術などの各分野にわたり、その規模の大きさ、範囲の広さ、参加人数の多さは、同時期の中国の対外関係のなかでは異例であった。

　当時中国で放映された『サンダカン八番娼館　望郷』『人間の証明』『君よ憤怒の河を渉れ』『アッシイたちの街』『愛と死』『絶唱』『男はつらいよ』『遥かなる山の呼び声』『キタキツネ物語』などの日本映画、『おしん』『姿三四郎』

『赤い疑惑』『燃えろアタック』『犬笛』『刑事犬カール』などの日本のドラマ、および『鉄腕アトム』『ジャングル大帝』『花の子ルンルン』『海のトリトン』『ミームいろいろ夢の旅』『ムーの白鯨』『一休さん』などの多くのアニメは、両国の文化交流と相互理解を強化するうえで重要な役割を演じ、今でも多くの中国の人々の記憶のなかに根付いている。80年代に日中が共同制作した映画『未完の対局』と『敦煌』もまた、両国の人々の心に美しい思い出を残した。

　加えて、日中両国間では多くの友好都市提携がなされた。1973年に天津と神戸が第1号の友好都市[12]となり、1991年までに日中両国が結んだ友好都市提携は127組に達した。科学技術、青年、文化などの様々な日中交流センターが各地に建設され、多種多様な友好団体が発足し、その会員も間断なく増加していった。両国間の友好交流、訪問活動は途絶えることがなく、そのなかでも1984年に中国が日本人青年3000人を招待し、「日中青年友好聯歓」活動を盛大に挙行するなど、この時代、双方の友好活動はかつてない盛り上がりを見せた[13]。

　報道によると、日本の内閣府の外交関係に関する全国調査では、80年代には、中国に対して親近感をもつと答えた日本人の割合は70%程度で、親近感をもたないと答えた割合は20%程度であった。そして、中国で80年代と90年代初めにおこなわれた世論調査では、中国人のうち、日本が好きな人の比率は日本が嫌いな人に比べて10%近く高くなっていることが明らかになった。「国の親は民にあり」。当時の両国間で人文交流や民間友好活動が盛んにおこなわれたことは、日中関係が健全かつ安定的に発展していくのに大きく役立った。

（小結）ここまで述べてきた四つの方面での成果は、日中関係が正常化してからの20年間の両国関係の発展における大きな流れを象徴している。それらは、日中関係をまったく新しいものへと変貌させた。冷戦終結後の、国際的な構造や双方のパワーバランスが大きく変化した状況下では、こうした成果こそが、双方の関係を発展させ意見の相違をコントロールするための重要な基礎となった。総じて、1972年から1992年までの20年間は戦後日中関係がもっとも良い時期であった。

2. 20年間の日中関係のすれ違いと摩擦をどう見るか

両国関係が遂げた大きな進展と比較すると、日中間に生じたすれ違いと摩擦はただの支流に過ぎない。それでも、双方のこの対立は深刻で、当時の日中関係に困惑をもたらし、その後も両国関係にさらなる深刻な危害を及ぼした。現在、新しい情勢が形成されつつあるなか、当時の歴史的背景と結びつけながらこれらのすれ違いと摩擦について分析し、経験や教訓を真摯に総括し、両国の現在と未来における対立についてのリスク管理を強化することは、重要な意義をもっている。

2.1 反覇権条項についての論争

これは国交正常化の実現後に両国間で最初に生じた対立であり、「日中平和友好条約」締結の際の重大な障害となった。

当時の日中は、対ソ連政策についてはっきりと異なる立場を示していた。中国は、ソ連の覇権主義に反対する統一戦線を構築し、共同声明のなかで反覇権条項を平和友好条約に書き込むことを主張した。日本もまたソ連を安全に対する脅威の主たるものとしていたが、ソ連からの外交的圧力と脅迫に対しては、共同声明で表明した立場から後退して、まず平和友好条約に反覇権条項を記すことには反対し、またこの条項に対して様々な解釈を加え[14]、中ソ両国に対して「等距離外交」を実施しようと企てた。これが当時の日中の争いの直接の原因となった。

この反覇権条項についての論争には、さらに深い原因があった。それは、日本の親台勢力が日中友好関係の発展を妨害していたという事実であり、このことが事情をより複雑にしていた。1974年12月に田中内閣が総辞職すると、三木武夫が首相に就任した。この一連の政治の変化で、反田中・大平勢力の対中強硬派が日本政府と自民党のなかで中枢を占めることとなった。彼らはあらゆる手段を用いて、日中平和友好条約の締結を妨害した。

1974年、鄧小平は、両国の業務協定と平和友好条約の交渉が遅れている状況について日本の訪中代表団と会見した際、困難は一握りの人が生み出したも

のだ、と指摘した。妨害をおこなっているのは岸信介、佐藤栄作、椎名悦三郎そして青嵐会といったタカ派や親台湾派であり、彼らは台湾から利益を得て、台湾にしがみついていた[15]。1978年春、鄧小平は、条約交渉の難航について、反覇権条項の問題は日本の右翼の手中にある一枚のカードだ、とも指摘した[16]。

このほかに言及すべき点として、当時の中国の反覇権条項に対する立場は、日本の一部の学者が考えているようなものではない、という事実があった。すなわち、中国は単に日本と連携して反ソ連の立場をとろうとしたのではなく、他にも重視していた点が二つあった、ということである。一つは、日中両国が自らアジア太平洋地域で覇権を求めないと約束することであった。鄧小平は、中国はこの条項によって自らを統御するであろうし、この条項を書き入れることは歴史的な懸念を抱える日本にとっても必要かつ有益である、と述べた。もう一つは、いかなる国家や集団もこの地域で覇権を求めるべきではない、という主張であり、これは主にソ連に向けられたものであった[17]。

1978年には、日本国内の親中派の勢力により、条約の締結を呼びかける声が日ごとに高まっていった。日ソの対立が激化し、その関係に緊張が走るなか、アメリカは日中が一刻も早く条約を締結するよう後押しした。一方で、中国の政局には重大な変化が起こり、鄧小平が再び表舞台に姿を現して、条約締結によって日中関係を大幅に前進させることを決意した。それだけでなく、日本で新たに誕生した福田政権も、日中関係を発展させることを望んだ。これらすべての要因によって日中間の歩み寄りがなされ、反覇権条項のほかに「この条約は、第三国との関係に関する各締約国の立場に影響を及ぼすものではない」という条項を加えることで、閉塞した状況が打破され、1978年8月に平和友好条約が締結された。

反覇権条項が条約に盛り込まれたことは、国際条約における快挙であり、当時のソ連の覇権戦略に反対するための大きな推進力となった。同条約の締結は、日中関係にとってはさらに重要な意義をもっていた。すなわち、両国国民が期待していた平和友好条約の締結が全うされ、日中関係の正常化の第二歩（法的保証）が達成されて、両国関係を全面的かつ迅速に発展させる新しい段階が幕を開けたのだった。

2.2 歴史摩擦

1982年に日本の教科書事件が起きてから、1985年に中曽根首相が公式に靖国神社に参拝し、その後も日本の閣僚が歴史問題での「妄言」を繰り返すに至るまで、歴史問題は当時の日中双方の主要な摩擦点となり、両国関係の発展に著しい困難を生じさせた。

当時、筆者はまだ30代の若者で、歴史を公然と改竄し、侵略を隠そうとする日本のやり方については、ただただ不思議に感じていた。日中両国が国交を正常化して友好協力の風潮が高まっているなか、日本の文部省が検定した日本の教科書は、中国に対する侵略を「進出」と言い換えた[5]。そして、日本の首相が公式に靖国神社を参拝し、第2次世界大戦でのA級戦犯14名を供養したのだ。日本のこうした過ちは、当然ながら中国政府と多くの民衆から強い抗議を引き起こした。

これに対し、一部の日本人は、当時の中国政府の反応は度が過ぎたものであり、日本の歴史問題を正しくとらえていない、と考えていた。しかし、このような見方は完全に事実に反している。

中華人民共和国が成立して以来、中国の指導者は、日本の友人に会うとしばしば次のような二つの話をした。一つは、戦争の責任は日本の一部の軍国主義者にあって日本国民にはなく、日本国民は同じ被害者である、ということだ。もう一つは、過去の誤りはすでに清算されてなくなり、それらを過去のものとして、日中両国は前を向かなければならない、ということである。1972年に国交正常化を実現した際も、中国側は日本側の歴史問題についての表現[18]に満足したわけではなかったが、決してより高い要求を出すことはなかった。その後に周総理は、日本の友人との談話において、過去の問題はすでに共同声明のなかで清算されており、今後は日中両国の長期にわたる良好な関係を維持するために努力するべきだ、と述べた[19]。1978年に署名された平和友好条約もまた、紛れもなく未来を見据えた条約であった。

1985年9月、日本の首相の靖国神社参拝への抗議として、北京、西安などで青年や学生がデモ行進をおこない、「日本軍国主義の打倒」「日本製品の不買運動」といったスローガンを叫んだ。10月初めには、胡耀邦総書記が日中友

好21世紀委員会[6]の双方の委員に対し、日中友好を両国の基本的な国策とすることは完全に正しく、日中の長期的な友好事業を軽視し過小評価するようなやり方や考えは例外なく先見の明を欠いている、と指摘した[20]。さらに10月末、『人民日報』は「苦難が生み出した日中友好関係を大切に」という署名文を発表した。この文章は、事実について順を追って一つずつ説明しており、一部の軍国主義の立場を堅持する人々とその他大勢の日本国民を区別し、日中関係の現状とあり方の問題を正しく認識しなければならないと提起したうえで、日中友好の潮流を妨げてはならないと強調した[21]。

これらの歴史的事実を振り返ってみると、中国の指導者が日中友好を維持するためにどれほど苦心してきたのかということに思いを馳せずにはいられない。こうした事実すべてと、「反応が過度であり」、「正しくとらえていない」という主張を見比べると、その差は歴然である。

もちろん、こうした時期においても、以下の事実があったことを忘れてはならない。すなわち、歴史摩擦が発生するたびに、中国および日本国内の平和的・友好的な勢力（当時の日本では比較的強い影響力をもっていた）は反対の声をあげて、それを受けた日本政府は、多くの場合、歴史問題に関する共同声明の立場を堅持して次のような解決策を講じた、ということである。①侵略の歴史を美化している日本の当事者に対して処置をおこなった。②誤ったやり方を緩和あるいは中止させた（たとえば、教科書検定の基準として、隣国の感情を配慮した「近隣諸国条項」を設けたり、中曽根首相が二度と靖国神社を参拝しないと表明したり、など）。③歴史問題に対する態度を幾分かは改善した[22]。

この時代は総じて、双方の努力によって、歴史摩擦はほぼ上手くコントロールされ、両国関係の発展における重大な障害とはならなかった。

冷戦終結後、日本国内の政治全体が右傾化するにつれ、日中の歴史摩擦は間断なく激化し、両国関係に深刻なダメージをもたらした。このことについて、中国側は次のように真剣に考えざるを得ない。日本はなぜ侵略の歴史をいつもひた隠しにしようとし、その反省の態度がドイツに及ばないのだろうか。これは、戦後の民主改革が徹底しておらず、軍国主義に関しても徹底的に清算されていないのが根本的な原因ではないか[23]。また、日本独特の文化のあり方や戦後の日本政府が、近代史教育を長い間希薄にしてきたことも重要な原因の一つ

ではないか。今こうして振り返ってみると、歴史問題を解決するための難易度は、当時の中国側の想定を明らかに超えていた。また、国交正常化を一日も早く実現するため、中国側は歴史問題に対して比較的淡々としたやり方をとり、それは当時においては確かに必要であったが、その代償を今になって払うことになったのである[24]。

2.3 台湾問題での対立

台湾問題は、国交正常化に際して解決すべき重要な問題となった。その後の20年間で、この問題について双方の立場は分かれたが、両国の関係発展の重大な障害にはならなかった。

1970年代に1度、日本の親台勢力が両国の平和友好条約の締結を妨害したほかにも、台湾問題での大きな摩擦が80年代に2度発生した。

一つは、1986年秋に日本の右翼政治家と一部の大手企業が「蔣介石遺徳顕彰会」を設立し、中国で強い不満を引き起こしたことである。もう一つは、1987年2月に、日本の裁判所が光華寮の所有権について誤った判決を下したことである[25]。当時の中国政府は、日本政府が必要な措置を講じて適切に処理することを望んでいたが、日本政府は「三権分立」を名目に、責任を負わず、司法当局の誤りを黙認した。これにより、光華寮問題は両国間の重大な政治的・法的紛争となった。その後、中国側の厳正な交渉に応じ、日本政府は「一つの中国」という原則のもとでこの問題を処理し、裁判所の判決をこれ以上支持するつもりがないことを表明した。

このほかにも、1970年代後半以降、日台外交において、日中国交正常化時に口頭で約束した事項[26]に反する行為が散見された。

全体的に見て、国交正常化後の20年間では、日中双方が台湾問題に関して起こした摩擦は際立ったものではなく、戦後の他の時期と比べても良好な時期であったと言えよう。

歴史的要因により、日本国内には強力な親台勢力が存在している。彼らは政治、経済そして感情のうえでも台湾と分かちがたい結びつきをもち、台湾の独立勢力とも密なつながりを保っている。しかし、日中関係の黄金期には、彼らが大きな波乱を巻き起こすことができないのが常であった。このような状況が

生まれたのは、何より当時の日本政府が基本的に日中関係の大局を見て判断を下し、「一つの中国」という原則に慎重に対応したからである。摩擦が出たとしても、それは往々にして小さな規模にとどまり、双方が事態の拡大を回避しようとした。加えて、当時の台湾島内で独立問題がそれほど盛り上がっていなかったことも大きな要因であった。

2.4 「釣魚島」紛争

これは日中両国間で長期にわたり懸案となっている、未解決の領土主権紛争である。国交正常化後の20年間は、双方が「議論を棚上げする」という合意に達したため、争いは比較的穏やかな状態にあった。

当時の両国はこの問題についていくつかの摩擦を起こしていた。たとえば、1978年春には多くの中国の漁船が尖閣諸島（「釣魚島」、以下「」略）海域で漁をおこない、日本側の緊張が一気に高まった。外交でのやり取りを通じて、中国側はこれが「偶発的な事件」であることを伝え、双方が「議論を棚上げする」という合意を再確認したおかげで、事態は比較的早く収束した。

また、1978年、1988年には日本の右翼団体の青年社が2度にわたって島に上陸して灯台を建設し、1979年には日本側の人間が島に上陸して臨時のヘリポートを建設した。こうした行動により、中国側は外交交渉をするに至った。そして、日本側がこれらの活動を中止させたことで、事態はいずれも拡大することなく終わった。

なぜ、両国は当時の釣魚島紛争を上手く収めることができたのだろうか。筆者は、主に三つの要因があったと考える。

まず、この問題について、日中双方の基本的な立場は相反するものではあったが、日中両国の友好協力の大局的立場と比べれば、それは明らかに優先順位が低かった。当時の両国の指導者や有識者の間では、こうした考えが主流を占めていた。

次に、当時の中国の指導者は、この問題について寛容で実務的な態度を取った。国交正常化交渉がおこなわれていたとき、周恩来はこの問題を先送りすることを提案した。鄧小平もまた、平和友好条約の締結に際し、この問題は今の世代では解決できないとして保留し、次の世代にその解決を委ねた[27]。こうし

た中国側の意見は、当時の日本の指導者の賛同と支持を得た。

最後に、日ソ間で北方領土問題があり、当時の中国がこの問題に関して日本を支持する立場を表明したこともまた、中国との紛争を緩和する必要があるとの認識を日本にもたせた。

1979年には、中国政府は日本政府に対し、釣魚島付近での資源の共同開発を正式に提議した[28]。しかし残念ながら、日本政府は最終的に中国側の提案を拒否した。また、1980年代には、双方の企業が東シナ海の当該海域でオイルガスの共同開発をおこなうことを検討していたが、実際の進展はなかった。日中両国は、蜜月関係における釣魚島紛争解決の千載一遇の機会を失ってしまったのだった。

2.5　経済貿易摩擦

日中の国交正常化後、両国の経済貿易関係が目覚ましい発展を遂げたのと同時に、多くの問題が絶え間なく噴出し、摩擦が生じてきた。しかしこれらの摩擦はいずれも早期に抑制もしくは解決され、1980年代から始まった両国の経済貿易関係の全面的な進展に影響することはなかった。

当時、経済貿易摩擦を引き起こした問題は以下の通りである。①中国が経済の過熱を抑えるため、日本に対する発注契約の一部を解除するよう要求したこと。②貿易の不均衡。③日本の対中技術譲渡の問題。④日本の対中投資がいったんストップし前進しなかったこと。⑤「東芝事件」[29]の後、日本がCOCOM（対共産圏輸出統制委員会）の維持を名目にして対中貿易に対して制限措置をとったこと、など。また、1989年に北京で政治的事件が勃発した際、日本は欧米などの多くの西側諸国のように全面的で厳しい対中制裁をおこなうことはしなかったものの、政府による第3次対中借款を停止するといった、ある程度の経済制裁措置を実行したのだった。

歴史、台湾などの問題における両国の政治摩擦が日本側の誤ったやり方によって引き起こされたのとは異なり、日中経済摩擦の原因は双方にあった。大まかに言えば、次の3点が挙げられる。第1は、中国が経済の過熱に対して政策の調整をおこなった影響を幾度か受けたことである。第2は、日中の政治的関係の消極的な面の影響を受けたことである。第3は、当時の日中両国の経済発

展の水準と貿易構造の影響を受けたことである。これらのうち、経済面の原因が明らかに最たるものであった。

実際のところ、基本的に同じ経済システムをもった先進資本主義国家の間にも、経済摩擦は常に存在しており、ときにはきわめて激しい程度にまでエスカレートしてしまうことがある。したがって、経済貿易が発展するのにともない、日中間で経済貿易摩擦が発生するのは避けがたいことである。それでも、両国の経済の強固な相互補完性と経済貿易関係の互恵性によって、そして外交を深めていくなかで双方の経験や理解、規範がそれ相応に増加したことによって、当時の両国は多くの場合、速やかに摩擦を解決する方法にたどり着くことができ、結果として経済貿易関係を絶えず発展させていくことに成功した。政治的摩擦が経済貿易関係に与えた影響は、決して目立ったものではなく、現れたとしてもほとんど長くは続かなかった。このことは、当時の両国の関係が全体的に好調であったためである。

2.6 日本の発展の方向性に対する中国側の懸念

20年間の日中関係のすれ違いと摩擦を分析し総括するうえで、これは無視してはならない問題である。

中国政府は、1970年代の初め、「日本の軍国主義はすでに復活している」という結論を下していた。しかし、当時中国を訪れた日本の友人の大多数は、この見解に反対した。その後、周総理はこれに関する報告に基づいて「すでに復活している」から「まさに復活しようとしている」へと改めるように指示し、組織のメンバーがこの問題を深く研究することを決定した。1972年に両国が国交を正常化した後、この問題が再び取りざたされることはなかった。当時「日本の軍国主義はすでに復活している」とみなしたのは明らかに正しくなく、幸いにも、実際の業務では速やかに是正がなされた[30]。

1980年代になると、中国の指導者は再び「日本の軍国主義の復活を警戒する」という議題を提起した。当時、中国の最高指導者であった鄧小平は、日本の友人との談話を含む数多くの談話のなかでこの問題を取り上げた。「日本の軍国主義の復活を警戒する」という文言は、中国共産党第12回党大会の政治報告にも書き加えられた。

中国の指導者が「日本の軍国主義復活を警戒する」と提議したのは、日本との間で相次いで起こった次の一連の状況と関連している。①「歴史教科書事件」。②首相が靖国神社を公式参拝したこと。③「光華寮事件」。④日本の防衛費が国民総生産の1％を突破し、日本が政治大国になろうと目論んだこと、など。それゆえ、そこにははっきりとした狙いがあった。しかし、このときの中国の指導者の論法には、70年代初めのものと大きく異なる点があった。第1に、「警戒」を保つことに重点が置かれたことである。第2に、日本で愚かにも軍国主義を復活させようと企んでいるのは「ごくごく少数の人間」であり、「日本の大多数の人はこの傾向に反対している」とはっきり指摘したことである。第3に、「このような軍国主義の傾向に対しては、批判や摘発を強化するだけでなく、我々両国と両国国民の間の友好関係を発展させる事柄を着実におこなっていき、我々の間の友情を深め、我々の間の理解を深め、我々の間の感情を深める必要がある」と提案したことである[31]。

2.7　小　括

以上をまとめると、当時の中国が日本の未来が向かう方向について抱いていた心配は、両国関係の正常化とその後の両国関係の発展を妨げるほどではなかった。中国が当初日本に対して下していた不正確な判断は、早期のうちに改められた。その後、日本の政策にはいくつかの深刻な誤りが出現したが、中国の指導者はこれに対処して断固とした対決の姿勢を強調した。そしてその際とくに、日中友好協力を堅持しなければならないと強調し、日本の発展の大きな方向性に対して正確な判断をおこなうことで、高度な現実主義的精神と歴史的な責任感を表明した。

不幸なことに、ここ数年のうちに、日中両国の戦略的な相互疑念はすでに危険なレベルへと達してしまった。日本では「中国脅威論」がヒートアップしつづけ、中国では日本に対し「かつての軍国主義への回帰」を懸念する声が高まっている。しかし実際には、両者のどちらもが誤解を抱いている。こうした新しい情勢が形成されていくなか、当時の中国の指導者が日本の方向性について下した判断の歴史を振り返り、日中両国の未来について信頼を高め、疑いを解いていくことは、大きな意義をもつだろう。

3. 歴史の経験と啓示

　1972年から1992年にかけて、日中関係は飛躍的に発展し、多くの実りある経験が得られた。しかし、国際情勢と両国の政治の深刻な変化により、90年代半ば以降、日中関係は起伏をたどりながら下降の道を歩んだ。近年、2度の海上危機が相次いで発生したことにより、両国の関係は国交正常化以来の低迷に陥り、1度は衝突し対峙する寸前まで至った。現在、日中双方は両国関係を再び安定した発展の道へと戻すべく、ともに努力をしている。

　このような重大な局面下で、日中の黄金期の歴史を振り返ってみることは、両国関係の未来の発展のための重要な経験と啓示を与えてくれるだろう。筆者はそのなかでも以下の3点こそが、もっとも重要であると考えている。

（1）第1に、日中善隣友好協力関係の確立と発展は、両国の長期にわたる友好の伝統と両国国民の根本的な利益によって決定づけられるものであり、それを維持することは、両国の安全と繁栄に役立つだけでなく、地域と世界の平和や安定、発展にも貢献するのである。

　多くの人々は、ソ連の覇権主義に団結して反対する必要性こそが、日中関係の正常化とその後の大きな発展をもたらしたのだと主張している。これには確かに一定の道理があるが、日中関係が大きな発展を遂げた最たる要因ではない。歴史が示しているように、80年代初めに中国は、日米欧などと共同で形成していた「一大片」「一条線」[7]といった国際反ソ統一戦線政策から別路線へと舵を切っていた。それゆえ、共同してソ連に相対していた時期であっても、日中の対ソ政策には共通点だけでなく相違点が見られた。

　実際には、日中関係が大きな発展を遂げるのに主導的な役割を果たしたのは、両国間に存在する内在的動力であり、そこには日中両国の歴史がもつ、2000年の長きにわたる友好的な交流の伝統と深遠な文化関係が含まれている（1972年に田中首相は、キッシンジャーの「なぜそんなに急いで中国を訪問するのか」との質問に対し、簡単で明確な言葉を述べた。「日本と中国の関係は米中関係よりもさらに悠久である」[32]。鄧小平もかつて日本の友人にこう話していた。「日中友好に対し

ては特別な思い入れがある」[33]。日中関係は、21世紀、22世紀、23世紀と「永遠に続いていく」必要があり、「この事実は両国間のすべての問題にまさる重要性を有している」[34]）。それは具体的には、以下のような力であった。①日中両国の歴史の長河のなかで見ればほんのわずかな時間ではあるが、大きな被害を生んだ相互対立が両国に与えてくれた、重要な教訓（「和則共栄、闘則倶損」[8] は、当時の両国指導者と有識者の常套句であった）。②日中両国が1950年代から激しい抵抗に遭いながらもその芽を育てて大きくし、国交正常化を実現した後に盛んに発展させていった民間友好運動（中国側はこの運動を「民間先行」「以民促官」「水到渠成」[9]「官民並挙」と呼び表した。これは中国と先進資本主義国家との関係性という観点からすれば、かなり特異なものであった）。③日中両大国の経済的な相互補完性がもつ莫大なポテンシャルと、中国の改革開放が双方の経済貿易協力にもたらした千載一遇の機会。

　20年の間、主にこうした内在的動力に基づいて、両国政府は日中善隣友好協力をそれぞれの基本的な国策とし、政策の継続性と一致性を上手く維持した。このことは日中関係の目覚ましい発展を強力に促し、両国国民に多大なる利益と福利をもたらし、アジア太平洋と世界の平和と発展に対しても重大な寄与をなした。また、とくに指摘すべきは、中華人民共和国が成立した初期の段階で、中国の指導者はすでに明確な対日方針を形成していた、ということである。これは、両国の外交関係を一刻も早く正常化させ、新たな基礎を築いたうえで日中の友好と共同繁栄を実現させていく、というものであった。当時、毛沢東や周恩来は対日政策を指示する際、このことについて何度も言及していた。1955年3月、中国共産党中央政治局は「対日政策と活動方針」に関する文書のなかで、上記の方針を正式に確認した[35]。もちろんこの方針をめぐっては、歴史上の時期によって、対日政策において中国が重視した点も異なっていた。50-60年代には、中国は日本国民と協力してアメリカの統制・干渉政策へ反対することを呼びかけ、アメリカに追随するだけの、日本政府の誤った対中政策を改めるよう促した。70年代から80年代の初めにかけては、ソ連の脅威に直面したことで、中国は日本とともにソ連の覇権主義に反対することに重きを置いた。そして1983年に胡耀邦総書記が訪日したときに日中は両国関係における四原則を確立した。四原則とはすなわち、「平和友好・平等互恵・相互信頼・長期

安定」のことであり、日中関係を全面的に推進させ、それによって両国が大国関係における平和共存、共同繁栄の模範となることを望むものである。

　21世紀になると、国際情勢の展開と双方のパワーバランスの変化にともなって、1世紀余り続いた東アジア地域の「日強中弱」の構造は次第に、「二強並立」という、中国が日本に劣らぬ力をもった構造へと変容していった。この変化に対し、双方ともが上手く適応することができなかったが、日本側はとくにそれが甚だしく、これによって双方のすれ違いや摩擦が激化し、戦略的な相互疑惑は深刻なレベルにまで上昇した。このような情勢を受けて、日中の長期にわたる善隣友好事業を軽視し過小評価する傾向が両国で醸成され、日本国内では一貫して日中友好協力に反対する極右勢力の活動がいっそう強まっていった。2012年に島を買って中国側を挑発するという危機を起こした石原慎太郎は、その代表格である。

　こうした状況を前にして、日中両国国民、そして何より両国の政治家は、歴史の経験をしっかりと心に刻み、両国の善隣友好協力関係を発展させる客観的基礎と、両国国民の長期的かつ根本的な利益の所在を明らかにし、日中のこれまで引き継がれてきた友好協力を固める初心と決意をはっきりと認識しなければならない。日中の衝突と対立をいたずらに引き起こそうとする極右勢力（主に日本側に存在する）に対しては、常に警戒しておかなければならない。両国がこのような認識と決心から出発することではじめて、双方が新たなパワーバランスに適応できていない現状を改善し、両国が第4の政治文書のなかで述べた「互いに協力のパートナーであり、互いに脅威とならない」という戦略的共通認識を実行に移し、日中関係を一日も早く健全で安定した軌道に戻し、日中両国の善隣友好と互恵協力の関係を再び推し進めることができる。

（2）第2に、日中両国政府が発表した共同声明と双方が締結した平和友好条約は、両国関係の歴史を正しく総括するだけでなく、両国関係の未来を切り開くものでもあり、平和友好条約が定めた基本原則は、20年間の日中関係の大きな発展の根本的な保証となった。

　これらの基本原則は主に以下の内容を含んでいる。①両国間でかつて発生した不幸な歴史を直視して正しく認識すること。②世界にはただ一つの中国が存

在し、台湾は中国の一部であること。③平和共存の五原則に基づいて永続的な平和友好関係を発展させること。④相互関係において、あらゆる紛争を平和的手段でもって解決し、武力に訴えないこと。⑤両国が覇権を求めず、他のいかなる国家が覇権を求めることについても反対すること。「大同を求め小異を残す」こそが、声明と条約を貫く一本の赤い糸であった。

　20年にわたって、これらの基本原則は、日中両国が冷戦を乗り越え、イデオロギーと社会制度の違いを乗り越え、正常な国家関係を確立し発展させ、堅固な政治基盤を築くことを可能にした。またこの原則は、日中関係の是非曲直を判断する基準としても働いた。両国がこの原則を厳格に守って外交をおこなえば、両国の関係は順調で健全に発展すると、歴史がすでに証明している。政治的に摩擦やトラブルが発生したときには、往々にしてこの原則からずれていたり背いていたりしたのだった。問題が発生したとしても、双方がこの原則に従って処理しさえすれば、両国関係の大局を守ることができ、両国関係を再び前進させることができるのだ。だからこそ、両国は、時間の推移とともに共同声明と平和友好条約の意味を過小評価するいかなる理由ももたず、条約によって規定された責任と義務をよりいっそう共同して担うべきである。

　1998年と2008年に、共同声明と平和友好条約を基礎として、両国の指導者は新たに二つの政治文書に署名した。この二つの文書はさらに一歩進んで、日中両国がアジア太平洋地域と世界の平和と発展のために貢献することを掲げた。具体的には、「平和的発展に尽力するような友好協力パートナー関係を確立する」、「互いを協力者とし、互いに脅威とはならない」、「相手の平和的発展を互いに支持する」、「日中戦略的互恵関係を全面的に推進する」といったことを表明した。

　しかし、その後の両国関係の発展の過程では、様々な複雑な原因により、上記の四つの政治文書が確立した両国関係の発展のための政治的基礎は常に侵食と破壊にさらされ、歴史問題や台湾問題、領土紛争や軍事的な対立などが絶えず発生して、日中関係に著しい困難をもたらした。両国関係の発展は、四つの政治文書が指示した方向から日増しにずれていってしまった。

　現在、そして未来において、日中関係が絶えず悪化していくこの傾向を改善するために、声明と条約で確立された基本原則と精神を改めて見つめることは、

きわめて重要な意味をもっている。日中両国がいずれも、四つの政治文書が確立した両国関係の発展のための政治的基礎を維持し、高度な政治的知見に基づいた「大同を求め小異を残す」精神を遵守してそれをもって指導に臨み、そして見解の相違をコントロールして誤解や誤断を減らし、対話と協力を強化して相互信頼を増していくためのたゆまぬ努力を着実に続けていく。こうしたことをしさえすれば、両国の関係は必ず、摩擦が頻発する時代から一歩先へ前進し、新しい歴史的状況のもとで日中友好協力関係をさらに進化させていくことができるだろう。

（3）第3に、日中米関係は、協力を主とし、互いに促進し、互いにバランスをとるという方向性に沿って発展し、日中関係の良好な発展を保証し強力に推し進めるという役割を担っていた。

　冷戦の勃発後から1970年代の初めまでは、日中米の三国の関係性は日中両国の改善と発展に対して大きなマイナスの要素となっていた。当時、日本はアメリカに追随して、中国に反対し抑制する政策をとり、完全にアメリカに縛られ、社会主義の中国とは長期にわたって敵対状態にあった。

　しかし、70年代初めになると、この状況に重大な変化が起こり、日中米関係は相互促進の方向へと変貌しはじめた。1972年2月にニクソン大統領が訪中し（当時の日本はこれを「頭越し外交」と呼んだ）、中米は上海連合公報を発表して、両国の関係正常化のプロセスを開始した。中米関係の歴史的進展は日本に大きな衝撃をもたらし、日本の政局の変化を引き起こして1972年の日中国交正常化と1978年の平和友好条約締結を促すという、重要な役割を果たした。また、日中関係の著しい変容と迅速な発展は、1979年の中米の正式な国交樹立にも積極的な影響を与えた[36]。

　この三国間で良好な関係性が構築されたのは、当初はソ連の覇権主義に反対するために団結することがその背景にあったが、実際の要因はもっと複雑で多岐にわたっていた。途切れることのない発展に比例して、三国間に内在する様々な要因の影響力も日増しに強くなっていった。

　80年代初めには、中国はこれまでの戦略を調整してアメリカと適度な距離を置き、「連米抗ソ」の政策を実行しなくなったが、それに反して日中善隣友

好関係の発展はさらに重視されるようになった。80年代半ばからは、経済力がさらに強大になったことで、すでに世界第2位の経済大国であった日本は、政治大国を目指すという目標を明確に打ち出し、アメリカに対する独立の姿勢を強めた。そして、80年代を通して見ると、日米の経済摩擦がますます激しくなっていく一方で、中国と日米両国の経済関係は日ごとに発展し、その経済的な結びつきは明らかに強化されていった。これらのすべてが、当時の日中米の三国が協力を主とし、互いに促進し、互いにバランスをとるという方向性に従って発展することを決定づけ、その重要性は高まる一方であった。

1989年の春から夏にかけて中国で政治的事件が発生した際には、日本は、西側諸国のなかでも強い国際的判断力と他国とは異なる態度を示し、対中問題において比較的独立した立場をとった。1992年には、日本の宮澤喜一首相がさらに歩みを進め、日中関係と日米関係は日本外交の二つの車輪であり、どちらか一方でも欠ければ前に進めなくなる、と明言した[37]。その結果、日中関係は当時の深刻な波乱を回避することができ、それどころか急速な発展を新たに遂げた。このように日中関係が良好な状況を維持したことが、のちに中米関係を回復し改善するうえでも一定の役割を果たした。

冷戦終結後、日中米の三国の関係の影響力はいっそう際立ったものになった。しかし、90年代半ば以降、この関係性は明らかにバランスを失い、不安定な状態を呈してきた。日米関係がますます密接になるのとは反対に、日米と中国との間の摩擦は日に日に強まっている。これは日中関係の発展に不利な作用をもたらすだけでなく、地域の平和発展にも不利な影響を与えている。

この10年近く、どのように日中米関係を構築すべきかについて、日本国内では絶えず論争が起こり、「連米制華論」と「偏重バランス論」に加えて「等辺三角関係論」が出現した。不幸なことに、現在の日本では「連米制華論」が主導的な位置を占めている。

中国でもこの問題について多くの議論があり、日米が連合して中国を制止する（「連米制華」）のに反対するという共通の見解を除けば、二つの主要な観点がある。一つ目は、日本の国力が今後低下するにつれて日本の役割も減少していき、将来においては中米関係の状況が日中関係の状況を基本的に決定する、と考えるものである。二つ目は、今後もかなり長期間にわたって、世界の経済

大国かつ地域の軍事強国として日本は依然として重要な地位と影響力をもつだ
ろう、と考えるものである。これに基づけば、発展と協力を主とし、相対的に
安定したバランスを保った日中米の三国関係こそが正しい選択となる。筆者は
この第2の観点に賛成する。

　事実、新しい国際情勢においては、日中米の三国が良好な対話を発展させる
ための存在として、外在的動力と内在的動力がある。前者は、三国が共同で、
従来とは異なる形の安全に対応し、グローバル規模の統治の需要を強めること
を表している。後者は、三国が世界最大の経済大国であると同時に主要な経済
貿易パートナーであり、「互いの中に互いの存在がある」というように緊密に
相互依存している状況を示している。

　現在、良好な相互作用をともなった日中米関係を再建するために、日本側は
「連米制華」の思考を改め、中国側は日本の国際的な地位と役割をいっそう重
視して、双方が向かい合い積極的に関係を改善していけば、それはきわめて重
要な一歩となるだろう。三国関係のなかでもっとも脆弱な日中関係の改善と発
展は、日中米関係の不均衡を是正する突破口となり、未来の中米関係の改善と
発展を促す役割を担っている。良好な相互作用をともなった中米関係の再来は
また、日中関係の長期的な発展を保証するという重要な働きをもなしてくれる
だろう。

　総じて、歴史の経験を真摯に総括することによって、日中学者の間だけでな
く日中米の学者の間でも三国関係の問題についてのコンセンサスが次第に形成
され、そのうえで三国の政府が協力して正しい政策を選択し努力していくこと
を、筆者は望んでいる。中国のある有名な学者はかつてこう述べた。「日中米
の関係が、均衡し安定した三国関係という方向性に沿って発展することができ
るならば、これは三国とアジア太平洋地域にとってこのうえなく喜ばしいこと
であろう」[38]。現在の新たな情勢においても、このことは少しも変わってはい
ない。

おわりに

　日中黄金期が獲得した貴重な経験は、上述の三つのもっとも重要な経験と啓

示のほかにも、次のように数多く存在する。①双方が歴史的な機会をとらえて積極的に両国関係の発展を推し進めたこと[39]。②「大同を求め小異を残す」精神に則り、積極的に両国関係におけるすれ違いや障害を克服したこと。③双方が政府および指導者間での緊密な接触と対話を終始絶やさなかったこと。④双方が常に、日中友好協力関係の維持こそが大局における最優先事項である、と考えていたこと。⑤双方が、全体的に見て日中関係の健全な発展に有利となるような、国内の世論と環境を構築するのに力を尽くしたこと。⑥両国の広範な民間交流と友好活動が、両国関係の発展のための重要な基盤を築いたこと、などである。

　これらの経験と啓示は、すべて両国の貴重な財産である。現在の新たな国際情勢において、双方は大いにこれらを活用して、日中関係が一日も早く健全な発展の道へと復帰し、前進を続けるために、そして両国が2008年胡錦濤国家主席が訪日したときに確立した「平和共存・世代友好・互恵協力・共同発展」という崇高な目標を実現するために、ともにたゆまぬ努力をしていかなければならない。

　【2018年2月10日。本稿は1999年に筆者が北京大学、東京大学、ハーバード大学「中米日三辺関係シンポジウム」のために提供した論文「歴史の回顧と啓示——日中関係（1972‐1992）」をもとに、加筆修正したものである。】

1　江沢民『国際形勢和中日関係』1992年7月7日、NHKでの講演にて。

2　張香山『在中日友好21世紀委員会第八次会議上的基調報告』1992年9月1日。

3　張香山『20年来的中日関係及其展望』『外交政策』季刊英文版、第25期、1992年9月。

4　劉徳有『如何評価25年来的中日関係』『和平与発展』季刊、1997年第3期、22頁。

5　この間、中国の指導者の華国鋒、胡耀邦、趙紫陽、李鵬が相次いで訪日した。日本からも、大平正芳、中曽根康弘、竹下登、海部俊樹といった歴代首相が相次いで訪中した。

6　于青「鄧小平与大平正芳的談話」『人民日報』2004年8月20日、第15版。

7　中曽根首相の1985年の靖国神社参拝は日中の歴史問題のうえで深刻な摩擦を生じさせた。1986年に胡耀邦総書記はこの問題について、訪中していた中曽根首相と会談で深く話し合い、その結果、中曽根は任期中には二度と靖国神社を参拝せず、内閣のメンバーにも参拝させないことを表明した。

8 劉江永主編『跨世紀的日本——政治、経済、外交新趨勢』時事出版社、1995年7月、499、506頁。張香山「20年来的中日関係及其展望」『外交政策』季刊英文版、第25期。

9 当時の日本の対中国政府開発援助（ODA）は、中国政府に向けて提供された低金利借款と無償資金援助、技術協力資金の三つの内容を含んでいた。政治的条件を付け加えなかったことは、日本政府が中国の改革開放政策を支持した事実を体現している。

10 中国社会科学院『日本経済藍皮書』2016年、272頁。

11 1992年9月26日の周恩来と田中との会談では、両国の国交正常化が日米関係の現状に影響を与えることがないようにとの日本側の希望に対して、周恩来はこのように述べた。「日米安全保障条約に関しては、客観的な状況がすでに変化した以上、佐藤・ニクソン共同声明にある台湾の条項を適用することはもはやできないが、日米関係を刺激しないためにも、今回はこの条約には触れなくてもかまわない」。当時の日中両国には、日米安全保障条約問題についての暗黙の了解があった。この暗黙の了解は、今でも共同声明第七条の「第三国に対するものではない」という言葉のなかに垣間見ることができる。

12 天津と神戸の友好都市関係は、周総理の直接のサポートのもとに樹立された。これは中国が他国と友好都市関係を結ぶ先駆けであり、日中の末永い友好が切望されていることの表れであった。

13 1984年秋、日本人青年3000人が招待に応じて中国を訪問し、それぞれ上海、南京、杭州、西安、武漢、北京を訪れ、各地の多種多彩な活動に参加し、中国の各界の青年たちと深く熱気に満ちた友好交流をおこなった。日本の青年たちはまた中国の35周年記念式典に出席し、中南海にも招待されて同地を訪問した。こうした「日中青年友好聯歓」の活動によって、両国の青年間では相互理解と友情が育まれ、日中青年友好交流の風潮も盛り上がりを見せた。

14 張香山「鄧小平与中日和平友好条約」『中日関係管窺与見証』当代世界出版社、1998年8月、78頁。

15 同上、73頁。

16 鄧小平と矢野絢也（日本公明党訪中団団長）の談話にて、1978年3月14日。

17 鄧小平と池田大作（日本創価学会会長）の談話にて、1975年4月16日。

18 「日本側は、過去において日本国が戦争を通じて中国国民に重大な損害を与えたことについての責任を痛感する」という、「侵略」の二文字を欠いた表現であった。

19 劉徳有『時光之旅——我経歴的中日関係』商務印書館、1999年10月、528頁。

20 田桓主編『戦後中日関係史年表1945 - 1993』中国社会科学出版社、1994年8月、546頁。

21 この文章は、当時の中国共産党中央政治局委員で中央宣伝工作を担当していた胡喬木が提案し執筆した内容に基づいており、その大部分、とくに末尾の部分は直接の引用である。詳細は下記を参照。
　　劉徳有「親切的教誨、厳格的指導」『時光之旅——我経歴的中日関係』

22 1983年に中曽根は国会で、日本の首相としてはじめて日本の中国に対する戦争が侵略戦争であったと認め、1986年の国会でも重ねてこれを述べた。詳細は下記を参照。
　　田桓主編『戦後中日関係史年表 1945 - 1993』558頁。

23 これについては、アメリカにも責任がある。アメリカが日本を占領した当時、統治上の便宜のために天皇制度を存続させた。そして冷戦と朝鮮戦争の勃発をきっかけに、

日本は中ソに対抗し得る力をもちはじめた。

24 しかしながら、日本が払う代償の方がさらに大きい。歴史への態度を曖昧にしたことで、日本は現在もなお歴史の負債を清算できていないのである。

25 光華寮は日本の京都市にあるビルで、戦後に当時の中国政府が購入し、中国人留学生の寄宿舎とした。1977年9月、京都地方裁判所は中華人民共和国に光華寮の所有権を譲渡する判決を下した。しかし、1982、1986、1987年には、日本の大阪高等裁判所と京都地方裁判所が一連の判決により、光華寮が台湾の所有であるとして、日本で「二つの中国」あるいは「一中一台」という二つの政府を認める司法の先例を生み出した。2007年、日本の最高裁判所はこの光華寮訴訟事件について最終的に、台湾当局が光華寮問題において訴訟権をもたないと判断した。

26 1972年9月28日の周恩来と田中の会談で、両者は台湾問題、とくに日台断交後の日台関係の問題について重点的に議論した。このとき、田中は「前もって声を掛けてほしい」という周恩来の要求に応え、「もし我々が台湾について取り組むことがあれば、必ず貴方に事前にお伝えする」と明言した。

27 『鄧小平文選』第3巻、人民出版社、1993年10月、第1版、87頁。

28 「鄧小平擱置釣魚島問題始末」、騰訊今日話題歴史版、第62期、2012年9月14日。

29 1987年に日本の東芝機械株式会社が大型のフライス盤〔金属などの加工用の工作機械の一種〕などの高性能品をソ連に輸出していたことが、日本の警視庁によって摘発された。このことは当時大きな話題となり、「東芝事件」と呼ばれた。

30 張香山『中日関係管窺与見証』343‐344頁。

31 『鄧小平文選』第3巻、230‐231頁。

32 劉徳有『時光之旅――我経歴的中日関係』502頁。

33 『鄧小平文選』第3巻、349頁。

34 同上、53頁。

35 張香山「新中国成立初期党中央制定的対日政策和活動方針」『中日関係管窺与見証』。

36 宮力主編『鄧小平的外交思想与実践』黒竜江教育出版社、1996年11月、243頁。

37 張香山『中日関係管窺与見証』48頁。

38 張蘊嶺主編『転変中的中、日、美関係』中国社会科学出版社、1997年7月、36頁。

39 この機会とは、主に次のことを指す。①中米関係が改善され、それにともなって中米ソの巨大な三国関係が変化したこと。②中国が国家政策の重点を移し、改革開放を実行したこと。③平和発展の気運がグローバル規模で高まっていたこと。

訳者注

〔1〕 復交三原則とも呼ばれ、次の三つを指す。①中華人民共和国は中国を代表する唯一の合法政府である。②台湾は中国領土の不可分の一部である。③日台条約（日華平和条約）は不法かつ無効であり、破棄されなければならない。

〔2〕 胡耀邦が1983年の訪日時に述べたもので、「平和友好」「平等互恵」「長期安定」の三つ（こちらは趙紫陽が1982年の訪日時にすでに述べていたもの）に「相互信頼」を加えた四つを指す。

〔3〕 共通点を見つけ出し、相違点はそのままにしておく、という意味。

〔4〕 第2次天安門事件を指す。

〔5〕 1982年の第1次教科書問題は、日本国内の歴史教科書の検定において、ある会社の教

科書の「華北への侵略」という記述を、文部省が「華北に進出」に書き換えさせたとする日本国内の報道がきっかけであった。しかし、のちにこの報道は誤りであったことが明らかとなった。

〔6〕 1983年胡耀邦訪日の際に合意が形成され、1984年3月に発足。同委員会は、21世紀における日中友好関係促進を目的に、日中の有識者が政治、経済、科学技術など様々な角度から両国政府に提言や報告をおこなった。

〔7〕 毛沢東が用いた表現で、中国、日本、アメリカを含むアジアと欧米の各国が共同してソ連に対抗する戦線を形成する、という外交戦略を指す。

〔8〕 協力すればともに栄え、争えばともに損をする、という意味。

〔9〕 条件が整えば、手を加えなくても自ずと望ましい結果が得られる、という意味。

終　章
総括
——戦後日本の対中政策と中国の対日政策

天安門広場に集結した市民（1989年6月2日）。奥に民主の女神像が見える

日本から見た戦後日中関係
——敗戦から天皇訪中まで（1945 - 92年）

添谷芳秀 （慶應義塾大学）

はじめに

　日本は、1945年8月にアメリカを中心とする連合国との戦争に敗れた後、国際政治の主体から客体へとその姿を変え、占領政策を一手に担ったアメリカとの関係が戦後日本外交の基調となった。本稿の考察対象である1992年までの日本の対中外交は、総じて言えば、米中両国の戦略、そして米中関係のあり方に制約される外交であった。対中外交上の日本独自の考慮は、そうした国際政治状況の大枠のなかで展開されてきた。

　その時期の日中関係は、おおまかに国交正常化が実現した1972年を境に前後に分けることができるだろう。1972年までの日中関係は、米中対立を基調とする国際政治を背景に日中間に外交関係が不在のまま、主に貿易関係をめぐって「政経分離」を原則とする日本と、「政経不可分」の立場に立つ中国との間のせめぎ合いの歴史であった。

　大きな転換点は、1969年から1972年にかけて訪れた。1969年に誕生したアメリカのリチャード・ニクソン政権の外交戦略転換から1972年に米中和解が成立すると、同年日中国交正常化が実現した。すると、日本の対米関係と対中

関係が両立するようになり、1970年代から1980年代にかけて、日米関係の強化と日中関係の拡大が同時進行するのである。本稿では、この時期の日中関係を「72年体制」ととらえる。

「72年体制」下の日中関係から浮かび上がるのは、両国関係の基盤の強さというよりはむしろ脆弱性である。日中関係の政治的な枠組みは、米中関係のあり方に左右された。そのうえで、当然のことではあるが、日中両国の全般的な外交戦略や政策上の相手国の位置づけは、それぞれに異なる考慮や目的から割り出されていた。そして両国間には、台湾問題、尖閣諸島問題、歴史問題という、国民感情が深く絡み合う複雑な紛争要因が存在しつづけた。やや単純化して言えば、米中関係が良好で日中関係が安定していた「72年体制」下では、紛争要因は二国間関係を損なわないように処理された。しかしながらそれは、紛争要因をめぐり何らかの解決が図られたことを意味しなかったし、日中両国がそれを管理する方式を学んだわけでもなかった。

ただそれでも、「72年体制」下で日本が一貫して維持してきた、中国の現代化および改革開放路線支援は、日中両国を結ぶ重要な絆であり両国関係の基盤であった。国交正常化以前の日中民間貿易に対する日本の姿勢にも、底流に同様の配慮が存在していたとも言えるだろう。当時日中貿易に関与した民間人や政治家は、中国侵略に対する贖罪意識にも突き動かされ、中国の経済建設への貢献に強い意気込みを示していた。日中関係の底流にあるこの戦後の絆を確認した歴史的出来事が、1992年の天皇（現上皇）による中国訪問であった。

1. 中国の共産化と台湾の選択——1945-52年

1.1 中国「チトー化」から米中対立へ

1945年8月の日本の敗戦にともない、アメリカは中国を軸としたアジアの戦後秩序を構想した。国際連合の発足時には、安全保障理事会で拒否権を有する「五大国」の一角として国民党の中華民国が迎え入れられた。

しかし中国では、日本敗戦後国民党と共産党の間に内戦が再発した。アメリカは国民党と共産党の間の仲介を試みたが、1947年のはじめには調停の試み

を終了させた。1948年秋頃から共産党人民解放軍の勝利が続き、共産党は1949年1月末に北平（現在の北京）への無血入城を果たした。1949年10月1日、毛沢東が天安門広場で中華人民共和国（以下、中国）の樹立を宣言すると、中華民国政府（以下、台湾）は12月に政府機構を台湾に移し、台北を中華民国の臨時首都に定めた。人民解放軍の次の照準が台湾への軍事侵攻に定められるなか、アメリカはその展開を座視する予定であった。

　そして、1950年1月5日にハリー・トルーマン大統領が、台湾の国民党軍を支援するつもりはないと述べ、事実上の「台湾放棄」を宣言した。さらにその1週間後の1月12日に、ディーン・アチソン国務長官が、アリューシャン列島から、日本、沖縄、フィリピンに延びるアジアにおけるアメリカの不後退防衛線を発表した。台湾を防衛線外においた「アチソン・ライン」の発表は、トルーマン大統領による事実上の「台湾放棄」宣言の延長線上にあった。

　そのアメリカの中国政策は、社会主義の道を歩むユーゴスラビアのヨシップ・チトー大統領が独自路線を歩みはじめていたことにちなんで、中国「チトー化」と呼ばれた。共産党政権の下にある中国であっても、ソ連陣営に加わらなければ次善のものとして受け入れようとする政策である。そのときアメリカは、台湾を見捨て中国との外交関係正常化を視野に入れていた。

　しかし、アメリカが期待した中国「チトー化」の可能性は、1950年6月25日に勃発した朝鮮戦争によって消滅した。戦争勃発を予期していなかったアメリカは、同年2月14日に「中ソ友好同盟相互援助条約」が締結されていたこともあって、北朝鮮の南進の背後に中ソ「一枚岩」を確信し軍事介入に踏み切った。そして、フィリピンを母港としていた第七艦隊の戦艦を台湾海峡に派遣し、予定されていた人民解放軍による台湾への軍事行動を阻止する行動をとった。同年10月に朝鮮半島で米軍が38度線を越えて北進すると中国の参戦を招き、米中対立が決定的となった。1953年7月に朝鮮戦争が休戦すると、1954年12月2日にアメリカは台湾の中華民国政府との間に米華相互防衛条約を締結した。

1.2　台湾の選択

　以上のとおり、台湾を「正統政府」とするアメリカのアジア戦略が確定する

なかで、当時の首相吉田茂は、日本の選択肢はできるだけ柔軟に保っておきたいと考えていた。吉田は、ソ連と中国の文明や国民性は相容れず、日米英が協調すれば中ソ離間は可能であると考えていた[1]。日本がアメリカの意向に反して中国を承認することは困難であったが、戦後日本の経済復興の観点から中国市場が持つ意味が決定的に大きいことも自明であり、吉田は性急に台湾と平和条約を結ぶことにも慎重だった。

　しかし結局は、アメリカの圧力がまさった。1951年12月に来日したジョン・ダレスに対して、吉田は、台湾と交渉を開始する用意はあるが、二国間の平和条約については中国問題が国際的に解決するまで待ちたい旨を主張した。しかしダレスの姿勢は頑なであった。そこで結局、ダレス宛ての「吉田書簡」が12月24日付で送付された。書簡は、「わたくしは、日本政府が中国の共産政権と二国間条約を締結する意図を有しないことを確信することができます」と締めくくっていた。

　こうして日本は、サンフランシスコ講和条約が発効した1952年4月28日、すなわち占領から独立を果たしたその日に、台湾との間で日華平和条約に調印した。日華平和条約は、第1条で「日本と中華民国との間の戦争状態」の終了をうたい、第2条で日本は「台湾及び澎湖諸島並びに新南群島及び西沙群島に対するすべての権利、権原及び請求権を放棄」した。戦争補償に関しては、日華平和条約と並行して締結された議定書において、中華民国が、サンフランシスコ講和条約が定めた役務による補償を、「日本国民に対する寛厚と善意の表徴として、……自発的に放棄」することがうたわれた。また、条約の適用範囲に関しては、「日華平和条約に関する交換公文」で「中華民国に関しては、中華民国政府の支配下に現にあり、又は今後入るすべての領域に適用がある」ことが確認された。

2.　日中民間貿易をめぐる攻防——1952-60年

2.1　民間貿易協定を通した日中関係の始動

　台湾と平和条約を結び外交関係を樹立した後の日本の対中外交は、「政経分

離」の原則を名分とした。アメリカや台湾との外交関係を損なわない範囲で、中国との非政治的な関係を築こうとするものである。他方中国側は、「政経不可分」の立場から、貿易その他の分野を通して、日本の国内政治、そして日米関係や日台関係に政治的揺さぶりをかけようとした。

　日本と中国との間の最初の民間貿易協定は、1952年6月1日に締結された[2]。1952年4月上旬のモスクワ国際経済会議に出席した野党系議員3名（高良とみ、帆足計、宮腰喜助）が、中国からの招待により北京入りし協議されたものである。第1次となる日中民間貿易協定には上の3名が、それぞれモスクワ国際経済会議日本代表、日中貿易促進会代表、日中貿易促進議員連盟理事長として署名した。貿易形式は、バーター方式、すなわち物々交換であった。

　1953年9月末に日本自由党の池田正之輔を代表とする日中貿易促進議員連盟が訪中すると、中国側は新たな民間貿易協定の締結を提案し、10月29日に第2次民間貿易協定がまとまり池田が署名した。1次協定と同様バーター取引であったが、付属覚書で日中両国に貿易代表機関を設立する旨がうたわれた。1955年1月に、大阪商船会長の村田省蔵が前年設立されたばかりの日本国際貿易促進協会（国貿促）の会長として訪中すると、中国国際貿易促進委員会との間で、第3次民間貿易協定の締結交渉を東京でおこなうこと、日中物産展を開催すること、相互に貿易代表部を設置するよう努力することなどについて合意した。

　こうして民間貿易ルートによる一連の合意は、日本政府の対応を促した。吉田茂首相の退陣を受けて1954年12月に誕生した鳩山一郎内閣の対応は前向きであった。1955年3月末に中国国際貿易促進委員会の代表団の入国を認めると、5月4日に、同委員会と日本国際貿易促進協会・日中貿易促進議員連盟との間で第3次日中民間貿易協定が調印された。

　そこにはいくつかの新しい合意事項があった。日本銀行と中国人民銀行の間に支払い協定を締結する旨がうたわれ、協定締結までは英ポンドによる現金決済とされた。また、相手国の首都に常駐の通商代表部を設置し、代表部と駐在員には「外交官待遇としての権利」が与えられるよう双方が努力することがうたわれた。中央銀行間の支払い協定締結や「外交官待遇としての権利」付与などに対する政治的なハードルは高かった。しかし鳩山首相は、協定調印に先立

つ４月末の池田正之輔との会談で、日中民間貿易協定に対して「支持と協力を与える」旨を口頭で伝えた。

　当時の日本の世論は、中国に対してけっして敵対的ではなかった。たとえば、1954年10月の総理府（当時）による世論調査によると、「日本と中国とは、今のところ正式につき合いをしていませんが、このままでよいと思いますか、このままではいけないと思いますか」という質問に対して、「このままでよい」が７％、「このままではいけない」が70％、「わからない」が23％であった[3]。第３次協定では両国が相手国において見本市を開催することで合意され、10月と12月に東京と大阪で開かれた中国商品展覧会には合計200万人近くが詰めかけた。

2.2　民間貿易をめぐる政治

　この時期、中国が政治的な対日攻勢を仕掛けてきた背景には、自主外交をとなえる鳩山一郎内閣誕上の機をとらえて、中国が新たな対日方針を打ち出したことがあった。1955年３月１日に中国共産党中央政治局で「対日政策と対日活動に関する方針と計画」が決定され、在韓米軍の撤退や外交関係の正常化を目的に、中日貿易、漁業問題、文化友好往来、両国議員の往来、中国残留日本人と戦犯問題、両国関係の正常化問題、世論工作という七つの領域における活動計画が立てられた[4]。

　1956年12月に鳩山が日ソ国交回復を花道に退陣し、日中積極論者である石橋湛山が首相に就任した。しかし石橋は健康問題によりわずか２ヵ月で辞任し、1957年２月に岸信介内閣が誕生した。対米開戦に踏み切った東条英機内閣の閣僚という前歴をもち、反共イメージの強い岸であったが、憲法改正によって占領体制から脱却し「独立の完成」を果たすことを目指す以上、中国に対して親近感をもつ世論を完全に無視することもできなかった。事実岸は、石橋内閣の「政経分離」を踏襲し日中貿易を推進する姿勢を示した。

　しかしながら岸は、独自の「東南アジア基金構想」を懐に首相として戦後はじめて東南アジアを訪問し、その帰途６月２日に台湾にも立ち寄った。そこで岸が蔣介石との会談で「大陸の自由回復」を支持したことは、中国を強く刺激した。

1958年3月5日に締結された第4次日中民間貿易協定は、日本政府に対する圧力をより一層高めた。同協定は、通商代表部およびその所属員の安全の保障、旅行の自由、国旗掲揚の権利などを具体的に要求した。そして、協定に調印した日本国際貿易促進協会、日中貿易促進議員連盟、日中輸出入組合、および中国国際貿易促進委員会が、両国政府に対して、日中貿易の政府間交渉と貿易協定の締結を働きかけることもうたわれた。

　それに対して岸内閣は、4月9日付で、「わが国国内諸法令の範囲内で、かつ政府を承認していないことにもとづき、……支持と協力を与える」との書簡を日本側三団体に対して送付した。その同日、愛知揆一官房長官が、通商代表部の設置は事実上の中国承認を意味するものではなく、「中共のいわゆる国旗を民間通商代表部に掲げることを権利として認めることはできない」とする声明を発表した。日中貿易関係の流れを阻害することはしないが、台湾やアメリカとの関係への配慮から政治外交的に中国政府を承認するものではない旨を明らかにし、岸内閣の「政経分離」方針を示したものであった。

　まさにその頃、中国は毛沢東指導下で「大躍進」政策に踏み出そうとしており、内政も急進化しはじめていた。1958年5月2日に、長崎市のデパートで開催中の中国展覧会会場で日本の青年が中国国旗を引きずり下ろした事件（長崎国旗事件）が起きると、中国は貿易をはじめとする日中間の交流をほぼ全面的に断絶した。

　中国は、同年8月に訪中した社会党の佐多忠隆参議院議員に対して、日本政府による日中関係改善の条件として、①直ちに中国を敵視する言動と行動を停止し、再び繰り返さないこと、②「二つの中国」をつくる陰謀を停止すること、③日中両国の正常関係の回復を妨げないこと、を提示した。中国はそれを「政治三原則」と呼んだ。

3.　池田政権から佐藤政権へ——1960-69年

3.1　友好貿易とLT貿易をめぐる政治と外交

　その後中国では、「大躍進」政策の失敗が明らかとなり、毛沢東は1959年4

月に国家主席の座を劉少奇に譲った。同年6月、ソ連が中国の原爆製造支援を約束した国防新技術協定を破棄し、秋にソ連のニキータ・フルシチョフ第一書記が北京を訪問するものの共同声明は発表されず、中ソ対立が明白になった。そんなさなかの1960年7月に、日本国内を騒然とさせた日米安保条約の改定を花道に岸が退陣し、池田勇人内閣が誕生した。

するとさっそくその翌月、日中貿易促進会の役員と面会した周恩来が、日中間の貿易形態には政府間協定、民間契約、個別的配慮の三つがあるとする「貿易三原則」を提示し、個別的配慮に基づく「友好的」な貿易取引を働きかけた。こうして1960年に始まったのが、友好貿易と呼ばれる日中貿易である。それは、中国から友好商社として認定を受けた会社が、毎年春と秋に開催される広州交易会に参加するという形態をとった。友好商社に認定されるためには、中国政府が主張する政治三原則、貿易三原則および政経不可分の原則を支持することが求められた。

池田は、日中貿易の進展を一般的には歓迎したものの、中国の影響を強く受ける友好貿易には違和感を抱き、より総合的で政治色の薄い貿易形態を望んだ。そこで、池田の求めに応じて、1950年代から日中貿易に取り組んできた岡崎嘉平太全日空社長が、メーカーやメーカー団体が直接参加する長期総合バーター協定という構想を作成した。それは、池田内閣の大臣間調整を経て、自民党政治家の松村謙三や高碕達之助によって中国側との交渉に付された。満洲重工業総裁の経歴をもつ高碕は、鳩山一郎内閣の経済審議庁長官として1955年4月のバンドン会議で会談した周恩来と面識があった。

1962年9月の松村訪中による地ならしを経て、1962年10月下旬に高碕が率いる経済代表団が訪中した。そして、11月9日に周恩来のもとで対日政策を統括する廖承志との間で、1963年から1967年までを第1次5ヵ年とする「日中総合貿易に関する覚書」に調印した。この日中間の総合貿易は、覚書に調印した両者の英字頭文字をとって、LT貿易と呼ばれた。

こうして締結された「日中総合貿易に関する覚書」には、日本政府が許容する条件を越える合意が含まれていた。事前に日本政府は、プラントは取決めに含めないとし、保障は中国銀行によるという条件で日本政府が関与しない形での限定的な延払い方式を容認していた。しかし覚書では、日本からの輸出品目

にプラントが加えられ、非公開とされた初年度取決め事項で、プラント輸出に対する支払いを延払いとし、日本輸出入銀行（輸銀）による融資を求めていた。すると、1963年7月に、輸銀融資を条件とする倉敷レーヨンのビニロン・プラント輸出契約が正式に調印された。当初は慎重姿勢を示した日本政府は、池田自身の前向きな姿勢もあり、結局8月20日にその契約を容認した。

　日本政府の関与に台湾がすぐさま反発した。8月24日に駐日大使の張厲生が蔣介石の親電を携えて大磯の吉田邸を訪ね池田に間接的な圧力をかけ、9月21日に駐日大使を召還した。そうしたさなか、10月7日、中国油圧式機械代表団の通訳として訪日中の周鴻慶が亡命を求めてソ連大使館に駆け込むという不測の事態が生じ、さらに状況を複雑にした。ソ連大使館が周鴻慶を日本側に引き渡すと、周鴻慶の亡命希望先が台湾、日本、中国へと二転三転した。結局日本政府が1964年1月に周鴻慶を中国に送還すると、台湾は、代理大使、参事官2名、一等書記官の計4名の大使館員を本国に召還し、日本からの全輸入の4割を占めていた政府による買い付けを停止するという措置に出た。

　こうして日本と台湾の関係が危機に直面するなか、1964年2月下旬に吉田茂が台湾を訪れ、蔣介石との3回の会談に臨んだ。そこから二つの吉田書簡が生まれた[5]。蔣介石の決済を得た「中共対策要綱案」への同意を確認する4月4日付の第1次「吉田書簡」と、5月7日付の第2次「吉田書簡」である。後者は、対中プラント輸出の金融を民間ベースにすることについて台湾の意向に沿って研究を進める、本年度中はニチボーのビニロン・プラントの対中輸出を認める考えはない、という2点を約束していた。

　5月9日に池田内閣の黒金泰美官房長官が、第2次「吉田書簡」の内容そのものを政府の方針として発表した。それを受けて、大平正芳外相が7月3日から5日にかけて現職外相として戦後初の訪台を果たすと、台湾は対日買い付けの停止を解除し、外交関係も正常化した。

　その後池田は、7月10日の自民党総裁選挙で再選を果たすものの、その後病状が悪化し11月に政権を佐藤栄作の手に渡した。すると、佐藤内閣が発足した直後の1964年11月16日、輸銀の融資を条件とする日立造船による貨物船対中輸出の契約が締結された。結局佐藤は、輸銀不使用の決断を下した。そして1965年に入って、ニチボーのプラントおよび日立造船の契約はともに失効

した。「日中総合貿易に関する覚書」も1967年11月に期限が切れ、中国が文化大革命の混乱に入るなか、LT貿易は1968年から単年度ごとの「覚書貿易」へと姿を変えた。

3.2 「二つの中国」政策の挫折

日本政府は、鳩山一郎内閣のもと1956年に国連加盟を果たすと、国連中国代表権問題を軸に、事実上の「二つの中国」政策を模索した。国連における台湾の議席を維持したまま中国の国連加盟を実現し、機が熟するのを待って中長期的に中国との国交正常化を実現しようとする構想である。とりわけ、池田がその構想の推進に熱心であった。

国連における台湾の議席を守ることは、アメリカ政府の基本路線であった。アメリカは、朝鮮戦争さなかの1952年以来、国連中国代表権問題の棚上げ案を総会で決議することによって台湾の議席を守ってきた。しかし、徐々に新興の国連加盟国が増え中国の国連加盟への期待が高まりはじめた。そこでアメリカは、1961年秋の国連総会に、中国代表権問題を総会における3分の2以上の賛成を必要とする重要事項に指定する「重要事項指定案」を提出し可決させる方策に変えた。池田内閣は、同決議案の共同提案国となることでアメリカと歩調を合わせた。

しかし、池田内閣の「二つの中国」政策は、国連における台湾の議席維持という目的に加え、その先に中国の国連加盟を実現しようとするものであり、アメリカの政策と完全に一致するものではなかった。具体的には、台湾の権利が及ぶ範囲を実際に支配する地域に限定することで台湾の国際法的地位を確定し、そのことによって台湾の議席を守りつつ中国の国連加盟を実現しようとする構想が描かれていた[6]。

実際に池田内閣は、アメリカのみならずカナダやイギリスとの連携によってその構想を推進しようと試みた。1961年6月に訪米した池田や小坂善太郎外相は、ジョン・F・ケネディ大統領やディーン・ラスク国務長官らとの会談で、アメリカによる台湾の説得が重要であることを訴えた。続いてカナダを訪れた池田は、ジョン・ディーフェンベーカー首相に対して、国連の場におけるイニシアティブをカナダがとるよう要請した。さらに、7月に訪欧した小坂外相は、

イギリスの首脳との会談で、イギリスの国連におけるイニシアティブと台湾に対する説得をアメリカに働きかけるよう要請したのである。

　期待どおりに事態が進まないなか、日本政府は、1964年1月に自立外交を志向するフランスのシャルル・ド・ゴール大統領が中国との国交正常化に踏み切ったことに注目した。当初ド・ゴール大統領は、中国との国交正常化後も台湾との関係を維持する意向を示していたからである。追い風を感じた池田首相は、1月30日の衆議院予算委員会で、中国の国連加盟が実現すれば日本も中国政府を承認したいという外交方針をはじめて公にした。しかし中仏両国は、台湾が駐仏代表部を引き払った場合にフランスも台湾における外交代表と機構を召還する、とした「黙約事項」に合意していた。そして台湾が2月10日に対仏断交に踏み切ると日本政府の期待は裏切られ、ここに1950年代後半から練られてきた「二つの中国」政策は、事実上挫折した[7]。

　1964年11月に首相の座に就く佐藤栄作は、自民党総裁選に臨むにあたって「Sオペレーション」と称するブレーンによる政策の総合的検討を進め、外交政策としては沖縄問題と合わせて対中外交の重要性を強調していた[8]。しかし、1965年以降ベトナム戦争が激化し、1966年から中国が文化大革命の混乱に突入するという国際環境の下で、佐藤が積極的な日中接近に打って出ることはますます困難となっていった。そうしたなか佐藤は、東南アジア・オセアニア外遊を企図し、皮切りに1967年9月7〜9日に台湾を訪問した。言うまでもなく、中国は激しい佐藤批判キャンペーンを展開した。

4. 「72年体制」の出現——1969-78年

4.1　米中和解と佐藤政権

　1969年2月に誕生したリチャード・ニクソン政権は、アメリカ外交の立て直しのために、中国とソ連との間に勢力均衡外交が機能する「平和の構造」を構築し、その新たな国際政治構造の下でベトナム戦争を終結させることを目指した。具体的には、まずは中ソ対立の激化を利用して中国との和解を進め、米中和解をソ連との関係改善のテコとし、米ソ・デタントを進めた。そして、中

ソ両国との関係改善の力学を使ってベトナム戦争の終結を構想したのである[9]。

そうした国際政治の構造変動の第一歩となりかつ「平和の構造」の要諦とされたのが、米中和解であった。そして、ニクソン外交が引き起こした米中和解に突き動かされて、1972年に日中国交正常化が実現する。そこに誕生した日中関係の「72年体制」は、1969年から72年にかけて推移した国際政治の構造変動と連動して成立したものとみることができる。

ニクソン外交の前提には、それまでの封じ込め政策が限界を迎えているという判断があった。1960年代の終わりに向けてベトナム戦争は泥沼化し、ベトナム反戦の世論も高まり、アメリカ経済は疲弊していた。そこでニクソンが注目したのが、1969年の春から夏にかけて中ソ両軍が国境地帯で軍事衝突を繰り返したことであった。ニクソンは、同年8月に、「中国を孤立させる仕組みには加わらない」というメッセージを秘密裏に中国に伝え、米中和解へ向けての第一歩を踏み出した。ソ連を主要な敵とする中国の立場は、中ソ対立を利用して自国に有利なスイング・ポジションを確保しようとするアメリカの思惑とは必ずしも同一ではなかった。しかし中国は、米中和解とベトナムからの撤退を関連づけるアメリカの意図を理解し、アメリカの働きかけに応えた。

水面下でのやり取りを経て、1971年7月9日から11日にかけて、東南アジア歴訪中であったヘンリー・キッシンジャー大統領補佐官が、パキスタン政府の仲介で秘密裏に北京を訪問した。キッシンジャーは周恩来との間で、1972年5月以前にニクソンが訪中することについて合意した。その事実は、1971年7月15日のニクソンによるテレビ演説で明らかにされ、「ニクソン・ショック」として世界を震撼させた。

ニクソンは、当初の見込みより早く1972年2月21日から28日まで訪中し、27日に上海コミュニケが発表された。同コミュニケは、「両国の関係正常化を進めるための具体的協議」を進めることをうたい、台湾問題に関して「米国は、台湾海峡の両側のすべての中国人が、中国はただ一つであり、台湾は中国の一部分であると主張していることを認識している」と述べたうえで、アメリカ政府の「台湾からすべての米国軍隊と軍事施設を撤退ないし撤去するという最終目標」を確認した。

日本がニクソン・ショックに見舞われたとき、ウィリアム・ロジャーズ国務

長官から牛場信彦駐米大使に電話連絡があったのはその直前であり、佐藤首相や日本政府が受けたショックは大きかった。日本の政治や社会には、アメリカに対する不信感が一気に高まった。

　佐藤内閣下での対中接近の動きとしては、自民党幹事長の保利茂が、1971年11月に訪中した東京都知事の美濃部亮吉に託した周恩来宛ての書簡、いわゆる保利書簡があった。それは、「中華人民共和国は中国を代表する政府であり、台湾は中国国民の領土である」と述べていた。周恩来はその内容を公表し、佐藤内閣を相手にするつもりのない旨を明言した。

　佐藤内閣は、1972年3月6日に、「台湾の帰属については発言する立場に」ないが「「台湾が中華人民共和国の領土である」との中華人民共和国政府の主張は、……十分理解しうる」とする政府「統一見解」を表明した。しかし、そもそも中国側に佐藤内閣と正常化交渉を進める意図はなかった。

4.2　日中国交正常化と日台断交

　1972年7月7日に田中角栄内閣が成立すると、中国政府は即座に歓迎の意を表明した。日本政府は、それまでの中国政府の「一つの中国」に関する原則的立場や日米安全保障関係への敵対的姿勢から、国交正常化の着地点について確信をもてないでいた。そこで重要な役割を果たしたのは、公明党委員長竹入義勝による訪中であった。

　竹入は7月27日から3日連続で周恩来と会談し、中国側の日中共同声明案8項目および台湾に関する「黙約事項」の提案を含む会談録を、自らの手書きのメモの形でもち帰り、田中首相と大平外相に伝えた。いわゆる「竹入メモ」は、それまで日本側が抱いていた懸念をかなりの程度解消した。竹入に対して周恩来は、日米安全保障条約には触れないことを明言した。さらに、毛沢東の意向として賠償請求を放棄する方針も示されていた。しかし、台湾問題に関しては、周恩来は「台湾は、中華人民共和国の領土であって、台湾を解放することは、中国の内政問題である」とする項目を含む「黙約事項」を提案していた[10]。

　田中は、台湾問題の展望は見出せないままに、北京で詰めの交渉に臨む決断を固め、9月25日に訪中した。交渉は何度か暗礁に乗り上げるが、9月29日

に田中と大平および周恩来と姫鵬飛の4名が「日本国政府と中華人民共和国政府の共同声明」に署名し、国交正常化が達成された。

交渉を難航させたのは、日華平和条約の位置づけと台湾の帰属問題であった。戦争状態の終了に関しては、日華平和条約ですでに「中国」との戦争状態は終了しているというのが日本政府の法的立場であった。当然ながら、日華平和条約の正当性を認めない中国は、それに反発した。対立はギリギリまで解消しなかったが、結局妥協が図られ、調印された日中共同声明は、前文で「戦争状態の終結と日中国交の正常化という両国国民の願望の実現」に言及し、第1項で「日本国と中華人民共和国との間のこれまでの不正常な状態は、この共同声明が発出される日に終了する」と宣言した。

台湾の帰属問題に関しては、共同声明本文は、「中華人民共和国政府は、台湾が中華人民共和国の領土の不可分の一部であることを重ねて表明する。日本国政府は、この中華人民共和国の立場を十分理解し、尊重し、ポツダム宣言第8項にもとづく立場を堅持する」と述べた。ポツダム宣言第8項は、カイロ宣言が履行されるべきことを規定しており、カイロ宣言は、満洲や台湾など日本が「清国」から奪ったすべての領土を「中華民国」に返還することをうたっていた。日本政府は、こうした間接話法によって台湾の帰属問題に関して明確な立場表明を避けた。

以上を受けて、日華平和条約に関しては、大平正芳外相が共同声明発表後の記者会見において、「日中関係正常化の結果として、日華平和条約は、存続の意義を失い、終了したものと認められる、というのが日本政府の見解」であると表明した。その結果、当初からの不法性を主張する中国に対して、日華平和条約は締結以来日中国交正常化まで合法的であったとする日本政府の立場は貫かれた。

台湾は、日中共同声明が発表された9月29日の深夜、外交部長が一方的に日本との国交断絶を宣言したものの、同時に「すべての日本の反共民主人士に対して、わが政府は依然として友誼を保持しつづける」と宣言した。実は台湾は、田中内閣が成立するや、日中国交正常化は必至と判断し、実務関係の継続方法や日本国民への働きかけ等の方策の検討を始めていた。したがって、田中内閣が日中国交正常化に向けて動き出してから日台断交に至る間の「別れの外

交」は、予定の展開をどう演じ切るかという問題でもあった。

　日本政府の特使としてその任にあたったのは、1965年に佐藤内閣の外相として日韓国交正常化に取り組んだ椎名悦三郎であった。椎名は、田中訪中に先立つ1972年9月17日に、外交文書というよりは礼を尽くしたきわめて東洋的な文面の田中首相による蔣介石への親書を持参し訪台した。こうした儀礼を重んじる「別れの外交」を経て、日中国交正常化後早くも1972年12月1日には、台北に日本の交流協会、東京に台湾の亜東関係協会が設立され、国交断絶後も日台間の実務関係を継続する仕組みが整えられた[11]。

4.3 「72年体制」の特徴

　こうしてスタートした「72年体制」のもと、日中関係は国際政治の動きと連動するものとなった。日中国交正常化の過程で中国は、それまで激しく敵視してきた日米安全保障関係を、「日本にとって非常に大事であり堅持するのが当然」（周恩来）であると公言するようになった。それは、米中和解によって日米安全保障体制と日中国交正常化が両立したことを象徴的に示していた。

　しかし、中国にとって米中和解は、ソ連を第一の敵とする戦略的戦線の組みかえであった。日中共同声明をめぐる交渉で中国が日本に柔軟な姿勢を示した背景には、中国の戦略的考慮があった。それに対して、日本の政府や社会は独自の論理で日中国交正常化を歓迎した。自民党政府にとっては、それまでの国内政治を二分させてきた外交問題にけりがついたことが重要であった。また、日本外交の観点からは、対米関係と対中関係がついに両立したことが大きかった[12]。

　そこで日本は、ソ連との対立からは距離をおく外交を志向した。日中国交正常化を仕上げた田中は、中ソ等距離外交を展開し、田中退陣後の三木武夫内閣を継いだ福田赳夫首相は、それを全方位外交と呼んだ。しかしながらソ連は、中国の対ソ戦略を意識しつつ日本を牽制しようとした。日中共同声明が発表されると、さっそく翌月、田中に対してブレジネフソ連共産党書記長からの親書が届いた。

　田中は1973年10月に、欧州歴訪の帰路モスクワを訪れた。そして、10月10日に「未解決の諸問題を解決して平和条約を締結することが、両国の真の友好

関係の確立に寄与する」ことをうたった共同声明が調印された。当時の情勢からみれば、「未解決の諸問題」とは、もっぱら北方領土問題を指していたことは明らかであった。

しかしその後、日中平和友好条約をめぐる交渉が、ソ連への対抗の論理が明白な「反覇権」条項で難航していることが明らかになると、ソ連の対日姿勢にも変化が生まれた。1977年になって、ソ連が北方領土に軍事基地を建設していることが確認された。そしてソ連は、北方領土問題は解決済みという1960年の日米安全保障条約改定後の主張に戻るのである。

日本は中国の対ソ戦略に加担することを嫌い、一貫して「反覇権」条項に難色を示した。結局、1978年8月12日に日中両国外相によって調印された日中平和友好条約は、第2条が「両締約国は、そのいずれも、アジア・太平洋地域においても又は他のいずれの地域においても覇権を求めるべきではなく、また、このような覇権を確立しようとする他のいかなる国又は国の集団による試みにも反対することを表明する」と述べ、第4条で「この条約は、第三国との関係に関する各締約国の立場に影響を与えるものではない」とうたった。こうして、中国が第2条で「実」を取り、日本が第4条で「名」を取る形となった。

以上のとおり日中関係の「72年体制」には、それぞれ異なった自国の外交戦略上の要請から相手を見るという、「同床異夢」の土壌が存在した。二国間関係の次元では、台湾問題、尖閣諸島問題、歴史問題という紛争要因を抱えていた。ただ両国政府には、紛争の火種を二国間関係が決定的に損なわれないよう水面下に留めておくことに関して、暗黙ながら事実上の合意が存在した。

国交正常化後、日中間には一連の実務協定、日中貿易協定（1974年1月5日）、日中航空協定（1974年4月20日）、日中海運協定（1974年11月13日）、日中漁業協定（1975年8月15日）が締結された。そのなかで、台湾問題と関連して最も政治争点化したのは日中航空協定であった。日本政府は、「台湾の航空機にある旗の標識をいわゆる国旗を示すものと認めていないし、「中華航空公司（台湾）」を国家を代表する航空会社としては認めていない」とする大平外相の談話を発表することで、日中航空協定を成立させた。台湾は即座に日台航空路線の断絶に踏み切ったが、1975年7月に「日台民間航空業務維持に関する取決め」が交わされ、羽田空港を利用する形での日台航空路線の復活が合意され

た[13]。

　本来尖閣諸島の水域問題が絡む日中漁業協定も、日中間の大きな争点に発展してもおかしくなかった。しかしながら、日中両国は尖閣諸島を協定水域から除外した。それは、日中国交正常化にあたり尖閣諸島の領有権問題には触れないとする中国の立場と、尖閣諸島問題を争点化しないとする日本の方針が一致したものであった。その後、日中平和友好条約をめぐる交渉中の1978年4月、尖閣諸島沖に200隻にのぼる漁船団が出現し数十隻が領海侵犯を繰り返すという事件が起きたが、真相は不明のまま、偶発的なものだという中国の説明で事態は収束した。

5.　関係拡大と歴史問題の浮上——1978 - 92年

5.1　中国現代化支援と日米同盟の両立

　1978年に締結された日中平和友好条約をめぐる交渉と並行して、米中間で国交正常化交渉が進展した。同時に日米安全保障関係の「同盟化」[14]も進み、米中関係の安定を背景に日米関係の強化と日中関係の発展が両立するという「72年体制」の論理は、1980年代に入ってより明確になっていった。

　1978年12月に合意が成立した米中国交正常化（1979年1月）は、1970年代初期の米中和解とは異なり、ソ連を共通の敵とする論理で実現した。すると、米中国交正常化を契機に国際社会からの疎外感を深めたソ連は、1979年12月にアフガニスタンへ軍事侵攻した。それに対して、アメリカを中心とする西側諸国は、翌年のモスクワ・オリンピックのボイコットなど対ソ制裁を強化し、国際政治は新冷戦と呼ばれる米ソ対立の時代に逆戻りした。

　こうした国際政治情勢の転換のさなか、1978年10月16日の衆議院本会議および18日の参議院本会議は、ともに圧倒的多数で日中平和友好条約を批准した。そして、10月22日に鄧小平副総理が来日した。福田首相や昭和天皇との会談を滞りなくおこなった鄧小平は、新幹線の技術をもちあげるなど、中国の経済建設路線に日本の協力を取りつけるために対日外交を巧みに演出した。

　その直後の1978年12月に大平正芳内閣が誕生した。大平は、1979年5月の

訪米時に日本の首相としてはじめてアメリカを「同盟国」と呼んだ。1979年
12月末にソ連がアフガニスタンに軍事侵攻すると、「たとえわが国にとって犠
牲をともなうものであっても」日米協調の立場を堅持する方針を強調し、ソ連
への対抗措置として、1980年夏のモスクワ・オリンピックをボイコットする
というアメリカの方針にも同調した。

　その頃、鄧小平訪日後に中国が日本と精力的に締結したプラント契約に関し
て、中国の資金不足が表面化していた。中国は、1979年2月以降、一連のプ
ラント契約の実施保留や破棄を申し出た。そこで日本の政府や経済界は、中国
側に日本からの政府借款を活用するよう働きかけ、中国政府は、1979年9月
に日本からの政府借款を正式に要請した。こうして、中国の改革開放路線に対
して、日本が政府開発援助（ODA）と直接投資を車の両輪として本格的に関与
するようになった[15]。

　大平は、1979年12月に中国を訪問し、港湾2件、鉄道3件、水力発電1件、
計六つの建設プロジェクトに対して1979年度500億円の政府資金供与を約束し、
ここに日本の対中ODAがスタートした。その際大平は、軍事協力はおこなわ
ない、東南アジア諸国への援助は犠牲にしない、欧米諸国の排除や中国市場の
独占はしない、という「大平三原則」を表明した。こうして大平は、日米関係
の強化により米中の戦略的提携の論理に歩調を合わせながら、同時に中国の改
革開放路線を支援する外交に踏み出した。

　1980年6月に大平が急死すると、鈴木善幸内閣を挟んで、1982年11月に中
曽根康弘内閣が誕生した。中曽根も、日米同盟を一層強化しながら、日中関係
のさらなる発展に取り組んだ。1983年11月に、胡耀邦総書記が来日し、中国
の指導者としてはじめて国会で演説した。その際中曽根が胡耀邦に対して提案
した「日中友好21世紀委員会」が、翌年スタートした。胡耀邦が提案した
3000名の日本の青年を中国に招待するという壮大な計画は、1984年9月に実
施された。

　1984年3月には中曽根が訪中し、大平が始めた対中ODAを拡充し、七つの
案件に7年間総額4700億円の新規円借款を表明した。趙紫陽総理、胡耀邦総
書記、鄧小平中央軍事委員会主席らとの会談は、趙紫陽が「中曽根内閣の防衛
政策は理解している。……軍国主義政策とは考えていない」と述べるなど、き

わめて友好的に進んだ[16]。中曽根の北京大学での「二十一世紀をめざして」と題する講演は、テレビで生中継された。その後中曽根は、胡耀邦とは家族ぐるみの交流を深めた。

5.2 教科書・靖国問題の発生

以上のとおり、1980年代の日中関係は、基本的には拡大路線を歩んだ。その一方で、歴史教科書問題や日本の指導者による靖国神社参拝問題がはじめて外交問題に発展した。1970年代には、日中両国政府は台湾問題や尖閣諸島問題を非争点化することで処理した。やや逆説的にも、関係が大きく発展した1980年代に歴史問題が外交上の争点として浮上したのである。それでもまだ1980年代には、歴史問題は政府間での処理が可能であった。

そのはしりは、1982年の歴史教科書問題であった[17]。同年6月26日の主要紙および各テレビ局ニュースは、25日までに検定をパスした高校の歴史教科書（前年9月提出の「後期本」）で、中国への「侵略」が「進出」に書き換えられたとするニュースを一斉に報道した。すると、6月の日本での報道からちょうど1ヵ月がたった7月26日、中国政府が北京の日本大使館に対して正式に抗議を伝え、日中間の外交問題に発展した。中国の抗議は、①華北「侵略」を「進出」に、②中国に対する「全面的侵略」を「侵攻」に、③1931年の「九・一八事件」（柳条湖事件）を「南満洲鉄道爆破事件」に、④1937年の「南京大虐殺事件」を中国軍の抵抗のためと、それぞれ文部省（当時）の指導で「改竄」がおこなわれたとするものであった。

当時の鈴木善幸内閣は、日中関係を安定的に発展させるという基本方針に沿って対応を模索した。1982年8月26日付で「「歴史教科書」についての官房長官談話」を発表し、「わが国としては、アジアの近隣諸国との友好、親善を進めるうえでこれらの批判に十分に耳を傾け、政府の責任において是正する」と表明した。中国は、官房長官談話を受けて9月に事態を収束させた。問題発生から2ヵ月後の1982年9月26日から10月1日にかけて、日中国交正常化10周年を祝う鈴木首相の訪中が滞りなく実施された。

当時中国では、改革開放路線と表裏一体の戦略として、アヘン戦争以来の「屈辱の百年」の歴史が強調されはじめていた[18]。突如教科書問題が提起され

た1982年には、鄧小平の指示のもと、中国共産党中央委員会が中国侵略の記念館・記念碑を建立するよう全国に指示を出していた。これを受けて、抗日戦争終結40周年に当たる1985年8月15日に「南京大虐殺紀念館」がオープンした。続いて1987年7月には、柳条湖事件50周年の節目に「中国人民抗日戦争紀念館」が建立された。

　まさにそのさなかに中曽根は、首相として10回目となる1985年8月15日の参拝を、はじめて「公式参拝」として実施した。それまで、ほとんどすべての首相が靖国参拝を繰り返すなかで、日本国内で問題とされたのは「政教分離」を規定する憲法上の懸念であった。そこで中曽根は、官房長官の私的諮問機関として設置された「閣僚の靖国神社参拝問題に関する懇談会」の提言（1985年8月9日付）を受けて、「宗教儀式を一切排除した形でおこなうのであれば、憲法には触れない」という論理で、8月15日の「公式参拝」を実施したのである。

　中国では、9月から10月にかけて、北京、西安、成都などの主要都市で反日デモが発生し、『人民日報』や要人による対日批判が沸き起こった。中曽根は、靖国神社からのA級戦犯の分祀等を試みながら翌年の参拝も模索するが、日中関係への考慮から結局は断念した。

　以上のとおり、教科書問題や靖国神社参拝問題で日本政府が譲歩を重ねたことは、日本の保守派を刺激した。1986年6月に、保守系団体の「日本を守る国民会議」が編纂した高校用日本史教科書が中国と韓国による批判を受けると、再審査がおこなわれたうえで検定に合格した。「72年体制」には、台湾問題、尖閣諸島問題、歴史問題などを両国政府が政治的に処理するなかで、日中両国のナショナリズムが刺激されるという新たな側面が生じはじめた。

5.3　天安門事件から天皇訪中へ

　そうしたなか、1987年11月に中曽根を継いだ竹下登首相は、翌年8月に日中平和友好条約締結から10周年を迎える機をとらえて、日中関係の修復に意欲を示した。竹下は、1988年8月25日から9月1日にかけて中国を訪問し、42事業、8100億円にのぼる第3次円借款の供与を表明した。竹下は、李鵬総理、鄧小平中央軍事委員会主席、趙紫陽総書記らとの会談で、中国現代化支援、アジア諸国との協力等の方針を明言した。さらに、中国の文化遺跡保護への支援

も表明し、自らの「国際協力構想」の柱である国際文化交流を対中外交においても推進した。

　その頃中国では、1986年末に発生した学生を中心とする自由化運動が、さらに高まりをみせていた。警戒心を募らせた中国共産党政権は、1989年4月26日付の『人民日報』で、学生たちの動きを「動乱」と規定した。そうしたなか、5月15日から18日にかけてソ連のミハイル・ゴルバチョフ共産党書記長が歴史的な訪中を果たした。中国の学生たちは、中ソ和解を報道するために北京に押し寄せた世界の報道陣を意識して、ゴルバチョフ帰国後も民主化運動をさらに活発化させた。民主化要求運動が共産党政権による統制が効かないものに発展することを恐れた鄧小平は、戒厳令を敷き、ついに人民解放軍に出動を命じた。こうして、6月4日未明の「天安門事件」が発生した。

　当時リクルート事件で追い詰められていた竹下内閣は、中国国内の騒乱のさなかの6月2日に総辞職し、天安門事件への対応は宇野宗佑内閣の手に委ねられた。欧米諸国が厳しい対中批判を繰り広げるなか、日本政府は、中国を孤立させないとする方針をとった。その後も中国への現代化支援に注力する日本の基本方針は変わらず、その流れのなかで1992年10月に天皇訪中が実現するのである。

　中国は、改革開放路線を確固たる軌道に乗せるべく、1980年代半ばから日本に対して天皇訪中を打診しはじめていた。1989年4月に来日した李鵬総理は、天皇と会見するとともに、日本政府に対して天皇訪中を正式に要請した。その後1989年6月の天安門事件で国際的に孤立した中国にとって、天皇訪中には一層重要な意味が生まれたと言える。1992年4月に来日した江沢民総書記は、天皇との会見において1992年秋の訪中を直接要請した。自民党内や国内世論が二つに割れるなか、宮沢喜一内閣は、8月25日に天皇訪中を閣議決定した。こうして1992年10月23日から28日にかけて、天皇の訪中が実現し、中国政府は歓迎ムードを完璧に演出した。

　その一方で中国は、1991年にアメリカがフィリピンからの撤退を始めると、1992年2月に領海法を制定し、南シナ海のみならず尖閣諸島も自国の領土であると規定した。中国がウクライナから空母を購入する計画が国際的に警戒されはじめたのも同じ頃であった。こうして1992年は、中国の現代化支援を基

調とする日本の対中外交が継続する一方、天安門事件から立ち直りつつあった中国の自己主張も徐々に高まりはじめ、日中関係に異なったベクトルが交差する重要な転換点であった。

おわりに

「はじめに」で、1945年から92年までの日中関係を、1972年を境にして大きく二つに分けたが、もう少し細かい区分に沿って戦後の変遷を振り返ってみよう。

　日本の敗戦にともない、戦後アジアの国際秩序は中国を軸に構想され、そこでの日本は国際政治上のアクターとして客体であった。しかし、ある意味当然ながら、日本には永い歴史的関係を有する中国に対する独自の視点があった。中国が共産化し、朝鮮戦争をきっかけとして台湾を「正統政府」とするアメリカの中国政策が確定するなかでも、当時の首相吉田茂は、中ソの離間は可能であると判断し、日本の選択肢はなるべく柔軟に保っておきたいと考えていた。

　しかし、結局のところ国際政治構造を左右する選択をめぐってアメリカの意向に背くことはできず、日本は占領体制から独立したその日、1952年4月28日に台湾と日華平和条約を結び外交関係を樹立する。こうして戦後日本の対中外交は、アメリカの戦略および米中戦略関係が規定する大枠を越えることはできないという、根本的な制約を抱えることとなった。

　1952年から72年までの日本の対中外交は、米中対立を背景に台湾を正統政府とする政治的な枠を越えないよう留意しながら、独自の政策を模索した。そこには文化交流などもあったが、政治との境目が機微な貿易関係が重要であった。日本政府は、政治と貿易関係を分ける「政経分離」の原則に立った。しかしながら中国側は、「政経不可分」の立場から、政治的枠組みに揺さぶりをかけた。

　また日本政府は、1950年代後半から1960年代半ばにかけて、事実上の「二つの中国」政策を模索した。国連における台湾の議席を維持したまま中国の国連加盟を実現し、機が熟するのを待って中長期的に中国との国交正常化を実現しようとする構想である。「二つの中国」政策の力点は、中国の国連加盟とそ

の後の国交正常化を見すえていたところにあったと言えるが、そのために台湾を犠牲にすることもできないことも日本のコンセンサスであった。しかし「二つの中国」政策は、中国も台湾も「一つの中国」の原則に立つ現実を前にして、実現可能性はゼロに等しかった。

1969年にアメリカにニクソン政権が誕生すると、その3年後に米中和解が実現した。そこに起きた米中両国の戦略転換は、日中国交正常化を引き起こした。戦略的に和解した米中関係は、日本政府が対米関係と対中関係を両立させることを可能としたのである。その後の日中関係は、こうして成立した「72年体制」の下で、両国の外交方針が交差しつつ展開していくこととなる。

それは、両国がそれぞれ異なった自国の外交戦略上の要請から相手を見るという、「同床異夢」の関係であった。とりわけ、対ソ戦略上の考慮から日本を捉える中国と、中ソ対立には加担せず全方位外交を志向する日本の間の相違が際立った。日中平和友好条約交渉の過程では、「反覇権」条項をめぐり日中間の異なった立場が表面化した。

しかし、1978年に日中平和友好条約が締結され、中国が改革開放路線に舵を切りはじめると、日本の対中現代化支援が1980年代の日中関係を支える絆となった。1979年1月にはソ連を共通の敵とする論理で米中国交正常化が成立し、安定した米中関係を背景に日米関係の強化と日中関係の発展が両立するという「72年体制」の論理は、1980年代に入ってより明確になっていった。

しかし同時に、国交正常化以降の日中関係では、台湾問題、尖閣諸島問題、歴史問題という二国間の紛争要因が顕在化した。1970年代には、紛争の火種を二国間関係が決定的に損なわれないよう水面下に留めておくことに関して、両国政府間に暗黙ながら事実上の合意が存在した。しかし1980年代になると、歴史教科書問題や日本の指導者による靖国神社参拝問題がはじめて外交問題に発展した。逆説的にも、関係が大きく発展した1980年代に歴史問題が外交上の争点として浮上したのである。

それは、必ずしも中国の対日外交の観点から生まれたものではなかった。中国が大胆な改革開放路線を歩むなかで、中国社会の多元化や共産党統治の正統性の問題が生じるのはなかば自然であった。そこで中国の指導者は、アヘン戦争以来の歴史を中国社会や国民の新たな求心力の源とすべく、戦略的対応に出

たのである。その意味で、改革開放路線と歴史問題は、鄧小平戦略のコインの表裏として一体化したと言えそうである。それでもまだ1980年代には、中国政府が歴史問題を政治的に処理することが可能で、日本も基本的に低姿勢で臨んだ結果、問題が表面化しても短期間のうちに収束した。

「72年体制」下の日中関係は、協調的な米中戦略関係を大枠としつつ、日本が中国の現代化路線と改革開放路線を支援し、二国間の紛争要因は全般的な関係を損なわないように対処するという了解のもとに成立していたと言えるだろう。このように見ると、最近の日中関係は見事に正反対であることに気づかされる。本稿の考察対象外であるが、その変化は1990年代から徐々に進行し、その過程で、米中関係から自立できず、二国間の紛争要因を管理する術を学ばなかった「72年体制」の脆弱性が露呈したように思える。1992年の天皇訪中が「72年体制」の到達点であった一方で、1992年は、天安門事件の痛手から立ち直りつつあった中国の大国化とその自己主張が明白になる転換点でもあった。

1　中西寛「吉田茂のアジア観──近代日本外交のアポリアの構造」日本国際政治学会編『吉田路線の再検討』（国際政治 151）有斐閣、2008年、27頁。

2　戦後1972年の国交正常化以前の日中貿易に関する詳細は、添谷芳秀『日本外交と中国 1945~1972』慶應通信、1995年。

3　総理府「国民の政治的態度（時事問題）に関する世論」（1954年10月）https://survey.gov-online.go.jp/s29/S29-10-29-02.html（2020年7月12日最終アクセス）。

4　大沢武司「前史 一九四五-七一年」高原明生・服部龍二編『日中関係史 1972-2012』東京大学出版会、2012年、13-14頁。

5　井上正也『日中国交正常化の政治史』名古屋大学出版会、2010年、274-287頁。

6　同上、173-176頁。

7　同上、205-214頁。

8　添谷芳秀『入門講義 戦後日本外交史』慶應義塾大学出版会、2019年、95-97頁。

9　第3章「1970年代の日中関係」国分良成・添谷芳秀・高原明生・川島真『日中関係史』有斐閣、2013年、106-107頁。

10　服部龍二『日中国交正常化──田中角栄、大平正芳、官僚たちの挑戦』中公新書、2011年、61-64頁。

11　清水麗「日華断交と七二年体制の形成──一九七二-七八年」川島真・清水麗・松田康博・楊永明『日台関係史 1945-2008』東京大学出版会、2009年。

12　緒方貞子（添谷芳秀訳）『戦後日中・米中関係』東京大学出版会、1992年、97頁。

13　詳しくは、福田円「日中航空協定交渉 一九七三‐七五年」高原・服部編『日中関係史 1972‐2012』。

14　筆者は、日本の防衛安保政策が、単に自助努力としてではなく、アメリカの戦略への協力として位置づけられるようになったことを「同盟化」と意義づけた。添谷『入門講義 戦後日本外交史』169頁。

15　李彦銘『日中関係と日本経済界 ── 国交正常化から「政冷経熱」まで』勁草書房、2016年、84‐100頁。

16　中曽根康弘（聞き手 中島琢磨他）『中曽根康弘が語る戦後日本外交』新潮社、2012年、357頁。

17　詳しくは、江藤名保子「第一次教科書問題 一九七九‐八二年」高原・服部編『日中関係史 1972‐2012』。

18　第3章「改革開放のジレンマ ── 近代化を支える「愛国主義」」江藤名保子『中国ナショナリズムのなかの日本 ──「愛国主義」の変容と歴史認識問題』勁草書房、2014年。

中国 冷戦期中国の外交戦略と対日政策
——1949‐89年

王緝思 (北京大学)、帰泳濤 (北京大学)

河野正 訳

はじめに

　中国の対日政策は、中華人民共和国成立から冷戦終了までの間に、民間外交から国交正常化の実現、日中平和友好条約の調印から、全面的な経済協力という変化の過程を歩んできた。しかし、変化のなかでも、一貫した強い思考と行動原則が存在している。たとえば、歴史問題に関しては、大部分の日本国民と軍国主義者を分けて扱う二分論や賠償請求の放棄が一貫して存在していた。また、日本の軍国主義の復活が政治・安全保障上警戒されたこともあったが、それでも貿易関係では積極的に日中間の交流と協力が進められてきた。

　ところで、これらの思考や原則は、主に日中の二国間関係の問題で適用されたものである。しかし、結局のところ、日中関係はあくまで中国外交のなかの一部分でしかない。そこで本稿では、中国の対日戦略を外交戦略全体のなかで位置づけ、日本という存在が中国の外交戦略のなかでどのように変化したのかを考える。そうすることで、冷戦時期の日中関係に対する理解を深めたい。

　冷戦時期の中国外交の戦略は、主に三つの目標を追求してきた。それは国家の安全保障、世界革命、そして対外的な経済関係の発展である。この三つの目

標は長期間にわたり併存し、それぞれ入り交じり、相互に影響していた。また
ときに一体となり、ときに相反することもあった。冷戦時期の中国の外交戦略
の変化は、この三つの目標が、中国の外交戦略で果たした作用とその位置づけ
の変化により、以下の四つの段階に分けることができる[1]。

　第1段階は1949年から1958年である。これは中国の外交戦略が初歩的に形
成された時期にあたる。この時期には、「一辺倒」〔ソ連に専ら依存する反米政策〕、
第1次インドシナ戦争[1]、朝鮮戦争、平和五原則をはじめとする重要な政策
決定がなされていくなかで、安全、革命、発展という三つの目標が具体的かつ
明確に示された。この時期の中国は、革命の勝利の成果を強固なものとし、国
家の発展に必要な平和環境を維持するために、国際的な反米統一戦線と平和統
一戦線を組織するという外交戦略をとった。日本に対しては、日本人がこの二
つの戦線で「戦友」になることを期待していた。

　第2段階は、1959年から1968年である。中国の外交政策はこの時期に激化
した。中国の外交は世界革命という戦略のなかで、中ソ関係の悪化と世界規模
の民族解放運動〔を支援するという目的〕のために、向ソ反米の「一辺倒」政
策から反米反ソという「二つの覇権主義に反対する」政策に方向転換した。中
国はこの戦略のなかで、日本を「中間地帯」に属する国家とみなし、日本と中
国がともに反米反ソの道を歩むよう期待した。

　第3段階は1969年から1978年である。これは中国の外交戦略にとって大き
な転換期になった。中国はこの時期、ソ連の軍事的脅威に直面した。そこで上
述の「二つの覇権主義に反対する」という二正面作戦を改め、アメリカと協力
することでソ連に対抗する政策を選んだ。これは「一本の線、大きな面〔一条
線、一大片〕」とも呼ばれる。この方針転換の要因は、国家の安全保障である。
日中関係について言えば、この時期には日中国交正常化や日中平和友好条約の
交渉があったが、中国はここに覇権主義への対抗を明記することを強く望んだ。
つまり中国は日本を国際的な反ソ統一戦線に引き込むことを目的としていたの
である。

　第4段階は1979年から1989年である。これは中国外交が冷戦体制を脱却す
る段階である。中国の内政と外交は、この時期から経済建設を重視するように
なった。中国の指導者たちは、アメリカと協力してソ連に対抗するという政策

をやめ、敵と味方を分ける外交政策も改めるようになった。こうして中国は、独立自主の平和外交路線を歩みはじめた。経済大国である日本の戦略的地位も上昇し、日本は中国にとって世界の多極構造において重要な一角を占めつつある存在とみなされた。

　このように中国の外交戦略の中心は、冷戦中のほとんどの時期を通じて、対ソ対米政策だった。このために中国の対日政策は、対ソ対米政策の下位に置かれた。言い換えれば、中国は日中関係の意義を、常に対米関係・対ソ関係という視点からとらえていたのである。中国の対日政策は1980年代、つまり上述の第4段階になってはじめて、対米対ソ政策から独立し、独自の戦略的価値をもつようになった。

1.　中華人民共和国の「一辺倒」外交戦略──1949‐58年

　毛沢東は人民共和国成立に先駆け、三つの外交方針を提起していた。それは「新規まき直し」[2]、「部屋を綺麗にしてから客を迎える」[3]、「一辺倒」である。このなかで「一辺倒」が、当時の外交戦略でもっとも基本的な位置に置かれていた。「一辺倒」とはソ連と全面的な政治・経済・軍事同盟を結び、社会主義陣営のその他の国々とともに、アメリカを中心とする西側帝国主義陣営に対して闘争をおこなうという方針である。この戦略は人民共和国の最初の10年における外交の基本構造や、東西冷戦における中国の立場と役割を定めたものである。またこの方針は内政・外交の両方でとられている。内政としては、中国はこの方針のもとで、人民共和国初期の国内政治・経済・文化建設の基本方針をソ連に学ぶことになった。毛沢東はこれを「ロシア人の道を歩むことが結論である」[4]と示している。

　次に外交面を見てみよう。外交における「一辺倒」は「二大陣営」論に基づいている。毛沢東は1949年に「人民民主独裁を論ず」とアメリカの対中政策白書について論じた五つの文章を発表した。これらの中心にも「二大陣営」論が存在している。アメリカは1940年代後半から米ソ冷戦が激化するなかで、中国をソ連の「属国」ととらえるようになった。そのためアメリカは中国に対して軍事的抑え込み、経済封鎖、外交的孤立などの政策をとり、中国の周辺に

軍事基地を置き、戦略的同盟を組織した〔中国やソ連を抑え込むことを目指した〕。ヨーロッパでは、北大西洋条約機構（NATO）とワルシャワ条約機構が相次いで成立した。こうして二大陣営が誕生し、それぞれ強さを増していった。

「一辺倒」政策は、中国の外交に強い革命性を与えただけでなく[5]、安全保障と経済利益を考えさせるものにもなった。毛沢東は中ソ友好同盟相互援助条約[2]の意義を説明する際、この条約を結ぶことで国内建設をおこない、外からの侵略に抵抗できると強調した[6]。しかし、当時の中国の指導者たちにとって、外交政策の中心はあくまで中国革命と世界の関係であり、〔外交においては〕革命の追求が主要な地位にありつづけた[7]。中国の研究者、牛軍が指摘する通り、中共の指導者たちの世界観は「革命」という一言に集約されている[8]。

　彼らにとって国家の安全とは、ソ連を盟主とする世界の革命勢力の力がなければ成り立たなかった。そして中国の経済発展も、ソ連を中心とする社会主義体制に参加し、アメリカを中心とする資本主義体制を転覆させることではじめて可能になるものだった。人民共和国成立直後の第１次インドシナ戦争への支援と朝鮮戦争への参戦は、狭い意味では国家の安全保障が目的とされたが、グローバルな視点では、世界の抑圧された民族を解放する運動を支援することが目的だった。

　アメリカは1950年６月の朝鮮戦争勃発後、即座に台湾海峡を軍事封鎖し、台湾の「国民党政府」[3]を保護した。こうして中国の領土は分裂状態に置かれた。毛沢東を中心とする中共中央は中国人民志願軍を朝鮮へ送って参戦し、アメリカ軍を38度線以南へ撤退させることを決定した。その後、朝鮮の戦線は膠着状態となる。そのためフルシチョフなどソ連共産党指導者たちは、1953年のスターリン死後、中朝両国が迅速にアメリカと停戦協定を結ぶよう望んだ。こうして同年７月、朝鮮戦争は正式に停戦状態となった。しかし、それで軍事的緊張がなくなったわけではない。中国人民解放軍は1954年から1958年にかけて、台湾海峡で数度にわたる重大な軍事行動をおこない、台湾の「国民党政府」の「大陸反攻」の計画を頓挫させ、アメリカによる「二つの中国」という構想に打撃を与えた。

　同じ頃、第１次インドシナ戦争の停戦も模索されていた。そのため1954年にジュネーブ会議が開かれたが、ここでは中ソ両国の外交面での連携により、

インドシナの一時的な平和が維持された。このように、人民共和国最初の10年の国際的な安全保障は、朝鮮・台湾海峡・インドシナという3本の戦線での軍事・外交的対抗のうえに成り立っていたのである。

　劉少奇が1956年に中共第8回全国代表大会でおこなった報告では、ソ連や東欧諸国との団結強化が当時の中国の「最高の国際的義務」と「外交政策の基礎」に位置づけられた[9]。中国は朝鮮戦争後、西側諸国による経済封鎖を受け、人民共和国の対外経済関係はソ連・東欧諸国からの貴重な援助に頼るほかなかった。そのため中国はソ連モデルの計画経済体制をつくり上げた。

　しかしスターリンの死後、「破壊できないほど強く、永遠に続く」とまで言われた中ソの友好関係には明らかな亀裂が現れた〔そのきっかけとなったのがスターリン批判である〕。フルシチョフは1956年のソ連共産党第20回大会でスターリンによる反革命分子の粛清の拡大と個人による専横、個人崇拝を批判した。ポーランドとハンガリーでは、これを受けて国内で政治動乱が発生した。西側諸国はこれを利用して扇動した。アメリカのダレス国務長官などは、これが社会主義国家の「和平演変（平和的政権転覆）」であると吹聴している。毛沢東など中国の指導者は、これらの状況を受けて国際・国内の階級闘争に対し不安を抱いた。1957年の反右派闘争は、まさにこの背景のもとに開始されたものである。

　翌1958年には「大躍進」や人民公社運動、中東諸国の反米闘争支援を理由とする金門島砲撃などの軍事行動もおこなわれた。ソ連はこれらを支持せず、そのためソ連が「修正主義」であるという毛沢東の疑いはさらに強まった。こうして中ソは完全な対立に向かい、「一辺倒」戦略も終わりを見せた。中国はこの時期にもまだ、国際共産主義運動と社会主義陣営の両方が「ソ連を中心とする」ことを認めてはいた。しかし毛沢東にとってフルシチョフとは、イデオロギー的に何ら功績がなく、スターリンの名誉を傷つけた人物であり、そのためずっと不満を感じていた。そこで国際共産主義運動の指導権をどの国がもつかが問題になった。

　国際共産主義運動はこの時期にもまだ強い勢いがあった。社会主義国だけでなく、一部の資本主義国家でも共産党が、国内の政治で重要な地位を占めていたほどである。毛沢東は1957年11月、モスクワで開かれた社会主義国共産

党・労働者党会議で、「私は現在、国際情勢が新たな転換点に達していることを感じている。世界には二つの風が吹いている。それは東風と西風である。中国には『東風が西風を圧倒するのではない、西風が東風を圧倒するのだ』という言葉がある。しかし私は、現在の情勢の特徴は東風が西風を圧倒していることだと思う。つまり、社会主義の力が帝国主義の力に対して圧倒的な優勢にあるのだ」と発言した[10]。毛沢東が、ソ連と中国は15年以内に経済的にアメリカとイギリスを追い越すという、実情を完全に無視した目標を掲げたのもこの時期である。この二つを結びつけて考えると、1958年に中国経済が暴走し、その後極左路線をとったのは、毛沢東が国際情勢に対する判断が楽観的過ぎたことも要因の一つだと言える。

　中国の外交戦略は「一辺倒」政策により、世界を三つに分けた。三つとは、ソ連陣営の国々、帝国主義の国々、帝国主義や反革命勢力に支配されている国々である。日本はもともと帝国主義国家と位置づけられていたが、第2次世界大戦以降は植民地を失った。また戦後初期はアメリカの占領下にあり、その後アメリカの同盟国となった。そのため日本は、「帝国主義や反革命勢力に支配されている国々」に位置づけられた。中国は、これらの国々に対して、政府との関係ではなく、国内のプロレタリアートと労働者との関係を重視した。

　その先例は、抗日戦争時期にもみられた。中共は、この時期、毛沢東の指導のもとで大部分の日本人と一部の軍国主義者を「区分」して扱う方針を定めた。しかしながら、日本政府は、第2次世界大戦後のサンフランシスコ体制の成立にともないアメリカ側に立つことを選択し、中国を敵視するようになった。中共は、この状況に対して、新たな「区分」を考え出した。それは日本国民と日本政府を分けて扱うことだった。

　中共にとっての日本国民は、アメリカと国内の反動的政府から圧迫を受けている人々であり、国際的な反米統一戦線における「同盟軍」だった。そのため、日本国民との友好的な関係を発展させるためにもっとも重要なことは、日本国民の反米闘争を支持することだった。中国政府は、人民共和国の成立直後から、日本共産党、社会党、労働組合、大衆団体の代表を多く受け入れ、彼らの反米帝国主義、反反動政府闘争に対する支持を表明した。たとえば、毛沢東は1955年に日本の国会議員訪中団と会見した際、「我々両国には共通する問題が

ある。それは我々を圧迫する国のことである」と発言している[11]。

しかし、このような革命勢力を支援する「一辺倒」政策は、当時の中国のすべての外交戦略に共通していたわけではなかった。「一辺倒」政策は世界革命を主な路線としたが、実際には平和共存路線も存在した。前者の対外戦略は、世界が「戦争と革命」の時代にあると考え、世界革命を積極的に後押しし、戦争を全面的に準備するものであった。後者の対外戦略は、世界で戦争は起きず、世界規模の革命が起きる兆候もないと考え、経済建設に力を集中して革命を対外輸出すべきではないという立場をとった[12]。後者の平和共存路線は、1950年代中頃に発表された平和五原則と国際平和統一戦線に象徴されている。

中共の政策の重心は、朝鮮戦争が膠着状態になった後、国内の経済建設に向けられる。それに対応して外交政策も調整された。周恩来はこの時期、国際情勢に対して新たな判断をおこなった。周恩来はそこで、国際的な主要な矛盾とは「平和と戦争」の問題であるものの、さらなる戦争は先送りにすることができ、そもそも戦争の発生を防ぐこともできるという考えを表明した[13]。周は中国が国内建設に有利な平和的環境をつくりだすことを外交政策の第一の目標とし、1953年末には平和五原則を発表した[14]。中共はこれと同時に、二大陣営論に対する考えも改めた。

毛沢東は人民共和国成立前の時点ですでに「中間地帯」論を提起していた。毛沢東は、米ソ二大陣営の間には広大な中間地帯があり、この中間地帯を奪取しなければならないと考えていた。これは中国とアジア・アフリカ・ラテンアメリカの多くの新たに独立した国々は、帝国主義と植民地主義に対する闘争のなかで共通の目標と共通する利益があるのだから、お互いに支持すべきだとする考えである。

人民共和国成立後、毛沢東は1954年になって改めて「中間地帯」論を発表した。この時期に「中間地帯」論を再度発表した理由は、毛沢東自身がこれをはじめて発表した1946年当時からアメリカの戦略目標が変わっていないと考えていたからであった。毛沢東によれば、アメリカの方針とは、反共を口実にして「中間地帯」を抑え込むことにあった。そのため毛沢東は、1954年時点の中国外交の指導方針について、「中間地帯」の国家との平和的共存と、国際的な平和統一戦線の構築を重んじるべきだと考えていた[15]。これらの新たな考

えと方針は、1956年に開かれた中共第8回全国代表大会で、以下のようにまとめられた。世界情勢は緩和されつつあり、世界の永続的な平和が実現可能である。このような趨勢のなかで、中国の外交方針は、国家の工業化の目標達成に有利な国際環境をつくりだすことにある[16]。

この平和共存という外交路線は、対日関係にも反映された。周恩来は、1954年に日本の国会議員訪中団や学術文化訪中団と会談した際に、以下のように述べた。中国と日本の工業化がなければ平和共存はできず、中国は平和的な国際環境があってこそ自らの国家建設をおこなうことができる。異なる制度、二つの陣営が平和共存することは完全に可能であり、平和五原則はアジア全体のみならず全世界に適用できる[17]。

この背景のもとに、日中の民間外交は大きく進展した。日中両国は、1952年から1958年にかけて4度の民間貿易協定を結び、1955年には民間の漁業協定を結んだ。中国は1954年から1955年にかけて、残留邦人2.9万人を日本へ送り出した。日本側では、鳩山一郎が1954年に首相に就任してから自主外交を進め、1956年にはソ連と国交回復をおこない、中国との関係強化にも言及した。中国側は、この機会を利用して積極的な対応をおこなった。たとえば、有罪になった日本軍兵士と不起訴となった戦争犯罪者1500人余りを日本へ送り返し、ごく一部の罪が重い人々も罰を軽減したり、一部の者は刑期満了前に釈放したりした。しかし、日本政府は冷戦体制下での国内外からの圧力と台湾問題のために、積極的に反応できなかった。

ところで中国が平和共存原則を提起したからと言って、中国の指導者たちが世界の革命に対する支援を軽視するようになったわけではない。むしろ中ソ関係がソ連共産党第20回大会で悪化して以降、中国は各国の民族解放運動に対する支持と援助をますます強めた。また中国がソ連を批判する際にも、ソ連のアジア・アフリカ・ラテンアメリカの民族解放運動と人民革命闘争に対する消極的態度が理由の一つにされた。

総じてみれば、人民共和国最初の10年の外交政策には革命路線と平和路線が共存していた。中国の指導者たちは、革命という視点と国家間の関係という二つの視点から、中国と他国との関係をとらえるようになった。これを対日関係に当てはめれば以下のようになる。すなわち中国は、一方では日本国民との

関係を重視し、彼らの反米闘争を支持すべき世界革命の一部ととらえていたが、他方では「民が官を先導する」方針のもとで国家同士の関係の正常化を図っていた。

　中国の対日政策の方針は、このような背景のもとで、さらに次のようにも総括できる。つまり、日中間の友好は政府間ではなく人民間でまず深め、そうしてアメリカを孤立させて、日本国民を通じて日本政府にも圧力をかける。その後、日本政府の対中政策を変更させ、日中関係の正常化を徐々に進める。この方針は、1955年3月1日に可決された「中共中央の対日政策と対日活動に関する方針と計画」からも確認することができる。

　張香山の回想によれば、この「方針と計画」は、人民共和国最初の、そしてもっとも全面的な、政治局レベルでの討論を経て決議された対日政策に関する正式文書である。この文書では、対日政策の五つの基本原則が述べられている。第1に、米軍の日本からの撤退を主張し、アメリカが日本で軍事基地をつくるのに反対し、日本の再軍備と軍国主義の復活に反対する。第2に、平等互恵の原則に基づき、日中関係を改善し、徐々に外交関係の正常化を目指す。第3に、日中両国の人民で友好関係を樹立し、日本国民の境遇に同情を示す。第4に、日本政府に圧力を加え、アメリカを孤立させ、日本政府の対中政策を改めさせる。第5に、日本国民の反米運動や日本の独立、平和、民主を求める運動に間接的に影響を与える[18]。これら五つの原則は、革命を支持する内容を含みながら、平和共存の内容も含んでおり、この段階の中国の外交戦略の特徴を体現するものとなっている。

2. 「無産階級国際主義」の外交戦略──1959-68年

　中国の内政と外交は、1950年代後半から徐々に極左路線へ進みはじめた。このため、平和共存路線の外交は維持できなくなった。1959年は中国の外交戦略にとって大きな転換点となった。まずソ連政府が1959年6月、中印国境での武力衝突について声明を発表した。これはインドを擁護し、暗に中国を批判していた。そのため中ソ対立が世界に広く知られるものとなった。フルシチョフが訪米した際には「米ソ関係の新時代を開く」と宣言した。他方で彼は人

民共和国成立10周年記念で訪中した際には、中国に対し「武力で資本主義を
かき乱してはならない」と発言した。その際の中ソ首脳会談でも議論が激化し、
フルシチョフが予定を切り上げて帰国する事態となった。

　毛沢東は同年12月、「国際情勢に関する講話のメモ」を起草し、そのなかで
ソ連の「友人」に対し「1959年にはチベット動乱や中印国境紛争があり、9月
には中ソ間で文書を交換した。10月には北京で会談し、友人の誤った議論を
正す機会を得た。（中略）それにもかかわらず、我々の友人は今に至るまで帝
国主義・反動的民族主義とチトー修正主義組織とともに反中の大合唱をしてい
る」と書いた[19]。

　中ソ両国のイデオロギー上の論戦は1960年代にかけて高まっていき、両国
の対外政策の対立も先鋭化した。かつては「盤石」、「兄弟のように親しい」と
まで言われた中ソ同盟は崩壊に向かいはじめた。中ソの論戦は、1960年6月
にルーマニアのブカレストで開かれた社会主義国共産党・労働者党会議で半ば
公然化した。この年、ソ連政府は対中援助を中止し、中国国内にいた専門家を
残らず引き揚げさせた。これは中国の経済建設に対し重大な損失となった。中
国では〔大躍進運動後〕1960年から1962年にかけて3年連続で深刻な経済的困
難が発生したが、ソ連が対中援助を中止したことも、この重要な原因の一つで
ある。

　1962年以降中ソの立場の違いはさらに明確になった。それは米ソの関係緩
和やキューバ危機など、この時期の様々な国際情勢からも見られる。中共は
1963年9月から1964年7月にかけて連続して「国際共産主義運動の総路線に
関する論戦」と題した9本の文章（通称「九評」）を発表し、ソ連共産党の内
政・外交を全面的に攻撃した。こうして中国は無産階級国際主義の旗印を高々
と掲げた。その後、中国が積極的におこなったことは世界各国の共産党の革命
闘争に対する支援、アジア・アフリカ・ラテンアメリカの民族解放運動に対す
る物質的・道義的支援などである。そして中国は「帝国主義に反対し、現代の
修正主義に反対し、各国のすべての反動派に反対する」という役割を自任し、
ソ連が保身のためにアメリカとの緊張を緩和し妥協したとして、猛烈な批判を
おこなった。

　毛沢東は1960年代中頃から、世界情勢が「大きく動揺し、大きく分化し、

大きく構造が変わる」時期に入り、世界戦争と世界革命が発生する可能性があると考えるようになった。上述のように毛沢東は1954年に「中間地帯」論を発表していたが、この時期にも毛沢東は「中間地帯」について繰り返し議論をするようになった。それによると「中間地帯は二つの部分に分けることができる。一つはアジア・アフリカ・ラテンアメリカの経済的に遅れた国々である。もう一つはヨーロッパなどの帝国主義国家と先進資本主義国家である。これら二つの部分はどちらもアメリカによる支配に反対しており、東欧各国ではソ連の支配に対する反対も起きている」と説明している[20]。

　まさにこの「文化大革命」前の数年間に当たる時期に、中国は「二つの中間地帯」の国家と関係を築くことを重視した。そうして米ソ二大陣営の圧力を受けるなかで外交空間を拡大することによって、孤立状態を打破することを目指したのである。中国の指導者たちはそのため数度にわたりアジア・アフリカ諸国を訪問し、中国の外交政策を説明するとともに、これらの国々との相互理解を深めた。このうちもっとも影響力が大きかったのは周恩来（総理）と陳毅（副総理兼外交部長）が中国政府代表団を率い、1963年から1964年初めにかけてアジア・アフリカ諸国14ヵ国を訪問したものである。中国はビルマなど隣国と国境問題を解決し、友好関係を強化した。1964年にはフランスと国交を樹立したが、これは西側先進国と関係を結ぶうえで大きな進展となった。同じ頃、中国は他の西欧諸国とも通商関係を築いている。

　中国の国際共産主義運動における「反修正主義闘争」は、国内の階級闘争とも対応した関係になっている。毛沢東は1965年に党全体に対して「我々の近くで眠っているフルシチョフを警戒せよ」と訓示を述べている。このとき、中国の国内政策における極左傾向が日増しに強まっており、それに対応して外交政策もさらに急進化していった。ソ連を批判する代表的な「檄文」には次のように書かれている。「対外政策は、無産階級国際主義を守り、大国による排外的愛国主義（ショービニズム）と自民族中心主義に反対しなければならない。（中略）また『全世界のプロレタリアートよ団結せよ』と『全世界のプロレタリアートと抑圧されし民族よ団結せよ』というスローガンを現実のものとする。帝国主義と各国の反動的な反共・反人民・反革命政策に強く反対し、全世界の抑圧されし階級と抑圧されし民族の革命闘争を援助しなければならない。（中

略）もし社会主義国家が対外的に自民族中心主義をとり、帝国主義国家とともに世界を分割しようとすれば、それは変質であり、無産階級国際主義に反するものである」[21]。

こうして中国はソ連共産党の帝国主義に対する妥協や、民族解放運動への消極的態度を批判しはじめた。一方でソ連とは逆に、世界中の反帝国主義の革命闘争に対する支援を強めた。他方、この外交方針により、国内建設のために平和的国際環境を準備するというもう一つの外交方針は弱まった[22]。このように当時の中国の外交戦略は、1960年代初頭にいくらか調整されたものの、おおむね急進的な革命路線を進むことになった。

中国はこのような路線のなかで、1965年3月に「社会主義陣営などもはや存在しない」ことを宣言する。それを受けて『人民日報』と雑誌『紅旗』は6月に「フルシチョフの修正主義に反対する闘争を徹底的におこなおう」というタイトルの文章を発表した。この文章は「ソ連の対外政策は米ソ協力が中心にある」と痛烈に批判し、「帝国主義に反対するためには修正主義にも反対しなければならない」というスローガンを提起した[23]。「二つの拳で攻撃する〔アメリカ帝国主義とソ連修正主義の両方を同時に攻撃する〕」と呼ばれる当時の中国の外交方針は、こうしてできあがった。1965年9月に発表された、林彪の署名による「人民の戦争勝利万歳」という文章では、毛沢東の「農村から都市を包囲する」[4]革命理論を紹介した後、「今日の世界革命」は「世界の農村（アジア・アフリカ・ラテンアメリカ諸国）」が「世界の都市（北米と西欧）」を包囲するのだと提起している[24]。

中国は、無産階級国際主義路線を進むなかで多くの犠牲を払い多くの貢献をした。その最大のものは、1960年代のベトナムの対米闘争への支援である。中国はベトナムの対米闘争を支援するために、1965年から1968年にかけて、地対空ミサイル、高射砲、土木、鉄道などの援助部隊を32万人余り送った。これはもっとも多いときには1年で17万人にのぼった。中国はベトナム戦争中を通じて、ベトナムに対して人力・資金・物資などの大規模援助をおこなった。当時中国は経済的に困難な時期だったが、ベトナムへの援助は物資だけに限っても人民元200億元相当にのぼっている[25]。しかし、ベトナムは中国の「反修正主義闘争」を明確に支持せず、ソ連と密接な関係を維持し、ソ連から

も大量の援助を得ていた。

「プロレタリアート文化大革命」が1966年6月に正式に幕を開けた。これは中国の外交に対しても大きな衝撃になった。そもそも当時の中国の指導者たちの国際情勢に対する見方は現実から大きく離れており、世界は「帝国主義が全面的に崩壊し、社会主義が世界的な勝利に向かう時代」にあり、中国は「世界の嵐の中心にいる」と考えていた。このような現実認識のなかで主に問題視されたのはアメリカだった。

つまり中国の指導者たちはソ連と戦争の可能性まで考えていたし、ソ連の危険に言及はするものの、この時点での主要な敵であり、スローガンで言及されるのはやはりアメリカ帝国主義だった[26]。たとえば1966年8月に開かれた中共中央第8期11全会のコミュニケでは「ソ連修正主義の指導者たちは米ソ協力のもとで対外政策を考えており、国際共産主義運動と民族解放運動では、それぞれの仲を裂き、運動を破壊し、転覆させるような活動をしている。これではまるでアメリカ帝国主義のために尽力するようなものではないか。そのためソ連はこの反米統一戦線には加わらないのだ」と記しており、ソ連に言及しながらも、やはり脅威はアメリカに置かれた[27]。

中国の外交部門の指導者や在外公館は「文化大革命」の間に深刻な被害を受けた。「造反派」が上層の支持を受け、1967年1月に全国で「奪権」闘争をおこなう。外交部門はすでに正常な運営ができなくなり、国家の外交という大権は失墜し、外交活動は無政府状態に陥った。1967年8月22日、北京のイギリス公館が大衆に囲まれ放火された。これは「文革」時期の中国外交の混乱の最たるものである。ごく短い間に、中国は30近い国々と外交紛争を発生させ、一部の国とは断交にまで至った。毛沢東と周恩来は外交の混乱による危機を克服するため、1968年から対応策をとりはじめた。2年前後かけて外交の深刻な誤りは修正され、中国は周辺国を含む世界の大部分の国と関係を修復し、改善させた。しかし中ソ関係はその後も悪化が続き、軍事衝突も一触即発の状態となった。

次にこの時期の対日政策に目を移そう。中国の安全な国際環境と国内経済は、中ソ同盟の崩壊のために困難になった。そのため、中国政府は対外政策を調整する必要に迫られた。1960年、日本で経済面を重視する池田勇人内閣が誕生

した。そこで中国は、この機会を利用して、日中関係の改善に着手した。周恩来は同年、日中間の貿易を回復する「貿易三原則」を発表した。1962年、日中両国は、日中間の民間貿易（LT貿易）促進のための覚書を起草し、「日中貿易拡大に関する議定書」に調印した。日中両国は、これに基づき、貿易のための事務所を相互に開設し、駐在記者の相互派遣をおこなった。こうして両国関係は、半官半民の段階に入った。

　しかし、この時期の中国の外交はさらに急進化していった。これは対日政策にも見られる。それは、日本が中国とともに反米反ソの道を歩むという期待である。毛沢東は、1960年の日本国内の安保闘争を高く評価し、日本国民の反米闘争を高々と支持する集会やデモ行進が中国国内で繰り広げられた。毛沢東は同年6月、日本の文学代表団と会談し、日本国民による安保闘争は「基本的にはアメリカ帝国主義と、日本におけるその代理人である岸信介に反対するもの」であり、「アメリカ帝国主義は日中両国人民の共通の敵だ」と述べた[28]。

　毛沢東は、1962年に原水爆禁止日本協議会理事長の安井郁と会談した際に、改めて「中間地帯」論に言及した。そこで毛沢東は、西ドイツや日本などの国々には、アメリカとの連携を強化したい独占資本を支持する勢力と、アメリカを拒否したい勢力が併存しており、このような状況にある国々はどれも「中間地帯になることができる」と述べた[29]。毛沢東は、「中間地帯」の範囲についても言及している。それによると「中間地帯」は前述のように二つあり、一つはアジア、アフリカ、ラテンアメリカで、もう一つはヨーロッパ、日本、カナダなどの国々だった。毛沢東は、1964年、日本共産党中央政治局委員である聴濤克巳と会談した際、日本はアメリカとソ連の双方に対して不満であり、中国と日本の自民党との関係や、中国と自民党内の池田派との関係は、中ソ関係よりも良好である、と発言した[30]。

　世界革命を支援するこの時期の攻めの姿勢は、日中の文化交流活動にもみられた。たとえば、廖承志は、1964年、日本の松山バレエ団の訪中公演を歓迎する談話を発表し、バレエ団がアメリカ帝国主義の軍事基地に反対する作品を準備していることを称賛した。加えて、バレエ団が日本国民と中国人民から熱烈に歓迎されるだろう、と予測している。さらに廖は、バレエ団の訪中によって、日本と中国が共同してアメリカ帝国主義に対する闘争をおこなうための、

友好を強められるだろう、と評価した[31]。廖は、1965年に日本の第2次新劇訪中団を迎えた際にも、5年前の第1次訪中団が上演した日米安保に反対する演目が日中両国人民の友好に寄与した、と表明した。そして廖は、中国人民が日本の新劇界の友人たちをともに戦う戦友として受けとめていると話した[32]。

3.　ソ連への抵抗という国家の安全保障戦略——1969-78年

　ソ連は1964年以降、中ソ国境周辺に大量に軍を派遣するようになり、中ソの国境紛争は激しさを増していった。1969年3月、黒竜江省の中ソ国境地帯に位置するダマンスキー島（珍宝島）で3度にわたり両国の大規模な武力衝突が発生した。ソ連の指導者のうち強硬派たちはこの事件の後、今のうちに強気にいけば中国の「脅威」を永遠に消し去ることができると考えた。そのため彼らは中国の軍事的・政治的要衝に「外科手術のような核攻撃」をおこなうよう主張した。毛沢東はソ連側のこのような動きを知ると、「たかが核戦争じゃないか。原子爆弾は確かに大したものだが、私はそんなもの恐れはしない」と発言した[33]。毛沢東はこのとき、「シェルターを深く掘り、食糧を貯え、覇権を唱えない」という方針も提起した。こうして中国全土は、「戦争に備える」臨戦態勢に急速に入っていった。

　1969年4月、「文化大革命」の高まりのなかで中共第9回全国代表大会が開幕した。林彪の「第9回全国代表大会政治報告」では当時の情勢を「敵が日に日に弱まり、我々は日に日に強まる」ものとしている。このような強気な論調ながらも、本報告では戦争の危機が強調されている。報告では「アメリカ帝国主義とソ連修正社会帝国主義は、どちらも政治・経済的危機にあり、内政・外交ともに危機的状況であり、もはや八方塞がりである。彼らは世界を再分割するなどと妄想しているが、実態としてはくっついたり離れたりしているあり様で、団結が弱い。彼らは反中・反共・反人民、民族解放運動の弾圧や侵略戦争の遂行という意味ではお互いに協力し、グルになって悪事をはたらいている。しかし原料の奪い合い、市場競争、衛星国の奪い合い、戦略的要衝の奪い合いや勢力範囲を広げるという点では、彼らは互いに激しく争っている。結局のところ、彼らはどちらも自らの野心の実現のために、軍備を増強して戦争に備え

ているだけなのだ。（中略）アメリカ帝国主義・ソ連修正主義が大規模な侵略
戦争を始める危険を軽視してはならない。我々はしっかり準備し、彼らとの戦
いに備えなければならない。彼らからの攻撃に備えなければならず、通常兵器
の戦争にも、核戦争にも備えなければならない」としている[34]。

　この報告では依然として「アメリカ帝国主義・ソ連修正主義」が戦争を画策
していると指摘していたが、前節で見た時期とは異なり、当時の中国のスロー
ガンに現れる「敵」は、すでにアメリカからソ連に変わっていた。このような
変化は、〔「プラハの春」で〕1968年8月にソ連がチェコスロバキアに出兵して
から見られるようになり、中国の指導者たちは1969年にはソ連がアメリカよ
りも危険な敵であるという共通認識をもつようになり、対米政策を調整するよ
う決定した[35]。当時の中国はソ連のこの「社会帝国主義」的行動を強く批判し
ていた。

　ところで毛沢東は一方では「戦争に備えよ」と呼びかけながら、他方では国
際戦略の調整もおこなっていた。毛沢東は1969年春、陳毅、葉剣英、徐向前、
聶栄臻の4人の元帥に命じて戦略小組を組織させ、座談会を開いて、国際情勢
と中国の国防戦略について研究して、意見を中央に報告させた。彼ら4人は3
月初旬から10月中旬にかけて25回の討論会を開き、中央に4度の報告をおこ
なった。

　彼らは当時の国際情勢について、米中ソという三大勢力のうち、米ソ間の対
立・闘争が「経常的で鋭く」、「中ソ対立が米中対立よりも大きく、その中ソ対
立よりも米ソ対立の方が大きい」と考えていた。米ソの対立が米中・中ソの対
立よりも大きいということは、米ソ両国の対中政策にも影響しており、中国の
外交が対応できる余地がそこにあった。周恩来は1972年に外交関係を担当す
る幹部と話し合った際、「毛主席が以前から言っているように、我々は帝国主
義と修正主義と反共主義を打倒しなければならない。しかし主な対象を絞らな
ければならない。このなかではソ連の脅威が一番大きい。そのため我々にとっ
て主な敵はソ連である」と発言している[36]。なお中国の指導者たちがこの間に
もソ連に対して関係緩和を働きかけ、軍事衝突を避けようとしていたことは付
言しておきたい。

　アメリカは1970年代初めにはベトナム戦争の泥沼に突入しており、国内で

もウォーターゲート事件が発生した。国際的には石油危機も発生し、まさに内政・外交ともに危機に面していた。ソ連はこの機に乗じて軍事力を強化し、全世界に向けて手を伸ばしていった。

　一方アメリカではニクソンが1969年に大統領に就任した後、軍のスリム化を考え、中国に対して両国関係を改善する意向を示していた。中国側の指導者たちはこの機を敏感に察知し、自分たちも米ソ対立を利用し、両面作戦による負担を緩和するよう考えた。そもそもダマンスキー島事件の後、毛沢東は自らの内心を吐露し、「我々は現在孤立している。誰も我々を相手にしてくれない」と言っていた[37]。毛沢東はそこで、「両面作戦をとるべきではなく、二つの敵のうちどちらかに照準を絞らねばならない」、「二つの超大国の間の対立は利用することができる。これが我々の政策である」と提起した[38]。

　中国の指導者たちは国内外に向けて対外政策の調整というシグナルを送りつづけた。毛沢東は1969年のメーデーの際、天安門の楼閣で外国大使たちと顔を合わせ、中国が世界各国との関係を改善・発展させたいという意向を伝えた[39]。1970年の国慶節では、毛沢東は同じく天安門の楼閣でアメリカ人記者であるエドガー・スノーと面会し、『人民日報』がその写真を大きく掲載した。毛沢東とスノーは1970年12月、長時間にわたり会談をおこない、「もしニクソンが中国に来るなら、彼と会談をしたい。会談がうまくいっても良いし、うまくいかなくても良い。喧嘩になっても良いし、喧嘩にならなくても良い。旅行者として来ても良いし、大統領として来ても良い。どのようになってもそれで良い」と発言した[40]。これに対し、アメリカ政府がただちに毛沢東・スノー会談の意味を理解したという証拠はないものの、この会談のコミュニケは党幹部全体に配布され、幹部と党員は衝撃を受けた。中共中央政治局は1971年5月に会議を開き、米中で秘密会談をおこなうことについて議論され、新たな対米政策を準備した。

　中国の外交関係者たちは1970年から1971年にかけて、ワルシャワでおこなわれた米中の大使級会談、ルーマニアやパキスタンなどの政府関係者による伝達など複数のルートを通じて、アメリカ側と両国関係の改善について秘密裏に交渉をした。その結果1972年2月、ニクソンが歴史的な訪中を実現した。米中両国はニクソン訪中の間に、上海で米中共同コミュニケを発表する。このコ

ミュニケでは、中国側が「国家は独立を維持しなければならず、民族は解放しなければならず、人民には革命が必要である。これは抗うことのできない歴史の流れである」ことを示した[41]。しかしこの他に、行間からは米中両国のソ連の覇権主義を阻止したいという思惑が見られる。本コミュニケではアメリカの台湾政策の転換が見られるが、これも今後の米中関係の基礎固めを目的としたものである。

　毛沢東は1973年2月、訪中したキッシンジャーと会談し、「一本の線」という戦略方針を伝えた。これは「アメリカ、日本、中国、パキスタン、イラン、トルコ、ヨーロッパという1本の緯線でつなげる国々で結びつき、反ソ連の統一戦線を作る」ものである[42]。中国はここから「一本の線、大きな面」という考えによって、反ソ統一戦線をつくり上げていく[43]。

　中国はこれと同時に、1970年代初めにはアメリカの対ベトナム和平交渉にも協力し、ベトナム戦争を終結させた。つまり中国はこのとき、米越双方に対して働きかけをした。しかし米中間にある種の密約があったことや、中国が国内経済の問題のためにベトナムの援助要求を完全には満たせなかったため、ベトナムは中国に不満をもつようになった。そのためベトナムは経済・政治・軍事面でソ連に接近した。ベトナムが1975年の統一後、インドシナ方面へ拡大方針をとったため、中国は対ベトナム援助を縮小する決定をした。そうして中越対立が明らかになる一方で、ソ連ーベトナム同盟が強まった。これは米中関係にも影響を与え、米中が東南アジアでソ連に共同で対抗する必要が生じた。

　こうして米中関係が劇的に変わり、中国を取り巻く国際情勢も大きく変容した。1971年の第26回国連総会では人民共和国の代表権が認められた。そうして中国は、1973年末までにアメリカ以外のほぼすべての資本主義先進国と国交を結んだ。1972年に実現した日中国交正常化は、中国外交にとって大きな進展であり、経済関係の発展にも特別な意味があった。中国はまた、第三世界の国々とも国交を樹立し、加えてソ連や東欧など、すでに国交がある国々とも関係の回復・改善を試みた。

　外交的な進展により、中国の対外貿易も促進された。輸出入の下降傾向は1971年には上昇に転じた。周恩来など経済政策を担当する指導者たちは先進国から化学肥料、化繊、大型機械やプラントの輸入を決定した。国務院は

1973年、43億ドルを費やしてプラント輸入をおこなうことを決定した。これは「四三方案」と呼ばれ、1950年代にソ連から156項目の援助を受けて以来の大規模プロジェクトになった。対外貿易が活発化するなかで、中国の指導者と大衆は、中国の経済レベルが先進国と比べて大きく遅れており、「アジア四小龍（台湾・香港・シンガポール・韓国）」からも大きく遅れていることに気づいた。「中国が世界の人口の三分の二に当たる圧迫・搾取されている人々の解放を助けなければならない」というスローガンに対しても、人々が疑問を抱くようになった。

　しかし長年の方針がすぐに変わるわけではない。これまでの政策と思想の延長下で、中国は自分の経済の困難を考えず、途上国に対する援助も強化しつづけた。中国は1976年、10年以上の時間と9億元という費用を投じてタンザニアーザンビア間の鉄道を開通させた。加えて、中国が国連に復帰して以降、第三世界の国々の多くが中国に援助を要求した。中国の1971年から1978年までの8年間の対外経済援助の支出は、それまでの21年間（1950‐1970年）の支出の総額の159％に当たる。このうちベトナムと、毛沢東が「ヨーロッパの偉大なる社会主義の灯り」と呼んだアルバニアの2ヵ国に対する援助が、総額の半分以上を占めていた。これは中国にとって大きな財政負担になった。そのため周恩来までもが、対外援助は「気前が良すぎる」と批判していた[44]。その結果、中国の第三世界の国々に対する援助は1975年以降は貿易が中心になり、無償援助の比率は減っていった。

　中国の対外政策の主な思想は、この時期にも変わらず「無産階級国際主義」だった。たとえば1970年代中頃以降盛んに宣伝されたのが、毛沢東の三つの世界区分理論である。「三つの世界」とは、毛沢東が1974年2月にザンビアのカウンダ大統領と会談したときに正式に提起したものである。毛沢東はこのとき「私はアメリカ・ソ連が第一世界だと考えている。中間派、つまり日本・ヨーロッパ・カナダが第二世界である。そして我々が第三世界だ」、「第三世界は人口が多く、アジアは日本以外が第三世界である。アフリカはすべて第三世界である。ラテンアメリカも第三世界である」と発言している[45]。1977年に『紅旗』が掲載した「毛主席の三つの世界区分理論はマルクス主義に大きく貢献する」という文章は、この理論を全面的に集中して説明している。

三つの世界区分理論は中国共産党が革命時期につくり上げてきた統一戦線理論の延長線上にあり、1960年代の「二つの中間地帯」思想を発展させたものでもある。この理論の中心的思想は、階級区分という考えによって「敵と味方を分ける」ことである。まず、アメリカとソ連の二つの超大国が第一世界であり、世界平和と発展にとって大きな脅威になる。そしてソ連の方がアメリカより強い拡張主義を抱いており、ソ連は米ソ競争でも攻勢を強めている。そのため中国にとって、ソ連の方がアメリカより深刻な敵である。西欧・日本・カナダ・オーストラリアなどの先進国と東側陣営の東欧の国々は、協力することが可能な第二世界である。そして中国とその他の途上国が革命の中心であり、中国は「永遠に第三世界の側に立ち」、「中国は永遠に第三世界に属している」のである[46]。

　この国際戦略の思想によれば、中国は第三世界を足掛かりに、第二世界と結びつき、第一世界である米ソ両国を攻撃するべきである。しかしソ連の覇権主義を主な敵だと考えれば、アメリカが覇権主義に対抗してともに戦うべき存在となる。〔華国鋒は中国共産党第11回全国代表大会でこのような路線に対し〕「これは現在の国際プロレタリアートの正しい戦略的・戦術的規定であり、国際闘争におけるプロレタリアートによる階級路線である」と示した[47]。しかし一部の中国の研究者は、「三つの世界」という戦略的区分によって、中国が抱いていた第2次世界大戦後の二大陣営という観念が大きく変わり、世界が多極化したと指摘する。そのような多極化した世界のなかで中国にとって、闘争・連合はもはやイデオロギーで決まるものではなく、各国の利益と安全保障に基づいて考えるべきものになった[48]。

　本節で見た10年間は中国の外交にとって重大な転換点となり、大きな進展にもなった。そのためこの10年間の対外関係の発展が、その後40年間の改革開放にとって初歩的ながらも重大な基礎になっている。また、中国の国内政治は1969年から1978年にかけて、内政・外交ともに、上層の権力闘争、人事をめぐる対立、イデオロギー対立、政策をめぐる対立などが絡み合い、きわめて複雑になった。この時期に林彪事件や批林批孔運動、周恩来と毛沢東の相次ぐ死去、四人組の失脚、鄧小平の2度目の復活など、非常に多くの事件が発生したことを考えれば、これは想像に難くないだろう。

この時期の内政・外交の複雑さを表す一例が、周恩来が外交工作のために批判された件である。キッシンジャーが1973年11月から12月にかけて6度目の訪中をした際、米中会談に参加した王海容と唐聞生が、周恩来の発言を毛沢東に密告した。そのため毛沢東が機嫌を損ねてしまった。中央政治局は毛沢東の指示を受け、幾度も会議を開き、周恩来の外交関係の「誤り」を批判した。江青、張春橋などは周恩来が「国権を失わせる投降主義者」だと攻撃した。そのため周恩来は涙を流しながら自己批判をすることになり、心身ともに深刻な打撃を被った[49]。

　もう一つの事例が「蝸牛事件」である。これは1974年、中国のカラーブラウン管視察団がアメリカのコーニングという企業を訪問したときに起こったものである。コーニングは訪問団に、ガラス製のカタツムリを贈った。江青がこれを非難し、これはアメリカが中国を「カタツムリのように歩みが遅い」として侮辱するものだと発言した。この勢いに乗り、江青と王洪文はブラウン管生産ラインの導入は「外国を崇拝し、外国に媚びること」であり、「帝国主義の圧力に屈服するものだ」と批判した[50]。これらは、国内の政治的緊張が、外交政策や対外経済交流にも深刻な影響を与えていた例である。

　とはいえ中国は国家の安全保障のために、アメリカと協力してソ連に対抗するという新たな戦略をとり、米中和解、日中国交正常化、日中平和友好条約の調印、米中国交正常化など重要な外交的転換をおこなった。当時の中国の対日外交からもこの時期の政策の特徴を見ることができる。それは、日米同盟への反対を棚上げし、ソ連の覇権主義に対抗するという姿勢である。周恩来は、1972年の日中国交正常化交渉において、日本側に対し日米安保条約に関する不満を表明したものの、共同声明ではそれに触れる必要はなく、存在を容認できる旨を説明した。さらに周恩来は、日本に対して、思想に国境はないが、革命は輸出すべきでない、とも伝えた。周恩来は、日本の公明党委員長竹入義勝との会談のなかで、覇権主義に反対する条項は米中共同コミュニケにも明記してあるのだから、日中共同声明にも明記すれば、中国、アメリカ、日本の3ヵ国が同意したことになる、という考えを示した[51]。

　しかし日本は、1972年の交渉時点では覇権主義への反対を共同声明に明記することに同意していたが、1975年に日中平和友好条約の交渉が始まると、

米中ソ3ヵ国に対して「等距離外交」の方針をとるようになった。そのためソ連を対象とした覇権主義に反対する条項を条約に入れることに同意しなかった。中国は、当時、抗ソ統一戦線を構築する政策を提起しており、日中間の条約には絶対に覇権主義に反対する条項を盛り込む必要があった。そのため、条約交渉は、一時暗礁に乗り上げた。

ところが、ここでも紆余曲折があった。日本国内の政局に変化が生じ、また西側諸国がソ連の拡張政策に対して警戒心を高め、さらにアメリカ政府が米中関係の正常化を急ぐようになったのである。日本政府も「等距離外交」を放棄し、覇権主義に反対する条項を条約に盛り込むことに同意した[52]。

4. 経済発展を戦略とした段階——1979-89年

1978年12月に開かれた中共第11期3中全会は、改革開放という新時代の幕開けになった。ここでは社会主義現代化建設を加速するという方針が定められ、新たな時代の中国外交はこの方針のもとに進められた。

とはいえ改革開放初期には、中国の外交はまだ毛沢東が1970年代中頃に定めた「無産階級革命外交路線」を踏襲していた。たとえば鄧小平は1979年3月30日、党の理論工作会議で次のように発言している。「毛沢東同志は晩年『三つの世界区分』戦略を定めた。これは中国が第三世界の一部であり、第三世界の国々と団結し、第二世界とともに覇権主義に反対し、アメリカ・日本と正常な外交関係を築くという政策である。なんと賢明なる政策で、なんと先見性があるのだろう。この国際戦略の原則は、世界の人民が団結して覇権主義に反対し、世界の政治のパワーバランスを変更するうえでとても大きな意味がある。また、覇権主義国家であるソ連は中国を国際的に孤立させようと画策しているが、これを打破し、中国の国際環境を改善し、中国の威信を高めるためにも、この戦略は非常に重要である」[53]。ここからも、「アメリカと協力してソ連に対抗する」という思想が中心にあることがわかる。

この頃には中越対立も激化していた。ベトナムは軍事・外交面でソ連と同盟を結び、カンボジアを軍事的に占領した。国内では華人・華僑を迫害し、中国との国境紛争は激しさを増していた。中国は1979年2月から3月にかけてベ

トナムに対し、自衛のための反撃をおこなった。これによるベトナム国境での緊張は1980年代中頃まで続いた。米中両国は、中国がベトナムへ自衛のための反撃をおこなう直前、1979年1月に国交を樹立した。このとき鄧小平はアメリカを訪問して最高級の待遇を受けた。鄧小平はアメリカ滞在中、アメリカ政府関係者にベトナムへ懲罰的措置をとる必要について説明した。アメリカはこのとき、ソ連との戦略競争で劣勢にあったため、中国の対ソ・対ベトナム強硬姿勢に理解を示した。

　しかし、この直後の国際情勢の変化を受けて、中国の指導者たちは対米・対ソ政策など外交戦略全体を考え直すことになった。米中が国交を樹立したばかりのタイミングで、アメリカ議会が「台湾関係法」を可決したのである。これは中国の主権を侵害し、アメリカが台湾に対する「防衛義務」を負うものである。その後、レーガンが1981年に大統領に就任すると、国威発揚を狙ってソ連に対して政治的攻勢を強め、軍事的圧力を強化する。

　一方でブレジネフが1982年に死去すると、ソ連の拡大政策も変化し、縮小しはじめる。その一環として、中国に対する態度にも微妙な変化が見られる。中国の指導者は、「ソ連が攻めてアメリカが守る」という情勢が、「アメリカが攻めてソ連が守る」という方向に変わりつつあることを感じた。つまり、アメリカが中ソ対立を利用し、自らの影響力拡大を図ろうとする態度が明らかとなり、中国に対する尊重も薄れていった。このような情勢のなかで、中国の指導者たちは1982年下半期以降、公の場で「三つの世界区分」理論に触れることはほとんどなくなった。中国はソ連に対抗する「一本の線」という戦略を見直し、アメリカと距離を置きはじめたのである。

　鄧小平は1985年6月、中共中央軍事委員会拡大会議で発言し、ソ連に対抗する「一本の線」戦略を改めなければならないことを示し、中国が国際社会のなかで十分な力があると指摘した。そうして「覇権主義者に反対し、戦争に反対する」のであり、「中国は過去の一時期、ソ連の覇権主義の脅威に対して『一本の線』で対応してきた。これは日本からヨーロッパを越えてアメリカまでを『一本の線』で結ぶものである。現在我々はこの戦略を改める。これは大きな転換である」と発言した[54]。

　歴史的に大きな転換点になったのは、さかのぼって1982年9月の中共第12

回大会である。ここでは新たな時代に中国がとるべき独立自主の平和外交政策が定められた。同年12月の第5期人民代表大会で可決された「中華人民共和国憲法」でも「中国は独立自主の対外政策を堅持する」ことが明文化されている。鄧小平は1984年5月29日、ブラジルのフィゲイレード大統領との会談で、「中国の外交政策は独立自主であり、これは本当の非同盟である。中国はアメリカの外交に関与しないし、ソ連の外交にも関与しない。中国はまた、他国が中国の外交に関与することを許さない」と発言している[55]。

中国はアメリカから距離を置くのと同時に、対ソ政策の見直しも進めた。1980年代初めという時期に対ソ政策を見直したことは二つの面から理解すべきである。一つは、この見直しには北方での軍事的圧力を軽減し、国内建設に集中できるようにするという意味があったことである。もう一つは、これが国内政治の変化に基づいているという点である。

前者については、ソ連の指導者たちが中ソ関係改善を提起した際、中国は「中ソ関係の正常化には、中国の安全を脅かす三大障害を取り除かなければならない。それはソ連がベトナムのカンボジア侵攻を支持していること、中ソ国境とモンゴルに駐留するソ連兵の存在、ソ連のアフガニスタン占領である。とくにベトナムのカンボジア侵攻が、中ソ関係正常化にとって大きな障害である」と提起し、即座に反応を見せたところからも対ソ政策を見直そうとする姿勢が見られる。こうして中ソ関係が徐々に改善したため、1988年までに「三大障害」はほぼなくなり、中ソ間の国境画定も進展した。

後者としては、党の中心的な任務が階級闘争から経済建設に変わり、中国の指導者たちは過去にソ連との間で発生したイデオロギー論争について見直しを始めた。その結果ソ連に対する「社会帝国主義」というレッテルをはがし、ソ連を社会主義国家と認め、中ソ両国の政治制度とイデオロギーには多くの共通点があることを認めるようになった。

1980年、ポーランドで民主化を求める独立自主管理労働組合「連帯」が結成され、ポーランドの政治体制とソ連のポーランド支配に衝撃が走った。中国の指導者たちは当初は〔反覇権主義の文脈から〕「ポーランド人民の反覇権主義闘争」に賛同していたが、後に陳雲などが「十分警戒しなければ、中国でも同様の反政府事件が起きてしまうだろう」という注意喚起をおこない、ポーラン

ドの民主化運動に対し慎重な態度をとるようになった[56]。また1980年代に中国へ西側の政治思想が入り込むと、国内では資産階級の自由化に反対する闘争を強化するようになり、ソ連モデルに対する批判は低下していった。こうして中ソ両国は関係回復を進めた。

　党と国家の任務の重点が経済建設に置かれるようになり、戦争に対する危機感も変化する。鄧小平は1983年3月、中央の指導者たちとの談話で「以前は常に戦争に対する危機感があり、年に1度は言及していた。今から考えると、これは心配のし過ぎだった。私の見たところ、少なくともあと10年は戦争が起きないだろう」と指摘した[57]。それから2年余りして、鄧小平は1985年の中共中央軍事委員会拡大会議で「長期にわたり大規模な世界戦争を起こさないことは可能だ。世界平和を守ることもできるだろう」と明言した[58]。鄧小平が1985年3月、日本商工会議所の訪中団と会談した際には「現在の世界における大きな問題、つまり全世界的な戦略上の問題は二つある。一つは平和の問題であり、もう一つは経済問題あるいは発展の問題と呼ぶべきものである。平和の問題とは東西の問題であり、発展の問題とは南北の問題である。これをまとめれば、東西南北の4文字となる。このうち、南北問題が核心的な問題である」と指摘した[59]。

　1987年の中共第13回大会では、この基礎のうえに「平和と発展という二つの問題に関して、外交方式と対外関係を調整しなければならない」と明言し、「現在の世界の主題は平和と発展である」、「現在の国際情勢は中国の社会主義現代化建設にとって有利である」と提起した。ここでは対外戦略のなかで発展の問題を平和の問題と同様に重要なものとして位置づけた。これは人民共和国の歴史上はじめてのことである。

　中国の指導者たちの現状認識が変わるなかで、ある国際問題の専門家と外交官が重要な役割を果たしていた。これは宦郷（当時中国社会科学院副院長）と李一氓（当時中共中央対外連絡部副部長）である。宦郷は1980年前後、当時の外交政策に対し疑いを抱き、すでに既存の外交政策を調整する時期が来ていると考えた。そこで宦は個人の名義で「アメリカと距離を置き、対ソ関係を見直すことに関する提案」を発表し、そこで「国際情勢は緩和に向かっており、ソ連も必ずしも中国を滅ぼす意思をもっているわけではない。我々はアメリカと適宜

距離を置き、ソ連に対抗する強硬な態度を改めるべきである。そうして中国、アメリカ、ソ連という大きな三角形をつくることが、我々にとって有利だろう」と指摘している。

李一氓による報告では三つの考えが示された。一つは国際情勢がすでに根本的に変化し、戦争は回避可能であり、また今後のかなり長い期間戦争が起きないだろうという点である。二つ目は、「三つの世界区分理論」に対して異論を呈し、これが根拠のないものであり、「理論」とは呼べないものだと指摘した点である。ここでは同時に、アメリカと協力してソ連に対抗するのは、国際共産主義運動のなかで孤立してしまうだけでなく、多くの途上国も中国から離れてしまうとして、この「理論」は今後もち出さないよう提案した。三つ目は、世界中ほとんどの共産党を「修正主義」とするのは、ソ連との関係で敵味方を分けるものであり、「唯我独革（自分1人だけが正しい革命家であるという考え）」ともいえるような極左的行動である。これでは人を傷つけるだけでなく、自分も孤立してしまう、と示した点である。

宦郷と李一氓の報告が中共中央に送られた後も、すべての人の「戦争と平和」にかかわる認識がすぐに変わったわけではない[60]。しかし中央の指導者たちも最終的にはこの問題を重視し、考えるようになった。胡耀邦は1982年、中共第12回大会の報告で「世界平和は維持できる」と提起している。鄧小平は1985年、中共の国際情勢に対する判断と対外政策には「二つの重大な転換」があり、その一つが「戦争の危機が差し迫っているという従来の考えを改めた」ことだと述べた。

中共中央は李一氓「三つの世界区分理論」に関する異議をすぐに受け入れ、今後中共中央が発表する文章と指導者の正式な講話では「三つの世界区分理論」を使用しないよう決定した。しかしこの決定は正式に発表されなかったため、学術界では論争が続いた。とはいえ、李一氓の提案は、アメリカと協力してソ連に対抗する「一本の線」戦略と、ソ連との関係で敵味方を分ける方法が後に改められる際の思想的背景となった[61]。

外交の思想を見直したことで、実体としての外交も状況が改善した。中ソ関係が緩和した後、米中・中ソ関係はどちらも米ソ関係より良いものとなり、中国は「戦略的大三角形」の頂点に位置することになった。そのためその他の外

交についても調整する余裕が生まれた。

そこで中国はインドとの国境画定交渉と高官の相互往来を回復し、その他の周辺諸国とも関係改善をおこなった。カンボジア問題の政治解決にも積極的に参加し、ASEANとも安全保障協力や経済協力を促進した。中国は1983年「平等相互利益、実効、多様な形式、共同発展」という経済協力四原則を提起し、多くの途上国との実務的な経済協力を進めた。深圳などに経済特区がつくられ、中国は対外貿易を拡大し、外資の導入も大きく進展した。国際的な経済組織での活動も活発化し、たとえばWTOの前身にあたるGATTへの中国の加盟交渉もこの時期に始まっている。鄧小平は1982年に「一国二制度」を提起し、香港返還と祖国統一のために大きな貢献をした。

中共は任務の重点を階級闘争から経済建設に置くようになり、これは中国の国内政治の転換の象徴となった。経済建設は、外交政策の調整も必要とした。中国は、こうして経済大国としての日本の役割を重視しはじめた。それは、以下のような考えによる。戦後の日本は、戦前とは異なり、平和的な発展で国家建設に取り組み、経済大国の道を歩んでいる。中国の経済建設も、日本のような平和で安定した国際環境を必要としており、日中両国はともに平和な政策を維持しなければならない。そして中国は、日本がアジア地区の経済発展に積極的に貢献し、南北問題では西側先進国を先導する役割を担うように期待する[62]。

当時、すでに一部の専門家は、「地球村」という視点から日中の経済交流と協力の意義を訴えていた[63]。また、ある専門家は、日中両国の関係を長期的かつマクロな視点から検討すべきであり、そこには経済面でさらに相互依存と相互補完を強化できる潜在力が秘められている、と指摘した[64]。

結局のところ、日中関係は、東西問題（平和の問題）と南北問題（発展の問題）のいずれにおいても、重要な戦略的価値を与えられた。中国がアメリカやソ連を基準にして世界に線を引くという外交戦略を放棄したことで、経済建設のための環境を整えることが優先的な外交課題となった。こうして、中国の対日政策は、過去のように対米対ソ政策のもとに置かれるのではなく、対日政策自体に戦略的な意義を有するようになった。中国が1980年代中頃に「日中友好」を長期的な国策としたのは、まさにこのためだった。それだけでなく、当時、日中間の協力関係を、社会制度が異なる国同士の、あるいは、先進国と途

上国との間の協力関係の模範とする見方もあった[65]。

〔確かに、日中関係をめぐっては、イデオロギーの違いから、日本の世論には不安の声もあったが、〕中国側は、1984年に開かれた日中友好21世紀委員会第1回会議で、日中両国がどうすれば異なる社会制度の国家間でも平和共存できるかを、両国の研究課題にしようと問題提起した[66]。『人民日報』も、日中関係を社会制度が異なる国同士の友好の模範としようという社説を掲載した[67]。

　この時期の日中関係は、指導者の相互訪問や経済協力、文化交流、人員の往来など様々な面で大きく発展した。この時期は日中関係が歴史上もっとも良かった時期と考えられており、「黄金時代」とも呼ばれた。とはいえ、双方の関係は、もちろん良いことばかりではなかった。中国側にとって、日本に対する最大の懸念は、二つの政治問題だった。一つは日本が侵略戦争の歴史を正確に認識できるか否かであり、もう一つは経済大国となった日本が軍事大国となって軍国主義を復活させないかというものだった。

　前者は、日本の過去にかかわる問題である。たとえば、歴史教科書問題や〔中曽根康弘首相の〕靖国神社参拝などの歴史認識をめぐる摩擦が、1980年代の日中関係が総じて良好だった時期に起きた。中国は、この原因を以下のように考えた。すなわち、歴史問題は1972年の日中共同声明や1978年の日中平和友好条約でも解決されておらず、一部の日本人が過去の歴史とどのようにして向き合い、どのようにして教訓を得て、子孫たちに正確に教えていくべきかを理解していないためである、と[68]。

　後者の問題は、日本の現在と未来にかかわる問題である。当時、中国は、日本の政策は軍事大国の道や軍国主義復活の道を歩むものではないが、日本の一部の人には軍国主義復活という考えやそれにともなう行動があり、これを無視できない、と考えていた[69]。その一例として、鄧小平は、1987年に宇都宮徳馬[5]など日本の友人と会談した際に、「中国人民は、日本のごくごく一部の人のうち、政治的な影響力のある人が軍国主義の復活を望んでいることを不安に思っている」と話したことが挙げられる[70]。

　しかし、このような憂慮は、「文化大革命」時期にみられた、日本の軍国主義が「すでに」復活しているという不安とは異なるものだった。当時一部の中国側の研究者は、戦後の日本が戦前とは異なっていると考えていた。彼らは、

日本がすでに経済大国となっており、今後はおそらく政治大国にもなるだろう
が、戦後の日本と戦前の日本を比べると、政治と経済と社会の関係性は大きく
変化しており、国内外の様々な制約によって軍国主義が復活することは不可能
だ、と指摘していた。中国にとって重要なのは、日本に対する事実に基づく分
析と詳細な研究を展開することであった[71]。日本で発生する軍国主義的な言動
に対して中国がとるべき態度は、「放っておいて何も言わない」のではなく、
「災いの芽が小さいうちに摘み取り、適切なタイミングで節度のある警鐘を鳴
らす」ことだとされた[72]。

　1980年代の日中間には上述した二つの問題以外にも、台湾問題や経済関係
などをめぐって様々な隔たりや摩擦があったが、どれもしっかりと制御されて
おり、それらが友好な協力関係に大きな影響を及ぼすことはなかった。1980
年代末になり、日中両国の国力と国際的地位が上昇すると、日中関係は全世界
に影響する戦略的な問題となった。日本は当時、すでに世界第2位の経済大国
であり、しかもアメリカより勢いがあった。中国の総合的な国力も長期にわた
って発展しつづけ、また「アジア四小龍」やASEAN諸国の経済も急速に成
長しており、アジア太平洋地域の国力が上昇していた。

　中国はこのなかで、世界経済が多元化され、20世紀末までにはおそらくア
メリカ、日本、西欧、ソ連東欧、中国という五極化の状況が出現し、そこに日
米間の経済的競争が米ソの軍事的競争に代わって立ち現れるだろう、と予想し
ていた。それだけでなく、もしそうなった場合、アジア太平洋地域では中日米
ソの四大国が争って影響の拡大を図ることとなり、西欧と東欧もそれに加わる
ことで、激しい競争と協力が併存するだろうということも予想していた[73]。

　これはつまり、当時の日中関係が以前より堅牢な戦略的基礎と広い戦略的視
野のうえに成り立っていた、ということである。中国の外交が、1989年に中
国国内で発生した政治的「騒動」により困難な状況を迎えた後、日中関係が迅
速に回復できたのは、まさにこのためである。1991年、日本の海部俊樹総理
が訪中し、1992年には中共中央総書記の江沢民が訪日し、日本の天皇が訪中
した。日中関係はこうして新たな時代を迎えた。

おわりに

　本稿は、冷戦時期の中国外交の戦略と対日政策の推移を描き出した。ここから垣間見られる具体的な変容過程は、非常に複雑だった。本稿で見たそれぞれの段階で、中国には比較的に明確な外交戦略があった。しかし、具体的な外交政策は、外交戦略だけでなく、歴史的事実と記憶、国内政治、指導者個人の性格、国外の事件などの、多くの要素からも影響を受けていた。そのため、外交戦略がその都度与えた影響は、まちまちである。また、中国の外交戦略を遂行する能力や効果も、それぞれイシューによって異なっていた。

　対日政策について言えば、それぞれの段階の外交戦略、そのなかでもとくに、本稿冒頭で見た三つの目標という戦略は、おおむね対日政策の基本に据えられていた。しかし、日中関係自体の歴史と現実も双方に影響を与えていた。たとえば、中国政府は、第1段階と第2段階では、日本国民の革命闘争を支持するのと同時に、日本政府との国交正常化を図りつづけていた。第3段階と第4段階では、中国は日本と戦略的かつ経済的な関係を強めながら、歴史認識など政治的な問題に注意を払いつづけた。このなかで注目すべきは、第1-3段階では中国の対日政策が多くの成果を得たものの、日本政府の正面からの応答はほとんど得られておらず、期待された戦略目標を達成できていないということである。中国側は、第4段階に至ってようやく、日本側の積極的な応答を引き出し、両国関係を安定的に発展させるための重要な戦略的基礎を築くことができた。

　その理由は、次の3点による。第1に、冷戦の初期においては、日中両国がそれぞれ対立する陣営に属し、それぞれの外交戦略が相容れないために、関係発展が根本的に制約されていたからである。第2に、当時の中国が、革命的イデオロギーの影響により当時の世界情勢を単純化して理解しており、そのため外交戦略が往々にして敵と味方に二分するような、単一的な目標しかもてなかったからである。そのため、国際関係においては、「妥協」よりも「闘争」が多くなり、世界の多様性と外交の多面性を十分に理解し重視することができず、日本をはじめとするその他の国々を実際の外交政策の対象にすることを困難にしていた。第3に、第1-3段階では日中両国の民間交流と政府間の交流が限

定的なものであり、そのため両国の相互理解が人民共和国成立前の時点で止まっており、中国の日本に対する期待のなかで「当然これくらいしてくれるだろう」と期待してしまった部分が多くあったためである。第4は、日本が第2次世界大戦後一貫して自主外交を求めながらも、おおむね日米同盟の制約下にあり、そのために、能動的に国際環境をつくりだそうとする意識や能力を欠いていたからである。

　第4段階では冷戦時期の中国の外交戦略が見直された。これは一方では中国の経済発展に対する切迫した必要が、日本の急速な経済成長と強く合致し、両国の利益が強くかみ合ったためである。もう一方では、中国の独立自主の外交政策が米ソ二大陣営の対立のなかでうまく均衡がとれていたため、日本に対して中国とともに反米や反ソを要求する必要がなく、日中両国の戦略的立場と安全保障が重なっていたためである。そのため、この時期を日中関係の「蜜月」や「黄金期」と呼ぶのは理にかなったことである。

　ここからわかるように、日中双方は、自身と世界の関係を事実に基づいて把握し、実際の状況に適した外交戦略を自ら構築する必要があった。また、相手方の戦略を理解し、双方の国益における妥協点を探す必要もあった。両国関係は、こうすることではじめて、長期にわたる強固な基礎を打ち立てることができるのである。

1　章百家は中国の外交構造の変化を以下の四つの段階に分けている。これは「一辺倒」段階、「二つの覇権主義に反対する」段階、「大三角」段階と「全方位」段階である。章百家「従「一辺倒」到「全方位」──対50年来中国外交格局演進的思考」『中共党史研究』2000年第1期、21-28、37頁参照。本稿で冷戦時期の中国外交の変容を段階に分けて論じているのは、章の研究成果に負うところがある。

2　周恩来によると「新規まき直し」とは、「国民党政府が各国と結んだ古い外交関係を継承せず、新しい基礎のうえにそれぞれ新しい外交関係を結ぶ」ということである。周恩来「我們的外交方針和任務」（1952年4月30日）『周恩来選集』下巻、人民出版社、1984年、85頁参照。

3　「部屋を綺麗にしてから客を迎える」とは、西側主要国から外交的に承認されることを急ぐのではなく、「まず中国における帝国主義の残党を一掃しなければならない。そうしなければ彼らに活動の余地を残してしまう」というものである。周前掲論文、87頁参照。

4 　毛沢東「論人民民主専政」（1949年6月30日）『毛沢東選集』第4巻、人民出版社、
　　1960年、1471頁。

5 　牛軍「新中国外交的形成及主要特徴」『歴史研究』1999年第5期、30頁。

6 　毛沢東「締結中蘇条約和協定的重大意義」（1950年4月11日）中華人民共和国外交
　　部・中共中央文献研究室編『毛沢東外交文選』中央文献出版社・世界知識出版社、
　　1994年、131頁。

7 　牛軍「論中華人民共和国対外関係之経線」『外交評論』2010年第3期、63頁。

8 　牛軍『冷戦与新中国外交的縁起——1949～1955』修訂版、社会科学文献出版社、2013
　　年、13頁。

9 　劉少奇「在中国共産党第八次全国代表大会上的政治報告」（1956年9月15日）『劉少
　　奇選集』下巻、人民出版社、1985年、231頁。

10 　逢先知・金冲及主編『毛沢東伝1949-1976』上巻、中央文献出版社、2003年、745頁。

11 　毛沢東「中日関係和世界大戦問題」（1955年10月15日）『毛沢東外交文選』220頁。

12 　何方「建国初期外交上的両条路線」『炎黄春秋』2012年第5期、8-15頁。

13 　周恩来「今天国際上的主要矛盾是戦争与和平問題」（1953年6月5日）中華人民共和
　　国外交部・中共中央文献研究室編『周恩来外交文選』中央文献出版社、1990年、61-
　　62頁。

14 　章百家「周恩来——紅色中国外交的探索者和奠基者」国際戦略研究基金会編『環球同
　　此涼熱——一代領袖們的国際戦略思想』中央文献出版社、1993年、106-108頁。

15 　牛、前掲書、466-467頁。

16 　牛軍編著『中華人民共和国対外関係史概論——1949～2000』北京大学出版社、2010年、
　　105-107頁。

17 　周恩来「中日関係的関鍵是和平共処」（1954年10月11日）『周恩来外交文選』87-93
　　頁。

18 　張香山「通往中日邦交正常化之路」『日本学刊』1997年第5期、1-7頁。

19 　閻明復「毛沢東対赫魯暁夫的評論」『百年潮』2009年第5期、12頁参照。

20 　毛沢東「中間地帯有両個」（1964年1月5日）『毛沢東外交文選』508頁。

21 　人民日報編集部・紅旗雑誌編集部「関於赫魯暁夫的仮共産主義及其在世界歴史的教訓
　　——九評蘇共中央的公開信」（1964年7月14日）中共北京市委宣伝部編『学習文件彙
　　編』第4集、北京出版社、1963年、423頁。

22 　張洰生「難能的探索、可貴的努力——試論王稼祥対党的国際戦略思想的貢献」国際戦
　　略研究基金会編、前掲書、171-172頁。

23 　「把反対赫魯暁夫修正主義的闘争振興到底」『人民日報』1965年6月14日。

24 　林彪『人民戦争勝利万歳——紀念中国人民抗日戦争勝利二十周年』人民出版社、1965
　　年、32頁。

25 　中国がベトナムに部隊を送っているということは当時は秘密とされた。これらの情報
　　は1978年に中越関係が明らかに悪化した後、中国が公に発表したものである。

26 　呉冷西『十年論戦——1956～1966中蘇関係回憶録』下冊、中央文献出版社、1999年、
　　778頁。毛沢東と周恩来、賀竜などが1964年7月に軍事工作について話し合った際に
　　は、「東側だけでなく北側も注意しなければならず、すべて注意しなければならない」
　　と指摘している。中共中央文献研究室編『周恩来年譜（1949-1976）』中巻、中央文
　　献出版社、1997年、654頁。

27 「中国共産党第八届中央委員会第十一次全体会議公報」中国共産党全国代表大会デジ
   タルアーカイブ（http://cpc.people.com.cn/GB/64162/64168/64560/65354/4442083.
   html）。

28 毛沢東「美帝国主義是中日両国的共同敵人」（1960年6月21日）『毛沢東外交文選』
   436－443頁。

29 毛沢東「中間地帯国家敵性質各不相同」（1962年1月3日）『毛沢東外交文選』487頁。

30 毛沢東「中間地帯有両個」（1963年9月28日、1964年1月5日、1964年7月10日）
   『毛沢東外交文選』506－509頁。

31 廖承志「熱烈歓迎松山芭蕾舞団訪華演出」『人民日報』1964年10月16日。

32 廖承志「歓迎日本話劇団」『戯劇報』1965年第4期、13頁。

33 鄭治仁「共和国的五次核危機」『文史博覧』2004年第8期、58頁。

34 林彪「中共九大政治報告」『中国共産党第九次全国代表大会文件彙編』人民出版社、
   1969年、68－86頁。

35 牛軍「論60年代末中国対美政策転変的歴史背景」『当代中国史研究』2000年第1期、
   57頁。同「1969年中蘇辺界衝突与中国外交戦略的調整」『当代中国史研究』1999年第
   1期、70－77頁。

36 「周恩来同志論外交」159頁。楊公素「対新中国「革命外交」的幾点回顧」『国際政治
   研究』2000年第3期、49頁より引用。

37 「毛沢東同中央「文革」碰頭会成員和陳毅、李富春、李先念、徐向前、聶栄臻、葉剣
   英等人的談話」（1969年3月22日）。王永欽「一九六九「国際形勢座談会」及其歴史
   貢献」『中共党史研究』2008年第1期、78頁より引用。

38 裴堅章主編『毛沢東外交思想研究』世界知識出版社、1994年、181－192頁。

39 胡縄主編『中国共産党的七十年』中共党史出版社、1991年、445頁。

40 「毛主席会見美国友好人士斯諾談話紀要」（1970年12月18日）内部文件、中共中央辦
   公庁発行。

41 「尼克松訪華与「中美聯合公報」中華人民共和国外交部ウェブサイト（http://www.
   fmprc.gov.cn/web/ziliao_674904/1179_674909/t5417.shtml）。

42 「毛沢東1973年2月17日会見基辛格時的談話」中国革命博物館党史研究室編『党史研
   究資料』1992年第2期、16頁。

43 「一本の線」とは同程度の緯度の緯線を疑似的な線と見るものである。これはおおむ
   ね、アメリカから日本、中国、パキスタン、イラン、トルコから西欧までつながって
   いる。「大きな面」とはこれらの線周辺の国々のことである。中国はこれらの国々と
   団結して、ともにソ連に対抗しようとした。

44 史雲・李丹慧『難以継続的「継続革命」――従批林到批鄧（1972〜1976）』香港中文
   大学中国文化研究所当代中国文化研究中心、2008年、303－306頁。

45 毛沢東「関於三個世界劃分的問題」（1974年2月22日）『毛沢東外交文選』600－601頁。

46 国際的に「第三世界」と言った場合も、その定義は中国の第三世界論とほぼ重なって
   いる。しかし、国際的には通常アメリカを中心とする資本主義陣営とソ連を中心とす
   る社会主義陣営を「二極」や「二つの世界」と呼ぶ。そのためアメリカとソ連を一つ
   の世界として扱い、西欧と東欧を一つとして扱うことは稀である。

47 「中国共産党第十一次全国代表大会新聞公報」（1977年8月18日）チャイナネット
   （http://www.china.com.cn/ch-80years/lici/11/11-0/10.htm）。

48 李向前「従「中間地帯」論到「三個世界」的劃分」国際戦略研究基金会編、前掲書、198‐206頁。

49 史・李前掲書、168‐184頁参照。

50 史・李前掲書、299頁。

51 張香山「中日復交談判回顧」『日本学刊』1998年第1期、42‐49頁。

52 牛軍編著、前掲書、275‐277頁。

53 鄧小平「堅持四項基本原則」(1979年3月30日)『鄧小平文選』第2巻、人民出版社、1994年、160頁。

54 鄧小平「在軍委拡大会議上的講話」(1985年6月4日)『鄧小平文選』第3巻、1993年、126‐128頁。

55 鄧小平「維護世界和平、搞好国内建設」(1984年5月29日)『鄧小平文選』第3巻、57頁。

56 蕭冬連『歴史的転軌——従撥乱反正到改革開放(1979～1981)』香港中文大学中国文化研究所当代中国文化研究中心、2008年、404‐409頁。

57 鄧小平「視察江蘇等地回北京後的談話」(1983年3月2日)『鄧小平文選』第3巻、25頁。

58 鄧小平「在軍委拡大会議上的講話」(1985年6月4日)『鄧小平文選』第3巻、126‐127頁。

59 鄧小平「和平和発展是当代世界的両大問題」(1985年3月4日)『鄧小平文選』第3巻、105頁。

60 国際問題に詳しい何方の回想によると、当時鄧小平は「李一氓よ、帝国主義はまだ存在しているというのに、どうやって戦争を避けるというのだ」と返答した。何方口述・邢小群整理「李一氓和宦郷建言外交政策」『中国新聞週刊』2006年第5期、87頁。

61 同上参照。

62 宦郷「中日関係与亜洲的安全和発展」『日本問題』1986年第2期、1‐3頁。

63 肖向前「従世界的発展看中日関係的未来」『現代国際関係』1986年第4期、21頁。

64 宦郷「堅持聯合声明的原則」『日本問題』1987年第5期、3頁。

65 宦郷、前掲論文、1986年、4頁。

66 張香山「対『日本問題』的期望」『日本問題』1985年第1期、2頁。

67 「友好交流的空前盛会」『人民日報』1984年9月24日。

68 趙安博「吸収歴史教訓 加強中日友好」『日本問題』1987年第5期、13頁。孫平化「難忘的「九・一八」和「八・一五」」『日本研究』1985年第4期、10頁。

69 孫平化「中日邦交正常化15周年的回顧」『日本問題』1987年第5期、5‐6頁。

70 鄧小平「警惕日本極少数人復活軍国主義」(1987年5月5日)『鄧小平文選』第3巻、230頁。

71 張香山、前掲論文、1985年、2頁。同「中日関係諸問題」『日本学刊』1991年第1期、13頁。

72 張香山「厳格遵守「声明」和「条約」実現中日世代友好」『日本問題』1987年第5期、4頁。

73 肖向前「写在第四次中日民間人士会議之後」『現代日本経済』1988年第4期、2‐3頁。同「亜太地区的発展与中日関係」『外国問題研究』1989年第2期、1‐3頁。

訳者注
〔1〕 1946年から1954年にかけて、ベトナムのフランスからの独立をめぐっておこなわれた戦争。1954年のジュネーブ協定で休戦となり、その後の南北ベトナム分断の契機となった。
〔2〕 1950年に中ソ間で成立した相互援助条約。対中借款や経済協力、共同防衛などが明記された。その後の中ソ対立で形骸化し、1980年に満期を迎え失効した。
〔3〕 中華民国政府のこと。
〔4〕 毛沢東が中国革命を表現した言葉。広大な農村を掌握し、そこで農民からの支援を勝ち取り、農民を動員することで都市を奪還し、全国規模の政権を手に入れるというもの。
〔5〕 実業家・政治家。戦後は衆議院議員として日中国交正常化などに尽力したほか、日中友好協会会長なども務めた。

結　び

中村元哉 （東京大学）

　本書は、波多野澄雄・中村元哉編『日中戦争はなぜ起きたのか──近代化をめぐる共鳴と衝突』（中央公論新社、2018年）の続編である。本書も、『日中戦争はなぜ起きたのか』と同様に、笹川平和財団（于展・小林義之が主たる事業担当者）の支援を受けて刊行される。この中国語版も、中国側代表の汪朝光・帰永涛両先生のお力添えを得て、前著の中国語版『中日歴史認識共同研究報告（戦前篇）──中日戦争何以爆発』（社会科学文献出版社、2020年）と同様に出版される予定である。

　本書の最大の意義は、日中戦争終結（1945年）後の、いわゆる「戦後」の日中関係史を重点的に扱った点にある。この意義は少なくとも次の2点から説明できる。

　まず、「戦後」日中関係史については、本書との関連性の深い歩平編『中日関係史──1978‐2008』（東京大学出版会、2009年）と高原明生ほか編『日中関係史──1972‐2012』全4巻（東京大学出版会、2012‐2014年）がある。しかし、本書がこれらの成果と決定的に異なっていることは、日中双方の研究者が共同で取り組み、かつ双方ともに歴史学者と国際政治学者が連携することで、「戦後」の日中関係史に内在する論理に着目しながら、それを絶えず国際政治の構造や秩序のなかに位置づけ直そうとしたことである。つまり、本書は、前編『日中戦争はなぜ起きたのか』の「結び」で指摘した次の課題を実践したわけである。

　　〔今後の〕課題は、日中両国の社会が「戦後」の日本、中国、および日中

関係に対する理解を深めることである。日中間で「戦後」の理解を深めることは少なからぬ忍耐をともなうが、その忍耐がどのような性質のものなのかも含めて対話を促進できれば、日中両国が「戦前」と「戦中」の何を放棄して何を継承しながら「戦後」をスタートさせたのか、そして、その「戦後」をどのように積み上げて現在に至っているのかを、今以上に構造と秩序の観点から把握できるだろう。……（中略）……。そうして70年以上続いている「戦後」と呼ばれる時代の日中関係を総括し、そろそろ次の段階へと歩みを進めたいと考えている。

これが第一の意義である。

次に、本書と似た試みは、私たちのもっとも記憶の新しいところで言えば、日中両政府の合意に基づいて実施された歴史共同研究（2006 - 09年）である。しかし、この共同研究は「戦後」部分を公表できず、その日本語版の北岡伸一・歩平編『「日中歴史共同研究」報告書』全2巻（勉誠出版、2014年）にも「戦後」部分は含まれなかった。つまり、本書は、政府間でおこない得なかったことを実践できたわけである。これが第二の意義である。

振り返ってみれば、日中双方の研究者が「戦後」の日中関係史を共同で検討することは、苦難の連続だった。それはなぜだろうか。察するに、「戦後」の日中関係史は、自ずと中華人民共和国の正統性にかかわる歴史事実（反右派闘争や文化大革命など）にも言及せざるを得なくなり、中国においては、たえず中国共産党の歴史観との距離を見定めなければならないからであろう。また、日本においては、「戦後」の日中関係史を理解することは、イデオロギー対立を招来する冷戦的思考を呼び覚ましやすく、社会主義中国に対する嫌悪感やその中国に対する資本主義日本の優越感と結びつきやすいからだろう。中国社会でも日本社会でも、多くの読者は「戦前」と「戦中」の歴史認識問題に注目しがちだが、実は、日中間においては「戦後」をめぐる対話こそがもっとも難しいのである。

さきほど私は前編から抜粋した課題を本書が実践していると述べたが、正直に告白すれば、「日中両国が「戦前」と「戦中」の何を放棄して何を継承しながら「戦後」をスタートさせたのか」という歴史事実の解明と共有については、

まだ完全には達成できていない。

　一例を挙げよう。「戦前」から「戦中」にかけて、中国には、積極的か消極的かを問わず、日本側に協力した利己的な人々もいれば、日本占領下で過酷な日常生活を耐え忍んだ屈強な人々もいた。彼ら、彼女らに対する歴史評価がどうであれ、日本の戦争責任が減じられることは決してないが、客観的に見れば、これらの人々の存在が「戦後」の中華ナショナリズムを非常に複雑なものにした。戦時首都重慶を中心に中国の奥地で日本と徹底抗戦した人々は、「戦後」になると、東北地方（旧満洲）や台湾の同胞たちのことを、日本式奴隷教育を受けた人々として蔑視することがあった。また、奥地で徹底抗戦した人々が「戦後」に日本の旧占領地域に復員すると、現地に残された資産を誰がどのように接収するかをめぐって、「戦中」に現地にとどまった人々と対立することもあった。だからこそ、こうした中国内部の批判や矛盾から逃れるかのように、一定数の人々が「戦後」に香港や台湾に移り、華僑華人で構成される、いわゆる中華圏と呼ばれる地域に新たな歴史性を加えていった。中国の隣国の日本にとって中華圏の存在は身近なものであり（横浜、神戸、池袋の中華街など）、それゆえに、「戦後」中華ナショナリズムの複雑さは日本社会でも関心の高いテーマである。日中両社会は、この「戦後」中華ナショナリズムの複雑さを、同じく「戦前」と「戦中」を通じて複雑さを増した「戦後」日本のナショナリズムと対比してとらえられれば、それぞれの「戦後」史に対する理解をより深められるだろう。「戦後」の日中関係史には「戦後」の相互理解の歴史そのものも含まれるため、日中両国のナショナリズムを対比させることは必要な作業である。

「戦後」の相互理解の歴史という観点からすれば、日本側にとっては、中国の経済建設が「戦前」「戦中」の何を引き継いで「戦後」に何を新たにもたらしたのか、「戦後」直後に中国で実施された憲政がその後の両岸関係にどのような影響を及ぼして現在に至っているのか、「戦後」中国で実行に移された社会主義建設の経験はどのように総括されるべきなのか、「戦前」「戦中」の中国で見られたアメリカ文化に対する憧れは「戦後」の中国でどのように密かに継承されたのか、といったテーマは大変に興味深いものである。もちろん、中国側にとっても、「戦後」の日本に対する尽きない関心があるはずであり、それら

はときに日本にとっては耳障りなものでもあるだろう。たとえば、「戦後」の日本は民主主義の路を歩んできたにもかかわらず、自民党による一党独裁にも似た政治体制が続いているのは何故か、その政治情勢のもとで展開された対中政策と日本社会の対中認識はどのような関係にあるのか、といったテーマである。日中双方は相手側の問題設定そのものに対して違和感を覚えることがあるだろうが、ともかく、これらすべてを「戦後」日中関係史の歴史の一コマとして淡々と取り上げ、日中両社会で情報を共有できれば、憶測に基づく双方の誤解は徐々に薄まっていくはずである。

　以上のような「戦後」日中関係史をめぐる学術環境を確認したうえで、改めて本書の意義を考えてみよう。すると、本書には一つの光が差し込んでいることに気づかされる。すなわち、日中双方の研究者が「戦後」の日中関係史を共同で検討する場合、本書のカバーした範囲であれば、論理と構造に基づいて比較的自由に議論することが可能だ、ということである。本書からは、米ソ冷戦下の片面講話による日本の国際社会への復帰と中国共産党の革命中心史観に基づく人民共和国の建設がそれぞれの相互理解を歪め、1972年の日中国交正常化がその歪みを是正する一つの契機として作用し、しかし、それから現在まで日中双方が双方の歪みの解決に苦悩している、と理解できそうである。これが今後の日中対話の一つの出発点になることを確認できた点は、本書の意義として追加していいだろう。

　最後に、本書も、中央公論新社の胡逸高氏と校閲者が丁寧に編集、校正してくださった。本書の明快さと正確さが保証されてこそ、はじめて本書を通じた日中両社会の相互理解が進むはずである。もしそれが達成されているのであれば、中央公論新社の御尽力によるものである。深く感謝申し上げたい。

2020年9月吉日

関連年表 1945-92年

年	日 本	中 国	世 界
1945			2.4-11 米英ソ、ヤルタ会談
	3. 9 東京大空襲		
	4. 1 沖縄本島に米軍上陸 （6.23 守備軍全滅）		4.25-6.26 国際連合創立総会
	6.30 秋田県花岡鉱山で蜂起した連行中国人を鎮圧・虐殺（花岡事件）		5. 7 ドイツ降伏
	8. 6 広島に原爆投下		7.26 ポツダム宣言
	8. 9 長崎に原爆投下		8. 8 ソ連対日宣戦
	8.14 御前会議、ポツダム宣言受諾を決定	8.14 国民政府、中ソ友好同盟条約調印	
	9. 2 降伏文書調印		
	9. 9 在華日本軍、南京で降伏式		
	10.11 マッカーサー、幣原首相に五大改革指令	10.10 国共間双十協定調印	10.24 国際連合成立
1946	1. 1 天皇が神格否定の詔書を発する		
	1. 4 公職追放	1.10 国共停戦協定成立	
	2.19 天皇が全国御巡幸の旅を始める		
	3.13 引揚援護院設置		3. 5 チャーチル、鉄のカーテン演説
	3.16 GHQ、引揚に関する基本的指令		
	5. 3 極東国際軍事裁判開始	5. 1 国民政府、南京遷都	
	5.11 国民政府軍と米軍間に在満日本人の送還協定成立		
	5.19 食糧メーデー	6.26- 国共内戦全面化	
			10. 1 ニュルンベルク裁判判決
	11. 3 日本国憲法公布	11.15-12.25 憲法制定国民大会（南京）	12.19 インドシナ戦争開始（-54.7.21）
1947	1.16 新皇室典範公布	1. 1 中華民国憲法公布（12.25 施行）	
	3.31 貴族院停会、衆議院解散（帝国議会終幕）		3.12 トルーマン・ドクトリン発表
	5. 3 日本国憲法施行		6. 5 マーシャル・プラン発表
			8.14 パキスタン独立
			8.15 インド独立宣言
		9.12 中国人民解放軍総反攻宣言	10. 5 コミンフォルム設置
			10.30 関税と貿易に関する一般協定（GATT）調印
1948	1. 6 ロイヤル米陸軍長官、対日占領政策の転換演説		
		4.19 第1回国民大会、蔣介石を総統に選出	4. 7 世界保健機構（WHO）設立
	5.18 賠償緩和、輸出振興等を提言した「ドレーパー報告」発表	5.10 反乱鎮定時期臨時条項（動員戡乱時期臨時条款）を公布	5.15 第1次中東紛争
	5.31 引揚援護庁設置	5.20 国民政府を中華民国政府と改組	6.24 ソ連、ベルリン封鎖（-49.5.12）

年	日 本	中 国	世 界
1948			8.15 大韓民国成立
		9.12 遼瀋・淮海・平津「三大 戦役」（-49.1.31）	9. 9 朝鮮民主主義人民共和国 成立
	11.12 極東国際軍事裁判でA級 戦犯に判決 12.18 GHQ「経済安定九原則」 発表		
1949		1.21 蔣介石総統辞任（李宗仁 代行就任）	1.25 コメコン（COMECON） 結成
	1.26 岡村寧次大将ら日本人戦犯を無罪釈放判決		
	2. 4 岡村寧次ら戦犯260名が 中国から帰国 3. 7「ドッジ・ライン」表明 4.23 1ドル＝360円の為替レ ート設定 4.26 衆参両院引揚促進を決議		4. 4 北大西洋条約機構 （NATO）条約調印
	10. 3 中国からの集団引揚が中 断	10. 1 中華人民共和国成立宣言 10. 2 ソ連、中華人民共和国承 認 12. 8 中華民国行政院、台北遷 都決定 12.30 インド、中華人民共和国 承認	9. 7 ドイツ連邦共和国成立 9.25 ソ連、原爆実験成功発表 10. 7 ドイツ民主共和国成立
1950		1. 6 イギリス、中華人民共和 国承認 2.14 中ソ友好同盟相互援助条 約調印（モスクワ）	1. 5 トルーマン大統領、台湾 不介を声明
	8.10 警察予備隊発足 9. 1 公務員のレッドパージ方 針決定 10.13 公職追放解除	10. 8 共産党「中国人民義勇軍」 の朝鮮出動命令	6.25 朝鮮戦争勃発 9.15 国連軍、仁川上陸
1951			5. 2 イラン、石油国有化 7.10-8.23 朝鮮休戦会談
	9. 8 サンフランシスコ講和条 約・日米安保条約調印 12. 5 GHQ、琉球列島の北度 29度以北7島を返還	12. 8 三反運動開始	
1952		2. 　五反運動	
	4.28 日華平和条約調印		5.27 西ヨーロッパ6ヵ国、欧 州防衛協同体（EDC） 条約調印
	6. 1 第1次日中民間貿易協定調印		
	6. 9 日印平和条約調印 8.13 IMF加盟 10.15 保安隊発足		11. 1 アメリカ、水爆実験成功
1953	1.10 ベトナム、ラオス、カン ボジア、対日国交回復を 通告		1.27 アメリカのダレス国務長 官、対ソ巻き返し政策表 明

年	日　本	中　国	世　界
1953	3. 5 日本人居留民帰国に関する「北京協定」調印→後期集団引揚開始（3.23-58.7.13）		3. 5 スターリン死去
	3.11 日本遺族会発足	4.　毛沢東、「ソ連に学べ」運動指示	
		6.15 毛沢東、「過渡期における党の総路線」指示	
			7.27 朝鮮休戦協定調印
			8. 8 ソ連、水爆保有声明
	10.29 第2次日中民間貿易協定調印		10. 1 米韓相互防衛条約調印
	12.24 奄美群島返還の日米協定調印	12.16 共産党中央、「農業生産協同組合の発展に関する決議」採択	
1954	1. 7 アイゼンハワー大統領、一般教書演説で沖縄米軍基地の無期限保持を宣言		
	3. 1 第五福竜丸がビキニ水爆実験で被爆		
	3. 8 日米相互防衛援助協定調印		
	6. 9 防衛庁設置法・自衛隊法公布	6.28 周恩来・ネルー会談、平和5原則声明	7.20 インドシナ停戦協定
	7. 1 防衛庁・自衛隊発足	9. 3 人民解放軍、金門・馬祖両島砲撃	9. 6 東南アジア条約機構（SEATO）創設
		9.15-28 第1期全国人民代表大会第1回会議、中華人民共和国憲法を採択・公布	10.23 西ドイツ主権回復
	11. 5 ビルマとの平和条約、賠償及び経済協力協定調印		11. 1 アルジェリア反仏戦争開始（-62.3.18）
	11.27 カンボジアが日本に賠償請求権放棄を通告	12. 2 [台湾] 中米相互防衛条約に調印	
1955	1.25 ソ連、日本に国交正常化交渉を打診		1.29 アメリカ議会、台湾防衛決議
		3. 1 中共中央「対日政策と対日活動に関する方針と計画」を決議	
	4.15 第1次日中民間漁業協定調印		4.18-24 バンドン会議
	5. 4 第3次日中民間貿易協定調印		5.14 ワルシャワ条約締結
	6. 1 ロンドンで日ソ国交正常化交渉開始	5.24 ソ連軍の旅順撤退に関する中ソ共同声明	
	6. 7 日本、GATTに加入議定書調印		
	8. 6 第1回原水爆禁止世界大会	7.5-30 第1期全人代第2回会議、第1次5ヵ年計画通過	7.18-23 アメリカ・イギリス・フランス・ソ連首脳、ジュネーブ会議
	8.31 日米安保条約の双務化に関する共同声明		
	9.21 日ソ交渉の一時休止に合意		
	11.15 保守合同、自由民主党の誕生		
	12.14 日本の国連加盟案、ソ連の拒否権で否決		

年	日 本	中 国	世 界
1956	1.17-3.20 日ソ交渉再開 5. 9 フィリピンと賠償・経済 　　協力協定調印 5.14 日ソ漁業条約調印 7.17 経済白書「もはや戦後で 　　はない」 7.31 重光外相訪ソ、日ソ交渉 　　再開 10.19 日ソ共同宣言 12.18 国連総会、日本の国連加 　　盟を可決	 5.26 共産党、「百花斉放、百 　　家争鳴」呼びかけ	2.14-25 ソ連共産党第20回大 　　会、スターリン批判 4.17 コミンフォルム解散 10.29 第2次中東戦争開始
1957	 5.20-6.4 岸信介首相、東南ア 　　ジア6ヵ国訪問（首相と 　　して戦後初） 6. 3 蔣介石総統と会談 8. 1 アメリカ国防総省、在日 　　米地上軍の撤退発表 10. 1 日本が国連安保理非常任 　　理事国に当選 11.18-12.8 岸信介首相、東南 　　アジア9ヵ国訪問 12. 6 日ソ通商条約調印	 6. 8 『人民日報』社説「これ 　　はどうしたことか」→以 　　後反右派闘争展開 11.3-20 毛沢東ら中国政府代 　　表団、訪ソ 11.18 毛沢東「東風は西風を圧 　　倒する」と演説	3.25 欧州経済共同体（EEC） 　　成立 8.26 ソ連、大陸間弾道ミサイ 　　ル（ICBM）実験成功 11.14-16 社会主義12ヵ国党会 　　議（モスクワ）
1958	1.20 インドネシアと平和条 　　約・賠償協定調印 2. 4 日印通商協定・円借款協 　　定調印 3. 5 第4次日中民間貿易協定調印 5. 2 長崎国旗事件→5.9 中国抗議、日中交流の断絶を宣言	 5.5-23 共産党第8回大会第 　　2回会議、「社会主義建 　　設の総路線」提唱→「大 　　躍進」政策 8.17-30 共産党政治局拡大会 　　議（北戴河）、人民公社 　　設立・鉄鋼増産決議 8.23 人民解放軍、金門・馬祖 　　両島砲撃	 9. 7 フルシチョフ対米警告 10.23 ダレス・蔣介石共同声明、 　　大陸反攻否定
1959	2.13 北朝鮮への帰国事業実施 　　閣議決定 5.13 南ベトナムと賠償協定調 　　印	 4.18-28 第2期全人代第1回 　　会議、毛沢東に代わり劉 　　少奇が国家主席に選任 6.20 ソ連、中ソ国防用新技術 　　協定破棄	1.27-2.5 ソ連共産党第21回大 　　会、フルシチョフ、平和 　　共存強調

年	日 本	中 国	世 界
1959	8.13 日朝間の帰国協定調印	7.2-8.1 共産党中央政治局拡大会議（廬山） 8.2-16 共産党第8期第8回中全会、彭徳懐らを処分 8.25 中印国境で衝突開始 9.30-10.3 フルシチョフ訪中、対立表面化	9.27 米ソ首脳会談(キャンプ・デービッド)、平和共存を確認
1960	1.19 新日米安保条約調印 6.19 新安保条約、自然承認 12.27 所得倍増計画を閣議決定	7.16 ソ連、中国派遣専門家引き揚げ通告	2.13 フランス、原爆実験成功 9.14 石油輸出国機構（OPEC）結成 12.14 経済協力開発機構（OECD）条約に調印
1961	6.12 農業基本法公布 11.2 初の日米貿易経済合同委員会開催	7.11 金日成訪中、中朝友好協力相互援助条約調印	5.16 韓国、軍事クーデター 7.6 ソ朝友好協力相互援助条約
1962	 11.9「日中総合貿易に関する覚書」に調印（LT貿易開始）	4.16-6. 新疆イリ地区住民の逃亡で中ソ国境紛争 10.20-11.22 中印国境紛争	2.8 アメリカ、ベトナム戦争軍事介入 7.3 アルジェリア独立 10.22-28 キューバ危機
1963	2.20 GATT11条国に移行 8.15 第1回全国戦没者追悼式 10.7 周鴻慶事件	2.9 人民解放軍総政治部「雷鋒に学べ」運動開始 4.12-5.16 劉少奇・陳毅ら東南アジア訪問 6.14 共産党、ソ連と全面的イデオロギー論争に	5.25 アフリカ統一機構成立 8.5 アメリカ・イギリス・ソ連、部分的核実験停止条約正式署名 11.22 ケネディ大統領暗殺
1964	4.1 IMF8条国に移行 4.28 OECD正式加盟 10.10-24 東京オリンピック	1.27 中国とフランス国交樹立 10.16 中国、初の原爆実験成功 12.21 第3期全人代第1回会議、周恩来→近代化強調（65.1.4）	8.2 トンキン湾事件 10.15 ソ連、フルシチョフ首相失脚→ブレジネフ後任
1965	1.13 佐藤・ジョンソン共同声明		1.21 インドネシア、国連脱退 2.7 アメリカ、北ベトナム爆撃開始

年	日 本	中 国	世 界
1965	4.26 中華民国との円借款、基本的了解に関する書簡交換		4. 8 ブリュッセル条約署名
	6.22 日韓基本条約調印		9. 6 第2次印パ戦争 9.30 インドネシア政変
	12.18 日韓基本条約の批准書交換、日韓国交正常化	11.10 『文匯報』姚文元論文→文化大革命開始	
1966	4.6-7 第1回東南アジア開発閣僚会議		3. 7 フランス、NATO軍事機構から脱退
		5.16 共産党中央、中央文革小組設置	
		8.1-12 共産党第8期第11回中全会、「プロレタリア文化大革命についての決定」	
		8.18 毛沢東、第1回の紅衛兵接見（100万人集会）	
		10.9-28 共産党中央工作会議、劉少奇ら自己批判	
	11.24 アジア開発銀行設立		12.23 ソ連共産党、ベトナム支援・毛沢東派非難など声明
1967		1.23 共産党中央、軍の奪権闘争介入指示	
		2.5-24 上海コミューン成立	
		6.17 中国初の水爆実験成功	6. 5 第3次中東戦争勃発
			7. 1 欧州共同体（EC）成立
	8. 3 公害対策基本法公布	8.22 紅衛兵、イギリス大使館焼打ち	8. 8 東南アジア諸国連合（ASEAN）結成
	9.7-9 佐藤首相、台湾訪問		
	9.20-30 佐藤首相、東南アジア諸国歴訪		
	10.8-21 佐藤首相、東南アジア・オセアニア諸国歴訪		
	11.15 佐藤・ジョンソン共同声明		
	12.11 佐藤栄作首相非核三原則に言及		
1968	3. 6 LT貿易を日中覚書貿易に更新（MT貿易）		3.31 アメリカ、北爆停止
	4. 5 小笠原返還協定調印（6.26に返還）		
		8.23 人民日報、ソ連を社会帝国主義と規定	
		9. 5 革命委員会、全国各省・市・自治区で成立	
	10.23 明治百年記念式典開催	11.27 中国外交部、中米会談の翌2月再開提案	
		12.21 毛沢東、紅衛兵の農村下放指示	
1969		3. 2 中ソ国境紛争（ダマンスキー島事件）	

400

年	日　本	中　国	世　界
1969		4.1-24 共産党第9回大会、林彪を後継者と規定 6-8. 中ソ国境紛争（新疆ウイグル自治区） 7.8 中ソ国境紛争（アムール川・ゴルジンスキー島）	7.25 ニクソン、「グアム・ドクトリン」発表 10.15 全米にベトナム反戦運動広がる
	11.21 佐藤・ニクソン共同声明		
1970	2.11 日本初の人工衛星打ち上げ	1.20 ワルシャワ中米会談再開	2.18 外交教書でニクソン・ドクトリン発表
	3.14-9.13 大阪で万国博覧会	4.24 中国初の人工衛星	
	6.23 日米安保条約自動延長	8.23-9.6 共産党第9期第2回全会、林彪の国家主席設置案、毛の反対で挫折	
	10.20 『防衛白書』第一号刊行	10.13 中国・カナダ国交樹立	
1971	4.10- 中国ピンポン外交		4.14 アメリカ、対中貿易制限緩和等新政策公表
	6.17 日米沖縄返還協定調印（72.5.15 返還）	7.9-11 キッシンジャー米補佐官、訪中 9.13 林彪死亡、クーデタ失敗による逃亡説流布	8.15 ニクソン大統領、金とドルの交換停止発表
	10.15 日米繊維問題の政府間協定の了解覚書、仮調印 11.10 米上院本会議、沖縄返還協定批准 11.24 衆議院本会議、沖縄返還協定承認、「非核三原則」決議採択	10.25 国連総会、中国代表権決議	12.3-17 第3次印パ戦争
1972	1.3 日米繊維協定調印	2.21-28 ニクソン米大統領訪中 2.27 上海コミュニケ発表	
	5.15 沖縄本土復帰		5.26 アメリカ・ソ連、SALT I に調印
	6.11 田中角栄通産相『日本列島改造論』公表		7.4 韓国・北朝鮮「南北共同声明」
	9.25-30 田中角栄首相訪中、日中国交正常化		
		9.29 ［台湾］日本との国交断絶を宣言	12.21 東西ドイツ関係正常化
1973	2.14 日本、変動相場制に移行		1.27 パリ、ベトナム和平協定
		4.12 鄧小平、副総理として公職復帰 8.24-28 共産党第10回大会	
	9.21 北ベトナムとの国交正常化 9.26-10.11 田中角栄首相、欧州・ソ連歴訪		

年	日 本	中 国	世 界
1973	10.10 未解決の諸問題に触れた 日ソ共同声明発表		10.6 第4次中東戦争開始→第 1次石油ショック
1974	1.5 日中貿易協定調印		
	1.7-17 田中角栄首相、東南 アジア諸国歴訪、バンコ ク、ジャカルタで反日暴 動発生	1.18- 批林批孔運動（江青ら の周・鄧攻撃）	
	4.20 日中航空協定調印		
			5.18 インド、核実験成功
	11.13 日中海運協定調印		
	11.18-22 フォード大統領、現 職大統領として初の来日		11.24 SALT Ⅱに関する米ソ共 同声明発表
1975		1.13-17 第4期全人代第1回 会議、新憲法採択	
		4.5 ［台湾］蔣介石総統死去	4.30 サイゴン陥落（ベトナム 戦争終結）
	8.15 日中漁業協定調印		
	9.30-10.14 天皇・皇后両陛下、 初の訪米		
			11.15-17 第1回サミット
1976		1.8 周恩来総理死去	
		2.3 華国鋒、総理代行就任	
		4.5 第1次天安門事件	3.14 エジプト、対ソ条約破棄
		4.7 共産党中央政治局会議、 華国鋒の総理・党第一副 主席就任、鄧小平解任決 定	
			5.14 印パ国交回復
			7.2 ベトナム社会主義共和国 成立（南北統一）
		9.9 毛沢東死去	
	10.29 「防衛計画の大綱」決定	10.6 江青ら「四人組」逮捕	
	11.5 防衛費の「GNP1％」 枠設定		
1977		7.16-21 共産党第10期第3回 中全会、鄧小平復活	
	8.6-18 福田赳夫首相、東南 アジア諸国歴訪	8.12-18 共産党第11回大会、 華国鋒党主席就任.文革 終了宣言	
	8.18 福田ドクトリン発表		9.7 パナマ運河新条約調印
			10. ベトナム・カンボジア紛 争
		11. 安徽省の一部に生産責任 制導入	
1978		2.26-3.5 第5期全人代第1回 会議、「国民経済発展10 ヵ年計画要綱」・新憲法 採択	
			4. ベトナム華僑の大量帰国 始まる
	5.20 成田空港開港	5.20 ［台湾］蔣経国が総統に 就任	

年	日　本	中　国	世　界
1978	8.12 日中平和友好条約調印		
	10.22-29 鄧小平来日		
	11.27「日米防衛協力のための 　　　指針」決定	12.18-22 共産党第11期第3回 　　　中全会→鄧小平改革路線	
1979		1. 1 米中国交樹立	1.10 ベトナム軍支援で、カン 　　　ボジア新政権成立
		1.28-2.5 鄧小平副総理訪米	
		2.17 中国軍ベトナム侵攻、中 　　　越戦争（-3.18）	1.16-2.11 イラン、イスラム 　　　革命
		3.29 北京市当局、民主化運動 　　　抑圧、魏京生逮捕	
	4.19 靖国神社、前年のA級戦 　　　犯合祀が判明	4. 3 中国、中ソ友好同盟相互 　　　援助条約廃棄をソ連に通 　　　告（1980.4.10 失効）	4.26 在台米軍撤退完了
			6.16-18 アメリカ・ソ連、 　　　SALTⅡに調印
	12.5-6 大平正芳首相訪中、日中文化交流協定調印		
		12. 6 北京「民主の壁」閉鎖	12.27 ソ連軍、アフガニスタン 　　　侵攻
1980			1.26 エジプト・イスラエル国 　　　交
		2.23-29 共産党第11期第5回 　　　中央委、劉少奇名誉回復、 　　　胡耀邦党総書記選任	2.22 イラク・イラン戦争開始 　　　（-88.8.20）
	5.19「環太平洋連帯の構想」 　　　報告書公表	5.18 中国初のICBM実験成功	
	7. 2「総合安全保障戦略」報 　　　告書公表		7.19 モスクワ・オリンピック 　　　開幕（アメリカ・日本な 　　　ど西側不参加）
		8.26 深圳・珠海・汕頭・厦門 　　　に経済特区設置	8.14 ポーランド、「連帯」主 　　　導で大規模スト
		8.30-9.10 第5期全人代第3 　　　回会議、趙紫陽総理に	
	9.15-18「環太平洋セミナー」 　　　豪国立大学で開催		
1981	3.2-16 中国残留日本人孤児47名初来日		
	5. 1 対米自動車輸出の自主規 　　　制方針を発表	6.27-29 共産党第11期第6回 　　　中央委、「歴史決議」採択、 　　　胡耀邦党主席（華国鋒降 　　　格）、鄧小平中央軍委主 　　　任に	
			10. 6 エジプト、サダト大統領 　　　暗殺
1982			4.2-6.14 フォークランド紛争
	6.25 日本、教科書検定で「侵 　　　略」を「進出」に書き直 　　　させていたと問題化		
	7.26 中国、日本の教科書問題で抗議		
	8.26『歴史教科書』について 　　　の官房長官談話発表		
	11.24 近隣諸国条項の新設		
1983	1.18-19 日米首脳会談「ロン・ 　　　ヤス」関係の始まり		
		5. 5 中国民航機乗っ取り事 　　　件→中・韓対話	

年	日　本	中　国	世　界
1983		6.6-21 第6期全人代第1回会議、李先念国家主席選出	
	11.23-30 胡耀邦総書記来日		
1984	1.26 中曽根康弘首相「戦後政治の総決算」表明	1.1 共産党中央「1984年の農村政策の通知」、土地請負15年間等承認	
	3.23-26 中曽根首相訪中、第2次円借款を表明		
		5.10 国務院、「国営企業の自主権拡大に関する暫行規定」公布	
		6.22 鄧小平、「一国両制」提起	
		12.18 イギリス首相サッチャー訪中、19「香港返還に関する中英共同声明」（97.7.1の返還決定）	
1985			3.10 チェルネンコ死去、後任ゴルバチョフ
		6. 全国農村の人民公社解体、郷・鎮政府樹立完成	
	8.15 中曽根首相、靖国神社を公式参拝	8.15 南京大虐殺記念館開館	8.6 南太平洋非核地帯条約
	9.18 靖国参拝問題で北京反日デモ		
	9.22 プラザ合意		
1986	3.19 第1次教科書訴訟の控訴審で原告が敗訴		
	4.7 前川レポート公表		
			7.28 ゴルバチョフ、ウラジオストク演説で対中国関係改善呼びかけ
	9.9 米国戦略防衛構想の研究への参加、閣議決定	9.28 ［台湾］民主進歩党結成	10.11-12 アメリカ・ソ連、レイキャビク会談
	11.8 中曽根康弘首相訪中、胡耀邦総書記と会談、平和四原則を再確認		
		12.5 合肥で民主化要求の学生運動、以後各地に	12.15 ベトナム、ドイモイ（刷新）政策採択
	12.30 防衛費の「GNP1%」枠の撤廃、閣議決定	12.30 共産党、鄧小平「旗幟鮮明にブルジョア自由化に反対せよ」を党内伝達	
1987		1.16-22 共産党中央政治局拡大会議、胡耀邦辞任承認、趙紫陽が総書記代行に	
	2.26 大阪高裁「光華寮」判決	2.9 中ソ国境交渉、9年ぶり再開	
	3.27 日米半導体協定違反でアメリカ対日制裁措置発表		
	4.1 国鉄分割・民営化	4.13 中国・ポルトガル「マカオ返還に関する共同声明」	
		7.15 ［台湾］戒厳令解除	
		9.27 ラサでチベット独立要求デモ	10.19 ニューヨーク株式市場で株価大暴落

年	日 本	中 国	世 界
1987			12. 8 アメリカ・ソ連、中距離核戦力（INF）全廃条約調印
1988	1.13 竹下登首相、レーガン大統領との首脳会談で「世界に貢献する日本」を約束 2. 2 GATT理事会、日本の農産物輸入を勧告 6.19 日米牛肉・オレンジの輸入問題決着	1.13 ［台湾］蔣経国死去、副総統の李登輝が総統に	4.14 アフガニスタン和平協定調印
	8.25-30 竹下登首相訪中、李鵬総理と総額8100億円の第3次円借款合意		8.20 イラン・イラク停戦
	12.24 消費税法成立		11.15 パレスチナ独立国家樹立宣言
1989	1. 7 昭和天皇崩御、明仁皇太子即位		
	2.23-25 銭其琛外交部長、国家主席特使として大喪の礼参列のため来日		2.15 ソ連軍、アフガニスタン撤退完了
	2.24 大喪の礼		
	4. 1 消費税3％開始		
	4.12 李鵬総理訪日、会見で天皇が「不幸な歴史」と遺憾の意を表明		
		4.15 胡耀邦前総書記没	
		5.15-18 ゴルバチョフ訪中、鄧小平と会談し中ソ関係正常化を宣言	
		5.17 天安門広場で100万人の民主化要求デモ	
		5.20 北京に戒厳令	
		6. 4 戒厳軍、天安門広場突入（第2次天安門事件）	
		6.24 共産党第13期第4回中全会、趙紫陽解任、江沢民総書記に	
	7.14 西側7ヵ国の対中制裁に日本が参加し、第3次対中円借款を凍結		
	9. 4 日米構造協議開始		9.26 ベトナム軍、カンボジアから撤退
		11.6-9 共産党第13期第5回中全会、鄧小平党中央軍事委員会主席辞任、江沢民が主席に就任	11. 9「ベルリンの壁」崩壊
	12.29 東証平均株価、3万8915円の史上最高値		12.2-3 マルタ米ソ首脳会談、冷戦終結を確認
1990		1.10 北京市の戒厳令11日解除を決定	
			3.11 リトアニア独立宣言
	4. 1 不動産融資の総量規制実施	4.23 李鵬総理、訪ソ	3.13-15 ソ連、憲法改正案採択、ゴルバチョフ初代大統領に選出
	6.28 日米構造協議決着		

年	日 本	中 国	世 界
1990	7.11 海部俊樹首相がヒューストン・サミットで、対中円借款再開を表明		8. 2 イラク軍、クウェート侵攻
			8. 8 中国・インドネシア、国交回復
	9.14 湾岸戦争支援に40億ドルの資金協力	9.22-10.7 北京でアジア競技大会開催	
	10. 1 東証株価、2万円を割る（バブル経済崩壊へ）		10. 3 東西ドイツ統一
	11.12-15　天皇即位の礼		
	11.14 呉学謙副総理が訪日、天皇即位の礼に出席		
		12.19 上海に人民共和国初の証券取引所正式開業	
1991	1.24 湾岸戦争支援に90億ドルの追加資金協力		1.17-4.11 多国籍軍、対イラク戦争
	2.23 皇太子徳仁、立太子の礼		
	4.24 ペルシャ湾への掃海艇派遣を閣議決定		
			7. 1 ワルシャワ条約機構解体
			7.31 米ソ、戦略兵器削減条約（START）調印
	8.10 海部首相訪中		8.19-21 ソ連保守派クーデター失敗
	9.24 経済企画庁、過去最長の景気拡大を発表		9.17 南北朝鮮、国連加盟
		11.10 中越共産党、関係正常化宣言	
		12.16 海峡両岸関係協会発足、会長は汪道涵	12.26 ソ連邦消滅
1992	1.17 宮沢喜一首相、日韓首脳会談で従軍慰安婦問題を謝罪	1.18 鄧小平「南巡」（-2.21）、改革開放加速化	1.28 ASEAN首脳会議、ASEAN自由貿易地域（AFTA）の創設で合意
			1.30 北朝鮮、IAEA核査察協定に調印
			2. 1 初の米ロ首脳会談（キャンプデービッド）敵対から友好へ共同宣言
	4.6-10 江沢民総書記来日		3.- 旧ユーゴスラビアで内戦激化
	6.15 国連平和維持活動（PKO）協力法成立		6.3-14 環境と開発に関する国連会議（地球サミット）開幕
		8.24 中韓国交樹立	
		10.12-18 共産党第14回大会「社会主義市場経済」	
	10.23-28 天皇訪中		

作成：中村元哉、小林義之（笹川平和財団）

索　引

人名索引

事項索引

作成：小林義之（笹川平和財団）

執筆者紹介

編者

波多野澄雄（はたの・すみお）
内閣府アジア歴史資料センター長、外務省『日本外交文書』編纂委員長、筑波大学名誉
教授
1947年生まれ。慶應義塾大学大学院法学研究科博士課程修了、博士（法学）。防衛研究所
研究員、筑波大学教授、同副学長などを経て現職。
主要業績：『歴史としての日米安保条約──機密外交記録が明かす「密約」の虚実』（岩
波書店、2010年）、『国家と歴史──戦後日本の歴史問題』（中央公論新社、2011年）、『日
本の外交2　外交史　戦後編』（編著、岩波書店、2013年）、『宰相鈴木貫太郎の決断』（岩
波書店、2015年）。

中村元哉（なかむら・もとや）
東京大学大学院総合文化研究科准教授
1973年生まれ。東京大学大学院総合文化研究科博士課程修了、博士（学術）。南山大学外
国語学部アジア学科准教授、津田塾大学学芸学部教授などを経て、2019年より現職。
主要業績：『対立と共存の日中関係史──共和国としての中国』（講談社、2017年）、『中国、
香港、台湾におけるリベラリズムの系譜』（有志舎、2018年）、『憲政から見た現代中国』
（編著、東京大学出版会、2018年）。

執筆者（執筆順）

宮本雄二（みやもと・ゆうじ）
宮本アジア研究所代表、日本日中関係学会会長、日中友好会館会長代行
1946年生まれ。京都大学法学部卒業。大学在学中の68年に外務公務員上級試験に合格、
大学卒業後の69年外務省入省。87年外務大臣秘書官、2001年軍備管理・科学審議官、02
年ミャンマー大使などを経て、06年より10年6月まで中国大使。
主要業績：『これから、中国とどう付き合うか』（日本経済新聞出版社、2011年）、『習近
平の中国』（新潮社、2015年）、『強硬外交を反省する中国』（PHP研究所、2017年）、『日
中の失敗の本質』（中央公論新社、2019年）。

汪朝光（おう・ちょうこう　WANG Chaoguang）
中国社会科学院世界歴史研究所所長
1958年生まれ。中国社会科学院大学院修了。中国社会科学院近代史研究所で研究員、
副所長を経て、2018年より現職。
主要業績：『1945～1949──国共政争与中国命運』（社会科学文献出版社、2010年）、『中
華民国史』（第4巻、第11巻、中華書局、2011年）、『和と戦の選択──戦後国民党の東北
に関する政策決定』（中国人民大学出版社、2016年）。

佐藤晋（さとう・すすむ）
　　二松学舎大学国際政治経済学部教授・キャリアセンター長
　　1967年生まれ。慶應義塾大学大学院法学研究科後期博士課程修了、博士（法学）。
　　主要業績：「大陸引揚者と共産圏情報」（増田弘編『大日本帝国の崩壊と引揚・復員』慶
　　應義塾大学出版会、2012年）、「中曽根康弘の時代──外交問題化する歴史認識」（五百旗
　　頭薫ほか編『戦後日本の歴史認識』東京大学出版会、2017年）。

厳海建（げん・かいけん　YAN Haijian）
　　南京師範大学歴史学部教授
　　1981年生まれ。南京大学大学院博士課程修了、博士（歴史学）。
　　主要業績：「犯罪属地の原則と証拠中心主義──戦後北平の対日裁判の実態と特質」（『民
　　国档案』2018年第1期）、「国民政府と日本B級C級戦犯の裁判」（『近代史学研究』2017
　　年第1期）。

馬場公彦（ばば・きみひこ）
　　北京大学外国語学院外籍専家
　　1958年生まれ。北海道大学大学院東洋哲学研究科修士課程修了、早稲田大学大学院アジ
　　ア太平洋研究科博士課程満期修了、博士（学術）。出版社勤務を経て、2019年より現職。
　　主要業績：『戦後日本人の中国像』（新曜社、2010年）、『現代日本人の中国像』（新曜社、
　　2014年）」、『世界史のなかの文化大革命』（平凡社、2018年）。

孫揚（そん・よう　SUN Yang）
　　南京大学歴史学部准教授
　　1981年生まれ。南京大学大学院博士課程修了、博士（歴史学）。
　　主要業績：『無果而終──戦後中英間の香港問題交渉：1945〜1949』（社会科学文献出版社、
　　2014年）。

大澤武司（おおさわ・たけし）
　　福岡大学人文学部教授
　　1973年生まれ。中央大学大学院法学研究科博士後期課程修了、博士（政治学）。（独）日
　　本学術振興会特別研究員（DC2・PD）、熊本学園大学外国語学部教授などを経て、2019
　　年より現職。
　　主要業績：『毛沢東の対日戦犯裁判』（中央公論新社、2016年）。

呉万虹（ご・まんこう　WU Wanhong）
　　中国社会科学院日本研究所副研究員
　　1966年生まれ。神戸大学大学院法学研究科博士課程修了、博士（政治学）。
　　主要業績：『中国残留日本人の研究──移住・漂流・定着の国際関係論』（日本図書セン
　　ター、2004年）。

水羽信男（みずは・のぶお）
広島大学大学院人間社会科学研究科教授
1960年生まれ。広島大学大学院文学研究科博士課程後期単位取得退学。広島大学文学部助手などを経て、2020年より現職。
主要業績：『中国近代のリベラリズム』（東方書店、2007年）、『中国の愛国と民主──章乃器とその時代』（汲古書院、2012年）。

李寒梅（り・かんばい　LI Hanmei）
北京大学国際関係学院教授
1963年生まれ。北京大学国際関係学院博士課程修了、博士（法学）。
主要業績：『日本のナショナリズムの形態に関する研究』（商務印書館、2012年）。

井上正也（いのうえ・まさや）
成蹊大学法学部教授
1979年生まれ。神戸大学大学院法学研究科博士後期課程修了、博士（政治学）。香川大学法学部准教授などを経て現職。
主要業績：『日中国交正常化の政治史』（名古屋大学出版会、2010年。サントリー学芸賞・吉田茂賞受賞）、『戦後日本のアジア外交』（共著、ミネルヴァ書房、2015年。国際開発研究大来賞受賞）。

章百家（しょう・ひゃっか　ZHANG Baijia）
清華大学戦略と安全研究センター学術委員会委員
1948年生まれ。中国社会科学院大学院歴史学修士課程卒。中国共産党中央党史研究室研究員兼副主任などを経て現職。
主要業績：『離陸への道──中国改革開放40年史』（遼海出版社、2019年）。

杉浦康之（すぎうら・やすゆき）
防衛省防衛研究所地域研究部中国研究室主任研究官
1977年生まれ。慶應義塾大学大学院法学研究科後期博士課程単位取得退学。防衛省防衛研究所研究部第6研究室防衛教官などを経て、2016年より現職。
主要業績：「天皇訪中」（高原明生・服部龍二編『日中関係史　1972-2012　Ⅰ　政治』東京大学出版会、2012年）、「対日政策としての大衆動員の原点──60年安保闘争と中国」（国分良成・小嶋華津子編著『現代中国政治外交の原点』慶應義塾大学出版会、2013年）。

張沱生（ちょう・たせい　ZHANG Tuosheng）
国観シンクタンク研究員、中国武器管理及び軍縮協会理事、北京大学国際戦略研究院理事
1949年生まれ。中国共産党中央党校教師、国防大学戦略研究所研究員、中国国際戦略研究基金会学術委員会主任などを経て現職。
主要業績：「展望──日中関係が正常な発展軌道に乗る」（『中国国際戦略評論』2018年第1期）、「中国の国際安全秩序観──歴史的回顧と思考」（『国際政治研究』2009年第3期）、

『中米危機管理のケーススタディ』（共編、世界知識出版社、2007年）。

添谷芳秀（そえや・よしひで）
慶應義塾大学名誉教授
1955年生まれ。米国ミシガン大学大学院博士課程修了、Ph.D.（国際政治学）。慶應義塾大学法学部教授などを経て、2020年退職。
主要業績：『日本外交と中国 1945〜1972』（慶應通信、1995年）、『日本の外交——「戦後」を読みとく』（筑摩書房、2017年）、『入門講義 戦後日本外交史』（慶應義塾大学出版会、2019年）。

王緝思（おう・しゅうし　WANG Jisi）
北京大学国際関係学院教授、同国際戦略研究院院長
1948年生まれ。北京大学大学院修士課程修了。中国社会科学院アメリカ研究所所長、北京大学国際関係学院院長などを経て現職。
主要業績：『国際政治の理性と思考』（北京大学出版社、2006年）、『多元性と統一性の併存——30年来の世界政治の変遷』（共著、社会科学文献出版社、2011年）、『大国戦略——国際戦略の探究と思考』（中信出版社、2016年）。

帰泳濤（き・えいとう　GUI Yongtao）
北京大学国際関係学院准教授、同副院長
1976年生まれ。北京大学国際関係学院博士課程、早稲田大学大学院博士課程修了、博士（国際関係学）。
主要業績：「『TPP の政治学 —— 日米協力の誘因と難局」（『日本学刊』2017年第1期）、「「グレーゾン」での争い——日米の対中政策の新動向」（『日本学刊』2019年第1期）、「日本と米中の戦略的競争——貿易戦、科学技術戦とインド太平洋戦略』（『国際論壇』2020年第3期）。

訳者（担当順）
松村史穂（まつむら・しほ）
北海道大学大学院経済学研究院准教授
東京大学大学院人文社会系研究科博士課程修了、博士（文学）。
主要業績：「中華人民共和国初期の食糧統制——農業集団化との関連に注目して」『農業史研究』第54号（2020年）。

鈴木航（すずき・こう）
日本学術振興会特別研究員（PD）
1976年生まれ。一橋大学大学院社会学研究科博士後期課程修了、博士（社会学）。
主要業績：「地方官報に埋め込まれた農村改革論壇——1930年前後の中国における『浙江建設』の変容」（『Intelligence』第20号、2020年3月）。

泉谷陽子（いずたに・ようこ）
　フェリス女学院大学国際交流学部准教授
　東京都立大学人文科学研究科博士課程単位取得退学、博士（史学）。
　主要業績：『中国建国初期の政治と経済——大衆運動と社会主義体制』（御茶の水書房、
　2007年）。

森巧（もり・たくみ）
　一橋大学大学院社会学研究科博士課程
　1989年生まれ。一橋大学大学院社会学研究科修士課程修了。国立公文書館アジア歴史資
　料センター調査員、日本学術振興会特別研究員DC2、文教大学非常勤講師などを歴任。
　主要業績：「中華民国政府の大陸反攻と対外政策機構（1950-1958）——海外対匪闘争工
　作統一指導委員会を事例に」（『東洋学報』第101巻第1号、2019年）。

矢久保典良（やくぼ・のりよし）
　東洋大学社会学部非常勤講師
　1982年生まれ。慶應義塾大学大学院文学研究科史学専攻後期博士課程修了、博士（史学）。
　主要業績：「日中戦争時期における中国回教救国協会の清真寺運営論」（『東洋学報』第97
　巻第4号、2016年）。

福士由紀（ふくし・ゆき）
　東京都立大学人文社会学部准教授
　1973年生まれ。一橋大学大学院社会学研究科博士課程修了、博士（社会学）。総合地球環
　境学研究所研究員、人間文化研究機構地域研究推進センター研究員などを経て、2015年
　より現職。
　主要業績：『近代上海と公衆衛生——防疫の都市社会史』（御茶の水書房、2010年）。

河合玲佳（かわい・れいか）
　東京大学大学院総合文化研究科博士課程
　主要業績：「1980年代日中関係再考——86年中曽根康弘訪中を中心に」（『国際政治』第
　197号、2019年）。

河野正（こうの・ただし）
　東京大学社会科学研究所助教
　1982年生まれ。東京大学人文社会系研究科博士課程修了、博士（文学）。日本学術振興会
　特別研究員などを経て、2018年より現職。
　主要業績：「河北省における互助組・農業生産合作社組織過程の諸問題——等価・相
　互利益および遊休労働力を中心に」（『歴史学研究』第999号、2020年）。

扉写真出典一覧

序章　読売新聞社
1章　『クロニック世界全史』講談社、1994年、1025頁
2章　共同通信社
3章　読売新聞社
4章　読売新聞社
5章　読売新聞社
6章　IMAGNO／アフロ
終章　AFP＝時事

装幀　中央公論新社デザイン室

日中の「戦後」とは何であったか
――戦後処理、友好と離反、歴史の記憶

2020年10月25日　初版発行

編著者　波多野澄雄／中村元哉

発行者　松田陽三

発行所　中央公論新社
　　　　〒100-8152　東京都千代田区大手町 1-7-1
　　　　電話　販売 03-5299-1730　編集 03-5299-1740
　　　　URL http://www.chuko.co.jp/

編集協力　公益財団法人 笹川平和財団 笹川日中友好基金
ＤＴＰ　市川真樹子
印　刷　図書印刷
製　本　大口製本印刷

好評既刊

『 日中戦争はなぜ起きたのか
──近代化をめぐる共鳴と衝突 』

波多野澄雄、中村元哉〔編〕

中央公論新社
定価 本体2800円（税別）

19世紀半ば以降のグローバル化の波が、
両国の近代化をどのように特徴づけたのか？
日中有識者が新たな視点で戦争の原因と背景を紐解く、
歴史研究の最前線

本書は、日中戦争へと至った過程を、一つ一つの歴史事実を紐解き、それらを積み重ねる実証的な研究手法を重視しながらも、個々の歴史事実を日中両国の構造的要因や国際秩序のあり方と関連させながら、総合的に説明しようとしている。……本書は時空を超えて、たとえば、両国関係をつなぎとめようとする穏健な勢力がどのような条件下で劣勢に立たされるのか、国家間の対立がなぜ決定的になってしまうのかといった普遍的な問いかけに対しても、示唆に富む内容となっている。

──結びより